精选一批有特色的选修课、专题课与有影响的演讲,以课堂录音为底本,整理成书时秉持实录精神,不避口语色彩,保留即兴发挥成分,力求原汁原味的现场氛围。希望借此促进校园与社会的互动,让课堂走出大学围墙,使普通读者也能感知并进而关注当代校园知识、思想与学术的进展动态和前沿问题。

三联讲坛

This series covers a great array of college courses and speeches, selected for their intellectual distinction and scholarly excellence. The lectures were transcribed from classroom recordings and retain their stylistic character as they were originally delivered. Our hope is to open the college classroom to the outside world and add a new dimension to the interaction between university and society. The point is not only for the common reader to get in touch with the cutting-edge ideas on campuses, but also for the academia's search for knowledge to become more meaningful by engaging people from the "real world".

三联讲坛

邓晓芒 著

康德《判断力批判》释义

生活·讀書·新知 三联书店

Copyright © 2018 by SDX Joint Publishing Company.
All Rights Reserved.

本作品版权由生活·读书·新知三联书店所有。
未经许可，不得翻印。

图书在版编目（CIP）数据

康德《判断力批判》释义/邓晓芒著．—2版．—北京：
生活·读书·新知三联书店，2018.4（2021.5 重印）
（三联讲坛）
ISBN 978–7–108–06258–1

Ⅰ.①康… Ⅱ.①邓… Ⅲ.①康德（Kant, Immanuel 1724—1804）–
德国古典哲学–思想评论 Ⅳ.①B516.31

中国版本图书馆 CIP 数据核字（2018）第 054559 号

特邀编辑	吴思博
责任编辑	徐国强
装帧设计	康　健
责任印制	董　欢

出版发行　生活·读书·新知 三联书店
　　　　　（北京市东城区美术馆东街 22 号 100010）
网　　址　www.sdxjpc.com
经　　销　新华书店
印　　刷　北京隆昌伟业印刷有限公司
版　　次　2008 年 7 月北京第 1 版
　　　　　2018 年 4 月北京第 2 版
　　　　　2021 年 5 月北京第 3 次印刷
开　　本　787 毫米 × 1092 毫米　1/16　印张 26.25
字　　数　325 千字
印　　数　11,001–14,000 册
定　　价　63.00 元

（印装查询：01064002715；邮购查询：01084010542）

缘 起

对于孟子而言,"得天下之英才而教育之"乃人生乐事之一;对于学子来说,游学于高等学府,亲炙名师教泽,亦是人生善缘。惜乎时下言普及高等教育尚属奢望,大学一时还难望拆除围墙,向社会开放课堂。有鉴于此,我社精选一批有特色的选修课、专题课与有影响的演讲,据现场录音整理成书,辑为"三联讲坛"文库,尝试把那些精彩的课堂,转化为纸上的学苑风景,使无缘身临其境的普通读者,也能借助阅读,感知并进而关注当代校园知识、思想与学术的进展动态和前沿问题。

一学校有一学校之学风,一学者有一学者之个性。"三联讲坛"深望兼容不同风格之学人,并取人文社科诸专业领域,吸纳自成一家之言之成果,希望以此开放格局与多元取向,促进高校与社会的互动,致力于学术普及与文化积累。

作为一种著述体例,"三联讲坛"文库不同于书斋专著;以课堂录音为底本,整理成书时秉持实录精神,不避口语色彩,保留即兴发挥成分,力求原汁原味的现场氛围。作者如有增删修订之补笔或审阅校样时之观点变易、材料补充,则置于专辟的边栏留白处,权作批注;编者以为尤当细味深究或留意探讨的精要表述,则抽提并现于当页的天头或地脚。凡此用意良苦处,尚望读者幸察焉。

"三联讲坛"文库将陆续刊行,祈望学界与读者并力支持。

生活·读书·新知三联书店
二〇〇二年五月

目　录

序　言 …………………………………………………………… 1

第一讲　康德哲学体系简介 ……………………………………… 1
　　1　《纯粹理性批判》 ………………………………………… 3
　　2　《实践理性批判》 ………………………………………… 14
　　3　《判断力批判》 …………………………………………… 28
　　　提问和回答 ………………………………………………… 37

第二讲　序言和导言（一） ……………………………………… 51

第三讲　序言和导言（二） ……………………………………… 106
　　　提问和回答 ………………………………………………… 146

第四讲　序言和导言（三） ……………………………………… 159
　　　提问和回答 ………………………………………………… 199

第五讲　审美判断力批判（一）：分析论 ……………………… 209
　　1　美的分析论 ………………………………………………… 209
　　2　崇高的分析论 ……………………………………………… 231

第六讲　审美判断力批判（二）：演绎及其他 ………………… 252
　　1　纯粹审美判断的演绎 ……………………………………… 252
　　2　艺术论 ……………………………………………………… 273
　　3　辩证论和方法论 …………………………………………… 294

第七讲　目的论判断力批判（一） ……………………………… 304
　　1　目的论判断力批判的导言 ………………………………… 304

2 目的论判断力批判的分析论 ………………………… 313
　　3 目的论判断力批判的辩证论 ………………………… 326
第八讲　目的论判断力批判（二）………………………………… 339
　　1 附录：目的论判断力的方法论 ……………………… 339
　　2 对目的论的总注释 …………………………………… 367
　　3 对"目的论判断力批判"的通俗串讲 ………………… 371
　　　提问和回答 …………………………………………… 390

序　言

　　2004年是"康德年"。这一年是康德逝世200周年，诞生280周年，也是我和杨祖陶先生合作翻译的康德"三大批判"全部出齐的一年。这一年的冬天，陕西师范大学的尤西林教授邀请我去他们人文学院开一个关于康德的《判断力批判》的系列讲座。这个讲座共讲了九讲，其中专门讲《判断力批判》这本书的有六讲，其他三讲涉及康德思想的其他方面。这些讲座每场都将近三个小时，而且往往是对着康德那深奥晦涩的书本逐字讲解，长达九天、每天一次的讲座，一百多人的教室居然从头至尾座无虚席，气氛专注而热烈，令我十分感动。我觉得在今天市场经济笼罩下的中国，并不是没有人热心于学问，问题在于我们是不是能够抓住人们最关切而又最能够心领神会的学术话题。代表西方最具特色的理性精神的康德哲学就是这样的话题。而康德的《判断力批判》则是康德哲学中涉及面最广、思维层次最深、影响力最久远的一部经典名著。这也许就是我这次系列讲座能够获得青年学子们如此高的期望的根本原因。

　　我本人研究康德的《判断力批判》，从我1982年提交的硕士论文《康德人类学的核心——〈判断力批判〉》算起，已有二十多年了。1997年，以我的硕士论文为基础的研究性著作《冥河的摆渡者——康德的〈判断力批判〉》由云南人民出版社出版，这本书由于丛书的字数限制，只是一本十一万字的小册子，印了六千册，但在学术界却造成了很大的影响，成为国内学人研究《判断力批判》必读的参考书。究其原因，我想是由于当时国内还没有一本系统介绍康德《判断力批判》的书，而这本书篇幅虽小，却是从序言、导言到后面的每一章、每一小节都作了紧扣主题的疏导,言简而意赅,对于初学者极为便利。它的短小的篇幅反而成为了它的优势。该书最近已由武汉大学出版社修订再版,除增加了一个《判断力批判》的"第一导言"的译文作为附录,使字数达到了十六万字以外,其余基本维持原样,仍然是一本对于理解康德这部名著相当有用的小册子。当然,很早就有人建议我不妨将这本小书扩充为一本大型研究专著,以便引导读者能够更全面系统地进入到康德的思想深处,我也时常有此想法。但没有这次陕西师大之行,这一想法也许至今还只是一个想法而已。这次系列讲座成了目前出版这本书的一个最重要的诱因。

按照我最初的设想,我打算将这次系列讲座的现场录音加以整理,作为一部讲演录性质的书出版。然而不幸的是,录音的很大一部分,即关于审美判断力的分析论的最重要的部分,从§1—§40,由于技术原因完全丢失了。我曾试图利用到其他院校讲学的机会再讲一遍"康德的美学",将这一部分补上来,但一直没有找到这种机会。事情就这么拖了下来。直到今年秋天,我接到香港道风山汉语基督教文化研究所的邀请到该所做三个月的访问学者,才想到利用这段时间把我的录音资料整理成一本书,该修改的修改,该补写的补写。于是,从9月底到12月底,我在香港这三个月里,除了完成了我的《康德〈纯粹理性批判〉句读》这本180万字的大书(即将由人民出版社出版)的整理和定稿工作外,主要就是在原有录音资料的基础上将这本《康德〈判断力批判〉释义》建构成形。不幸中万幸的是,录音的前面部分,主要是对《判断力批判》的序言和导言进行逐句解读和分析的部分,也就是全书最困难的部分,全部都保存下来了,这次整理对这部分只作了很少的一些修改。"审美判断力的分析论"的全部、"纯粹审美判断的演绎"的大部分以及艺术论的一部分,都是这次重新补写的。而在整理到"目的论判断力批判"部分的时候,我发现除了

第61节导言比较详细、是逐句讲解外,其他地方的解说都过于粗糙,没有逐节讲解,有的甚至不如《冥河的摆渡者》那么贴近原文,于是在许多地方进行了全面改写和增补,以和审美判断力的部分相称。这种情况可能与当初去陕西师大时的目的主要是对中文系的研究生讲康德《判断力批判》中的美学思想有关,由于偏重于审美判断力批判,后面的目的论判断力就从略了。这次改写则把关注点转移到全面疏通康德在这本书中的整体思路上来了,并且在写法上贯彻了《冥河的摆渡者》中的原则,即按照原书的结构次序逐节讲解,不漏掉任何一个小节。特别是对书中的那些难点,本书不惜篇幅,作了大量的铺陈,这是《冥河的摆渡者》所不可能做到的。当然,本书在写作过程中也参考了《冥河的摆渡者》,有几处地方不得不全文照录了后者中的语句,因为我觉得有些句子十分精炼,实在不可取代。但本书并不能完全看作前一本书的扩充本,有大量的新发现、新提法是原先没有的,并且许多地方比原先的提法更准确了。

由于上述原因,所以呈现在读者面前的这本书既不是纯粹的讲演录,也不完全是严格的学术论著,而是有一段讲演录,中间又夹杂一些研究性、解释性的文字,然后又是讲演录的风格,交错进行。我自己并没有刻意使这两种风格统一起来,因为我觉得实际上它们各有自己的长处。讲演风格的优点就是通俗易懂,长于总体性、形象性的把握;而学术研究风格则是严谨、细致、简明,条理清晰。这种交错也许对读者来说并不是什么坏事,他们可以在紧张的思索间隙中稍事休整,换一种方式思考。富有特色的是中间还插有不少学生的当场提问和我的即席回答,更有利于开拓思路,深入问题。不过相比之下,我对讲演风格中的那些模糊和疏漏之处加以补足的工作做得更多一些,力求使它更加逻辑严密,概念清晰,所以有的地方似乎也不太像是讲演了,因此总体上看,本书恐怕更接近于一本研究性的学术著作。所以我把书名定为《康德〈判断力批判〉释义》,应该说还是比较贴切的。我真正看重的并不是文章的风格,而是要把问题讲清楚,把康德的文本解释透彻,怎么方便,就怎么做。

康德这本书后面几节有大量论述宗教和神学的文字,应该说,这些文字对于理解康德的神学思想的重要性不亚于他的宗教学著作《单纯理性界限内的宗教》,但长期以来似乎并没有引起足够的注意。本书这次把较多的注意力放在这一部分上面,尽可能对其思路作了全面的清理,也算是对"汉语基督教文化研究"尽一点绵薄之力吧。当然,我自己意识到由于在这方面功力有限,未能把里面的思想全部阐发出来,有些地方显得模糊不清,只好以待来日了。在这里,我谨向汉语基督教文化研究所的杨熙楠先生表示衷心的感谢,没有他的热情相邀,我恐怕至今还找不到时间来整理我的思路,完成这一颇为困难的工作。

我还要感谢我的朋友王里先生,他不辞劳苦为我整理了全部录音,相当准确地将它们转换为文字资料,体现了专业人士的敬业精神。

当然,最后还要感谢西林兄,毕竟是他最初邀请我赴陕西师大讲学,才使我有机会开始这一横跨数年的工程。

由于研究对象的难度,本书仍然有一些地方没有充分的把握,只是我的一孔之见,谬误和不妥之处,尚望有识者不吝指正。

邓晓芒
2007 年 12 月 12 日,于香港道风山

第一讲　康德哲学体系简介

今天尤老师要我和大家谈谈康德的哲学和美学，现在，我主要围绕康德的第三批判——《判断力批判》，向大家介绍一下康德的思想以及我个人的一些心得。康德的著作大家公认为是非常难读的，非常的晦涩，我和我的导师杨祖陶先生翻译这三大批判前前后后大概花了十年的心血，今年才把它出齐，深感这里面的深度。有句话叫做"说不尽的康德"，我和杨老师认为还应加上一句话叫做"说不尽的康德翻译"。我们如此细心地、耐心地坐冷板凳，把它弄出来以后，现在在我讲课的课堂上，在给研究生们讲康德的《纯粹理性批判》，仍然发现有些地方是弄错了的。像康德这样的巨著，你要说我这个翻译没有错误，那是笑话，那几乎是不可能的。当然我们在尽量做到少出错误。它不光是行文的晦涩，而且更重要的是理解上面的问题。你如果没有吃透康德的精神、康德的思想，前后全部贯通，那么在翻译上是免不了要误解他的意思的。康德的著作连德国人都觉得难读，很多德国人都说，我们要读康德的著作，最好是用英译本，因为英国人有的地方翻译得还比较明白，你要直接读康德的原文，很多德国人都读不懂。所以，翻译的难度是非常大的。现在我们并不敢保证每句话都翻译得很对，没有别的译法，那样说是吹牛。今天我与大家谈的是个人的体会，期望通过这个讲座，使大家在今后自己的阅读中，能够跨进一个门槛，知道怎么去读。将来如果大家在阅读中一旦发现错误，马上想办法告诉我，使我们把这个译本搞得更完善一些。

康德的《判断力批判》实际上是一个很大的课题。如果扼要地讲，两个小时我也能讲个囫囵的大概,但如果细讲,它是可以做一个学期甚至一个学年的课程。我这次准备讲九次,时间虽然有一点,但还是只能讲个大概。

今天第一次我主要想讲的问题是,康德的《判断力批判》,是在前两个批判——《纯粹理性批判》和《实践理性批判》已经发表的基础之上,提出的"第三批判"。第三批判是在前两个批判遇到的问题中生长出来的。所以你要直接读懂第三批判,当然也不是不可以,但是你会遇到极大的困难。当然我们可以对康德提出的一些美学原理直接去了解,也可以有体会,但要真正深入了解康德为什么要提出这些原理,原理后面的基础是什么,那你还需要对康德的理论做全面的理解。

我们在翻译中也感到,其实第三批判的翻译是最艰难的。《纯粹理性批判》当然很庞大、很繁琐,《实践理性批判》也有它的难度,但是最难的就是《判断力批判》,因为它是建立在前两个批判基础之上的。有些东西前两个批判讲了,这里不讲了,或讲得比较简单。你如果没有读过前两个批判,你一时从这个文本上面就摸不到头脑,不知道从哪里来的。所以我想第一次讲座,首先把康德的批判哲学的体系和结构做一个大致的介绍是有必要的,有利于我们后面深入到康德的《判断力批判》里面一些具体的内容。

我首先要讲的是批判哲学和康德对形而上学的设计。大家都知道,康德的批判哲学是三大批判,只有三大批判,没有第四批判了。何兆武先生讲的"第四批判"那是卡西尔等人所做的设想,其实康德并没有第四批判,他只有三个批判。那么三大批判作为他的哲学的主体,主要的部分,它们构成一个结构。但是康德在很多地方都谈到,他要建立一种新的、未来的形而上学。什么是未来的形而上学呢?康德认为,以往的形而上学,从古希腊以来,一直到今天,可以说都失败了。康德在《纯粹理性批判》

的序言里讲到,形而上学经过两千年的发展到今天已经被人们看成了一个弃妇。就像一个亡国的女王被流放,流离失所,没有归宿。为什么呢?因为两千多年来的形而上学现在被证明,它们都是失败的,都不成立。而未来的形而上学应该有新的气象。康德的意思是说,虽然承认以往的形而上学都失败了,但他的雄心和抱负是还要重建形而上学。很多人讲康德摧毁了形而上学,康德扼杀了形而上学。一般地说这也没错。但是你要看到,康德最终目的还是重建形而上学,他并没有否定形而上学。形而上学是可能的,问题是,作为科学的、真正的形而上学如何可能。

1 《纯粹理性批判》

在康德时代对形而上学冲击最大的就是休谟哲学。休谟哲学就是把一切形而上学都摧毁掉。形而上学以往是作为一切科学的科学,就是为科学奠定基础的。但休谟证明,形而上学不能为科学奠定基础,形而上学本身还不成立。休谟证明,因果性、必然性这些哲学探讨的问题,都不足为凭;万事万物,科学所展示的那些定理,那些公理和公式,其实都没有什么普遍必然性,都是可疑的。我们只能够就事论事,我们能够用它就用它,但是不要以为它的后面有什么形而上学的实体在支撑着它,有什么形而上学的关系在支撑着它。我们所能看到的只是一些知觉、感觉和印象在那里来来回回。我们认为有因果性和必然性的那些关系,只不过是我们人的主观联想。多次的、习惯性的联想,就形成了这样一些回路。那么,既然是习惯性的联想,而习惯是可以改变的,所以自然的规律本身是可以随时改变的,只要你形成了新的习惯,你就可以提出新的规律。那些规律都没有什么可靠性和必然性,顶多只有一种或然性,一种机遇,一种概率。休谟这种挑战对当时的形而上学是摧毁性的。当然,当时的科学不管这些,他们避开这个挑战,牛顿当时还讲要警惕形而上学,他们不管形而上学。但实际上科学如果离开了形而上学的基础是站不住的。你想想,牛顿物理学如果都是一些习惯上的联想,一些事件的恒常发生多半是这样的,万有引力定理多半是这样的,我们所看到的事件多半都遵守牛顿三定律,如此等等,那科学还有什么可信度呢,随时都可以怀疑。所以休谟对当时欧洲哲学和形而上学思想的挑战是致命的,几乎没有人能够回应。

这个时候,康德提出来要重建形而上学——未来的、真正能够作为科学的形而上学。怎么建立呢?康德提出来,我们处在一个批判的时代,一切都要经过批判,包括形而上学的基础。形而上学以前是建立在理性基础之上的。那么康德认为,我们首先要对纯粹理性本身进行批判。通过这种批判和考察,我们来解决形而上学何以可能的问题,也就是解决科学何以可能的问题。科学没有形而上学作为基础,那么,科学的权威、科学的可靠性就成了问题。你要相信科学,你的根据是什么?它何以可能?康德出来回答的就是这样一些问题。当时欧洲的哲学,唯理论和经验论,大陆哲学和英国哲学双方都对休谟无可奈何。休谟提出的问题,没有一个人能够反驳。休谟讲得很实在,他是很实事求是的,我看到什么我就说什么,我没有看到的我就不说。我看到了,我有知觉,有印象,我就说这个知觉和印象。我看见了太阳晒、石头热了,我就说太阳晒、石头热了。但是我不说太阳晒是石头热的"原因"。我没有看到原因嘛。因果律被推翻了,推翻了以后,没有人把它恢复起来。休谟讲得很实在,你是没有看到原因嘛。他如果坚持经验论的立场,只是承认已经看到了的东西,看到一点就说一点,那你拿他毫无办法。他把一切必然性、因果性、实体,这样一些形而上学的概念全部否定了,至少是否定了它的普遍必然性。这些东西都有用,但是不像人们所想的那样坚实可靠。

康德的回应是,你看到这些东西,你是怎么看到的?你说是凭感觉看到的,好,但是这些感觉是不是就仅仅是那些知觉和印象?你在感觉的时候,是不是已经有一些先天的东西在里面了?康德与休谟不同的地方就在于,他认为人们在感觉的时候,已经把先天的东西放进去了。比如说时间和空间,时间你也没有看到嘛。你在看到太阳晒、石头热的时候,你哪里看到了时间呢?可是你为什么能够说,太阳晒,"然后"石头热了呢?你这不是看到了时间了吗?你在感觉的时候,你已经对时间这样一个东西认可了。你怎么知道"先"有太阳晒,"然后"才有石头热呢?于是康德抓住这一点,认为我们在感觉、在经验中,哪怕是在被动的接受过程中,我们已经有了一种主动的把握能力。没有这种把握能力,我们连感觉都感觉不到。比如你说"我看见了一块红色",人家就会问:"你看见的这块红色持续了多长时间?""有多大一块?"如果你说"我看到的这块红色连一瞬间都没有持续","连任何广延的面积都不占",人家就会马上怀疑你没有看到任何红色。你如果看到了,哪怕是一瞬间,也是持续了一瞬间,哪怕是一丁点,也有一丁点的面积。所以,康德认为,在你看到了一块红色的同时,你就已经用你的先天的时间和空间在看它。所以,在被动的接受,在被动的感觉经验中,已经有先天的东西。这个先天的东西是你去感觉的条件。如果没有这个条件,你是感觉不到的。在感觉中,哪怕是在被动的感觉里面,已经有一种主动的能力、一种先天的形式在那里,使你能够感觉到。

在这里,我们看到,康德另辟蹊径,就从休谟的出发点出发,再进一步提升上去。我承认你经验论说得有道理,我们只能够说我们看到的东西。但是,你是如何看到的?你看到是如何可能的?你的经验是如何可能的?所以康德有一句话:一切知识都开始于经验,但是并非都来源于经验。一切知识都是从经验开始的,休谟说得没错,我们都是通过经验才知道,但是一旦经验到,这个经验里面所包含的就不仅仅是经验的东西了。一旦经验到了,这个经验里面就既有后天的东西,也有先天的东西。先天的东西最直接的就是时间和空间。康德还进一步追溯,除了时间和空间以外,还有更高的形式,那就是范畴——知性的范畴。知性的范畴使你所看到的东西变成了一个"对象"。你看到了太阳晒,也看到了石头热,你为什么能说"太阳"晒,为什么能说"石头"热呢?这是因为你在看到太阳晒的时候,你把太阳看作一个"实体",把太阳的晒看作是一种"偶性"。实体和偶性是一对范畴。你虽然没有直接看到太阳这个"实体"的概念,但是你之所以看到了太阳晒的事实,说明你已经有了一个先天的认识能力,就是能够把某种东西看作实体,把另外一种东西看作是这个实体的属性。因果关系也是这样。当你看到太阳晒、石头热在客观上连在一起的时候,你就可以用一个因果关系去断言太阳晒热了石头。那么实际上,你就是把太阳晒看成了原因,把石头热看成是结果。

所以,康德对科学知识的可靠性的解决办法,不是像人们,特别是如唯物主义者那样认为的,有一个客观对象作为我们相信的根据。唯物主义认为认知是对客观对象的反映,所以是可靠的。休谟认为这不可靠,因为那个对象你没有看到,你怎么断言它的存在呢?你所看到的,只是你的知觉印象。康德也认为不可靠,说我们的认识是对客观对象的反映,这没有什么根据。因为客观对象你并没有看到,你并没有经验,你所经验的只是客观对象向我们显现出来的现象。如果这些现象能够成为必然的、普遍的知识,那不能从对象上面找原因,要从主体上面找原因。所以康德提出来,我们的知性,我们的认识能力,在认识任何对象的时候,我们不是完全被动地接受的。我们认识主体有一面认识之网,我们的时间空间也好,我们的各种范畴也好,都是这面认识之网上的纽结。当然,这个比喻并不是康德的比喻,这是后来黑格尔的比喻,列宁在《哲学笔记》中特别重视黑格尔这个认识之网和网上纽结的观点。但是康德有这个思想，他认为我们先天有一套认识能力，认识结构，他叫做先天的直观形式和先天的知性范畴。这些范畴有十二个范畴，分为四组。包括量的范畴，质的范畴，关系的范畴和模态的范畴。量的范畴就是单一性、多数性和全体性；质的范畴就是实在性、否定性和限制性；关系范畴就是实体和偶性、因果性以及交互关系；模态范畴就是可能性、现实性和必然性——可能和不可能，现实和非现实，必然和偶然。这样一整套的范畴，康德把它们编成四组，每组三个。

这就是我们认识能力的一面网，我们用这面网来捕捉落在我们感性之中的经验材料。这些经验材料是由物自体、自在之物，刺激我们的感官，使我们获得的感知。但是我们的认识不涉及那个自在之物。自在之物是不是就像我们感官所感觉的那样的呢？不是的。比如我们看到红色，那么自在之物是不是红色的呢？谁也不知道。我们只知道，它刺激了我们的感官，使我们产生了红的印象。我们把这个知觉和印象通过自己的一套认识之网把它整理起来，构成了那个对象。所以康德认为，所谓认识对象，不是指的那个物自体，而是我们主体自己建立起来的。康德讲的"对象"有两重含义，一个就是物自体，那是我们不能认识的，物自体不可知。另外一个就是现象，这个对象是我们把它构成的，是我们通过我们主动地规范、整理，把我们所获得的那些知觉、印象等主观表象构成起来，使它们合乎实体性、因果性等等这样一些规律，那么，我们就可以把它看成是一种对象。所以，科学知识的可靠性的来源，不在于物自体在我们之外，用我们的观念对它加以符合，不是以这样一种方式来保证知识的可靠性；而是反过来，由我们主体保证的，我们有这样一套先验结构，这一套主观上的先验结构，是任何人——甚至于不仅仅是人，是任何有理性者——外星人也好，高级动物也好，天使也好，任何有理性的存在，他如果要进行认识的话,都必须有这一套认识结构。这一套认识结构,不是从人类的生理结构上分析出来的,而是从人类的认识这样一个意识结构里面分析出来的。当然也是从人身上分析出来的,但是主要着眼于人的认识、人的科学知识上的结构。人的科学知识是靠主动建立起来的。牛顿是怎么发现科学规律的?牛顿如果在那里等着苹果掉下来砸在他的头上,如果不思考,那么苹果砸在他的头上也就白砸了,他也得不出所谓万有引力的规律。得出万有引力的规律必须思考,必须用人类认识之网去捕捉苹果掉在头上这件事情,追溯它何以可能。这样才能够得出一个普遍的规律。

所以,人的这样一套认识结构,是必然的,是先天的,任何人不能改变,你想改变也改变不了。比如说,一切事情都是有原因的,你说不一定,我相信有些事情是没有原因的,那你就是迷信了,那你就是没有科学知识了。他居然相信有些现象是没有原因的,居然相信有些现象是没有实体的。那不是鬼魂嘛。所以一个有近代科学知识的正常人,他都不会否认这样一些基本的认识结构。这一套认识结构是不以人们的主观意志为转移的,存在于一切认识主体之中,构成一切知识成为可能的构件。它排除了一切奇迹、神秘的东西、不可解的东西,哪怕是这个事情的原因还没有发现,但是我们肯定,一个有科学头脑的人都会相信这个事情肯定是有原因的。有人会问你,这件事你还没有看到,你怎么知道是有原因的呢?这个原因你还没有发现出来,你怎么知道它肯定有原因呢?按照经验主义的方式,我们只承认我们已经看到的东西,我们还没有看到的东西我们就不能预见到。但康德认为,正因为我们的认识结构里面有因果性这一个范畴,所以我们不能不设想一切发生的事情都有它的原因。这是不以人的意志为转移的。所以这样一种结构,它所建立起来的对象,就可以叫做"客观的"对象。它不是主观的。虽然它来自于主观,但你必须先有一个主体之物,先有一个因果性概念,你才能先验地断言一切发生的事情都有原因。人家告诉你,有一件事情发生了,你还没有看见,但你马上就可以断言,那事情肯定是有原因的。你凭什么这样断言?就是凭任何事情只要你经验到了,你就是通过因果关系的范畴去经验的,否则的话你无法经验。我们人的认识都是通过这一套范畴才能够经验到的。所以,由这一套范畴建立起来的对象,康德认为是客观的、是可靠的,有它的可靠性。当然,那个事情的原因究竟是什么?这个你还需要通过主体的经验去考察,也许你的判断是错的。但是不管你的判断如何错误,不管这个事情发生的结果是由于这个原因还是那个原因,但是有一点你绝对不会错,这就是,它肯定有原因。这是不会错的。在这一点上,理性存在一个法规。

康德讲,人为自然界立法,人的主体为自然界立法。自然界是客体。自然界这个客体如何才能建立起来呢?是靠人的立法建立起来的。如果没有法则,那么自然界就是一大堆漂浮不定的知觉和印象,就像在梦里一样,就像休谟所讲的一样。如果完全没有先天的东西,都是后天的知觉和印象,一大堆杂乱无章、漂浮不定的东西,那就像做梦一样。我们之所以把知识和梦区别开来,是因为我们认为,我们的知觉是对某个客体的知觉,那是因为这个客体首先是由我们主体建立起来的。它不是物自体,它不是离开人、单独地、自在地存在那里的东西,而是由我们人的主观能动性所建立起来的一个东西。所以康德讲,人为自然界立法。康德说,不是我们的观念符合于对象,而是对象符合于我们的观念。我们所建立起来的对象,它是符合于我们的观念的。理性为自然界立法,它要符合法律。我们在法庭上打官司,虽然具体的案子怎么判,还有待于诉讼。要去争论,要去讨论。但是唯一的标准,就是法律。法律是不变的。石头热这个事情的原因是太阳晒的呢?还是有人在底下烧了一把火呢?还是有人用开水烫过呢?这个具体情况我们不能够断言,还有待于追究。但是石头热了肯定是有原因的,这是可以先就予以断言的。石头热的原因是我们主体先验地建立起来的,然后,我们通过搜集大量的资料,分析原因究竟是哪一个,然后再把它定下来。我们有了一部法,有了一部宪法,然后我们根据这部宪法以及各种各样的根据和材料,以事实为根据,以法律为准绳,我们就可以打官司。就不像休谟讲的那样,完全没有人的主观能动性,只凭联想、习惯、想象,那人的知识就变成一种梦幻了。康德认为不是梦幻。康德认为,通过他的这种颠倒,即不是把人的观念看作是符合于对象的,而是把对象看作是符合于人的观念的,他进行了一场"哥白尼式的革命"。哥白尼时代,人们认为太阳围绕地球转,哥白尼说实际上是地球围着太阳转。康德认为,原来总认为是观念符合于对象,这就是知识,这就是真理。从亚里士多德以来,一直是这样认为的。但是康德独辟蹊径,认为真理之所以为真理,是因为对象符合于观念。当然,对象符合观念,然后观念也可以符合对象。康德并不否认我们的观念也可以符合于对象。但是,我们的观念为什么会符合对象,并不是由于对象是物自体,而是因为对象首先是我们的观念所建立起来的。我们的观念自己建立起来的对象,那么当然可以符合于这个对象了。观念符合对象是因为对象首先符合了观念。这就是康德的哥白尼式的革命。他在主体和客体之间,作了一个颠倒。

当然,我们从唯物主义的立场看,我们可以认为他的这个客体还是主观的。现象是由主体建立起来的,它的内容就是那些知觉、印象。那些表象,仍然都是主观的,是由主观的范畴这些东西建立起来的。但是,康德对"客观"有其特定的解释。他认为什么叫客观呢?客观就是普遍必然的,就是你没有办法任意改动的。你不能说有的东西就是没有原因,有的东西就是没有实体。这是人先天固有的一套框架,一套认识框架。这套认识框架从哪里来的?康德认为,它来自于人的主体性,就是所谓先验的统觉,先验的自我意识的统觉。先验的自我意识有一种能动的把握能力,一种自发的把握对象的能力。它如何表现出来呢？它是利用这十二个范畴，来体现它的能力。十二个范畴都是统觉的体现，统觉统摄那些由感性而获得的材料。我们在知觉、印象、感觉的时候，就使用了十二个范畴。我们用十二个范畴把对象方方面面都规定好了，那么这个对象就立起来了。这就是我们的认识对象。追根溯源，追溯到人的主体的能动性，就是自我意识的统觉，它是自我意识的"本源的统觉的综合统一"。这是他的最高点，他的知性认识、一切科学知识的最高点。人类怎么会有这样一种综合统一，那我们就不能再追溯了。这是最早的。你要追究自我意识后面是什么东西使它能够发挥这样的能动性？康德认为那就是一个物自体的问题了。我们只是在现有的知识里面，通过一层层的剥离，剥到最后发现那个原始的生长点，那就是统觉。再不能往前了，再往前我们就不知道了，那同样是个物自体。客体后面是物自体，主体后面也是个物自体。你可以说它是灵魂呐，你可以说它是人的自由哇，这样说都可以，但这些说法都不能说明问题，它都不是知识，人的灵魂，人的自由，都不是知识。凡是知识，都必须在经验之中有所显示。这一点，康德认为休谟说得很对，要实事求是，有什么就说什么。你没有看到，就不要乱说。你看到了什么，在经验中呈现出来，在时间和空间中显现出来的，在你的五官感觉中所接受到的，有了这些内容的充实，才能叫知识。

所以康德认为，知识有两个成分，一个是后天接受的那些知觉印象，经验的材料；另外一个是知识的形式，先验的形式，包括时间、空间、范畴，这都是先验的形式。双方谁也离不开谁。知性没有直观，就是空的，直观没有概念，就是盲的。在这一点上，康德把经验派和理性派综合起来了，统一起来了。当时大陆理性派和英国经验派争得一塌糊涂，各执一端。理性派坚持先天的东西，先天的知识。经验派坚持后天的东西，后天的经验。康德认为，双方都不要争论，都各有自己的道理，但都各有自己的片面性。关键的问题在于,他们双方都没有把现象和物自体区分开来,都认为自己的知识就是对那个物自体的认识,而没有通过发挥主体的主观能动性来解释人的知识的来源和形成。所以,从康德开始,西方哲学走向了一个强调人的主观能动性的道路。马克思主义哲学就是这样。马克思主义的辩证唯物主义认识论也是通过这种辩证法强调人在认知中有一种主观能动性。

那么这就是康德在《纯粹理性批判》中的主要内容,其他的具体内容我就不多讲了。主要意图就是确立人的一切科学知识何以可能,是由于人的主观能动性才得以可能的。不是因为那个自在之物,我们被动地反映了它,我们就建立了知识。不是的。是因为我们的主体能动地建立起了我们的知识体系。但是,这就有一个问题。按照康德的说法,我们只能够认识现象,而不能够认识自在之物。那么,我们所把握到的这个科学知识体系,不管你认为它多么客观,多么具有普遍必然性,你认为它有可靠性——在我们经验范围里,它确实具有可靠性。因为所有的经验都要以它为前提,固然有它的可靠性。但这种可靠性在康德看来毕竟只是现象。我们只能有关于现象的知识,我们不能有关于物自体的知识。用我们现在的话说,我们只能认识现象,不能把握本质。所有科学知识都是现象,包括牛顿的定理,好像已经很抽象了,但还只是现象,还是有关经验世界向我们显现出来的那个样子。而这个世界本身究竟是什么样子的,我们始终是不知道的。在这点上,他与休谟有相同之处。休谟说我们只说我们看到的东西,我们没有看到的东西不说。休谟对自在之物予以否认,他说我们不知道到底有没有那个东西,使我们产生这样的印象,我们不知道,没看到过。康德跟休谟相比,他有一点不同,他承认有自在之物。他认为,既然有现象,那必然有显现者,有自在之物。既然我们的感官受到了刺激,这就足以使我们断言有一个东西在刺激我们的感官。自在之物是无庸怀疑的。在这一点上他同意唯物主义的观点。但是其他许多哲学家认为康德不彻底,既然你标榜你是实事求是的,那你的感官获得了就获得了,你就不要说它肯定有个对象,有个自在之物在刺激,你没有看到嘛。你要是断言有一个自在之物在刺激你的感官,那就说明你已经对这个自在之物有了认识了。你至少认识到它是存在的。后来很多人批评康德不彻底,像费希特、谢林、黑格尔等唯心主义者,他们的共同特点就是把康德的自在之物抛弃了。既然自在之物是不可认识的,那么它是否存在亦不可认识。是否有自在之物,你要彻底的话,你应该说我不知道,不可知。

但是康德承认自在之物,是有他的用意的。你可以说他不彻底,但他的不彻底是有他的用意的。康德认为,未来的形而上学除了为自然科学奠定基础以外,还有一个作用,就是应该为道德奠定基础,应该为人的自由意志奠定基础。为此,必须要保留对自在之物的承认,因为自由意志本身也是不可认识的。之所以被称为自由意志,你就不知道它会干什么。任何人包括他自己,都不知道下面将要干什么。他将要干的事是不可知的,这就是自由意志。如果已经知道了,前因后果都已经知道了,那就不是自由意志。那就是因果律限制了,那就不自由了。我们通常讲为所欲为,为所欲为的特点就是自发性,你不能算定,包括行为人自己都不能算定。我将要做什么我是不知道的,到时候再说。到时候做出来了就做出来了。康德讲的自由意志就是这样的,他认为这个东西属于物自体,不可认识。你只能认识它的后果,它做出来了,你才能认识。它在现象界产生了影响,你就能认识它。但是自由意志本身你不能认识。他为什么要保持物自体呢,他有他的用意。所以,他对于科学知识虽然奠定了一个可靠的基础——至少他自己这样看——但这些可靠的基础有它的范围,有它的限制,那就是限制在现象界。超出现象界,他认为科学就应该到此止步。科学的范畴,时间、空间,这些先天的构架只能够在现象的领域里面适用,超过现象,没有经验的东西提供现象材料,你想用这一套东西规定自在之物,比如规定灵魂,灵魂有多大?灵魂是否永存,是否不朽?用时间,用空间来规定灵魂;比如上帝,你要规定上帝,上帝在哪里,离我们有多远?那都是一种越权。知性的认识能力不能够超过经验的范围之外,去规定后面的自在之物。

所以他在《纯粹理性批判》的导言里讲到,我必须悬置知识,为信仰留下地盘。"悬置知识",有的人把它翻译为"取消知识",其实不是取消。康德怎么会取消知识呢?也不是否定知识。"aufheben"这个德文词我们今天在讲黑格尔的辩证法时把它翻译成"扬弃",其实就是悬置起来,放到一个高处,把它挂起来。我们知识已经讲完了,它属于现象界。现在我们要把现象界的这一整套科学知识高高挂起来。高高挂起来有两重意思:一个方面就是把这个收起来我们下边讲别的。就像我们平常讲,你把这一套收起来吧。也有一点"取消"的意思,你不要搞这一套,你把它收起来。另外一个意思就是把它保存起来。科学知识我们已经讲了,已经彻底地探讨了,那么我们现在暂时把它束之高阁,把它放到它应该去的地方,然后剩下来的我们来谈信仰。所以他的第二大批判——《实践理性批判》主要就是谈这个问题。

2 《实践理性批判》

《纯粹理性批判》是对自然科学提供基础,讲的是科学何以可能,自然科学的形而上学何以可能。那么《实践理性批判》呢,讲的是人的实践行为。在人的实践行为中,人的道德何以可能,道德形而上学何以可能。《纯粹理性批判》讲的是人为自然界立法,《实践理性批判》讲的是人为自己立法。人自己要立法,人的行为要有法则,要有规范。人的行为不能乱来，就像自然界有规律一样，人类的行为也应该有自己的规律。但这个规律和自然界的规律是大不一样的，人的行为规律是有关自由的规律，它是建立在自由上面的，它是不可规定，不可预测的，不可用因果性来加以规范的。我刚才讲，康德对自由的理解是对一个物自体的理解，是对自在之物的理解。所以我们不可能去预测它。它的最基本的特点就是为所欲为，想干什么就干什么，就是任意。既然是任意，那就意味着是没有什么东西可以规范它的，摆脱一切束缚，尤其是摆脱了因果律的束缚。康德在《纯粹理性批判》的"二律背反"里面讲到了，自由和因果必然性这两者构成了一对二律背反。世界上有没有自由？有的人认为，世界上没有自由，一切都是必然的，包括物理学家，也包括神学家，都认为一切都是由因果必然性决定好了的，每一个细小的细节，都是被规定好了的。就如莱布尼茨讲的，如果没有上帝的最初设定，就连一根头发都不会从头上掉下来。一切都变成宿命论了。物理学家也有这种倾向，认为一切都是可以通过机械因果率分析出来的。一个人犯了罪，他为什么如此？按照科学的观点，一切都是由于在当时那种情况之下，他的血压，他的神经系统，他的周围环境对他的作用，光线、声音、机械力，这些东西决定他做了这件事情。那么他就没有责任了，因为是必然的嘛，他在这个时候他不得不这样做嘛，他只能这样做，就像一个机器，到这个时候就发动了，他就做了这件事情，那他还要负责吗？法庭为什么要判他的罪呢？在法庭上，就有辩护律师经常这样辩护，说这个人的犯罪是有原因的，他生长在一个贫民窟，一个犯罪多发地区，他受到了不良影响，受到了资产阶级思想的腐蚀。有些罪犯自己也认为，我之所以犯罪，那是因为看多了黄色小说，用种种必然的原因来解释他的犯罪行为。但是，尽管有所有这些解释，法庭还是要判他的罪。为什么？律师就不平了，既然他的犯罪是因为环境等等诸多因素造成的，那么你只能判定环境有罪，你怎么能判他有罪呢？他是迫不得已呀,他从小生出来,也是一个干干净净的孩子呀,是社会把他造成这样的啊。但是法庭恐怕不能这样认为。法庭会认为,虽然有各种各样的社会环境,有些是你无法抗拒的影响,但是你在做这件事情的时候,你的意识是清醒的,你本来可以不做。尽管有一切必然性,但你当时既可以这样做,也可以不这样做。那么多人没有犯罪嘛,别人在同样的环境中也可以不犯罪嘛。你为什么一定要犯罪呢?你不是动物,也不是一架机器,你可以控制自己嘛。如果你不能控制自己,比如说你得了神经病,或者你醉醺醺的,喝醉了酒,喝醉了酒可以减轻一些。但是你和精神病人不一样,精神病人失去理智了,那我们不能把他看作人了,只能看作是一个有病的动物了。所以法庭要判定你有罪,因为你当时是自由的。根据什么?就是尽管有一切因果性的解释,但有些东西用因果性是不能解释的,就是你是自由的。所以法庭判你有罪是尊重你,因为你是自由的人,你不是动物。如果你贬低你自己,说你当时是一个动物,我有精神病,那法庭也可以不判你,如果你有医生证明你是精神病,那就可以送你到精神病医院,那就可以不判你,哪怕你杀人,也可以不判死罪,可以判你无罪,你不清醒嘛。但只要你是清醒的,你同样一个行为,一方面固然可以从医学的角度,从物理学的角度,从生物学的角度进行头头是道的分析,分析得非常完备,好像你做的事情是一定要做的;但是,从法律的角度,从道德的角度,还是认为你本来可以不这样做,你不应该这样做。所谓"不应该",就是说你本来可以不这样做,只有可以不做,才说你不应该这样做。如果你迫不得已,只能这样做,那就不存在应该不应该的问题了。比如说自然现象,山体滑坡滑下来,把人压死了,你不能说那山"不应该"滑下来,那是自然现象嘛。而人的行为不是自然现象,人的行为除了一切用自然现象可以解释的方面以外,还有另一方面,就是人是一个自由主体。那么这一个自由主体,我们还要为他留下余地,在这个时候,在法庭上,我们必须把一切科学知识悬置起来,为自由,为信仰留下地方。

所以,在这个意义上,人可以为自己立法。那么,这种立法,在什么意义上可以建立起来,自由既然是自己任意自发的,怎么可能有一种法规?我们在日常生活中有自由,通常我们理解就是为所欲为,那就是无法无天了。我们通常讲的"自由化",什么叫自由化?我们理解就是无法无天了。你想干什么就干什么,你想怎么干就怎么干,那就是自由了。这种理解在一定意义上没错,自由就是有这个因素在里头。但是自由除了有这个因素在里头以外,还应该有别的东西。这样一种为所欲为的自由,只是最低层次的自由,而且是抽象的,是没有内容的,或者说是瞬间的。你在一瞬间,选择了做这样的事情,那么下一瞬间你就不自由了,下一瞬间你就要受到惩罚,下一瞬间你就会后悔。监狱里的很多罪犯,在记者采访的时候,都觉得后悔,觉得当时不应该那样。这说明,当时的自由是虚假的,与后来的自由是不一致的。他坐在牢里的时候,他在想,如果时间能够倒流的话,他当时就会有另外一种选择。这就说明,他当时那种自由是一种假象,他以为自己自由,但是后来他后悔了,和他后来想要的那种自由相冲突。所以真正的自由不是瞬间的自由,而应当是能够一贯下来的自由。就像孔子所讲的"有一言而可以终身行之者乎?"有没有一个道理是可以终身持守的?当然孔子讲的不是自由的问题,孔子讲的是一种恕道,己所不欲,勿施于人,这也是一种道德律,但是这种道德律不是自由意志问题,而是一种恕道,要有恻隐之心,有不忍人之心,这样一个意思,我们借用来说明康德的道德律。康德的道德律说得简单一点,就是自由意志的一贯制。正因为是一贯,才是真正自由的。真正自由的,就是道德的。

所以《实践理性批判》把人们的一切日常的行为、有目的的行为,都叫做"实践理性"的行为。我今天出去干了一天活,赚了十块钱,这个行为本身就是实践理性。因为你有理性的策划,你有目的,你知道用什么样的手段去达到那个目的。但在康德看来,这种实践理性只是"一般的"实践理性,还不是"纯粹的"实践理性。一般的实践理性有理性,但是这个理性是一次性的运用的。我今天去赚钱,我不考虑明天怎么样,我今天反正达到我的目的就够了,我就满足了。我要做一件事情,然后我把它做成了,我就满足了。下面的事情,再说。这是不考虑连贯性的。理性在这样一种日常行为中间,是被片段地使用的。它的动机和它的目的,都不一定是理性的。比如说,我肚子饿了,我想到要赶快去赚点钱来去买点东西,去买面包吃。这个肚子饿了不是理性的,是它在促使我去做某件事情。我们通常讲的为所欲为,其动机并不是理性的。当然这件事情的过程是理性的,对于某个目的我肯定要采取一种合理的手段才做得成。这件事情可能是理性的,但是这件事情的前提是感性的,是本能的,是出于欲望、出于情欲的等等,是非理性的。所以,一般的实践理性,不是彻底的实践理性,它是混杂了感性因素在里头。而康德要探讨的是纯粹的实践理性。

纯粹实践理性,就是我完全按照理性来设计我的动机,设计我的目的。那么,这个理性就要求有逻辑上的一贯性。我有自由意志,但是这个自由意志不是为本能服务的,不是为感官服务的,不是为欲望服务的,而是为自己服务的。就是我要能够"有一言而可以终身行之",我要保持我的自由意志的一贯性。我不后悔,我永远不后悔。不但是我永远不后悔,而且别人也可以照这样去做。我的行为的个人准则可以成为一条普遍的规律。在这里康德告诉我们,我的行为和意志的准则——准则是个人的——我个人想这样做,但是我要考虑它是否能成为一个普遍的规律,是否能终身行之。人的行为都是有准则的,比如说,有的人自私自利,他认为那就是他的准则。人为财死,鸟为食亡嘛,这就是他的准则。但这个准则是否能终身行之呢?是不是他能够希望所有的人都这样做呢?显然不是的。他自己人为财死,鸟为食亡,他自己自私自利,他总是希望别人大公无私,毫不利己专门利人,这样他才能占便宜。如果所有的人都自私自利,那他得不到多少便宜。所以,他的自私自利的原则,他的个人准则,他是不能够希望变成一条普遍的原则的。所以,他的自由是不一贯的。他做这件事情是自私自利,但是最后他要自食其果。人家都知道他是个自私自利的人,他就自私自利不成了,他就获不到利了。他本来是要获得最大利益,但到最后他获不到利了,那么还是自相矛盾的。康德认为,什么是道德律呢,什么是道德的呢?不能凭我们的情感来判断,也不能凭我们的需要来判断。我们通常对道德还是不道德的判断是看它符不符合我们情感,或者顶多看它符不符合自身的利益,或者冠冕堂皇一点,符不符合"大多数人民的利益"。我们通过利益,通过感性的东西来判断一个东西是否道德。康德的判断标准则是理性。康德认为所有感性的东西都不能判断是否道德。只有逻辑上的一贯性,你的行为,你的自由意志的行为,要符合逻辑上的一贯性,不自相矛盾,才能成为道德的标准。他举了一个例子,比如说,我们可以设想,我说谎。说谎是否道德?这件事情不能凭你的感觉,而要凭一种理性推论。理性的一个很重要的能力就是推论,或者说理性的一个主要能力就是推论——推理。那么你就推理一下,如果人人都说谎,那会怎么样?如果世界上所有的人都说谎,康德讲,那就不会再有说谎的了。为什么呢?因为人人都说谎,一旦成为了普遍规律,那就没有任何人相信任何人的话了。没有人相信了,你还说谎干什么呢?你说了的话,反正人家都不相信,那你说谎干啥?我们今天打广告,是因为还有人相信广告,尽管有大量的谎言,其中还有一些是真广告。如果你设想一下,所有的广告都是百分之百的假广告,那我们还看广告吗?我们不会看。没有人看广告,那几百万的广告费不是都丢到水里去了吗?所以说谎是要有人相信的,如果所有人都不相信你说谎,那不是白费口舌?你节约一下精力还好一些。所以"说谎"这条准则,一旦把它当作普遍规律来看待,它就自我取消了,它就自我淘汰了。那么反过来,如果不说谎,不说谎能不能成为一个普遍规律?康德说,如果说一个有理性的人想到自己一贯不说谎,而且所有的人都不说谎,大家都以诚相见,那这个世界就美好了。所有的人都会不说谎了,那这条规律就会自我循环,就会良性循环,就没有自相矛盾。而说谎这条准则一旦作为普遍法则,就会发生矛盾,就会自我淘汰,自我取消。这就是理性呀。这就是实践理性。就是人在实践中,用理性原则,来为自己的自由意志行为建立一条法则。

所以人为自己立法,人可以为自己的行为立法。这个立法不是凭主观意愿,找来一个什么法去遵守,那个东西是靠不住的,因为那个法不是出于你的自由意志。那只是出于你的一种适应,比如上帝的诫命呐,古代圣贤留下来的比如三纲五常啊,这些东西也可以作为法,也可以自觉地去遵守它。孔子不是讲,"七十而从心所欲不逾矩"吗?那不是自由意志吗?但是我们要考虑到,这个"矩"是从哪里来的。这个"矩"本身是从心所欲设定的呢,还是自由意志设定的呢?都不是。这个"矩"恰好是从三皇五帝、文武周公传下来的。这个规矩是祖宗传下来的一套立法规范。它不是人的自由意志自己通过一种普遍的理性思考所建立起来的。所以康德特别强调,道德律应该建立在自由意志的基础之上,自由意志自己为自己立法,而不是由外来的某种权威立的法。那个法,尽管人们认为好像是道德的,传统道德都是这样的,基督教道德也是这样的,都是由某个权威说了句什么话,然后我们大家都去遵守。法律往往也是这样的。但是,真正的道德应该是自由意志自己为自己立法。而且自由意志为自己立法应该成为判断一切事情是道德的还是不道德的一个最终的标准。要撇开一切情感、欲望来考虑,而只以理性为唯一标准。

这样一种理性,就是纯粹实践理性。前面讲的日常的实践理性,只是一般的实践理性。一般的实践理性里面所遵守的原则,是"自由的任意"

的原则。为所欲为，就是任意。康德讲，人的任意是自由的任意。因为它里面有理性。人的任意与动物的任意是不一样的。动物的任意是出于本能，人的任意还是有一定的考虑。我要达到什么目的，我要选择一个适合于这个目的的手段，那么这个选择里面就有理性了。自由的任意，之所以是自由的，就是因为其中有选择的余地，已经有理性在里面。但是这种自由的任意是一次性地、片段地使用它的理性。而道德律里面的自由，它是"自由意志"，自由的任意和自由意志是不一样的，有不同层次上的区别。"意志"这个词，我们汉语里面含有一贯到底的意思。"这个人的意志很坚强"，是说这个人能一贯到底，有毅力，能够坚持——康德就有这个意思，他的自由意志就有理性的一贯性。理性如果不一贯，如果一个人只是立足于一时的冲动，甚至立足于本能地使用理性，尽管也是使用了理性，但它还不是自由意志，而只是自由的任意。自由的任意就是我们一般日常的实践理性，而自由意志才是纯粹的实践理性。当然，在我们一般的自由任意里面已经包含了纯粹的实践理性，因为它也使用了理性嘛，人已经有了一般理性的能力，他就能够意识到这个理性可以变成纯粹的。但是只有纯粹实践理性，才把这个纯粹的理性提取出来，单独地来加以考察。

所以，《实践理性批判》主要是从我们一般的实践理性里面，提取出纯粹的实践理性，来确定它的规律。那就只有一个规律——自律。自律是自己给自己立法的规律。自律就是道德。道德律就是讲要使你的行为的准则成为一条普遍的法则。这就是道德。康德叫它"绝对命令"，无条件的命令，你应该这样。为什么应该这样呢？因为你是有理性的人，它没有为什么，它是一种无条件的命令。你是一个有理性的人，你就应该懂得要使你的行为的准则成为一条普遍的法则。它和那些有条件的命令不一样，有条件的命令就是一般的实践理性，自由的任意。比如说，你在年轻时代要积攒钱财，以免老来受穷。为了不老来受穷，你应该在年轻的时候积攒钱财。这个"应该",不是绝对的应该。如果有一个人说他不信,我老了受穷不要紧,我老了就去投河,去上吊,那你拿他没办法。所以它的前提是你一定要承认你老了还要享福,那么你在年轻的时候需要积攒钱财。这就是有条件的。但是道德命令就不是这样的。道德命令是出于你的理性,出于你的良心。你有理性,你有人格,你就要考虑到你的行为要前后一贯。一个有人格的人,他是行为前后一贯的、有原则的人。我们说,有原则的人,才叫有人格的人。我们经常听到有人说,"我用人格担保"。他的人格为什么能担保?他的人格之所以能够担保,就在于他的人格有前后的一贯性,他才能担保。如果一个人朝三暮四,他自己的行为都没有定准,你摸不透他,他不值得信任,你相信他但他马上就变了,辜负了你的信任。那么他以人格担保,你就要问,你的人格在哪里?你平时做事,一点准则都没有,任何规范都不遵守,你有人格吗?所以,一个人的人格,就在于他的理性的一贯性。这是一个人做人的起码的标准,人是有理性的动物嘛。所以,这个命令就是一个无条件的命令。

当然,无条件的命令也有前提,就是你必须是个人。凡是人——有理性的动物,才能有这个无条件的命令。按照这个理性,你应该做什么,仅仅是按照理性,不被任何别的东西左右,只是按理性。一个人做小生意,他说他不卖假货。不卖假货其实还是很容易做到的,不卖假货可以带来很多好处,可以树立他的品牌。我们现在鼓励要诚实嘛,做生意要诚信嘛,不卖假货当然是值得赞赏的,"百城万店无假货"嘛。这是值得鼓励,值得称赞的事。但是他的目的无非是为了赚钱,为了商业信誉嘛。所以,这种行为可以鼓励可以称赞,但是并不一定值得敬重。它是一个守法行为,但并不一定是道德行为。那么道德行为是什么行为呢?一个人如果说不卖假货,他做了这个承诺,他就遵守这个法则,哪怕这个店倒闭了也不卖假货,这个人就是值得敬重的。他不是为了这个店兴旺发达,或者树立品牌,为了赚更多的钱,薄利多销,他不是为了这些世俗的目的,他是为了道德原则,不卖假货。仅仅是因为卖假货不对,卖假货违背了理性的法则。这就是道德律。所以康德讲,"出于"道德律的行为才是道德行为。一般的、掺杂着其他的考虑的行为,只要"符合"道德律,当然也是值得鼓励的,也可以说是道德行为,但不是真正的道德行为。真正的道德行为是为义务而义务,为道德而道德。掺杂着其他的考虑的,那就不一定是为道德而道德的,他可能是为了别的,可能是为了与人相处哇,做个好人呐,我们通常把这种现象叫做"乡愿"。乡愿就是人际关系挺好,给人家一点小恩小惠呀,不伤害别人呐,人家都觉得这个人和蔼可亲呐,那么他当然是最有人望的、最有人气的,将来选人大代表什么的就会选到他身上了。领导也喜欢他,同志关系也好,群众基础也好。像这种人不一定是为道德而道德。在康德看来,真正严格的道德是为道德而道德,把道德看成是自己的义务,没有什么条件可讲,那就是应该这样遵守,这就是你的义务。

这种义务有个基础,那就是自由意志,自由意志为人的行为确立了一个道德标准。但这个道德标准的基础是物自体,你不能认识。你能认识的都是现象。我们前面讲《纯粹理性批判》时说过,人的认识都有可靠的基础,但是这些可靠的基础,都局限于现象的领域,而不涉及到物自体。那么这个物自体也可以建立规律,但又不能够在现象中成为知识。你为义务而义务,只是你内心的一种动机,谁知道你是不是真的为义务而义务,你不能把它当作一种知识,说根据我的分析,某某人他的心里就是为义务而义务,他的心是赤诚的。我们中国人比较相信这个东西,说某某人他是赤诚的,或至少我可以相信我自己是赤诚的。这是不可靠的。哪怕你自己相信你是赤诚的也不可靠。我们在"文革"中哪个不赤诚呐,但可靠吗?你现在为什么不那样说了?我们现在为什么不三呼万岁了呢?这说明我们当时那种赤诚在当时的那种情况下可以说是赤诚的,但过后我发现那些东西后面还有东西。当时的人不能不赤诚,你不赤诚你就会成为众矢之的,你哪怕当时不完全赤诚也要说自己是赤诚的,说自己是衷心拥护的。所以人对自己的认识也不能成为知识。一个人要认识自己是不容易的,特别是年轻人,他总以为我已经把握了我自己了,只要我敞开心扉,不隐瞒,所有的东西我都可以见天日,都可以放在太阳下面晒一晒。你认为那样你就赤诚啦?还有阴暗的东西,甚至于是你自己还没有意识到的。到后来,你有了阅历,你有了生活经验,你才知道,原来的想法是多么幼稚。原来对自己那种赤诚的、一相情愿的评价是多么的幼稚。你要对人形成知识,就像我们平常讲"知人论世",那要经过很多很多的风雨、风霜,到了老年的时候你是否大致上可以说,我对我自己有一个基本的把握了,都还难说。有很多人到了老年晚节不保,为什么晚节不保呢?他早年是不会相信以后到了晚年会晚节不保的,他不会相信的,他会说,我怎么会做出那种事情来呢?有很多优秀干部,有所谓"五十九岁现象",到了退休的时候,突然成了贪污犯。他怎么会想到,他到五十九岁的时候会成为贪污犯呢?他绝对不会这样认为的,他会觉得他不可能,但是他居然就成了贪污犯。

所以一个人对自己的认识应该是一辈子的,甚至一辈子都不见得能够有真正的深刻的自我意识。这个在康德那里,他就把它归结为物自体,不可知。我们有时讲人心叵测,人心叵测好像是一个贬义词。我们说这个人人心叵测,好像其他的人都是可测的,就是他不可测。其实人心都是不可测的。按照康德的说法,人心是一个物自体,人心有很多层的面具,一层又一层,永远用不完,只有上帝才是知人心者。你不光不知道别人的心,你也不知道你自己的心。我们讲认识自我是一个过程,一个人要认识自我,谈何容易。所以,自我意识,自由意志的本体,在康德看来完全是一个黑匣子,人是不能够认识的。人要认识自我,他必须要依靠上帝,上帝才能认识他。他自己是个什么东西,他可能在临死的时候,他大概可以知道他自己一生是个什么人。不过也很难说,因为有的人一辈子没做坏事,你不知道他心里怎么想的。他一辈子没做坏事,也许是没有这个能力,或者是没有胆量。有的人他做了很多好事,我们也很难知道他内心是怎么想的,他做好事是为了什么。哪怕他是杀身成仁、舍生取义了,我们也不知道他内心是怎么想的。你以为杀身成仁、舍生取义就是最后标准?也不是。有的人杀身成仁、舍生取义,只是一种明智的选择。在那个情况下反正要死,那么与其畏畏缩缩去死,还不如大义凛然给后世留下一个好名声,只有这个选择嘛。所以这些都不能成为对人心的标准。我们中国文化经常讲圣法心传,讲诚心,好像我们可以把他的心拿出来检查一番,然后把好的东西留下,把坏的东西去掉。那是绝对做不到的。因为"文革"期间就有体会嘛。所谓触及灵魂,结果触及了谁的灵魂?都是触及了肉体。灵魂是没有人能触及到的。到"文革"以后我们通过反省,我们开始认识到我们灵魂的层次性,认识到我们灵魂的深度,深不可测。有的人认识到了,有的人还没有认识到,可以说大部分人还没有认识到。有些认识到了我们的灵魂是有深度的。不是你想我现在大公无私,我内心就是赤诚,我能把握好自己,这个都很难说。到时候一切都取决于自由意志的选择。那时候怎么选择,你是估计不到的。所以我觉得,康德的这个观点还是对我们有启发的,它给人的道德留下了一个可持续发展的余地。道德也要可持续发展嘛!物自体实际上就像一个黑箱,把人的自由保护起来了,把人心保护起来了。人有隐私嘛,你不要把它揭开,暴露在光天化日之下,把人家的日记、书信都拿出来展览,对人家进行人格的侮辱。那是要不得的,而且也没有效果。人心本来是个黑箱,不管他念头是什么样的,他可能有很邪恶的念头,但不一定做邪恶的事情,却可能做好事。做好事人也可能有很邪恶的念头,这个都不一定的。所以康德这种物自体的说法,在认识论方面我们可以批评他,没什么事物的物自体是不能认识的,不管什么事物,慢慢都会被我们认识到。当然,是无止境的。但是终究在原则上是可以认识的。但在道德上确实应该留有物自体的余地。

这是康德的第一批判和第二批判。《纯粹理性批判》讲的是知识的问题,康德把它称之为理论理性,又称之为思辨理性,这在康德那里都是一个意思。思辨和实践是相对而言的。认识啊,思考啊,理论上的东西,都属于思辨,都是理论,但没有去做。而实践理性是指导人们怎么做。《实践理性批判》是讲人们应该怎么做的。它们分别属于两个领域,一个是现象领域,一个是物自体领域。我刚才讲了,他这两方面的设定都有他的道理,有些东西的道理很深刻。但是现在有一个问题,就是这两个领域如何能够协调起来。它们都属于人类,人类为自然界立法,人也为自己立法。而且都属于理性,一个是实践理性,一个是理论理性。都是理性,又都是人,在同一个人身上有这两个方面,而这两个方面又是割裂的。当人们认识的时候呢,人们不讲道德,我们今天讲科学理性,科学主义,唯科学主义。唯科学主义的发展,特别是科技主义,科学技术泛滥,在当代世界已经是很大问题了。就是把人的道德、审美等等都变成了一种可以数字化的东西,可以用科学技术来处理的东西,那就是不讲道德了。你只讲科学,就把道德排除了。康德当时也指出了这个问题,他看到,如果我们完全讲科学,那就可以不讲道德了。如果一个人只是有理论理性那一方面,他只求科学知识的发展,科学知识的发展当然是为了人的幸福,为了使人们获得更多的物质财富,为了掌控大自然,那么这样一个人就成了一个动物,一个可怕的动物。人只有理性,并不使人高于其他动物之上,其他动物毫无知识,但有爪牙。人呢,有理性。这理性比老虎的爪牙更厉害。但你仅仅是更厉害而已。人是一种理性的动物,也在这个动物界里面生活,也构成动物世界里面的一环,但人就没有超出动物之上的东西了。如果只有科学理性的话,只有理论理性的话,那么人和动物没什么区别。所以康德认为人除了理论理性以外,还要有更重要的就是实践理性。在这个意义上面,实践理性高于理论理性。人类通过理论理性把握自然界,建立自然科学,支配大自然——知识就是力量嘛,这一切是为什么?难道只是为了人类的生存吗?当然不是。科学理性是附属于实践理性的,而实践理性凌驾于科学理性之上。人从本质上来说,是一个道德的存在,而不是一个感性的存在,不是一个自然科学意义上的动物性存在。

所以人在现象上好像是一个动物性存在,但是从本质上来说,从本体上来说,从他的物自体这方面来说,他是一个道德存在。道德存在就体现在他的行为,他的行为是道德的。他也是立足于理性之上的。但同是理性,同时又在两方面表现,两方面互不干涉。你要做个道德的人,你就必须不考虑人的幸福,人的欲望,人的感性的需求,你要为道德而道德,你稍微掺杂了一点感性的东西,利益啊,愉快啊,同情啊,怜悯啊等等这些东西,他都认为是不完全道德的,或者是不道德的。只有把这些东西全部撇开,唯理是从,那才是道德的,才是真道德。它们这两方面是非常对立的。讲道德的时候你完全把科学撇在一边,悬置起来;你讲科学的时候呢,又不讲道德,科学要求你不考虑道德,要求你把科学规律贯彻到底,把因果律贯彻到底。把因果律贯彻到底,那还有什么道德。连自由都没有了,那就根本没有道德了,人就成了动物了。那么这两个方面如何能够协调呢?如何能够使道德和科学双方结合起来,至少形成一个过渡,因为是同一个人嘛,同一个人具有这两个方面,如何使这两个方面和谐共处呢?我在进行我的道德行为的时候呢,我并不妨碍我的科学;我在从事我的科学研究的时候,我也还是个道德的人。如何才能做到这一点呢?康德认为,需要一个桥梁,需要一个中介,一个第三者,把两者结合起来,沟通起来。这个沟通者就是他的第三批判——《判断力批判》。

3 《判断力批判》

《判断力批判》是康德在晚年才发现的一个领域。他早年的设计是这样的：一共两大批判，一个是理论理性的批判，一个是实践理性的批判；相应地，将来要建立的未来形而上学有两种形而上学，一个是自然的形而上学，一个是道德的形而上学。本来这样就很平衡了，就很完美了。自然界也讲了，道德也讲了，"头上的星空和心中的道德律"。通过两个批判，建立起来两个形而上学。形而上学建立起来了，康德那时候已经七十多岁了，本来他可以休息了。但是康德看到这还不行，两个批判中间还有一道非常深的裂痕。当然就这两个批判本身来讲，这道裂痕好像没有什么关系，各讲各的就是了；但是实际上，表明这两个批判还有一个最终的根基没有打牢。康德就是要对整个形而上学奠定新的根基嘛。奠定来奠定去还是有一个没有奠定牢固，在什么方面没有奠定牢固呢？这两个批判之间应该有个过渡的东西，作为两者的共同的支撑点，这个支撑点应该就是判断力。

所以到了晚年，康德在写完了《实践理性批判》以后，刚刚完稿还没有出版的时候，他在写给他的一个朋友赖因霍尔德的一封信里讲到，我现在正在进行鉴赏力的批判。鉴赏力的批判是什么样的批判呢？康德说，我发现，人类有三种能力，一种是知识能力，一种是欲望能力——欲望能力就是意志，还有一种就是情感能力。我们通常讲知、情、意，知、情、意这个体系是康德在1795年——他的晚年才发现的。他晚年才发现有这么一个领域，是他早年还没发现的，早年已经有些想法，但是他认为像鉴赏力这个东西不是属于哲学研究的对象，而是属于心理学研究的对象。像审美、艺术等等这些东西,因为它们没有先天原则嘛。在此之前,他都认为这属于一门经验科学的内容,他不认为这是先验哲学,经验科学是隶属于先验哲学、形而上学之下的。但是到了这个时候,他认为像鉴赏力这样的东西,不完全是经验科学。晚年的康德认为,在所有经验科学里面,审美这样一种现象,似乎可以找到它的先天原则。审美先天原则建立在什么地方呢,他认为是建立在判断力之上的。所以他在他的哲学体系中进行了一番调整。本来只有两大批判,形成了两个形而上学,到晚年他把它调整为三大批判,形而上学还是两个。判断力和鉴赏力不构成一个形而上学,但是它构成两大批判之间的联系。所以到了晚年,变成了三大批判和两个形而上学。只有三大批判才能为两个形而上学真正奠定扎实的基础。所以,他对于鉴赏力的考虑,他认为是他晚年的一大发现。他说,这样一个方面的考虑使他的晚年有了一个新的工作,是他要完成的。所以,经过几年的思考和写作,到了1798年,他的《判断力批判》就出版了。

《判断力批判》的出现很晚,对他的整个体系也是一种非常大的震动,因为整个体系都改了。原来是两大批判,两个形而上学,现在是三大批判两个形而上学,那么这三大批判怎么样能够立得起来,判断力如何能够发现它的先天原则?判断力原来是没有先天原则的,在《纯粹理性批判》和《实践理性批判》里面都提到过判断力,《纯粹理性批判》指出,把知性的范畴具体地运用到经验的材料上面去的时候,人们就必须有判断力。一个医生,在医学院毕业之后,学了很多书本知识,有一年必须是临床实践,这临床实践就是利用这些知识来作判断。你拿着书本知识去面对病人的时候,这个病人他到底得的是什么病,应该开什么药,你要有判断力。这个判断力是没有先天原则的,你不能说我可以按照先天原则来判断,那是不行的。判断力本来是没有先天原则的,它的先天原则是从知性那里借来的。它是把知性的那些范畴的先天原则,运用到那些具体的场合之下的一种技巧。作为技巧是不能教的,是不能从老师那里获得的。技巧如果可以从老师那里获得,那就不需要实践了,那完全都可以在课堂上解决。为什么要到医院里去实践呢,就是因为判断力是不能教的,它需要通过自己去实践,去形成自己的经验,才能够获得判断力。有的人甚至于天生就缺乏判断力,在他毕业的时候,别人说你这个人呐,不适于当医生,只适于当一名教师。你书本知识掌握得非常好,但是你没有判断力。你一看病,就出毛病,那不把病人害了。所以,这样的人天生就缺乏判断力。尽管他也许知识记得很牢,掌握很熟练,但是他不能判断在具体情况之下该怎么做。在战争期间,士兵只管打仗,而将军就要有判断力,统帅必须有理性。这是康德的一种划分,判断力就是把知性和感性材料连接起来的能力。这种能力如何来的我们不知道。判断力本没有先天原则。

但是在第三批判里面,他力图为判断力找到一条先天原则。其实判断力也是有其先天原则的,但是你要把判断力颠倒一下,要把判断力做另外一种理解,就是说,它不是你把现有的知性范畴、概念运用到那些经验材料上去,而是要从那些经验材料上来发现它里面有什么样的规律。就是说,判断力在认识中它是从抽象到具体,从概念到经验,从普遍到特殊,从上而下地进行判断。比如,我用因果性这样一个概念,运用到具体的场合之下来判断,来把具体事情的前因后果搞清楚。这是一般的认识中所运用的判断力。但是另外一个判断力,它不是这样的,而是相反的。就是说,有一些经验的东西出现了,对于这种东西,我不是用现成的概念运用在它上面,去规范它。而是从里面,从这些提供给我的现有的经验材料、丰富多彩的现象里面,去为它寻求某种普遍的东西。从特殊上升到普遍,而不是从普遍下降到特殊。这样的判断力,康德认为与前面的那种判断力完全是不同的。前面那种判断力在认识中,它被称之为"规定性的判断力",就是用一个普遍的概念、范畴和规律,对特殊的东西进行规定。

后面的一种判断力是一种"反思性的判断力",就是从现有的经验材料里面,去反思它,看看可以找出什么样的普遍性。从这些具体的、杂多的材料里面,本来是没有任何普遍性的,你可以看出它有的普遍性。这个普遍性不是在这个经验材料本身中,而是在我们的主体之中,是我们主体中的一种普遍性。你可以从经验材料里面看出它,去为它寻求一种普遍性。所以这不是由主体去"规定"对象,而是从对象上"反思"到自己的主体。

但是,具体的东西你怎么能寻求普遍性呢?你没有预先带来概念,所以它是偶然的,是杂乱的,也是五花八门的。要寻求它的普遍性,你必须反过来,想到你自己在观察那些具体东西的时候,你的内心有什么普遍性,所以叫做反思的判断力。它不是说,你规定了对象,规定了客体,而是客观那些材料反思到我的主体中,有某种规律性的东西。这个后面在讲到审美判断力的时候,讲到主观的普遍性,就是我们的情感,就是我们的共通感。我在一个具体生动的材料上面,我看到了某种普遍的东西,但是这种普遍的东西不是对象本身固有的,而是我们自己的一种普遍性,就是引起了我们普遍的情感。一个对象,一束美丽的花,引起了我们的情感,而这种情感呢,我认为它是有普遍性的,我把这种情感叫做"美"。我相信人人看到这朵花都会觉得美,都会有这种情感。具体的东西里有普遍性,不需要你带来一个概念加在它的上面,去规定它,它自己就表现出某种普遍性了。那就是说,这朵花,它可以引起每一个人的美感,这种美感是有普遍性的。那么,"这朵花是美的",这个判断与"这朵花是植物",或者"这朵花是红的"这样的判断,是大不一样的。我说这朵花是植物,或说这朵花是红的,都是对这个客体进行一种规定性的判断,都是从主观到客观,去规定它。我们说,康德的客体是主体建立起来的。在一切认识活动中,都是这样的,由主体去建立一个客体,建立起一个对象。但是反思性判断力就不是这样的。它是说,我在偶然的时候碰到了一种现象,比如说一道彩虹,一片色彩,或者说一段音乐旋律,或者大自然的一种很好听的声音,等等这样一些五花八门的现象。我不去做概念上的分析,例如这个花是植物哇,或这个泉水是用什么样的声音来振动啊,我不去用那些带来先入之见的概念,而是直接地从这些显现出来的丰富多彩的现象上面,去为它寻求一种主观普遍性,也就是反思一种普遍性,反过来想。你不要考虑它的属性,而要反思到我们观看它们的时候,我们在主体中引起了一种什么样的东西。这叫反思的判断力。

反思的判断力是有它的先天性原则的,就是说,这种主观的情感有一种先天的普遍性。我们讲,人同此心,心同此理,在这种意义上面,人们有一种共通感,这种共同是先天的。与动物不一样,凡是人都有美感。这种美感是可以沟通的,而且是必须沟通的。为什么是必须沟通的呢?我在后面要讲到。所以这种反思判断力,给判断力提供了一个先天的原则。判断力在认识中、在道德中都要运用先天的原则,但是那个先天原则不是判断力自己的。在认识中,判断力的那个先天性原则是从知性范畴方面来的,借来的,它自己没有先天原则,所以它不能学习嘛。它只能够操练,只能够练习,甚至有很大一部分是天生的——判断力有一部分是天生的。天生缺乏判断力的人当然可以通过后天的训练增加自己的判断力。这就说明,判断力在认识活动中它不具有自己的先天原则,它的先天原则是从知性那里拿来,加到感性的经验材料之上的。判断力在道德上,也有它的先天原则,比如说道德律。道德律当然也是先天的。用道德律去判定一个行为是善的还是恶的,是道德的还是不道德的,这也需要判断力。但是,这个判断力,也不是使用的自己的先天原则,它是使用的理性的先天原则,就是纯粹实践理性的先天原则。唯有在第三批判里面的这种反思的判断力,当它进行判断的时候,它采用的是自己的先天原则。判断力的先天原则,就是一种反思的判断力原则。它可以先天地断言,断言什么呢？它是反思地断言,它不是判断对象,不是先天地断言这朵花是美的,而是先天地断言:既然我看到的这朵花是美的,那么一切看到这朵花的人,都应该觉得是美的。它有这样一种断言。这种断言是先天的,他并不是看到了很多人都觉得这朵花美,于是就得出一个归纳的结论,说很多人看到这朵花是美的。这是一种先天的断言,只要是人,只要有情感,那么这个情感就有共同性。

当然这种反思的判断力虽然有先天原则,但并不是每次都是正确的判断。康德并不要求审美判断事实上是客观的,而只要求它看起来是客观的,也就是主体对自己的判断有一种客观化的情感要求。这种要求在其他的感性享受的场合是不需要的。比如说你吃了一顿美餐,自己很愉快就行了,用不着别人说好。"口味面前无争辩"嘛！但是如果你看了一场很不错的电影,你就会认为别人也应该同你一样受到感动。当然别人也可能并不像你一样感动,哪怕你最好的朋友也可能不以为然。你虽然不能强迫他同意你的看法,也不能向他证明你的正确,但是心里是不愉快的。你会说,这样好的电影你还觉得不怎么样,你的欣赏水平太低了,你的层次不够。为什么有这样一种看法呢？就是说,别人也应该觉得它是美的,当你觉得美的时候,因为你心里有一种先天的断言。就是说,所有人,看了这个电影,都应该觉得是美的。如果哪个人觉得它不美,那他的欣赏层次还不够。一旦他的欣赏层次达到了,他也应该觉得是美的。你有这种"应该"的断言,这种应该的断言,是先天的。所以,判断力在这里有一种先天的原则,这种先天的原则立足于主观的先天性,而不是客观的先天性。这不像我们在认识中说,一切发生的事情,肯定都是有原因的,果然就是有原因的。那是没有任何偏差的。绝对没有一件所发生的事情是没有原因的。一切现象肯定是有它的实体的,这个也是没有丝毫错乱的,不可能错的。但是我们说,所有人看到这朵花都应该觉得是美的,这是可以有例外的,但是你总觉得这是个"例外",而且这个例外是有某种必然原因的。就是说,一个人,如果一旦他的欣赏能力提高了,他肯定应该觉得它美。我觉得它美,我就上升到了一般人应该达到的层次,上升到了先天的层次,先天的断言。所以,他能够大胆地断言,是人都会认为这朵花是美的。他可以做这种断言。那么,这是为什么?这就是康德的第三批判主要探讨的根本问题。

那么这个问题对前两个批判有什么样的作用呢?就是说,前两个批判在现象和物自体之间,在认识和道德之间,挖下了一道深不可测的鸿沟。那么这就有个问题,我们人,一半是感性的,一半是理性的,既是现象,也是物自体,这岂不是成了两半了,还有没有统一的人呢?康德认为如果单从认识这方面看,那这种分裂是没有办法解决的,人的自由本体是我们的理性能够思考但无法认识的;但是如果换一个角度呢?我们从道德方面去看,从人的自由方面去看,那倒是有可能把双方统一起来。因为理论理性从属于实践理性嘛!我从实践理性看,我就可以把理论理性统一在自身之下。人的道德实践当然是不考虑现实后果的,它只考虑"应当";但是这种应当也必然要与可能的后果结合在一起,就是说我虽然是"为道德而道德"、"为义务而义务",但是当我这样做的时候也是着眼于应当有什么样的后果,因为你毕竟是一个目的行为。这个结果是否真能达到,我可以不管,"知其不可而为之",但我这个行动本身就是努力要使这个结果实现出来,我认为它"应当"实现出来我才会去做,虽然它不一定真的实现出来。所以康德的道德实践并不是完全不顾后果,他只是把这个后果纳入到"应当"的范围里来谈;但这样一来也就提供了把自由的原因性和它的应当的后果联结起来的可能性,也就是有可能把道德和自然界在"应当"的名义下统一起来。所以康德说,自由的原则虽然对自然界没有任何影响,但它却"应当"对自然界有影响,它按照自己的自由原则把整个自然界看作应当服从于它自己的,应当形成一个以它为顶点的系统。当然这种观点只是从实践理性的高度对自然界的一种要求,绝不是对自然的一种科学认识,所以自然也不一定服从它;但由此就可以立足于实践而把自然和自由统一起来。所以理论理性和实践理性、知识和道德的统一不能够从下往上地统一,不能用知识去统一道德,而只能以道德对知识进行自上而下的统一。这样我们就可以对自然界和人自身有一种全新的观点,即把自然界和人看成是有目的地趋向于道德的,并用这种观点来解释人从自然状态中通过"文化"或"教化"而发展出来的过程。

比如说,我们人一开始都是感性的,人最开始的时候,和动物很接近。康德也承认,人在自然状态中,跟动物没有多大区别,叫野蛮人。他之所以叫野蛮人,就是因为他的理性不发达,纯粹是感性在起作用。那么如果一个野蛮人,他怎么会意识到自己有道德?本来他一切都从感性出发,从他的欲望出发,从生存的本能出发,这些东西本来是足够了,大家在自然界生存着,如果他一直这样下去也完全可以,他为什么会走进了文明时代?而这个文明时代一天天发展,走到康德这里,居然发现了自己身上的纯粹理性。用感性的眼光怎么会发现自己有纯粹理性呢?如果没有教育过程,没有教化过程,那怎么会意识到自己的纯粹理性呢?这就需要一个过渡。这个过渡呢,当然康德没有说得很明确,其实,他在《判断力批判》的后半部分,就讲到自然目的论以及人类的文化。实际上就是,通过人类的文化,使人从感性越来越向高处发展。特别是通过科学、艺术,还有人的社会交往,使人的文化层次不断提高。在文化层次里面,很重要的特点,一个就是审美。审美水平不断提高;再一个当然就是对自然界的目的论观念。目的论观念涉及到人的社会目的论,除了自然目的论、道德以外,这中间还有个社会历史的发展,人类社会的进化,科学和艺术对人类社会的推进。人类通过文明的熏陶,一步一步地开始使自己的感觉变得细腻,理性变得敏锐,才能一天一天地认识自己的道德素质。当然这并不是一种历史"知识",而是道德的人用道德的眼光所"反思"出来的,只有戴着道德的有色眼镜才能看得出来,如果用纯粹科学的眼光是看不出的。

所以从道德反思的眼光来看,我们就能够看出人的理性本质。从原始人开始就是认识的人,原始的人,他们的生存方式就已经有理性了,在某种意义上也就有科学了。科学就是从那个时候起一步步发展起来的。但是既然有理性,它的实践作用也就已经包含在其中了,已经有道德的种子了;只不过纯粹的道德只有在康德的时候才被意识到。如何从科学过渡到道德?在康德那里,一个是在人们的审美活动之中,通过审美活动。美是道德的象征,美虽然不是道德,但却是道德在现象界里的一种象征,一种类比。人们通过审美,就可以猜到自己道德的本性和素质。如果没有审美的话,人们很难猜到自己的道德素质。如果都是从科学眼光,为了生存,为了谋生,成天奔波,那种人就停留在野蛮状态,很难上升到道德。再一个就是通过人类的社会生活。社会生活中的法制、权利,相互间的冲突,然后建立社会契约呀,建立起社会制度哇,逐渐逐渐把人类文明化。这样使人们意识到,人类最后要通向一个共同的道德素质,道德理想目标——人类永久和平,这是人类最终的理想。只有当人类都意识到自己的道德素质,并且把它贯彻到现实社会生活中的时候,才能达到永久和平。当然那是个理想。但是,人们有这个理想,就说明他已经意识到自己的道德素质了。而这样一个过渡是一个历史过程。

所以审美作为第三批判《判断力批判》的核心部分,它具有把两大批判连接在一起的功能,通过审美人们可以把科学的能力和道德素质联系起来。它告诉我们如何在审美中运用自己的认识能力,但不是运用到认识上面去,而是运用到审美上面。把认识能力运用到审美上面,而这个目标是指向道德的,在审美中,人们会意识到自己对道德的接受性。在历史发展中，在文明的发展过程中，人们也逐渐形成了向道德靠拢的一种趋势。所以康德曾经讲，一切历史都可以看作是"道德史"，就是人类道德的萌芽和发展，最后达到道德的自觉这样一种历史。第三批判就是起这样的作用，第三批判在前两个批判之间构成过渡，构成一个桥梁。这样一来，他的批判哲学的根基就打牢固了，三足鼎立了。当然它们不是完全平等的鼎立，前两个是主要的，但是最后这一个呢，也是不可缺少的，它作为一个纽带，甚至于在某种意义上它使得康德三大批判最终获得了巩固。如果没有这个纽带，那么康德的两大批判还是很难站住脚。因为你提不出一个现实的东西来为它论证，就是说，感性的人怎么可能意识到自己的道德，如果他生活在感性之中的话，道德怎么才能显现出来；而道德又怎么可能有希望在现实世界中实现出来。现在他可以说了，就在你的情不自禁的审美欣赏过程中，你就意识到了自己是一个道德的人，意识到你是自由的；而感性的现实世界在审美和目的论中也向你显示出趋向于人的自由和道德的现实可能性。所以康德的三大批判由此最后得到了巩固。

提问和回答

提问：康德在《纯粹理性批判》中，回答了知识何以可能的问题。刚才我听您讲到，我也看到，知识何以可能的前提是物自体不可知。但是人又有主观能动性。您也讲到，人有一套认识之网。那么，人的认识之网是先天性的。在这个时候，就出现了一个问题，认识是主动的、先天性的，但是认识的对象也就是物自体对人的一种显现而已。这个时候知识可能就来源于人主动性的要求和显现对象之间必须达到人所谓的现象必须符合人的观念。那么，您刚才又谈到，物自体始终是不可知的，那么在这种情况下，要求科学不断地发展是可能的。但是，人连自己都不知道人的观念的正确性在哪里，那么真理的可能性在哪里？

答:《纯粹理性批判》在这方面讲得非常多,也是比较复杂的。我刚才跳过了这些具体的分析。康德是这样展开论证的,他首先是从休谟的那样一种姿态入手,就是说,我承认经验,我也承认我们现有的科学知识,比如说,自然科学和数学,这个是大家公认的。但是他和休谟不同的是,他首先不是去怀疑自然科学和数学是否可靠,他是说这两门科学是大家公认的,已经认为它是科学了,他要探讨的不是这两门科学到底"是不是"科学,而是要探讨这两门科学之所以成为科学是"如何可能的"。这个区别要把握准,就是说,自然科学已经是科学,这是毫无疑问的,你如果连这个都不承认的话,那就没法谈下去了。所以我们说,康德对休谟的这种反驳,并没有真正地反驳。休谟的那种怀疑、那种诘难是驳不倒的。如果一个人要真的坚持怀疑主义,什么都怀疑的话,你没办法驳倒他。所以康德的目的不在于驳倒休谟,而是休谟对科学的根据提出了摧毁性的意见,那么康德呢,对同一个科学要建立一个可靠的基础。所以,他承认现有的科学知识是科学,然后再探讨它何以成为科学的根据。有没有可靠的根据?休谟认为没有,休谟认为最后的根据是人的一种想象,一种联想,一种习惯。那么康德说,不仅仅是这样,它后面还有更多的东西。他对于现有的科学,把它一层一层地剥,比如说最外层,就是那些知觉、感觉、印象,那是物自体刺激我们时,我们所获得的。至于物自体怎么刺激我们,我们不知道,我们只是获得。这是康德在"先验感性论"里面讲的,他承认,感性是一切知识的出发点,我们的一切知识都是从经验开始。那么感性何以可能呢?那就要追溯到我们用来接受感性的那一套先天直观形式,就是时间空间。我刚才讲了,你要感觉到任何东西,比如一块颜色,你都必须有时间空间这种形式,你只有把颜色装到这个时间空间里面,你才能感觉到它。如果你主体中连时间空间都没有,那么这个感觉也就是不可能的。或者说就算你感觉到了,你也意识不到。那么,一层一层地剥,下面一层是先天直观形式,即时间空间,再下面一层剥下去,就是范畴。范畴再往下剥,最后一层,就是统觉,先验统觉,自我意识。再下面就没什么可剥了,他就把最终的基础摆出来了。由于我们的统觉的先验的统一,这种能动性、自发性,所以我们主动地形成了我们今天所看到的、大家都相信的、可靠的自然科学。它的可靠性已经被证明了,这种证明就在于,我们不可能离开这一套直观形式、范畴和统觉的体系去认识任何东西。过去不可能,现在不可能,将来也不可能。一切知识都是在这个背景下面才能获得,所以,将来的事你尽可以相信,它是能够被纳入到这一套体系的,一切将来的东西都是合乎这一套规律的,肯定是这样的,那就有可靠性了。但是你要最后追问,整个这个科学知识就是这样构成了,它又是否可靠呢?康德认为这个就没办法回答了。在这个问题上他就采取休谟的态度了,我们就只能够实事求是,只能就现有的、我们已有的知识去分析出它的结构来。它何以可能?它就是这样可能的。至于可能后面的根基,他认为那个是物自体,不可知的。他曾经在一个地方为自己辩护,人家就是提这个问题,你这个自我意识的先验统觉,它是怎么成为可能的呢?你这个十二范畴为什么恰好就是十二范畴呢?为什么不是十三个呢,为什么不是十一个呢?恰好就是这一套呢?他说这个我不好回答,他说就是这样的。我经过严密的分析,从现有的科学知识里面,我就分析出来了这十二个。那么你要问这十二个何以可能,从哪来的,是怎么样造成的,那是物自体的问题。他说,在任何科学体系里面都有一个地方是不能再追问了的。他举了牛顿物理学为例。他说,牛顿物理学也有一个问题是不能再追问了的,那就是所谓"超距作用"。万有引力为什么可能呀?为什么有超距作用?地球和太阳之间隔的是真空,为什么地球和太阳之间能够相互作用,是通过什么使它们相互作用的?如何超越这段距离的?牛顿也没有解决这个问题。超距作用到今天也没有完全解决,当然今天已经不像那样去看了。我们知道没有什么真空。但当年超距作用确实是个问题，而这并没有妨碍牛顿提出他的整个科学体系，并使他建立在这个假设上的定理普遍必然地有效。所以康德认为他也有理由对这个问题不作回答，可以说是回避了；但是他认为这种回避没关系，也不妨碍我们信任地运用现有的科学知识，我们可以放心大胆地去追求一切客观知识，有一个理性的法庭对它作出判断，这就够了。你刚才提的这个问题，也就是在他后来的哲学家如费希特啊，谢林和黑格尔啊，特别是黑格尔，他们所要解决的问题。就是他们认为这个后面其实还有东西，就是人的自我意识这样一种本源的能动性，其实也是历史地产生出来、形成起来的。像费希特就把这些范畴一个个推演出来，从人的活动中推演出来，他不是说一套框架现成地端出来，就是一面完整的人类认识之网，而是必须一个个把它们推出来，而且远远不止这十二个范畴。在黑格尔的逻辑学里面，有好几十个范畴。所以后来的人恰好在这个地方继承和发展了康德。康德的说法有他的不完善的地方，但是就康德自己当时的水平来说，他已经很完满了，他认为那些问题不用回答，任何追问都会追到一个不能再追的地方，所以那是个没有意思的问题。

提问二：知识的形成，语言起了很重要的作用，而康德没有涉及到这个问题。这是不是他的一个缺点？

答：语言的问题，一般来说，是当代的哲学和"语言学转向"之后的哲学探讨中的一个很重要的问题。在近代哲学中，从唯理论和经验论以来，这个问题还不是一个很重要的问题。当然这个问题已经隐含在这个时期的哲学里面，比如说中世纪的唯名论和唯实论之争，对于概念、共相等等，究竟是语言，语词，还是实体，有很多讨论。在古希腊也有，关于逻各斯的问题呀,关于亚里士多德讲的本体论呐,等等。亚里士多德讲本体论,不是就事论事,他是从语言里面分析出来的。所谓实体就是主词,永远作为主词,而不能作为宾词,这就是实体。从语言里面推出实体,推出本体论,从逻辑学里面推出本体论,这是亚里士多德的做法。后来,逻辑学、本体论和认识论分家了,就成了两个领域。再加上语言学通常是搞逻辑学的人比较关注一些,有一些具体探讨,名词啊,语词啊,语法啊,它们相互之间的关系呀,定义呀,这些在康德时代都不属于真正形而上学的主题内容。所以在当时他没有涉猎这个问题。但是里面已经包含有,比如说,概念、共相,它的规范性,它怎么起作用。康德有一个很重要的思想,就是说,概念不像大陆理性派所讲的那样的抽象的概念,形式框架,他把概念理解为一种活动,比如说十二个范畴,都是统觉的一种活动。概念是一种把握的活动。所以,他是从本体论上面来理解语言,理解语词的。抽象概念,知性的那些范畴,在理性派那里大体上可以看作是一个语词的问题。特别是莱布尼茨的数理哲学,他认为语词和语词之间可以计算,将来世界上的事情都可以通过计算解决,可以把这些概念符号化,形式化,变成一种逻辑语言。所以,莱布尼茨是现代数理逻辑的先驱者。罗素非常重视他。但是康德不认为这样,他走的是另外一条路,他是把语词本体论化。而这种本体论化有点类似于海德格尔把存在概念变成一个动词。在康德那里有这个倾向,把存在,把本体论,把形而上学的问题,把它理解为一种能动过程。所以语词的问题不再是个抽象的概念问题,而是体现了人的某种活动。这个在黑格尔的逻辑学里体现得最为明显。黑格尔的整个逻辑学那么多的概念,都不是单纯的语言的问题,不是语词的问题,也不是单纯的形式逻辑问题,它是本体论问题。黑格尔把本体论、认识论和逻辑都统一起来,也可以说把语词也统一进来了。黑格尔逻辑学里面倒是有很多地方提到语言,但是也没有把它当作一个单独的对象来加以考察,因为他只是附带地考察。在当代哲学里面，开始把语言单独作为一个对象，特别是两种不同的"语言学转向"，大陆哲学就是海德格尔他们的语言哲学，再就是英美的分析哲学，对词项的逻辑关系的分析，这两种倾向都是现代哲学对语言的重视的表现。但是在过去的哲学里面，一般来说语言是处于第二地位的。我们也可以说现代哲学、当代哲学对语言的发现是对过去历代哲学的言说方式一个更深层次的考察。当然层次很高了。我们可以说这是近代哲学的一个缺陷，也可以说是古代哲学的一个缺陷，是现当代哲学的一个尝试。

提问三：后现代主义非理性的倾向，对理性空前的质疑，是对康德的"理性"的一种反动还是深入？

答：关于后现代主义，我最近看到一篇文章，写得很好，它引用了很多西方哲学家的一些观点。就是说，现代西方人对后现代哲学的研究有一种强劲的思潮，认为后现代其实都是现代精神的一个延伸部分，或者说是现代精神里面派生出来的一个迹象，它其实还是在现代范围之内对现代哲学所进行的批判。西方哲学有这个特点，它老是要做批判，特别是自我批判。你现代精神一旦形成，马上就有人出来反思，看看现代精神又有什么局限。当然，你可以找到很多局限。那么，后现代哲学，我们可以这样看，它是对现代理性的一种升华，我个人是这样看的。只要你把这个理性不是在现代甚至近代的意义上理解成那样一种狭隘的逻辑理性，而是把它理解为像海德格尔所讲的那种逻各斯。海德格尔所讲的那种理性，那种逻各斯，它已经达到了扩展开的范围，它的范围已经扩展到有点回到古希腊的逻各斯那种含义里面去了。就是它可以包含一切言说的东西，这个言说不一定是逻辑的言说，也可以是诗化了的，也可以是暗示性的、象征性的，也可以是神秘的，但是都是通过语言。像维特根斯坦所讲的，我们把能说的说了，不能说的就应该保持沉默，他那个语言，还是逻辑理性的那样一种含义。那种语言的含义在后期的维特根斯坦也被突破了，虽然他说不能说的应该保持沉默，但他晚年还是说了很多，他并没有保持沉默，这说明他晚年那个时候和他早年那个时候讲的不是一个意思，不是一个层次。那么后现代主义反对理性其实就是这个意思，他们主要是反对那种逻辑理性，所谓"逻各斯中心主义"。我曾经对西方理性有个分析，就是说，西方理性有两个层次，一个是逻各斯，一个是努斯。这两个词都是古希腊的词。逻各斯的本来意思就是语言，语词，说话，就是言说，本来是言说的意思，语言的意思，后来就发展到逻辑。逻辑理性就是从逻各斯这一条线发展出来的。还有一个词就是努斯。努斯的本来意思就是超越的灵魂。它的原义在希腊文里是灵魂、心灵。在阿那克萨哥拉那里，第一次把这个努斯作为一个世界万物的本源、推动力，这个推动力是在万物之外，它和万物不相混同。它在世界之外来注视这个世界，来安排这个世界，它超出一切感性事物之上。所以我特别重视努斯这个含义。在之外，就是一种超越性。它在之外，有推动性，能动性。所以理性在西方的哲学里除了这个逻各斯的"规范性"的含义以外呢，还有一个含义——"超越性"。一方面规范，另一方面超越。这两个方面在西方的理性精神里面是不可分的，凡是规范的东西都是通过超越而获得的。首先，理性超越感性，理性不超越感性它得不出规范来。理性超越感性还要继续往上超越，从一般的规范还要超越到普遍的规范，它是一个无限超越的过程，所以逻各斯的规范是通过努斯的超越而形成的。反过来说，而努斯呢，又离不开逻各斯的规范。如果没有逻各斯的规范，那么努斯就陷入到神秘主义中去了，它的那种自动性、能动性，就没有规范了，也就发挥不出来了，所以努斯还是要形成它的逻各斯，才有实现自身的手段。后现代主义呢，它基本上处于这样一个层次，它对以往的逻各斯不满意，它进行一种努斯性的超越，它要通过一种体验，通过一种神秘的、甚至于说不出来的东西，去发现以往用逻各斯、用逻辑理性所概括的所有事物更深层次的东西，这只有超越以往的逻各斯才能发现。但是一旦发现了它，就必须要有它自己的逻各斯，他必须建立起它的规范。后现代主义的发展方向肯定还要有规范性，不能说是"怎么都行"，怎么样都可以，为所欲为，这个是得不出结果来的。后现代主义如果要有理论结果，它必须要有它自己的规范。这个规范可能是超越以往的逻各斯的，但是它自己也是一种更高的逻各斯。所以我感觉呢，就像我们中国人超不出自己的传统，西方人也超不出他们的传统。他拼命地想超越，后现代主义拼命地想超越，写了那么多批判的文章。其实在我们中国人看起来，如果他真要超越，用不着写那么多文章，那么多论证，放那么多逻辑理性在里面，颠来倒去，穷折腾。如果让中国人来解决问题，两句话就解决了，用禅宗的一句诗就可以解决了。但西方人他总是有这个传统，他就是想把问题说清楚。他认为这东西没有规范，他也要说清楚为什么没有规范，那么他的说清楚却正是按照规范来说的。所以你看后现代主义那么多大部头的书，那里面都是逻辑理性。所以我想它是现代的一种思潮，说明西方理性精神的内部有一种生命力，这种生命力就体现在它不断地自我否定，自我超越，自我发展。我是这样解释的。

提问四：人的先天感性对人的知性在科学知识的建立过程中起到非常重要的统摄作用，它统摄了一部分经验、感觉，然后形成了一种科学知识，并且统摄成一种具有普遍必然性的知识。但是，康德在提到感性与知性的统摄作用时，实际上还提到了理性，就是人的先天理性的必然概念，就是先天理性、理念。而这个理性、理念作为人的知识不是人的知识的建立者,而是一个范导,它为人的知识提供一种统一性和秩序化的作用。在《纯粹理性批判》中,理性、理念起到一种统一和秩序化的作用,而在《实践理性批判》、《判断力批判》中也提到理念。《判断力批判》提到三种理念,这三种理念有何区别？同时,在《判断力批判》这本书中的"理念",在宗白华的译本里译作"观念",那么理念和观念有何区别？另外,审美二律背反产生的"幻相"（您的译名）,而宗白华译作"假象","幻相"和"假象"有何区别？"幻相"和"先验幻相"又有什么区别？那么,"三个批判"又都讲到"幻相",这三个"幻相"又有什么共同联系？

答:理性刚才我们讨论过了,大体上来说,康德认为,他的《纯粹理性批判》主要是解决知性问题。当然他的知性和理性都有广义和狭义之分。广义的知性,包含理性在内,也包含判断力在内；狭义的知性,主要是自发的能动性、自我意识的统觉,包括他的十二个范畴。理性也有广义和狭义之分。广义的理性,包括知性和判断力在内；狭义的理性就是在知性和判断力之上的一个更高的层次,这就是理性。知性是一种自发地制定概念、制定范畴的能力。那么理性呢,它也是一种制定概念的能力,是提出理念的能力。理念也是一种概念,但它不是知性概念,它是纯粹理性概念。那么理念和知性概念、和范畴又有什么区别呢？理念和范畴的区别就在于,范畴是建立有限的对象——范畴,建立一个认识对象。我们看到一朵花,我们说"这朵花是植物","这朵花是红的",说明我们对于这朵花的"实体"和"属性",可以用范畴把握它,它的实体具有它的属性,这是知性的概念,知性的范畴。那么理性的概念呢,它是一种无限的概念,涉及到无限。它与知性的范畴不同的地方就在于,知性的范畴是对有限事物的认识能力,而理念是一种追求无限的能力。追求无限就是说,要把一个东西完全把握住。比如说,通过知性我们获得了很多知识,但是这些知识都是这一点那一点的,它们还没有构成一个系统。要构成一个绝对完整的系统,就要涉及到无限,因为人的知识还在进行,还没有完,而且永远也不可能完,那就必须要有一个理想性的东西,那就是理念。他认为这样一个知识系统虽然还没有完,但是我们可以把它看成是对于一个完成了的知识整体的一种接近,这就是它的"范导"作用。我们把它翻译为"调节性的作用",李泽厚把它译成"范导性",当然更好理解一些,但是它的原文应该是只有"调节"的意思。我们可以把它理解为"范导",就是引导我们的有限知识,不断地向无限的整体迈进。所以理性的理念在这个范围内,对人类的认识是有用的,对于人的认识构成一个完整的系统是有用的。但是,你千万不要把它本身看作是一个知识。理性系统,它是一个未定的整体。你不要以为理性提出的那个理念,就是知识了。比如说,一个理性的理念——"灵魂",我们的心理学,就是要探讨灵魂是怎么样的,灵魂就是我们所有心理学探讨的一个整体。我们的心理学知识可以无限接近于灵魂,但是永远也完不成——对于灵魂来说。但是,灵魂这个理念,它引导我们不断地向它靠近。"世界整体"也是个理念,我们的一切知识都是世界一部分的知识,但是,有一个世界整体理念,我们就可以在物理学中不断地向这个整体接近。所以理念在这方面是有用的,它叫做"先验的理念"。先验的理念是有内容的,它是针对着我们的经验知识而设立的,但它本身不是经验知识,它只是对经验知识的一种引导,一种"范导"。但是这种理念,如果你把它超验地使用,就是说你把它本身当作对象,那么肯定就会引起一些幻相。就是说,你把它不是看作一种范导性的目标,而是把它看作构成性的实物,比如说,你认为对灵魂或者说对世界整体,或者说对上帝,我们可以形成某种知识,来把握绝对真理,那么就会导致幻相。灵魂是什么样的,上帝是什么样的,世界究竟是有限的还是无限的等等,在世界整体方面,在整个世界知识方面,你就陷入了二律背反,在心理学方面你就陷入到了谬误推理,在上帝方面你就陷入到了对上帝存在的各种各样的证明。这些东西就是幻相。所以这个理念,如果你超越了界限,它就会成为幻相。如果你不超越界限,它也可以有一种内在的使用,就是它可以用于经验知识。虽然它本身不是经验知识,但可以对我们形成经验知识起到一种"范导"的作用。所以理念具有双面性。这是在《纯粹理性批判》里讲的理念。

那么,二律背反以及理性心理学和理性神学所产生的"幻相",也可以翻译成"假象"。我们把它翻译成"幻相",它的原文是"Schein"。"Schein"本来就是"显现"的意思,它的词根是"光照"的意思。也有翻译成"假象"的,这个问题不是很大,但是我们把它定译为"幻相"。在别的地方有时还不能翻译成"幻相",它有时候仅仅是一种表面现象,但是它不具有欺骗性的意思。但是这个词在德文的日常的意思里面,是有假象、幻觉和幻相这样一些意思,有比较丰富的含义。也可以指的是表层的一种显象的意思。它和"现象"(Erscheinung)的词根是相同的,和"显现出来"的词根是相同的。但是在康德这里,它显然是一种贬义,就是说,如果你相信这种幻相就是自在之物本身的那种样子,那就是一种伪科学。大陆理性派得出了很多这样的伪科学。比如说,理性心理学,理性宇宙学,对上帝的存在作了各种证明,他们都认为是科学,但是都是用一种幻相来骗人。幻相是不可避免的,人总是会有幻相的,但是只要你认识到它是幻相,就可以不受它的欺骗,而可以反过来去利用它。比如说,你把灵魂,把自由意志,把上帝这样一些物自体,这样一些理念,当作一种实践理性的悬设——"postulieren"本来是一种假设的意思,我们把它翻译成"悬设"——把它高悬在那个地方,让你去追求,那么它还是有用的。这些理念在实践理性里面还是有用的,它可以引导我们的实践活动,所以你可以把它当作一个悬设的东西去追求。道德上的完满和幸福要达到相配,达到一种"至善",这就必须要假设一个上帝、一种灵魂不朽和人的自由意志去追求,这是在《实践理性批判》中理念的意义。

那么,在第三批判里面,这个理念,宗白华把它翻译成"观念"。实际上很多地方都把它翻译成"观念"。比如说,在胡塞尔的书里面,比如《现象学的观念》,它实际上就是《现象学的理念》,却翻译成"观念",其实就是这个理念。如果要我去翻译的话,我会按照翻译康德这本书的译法,把它翻译成"现象学的理念"。当然有些地方胡塞尔的概念不一定像康德那么严格,也可以把它翻译成观念,这都是可以的。这个词是从柏拉图那里来的,柏拉图的理念论中的"idea"。"理念"这个词在德文里就是从柏拉图来的——"Idee"。那么柏拉图这个理念呢,是康德在"先验辩证论"中借鉴柏拉图,他引用了柏拉图,说柏拉图做了件很大的好事,他提出了理念;不过,柏拉图把这个理念,仅仅是从认识论上面来理解,柏拉图也有他的不足之处。康德的理念就是从柏拉图那里发展出来的,正如他的范畴是从亚里士多德那里发展出来的一样。那么在审美判断力里面,他提出了"审美理念"。我们把它翻译成审美理念,其实也可以翻译成审美观念,也可以翻译成感性理念。"ästhetisch"这个词,它的希腊文原义就是"感性的"。但是在他的第三批判里面呢,我们把它翻译成"审美的"。这两者很难区分开。你究竟是把它翻译成感性的呢,还是翻译成审美的呢,它有双重含义。在康德的《纯粹理性批判》里面,他强调他是不承认这双重含义是可以平等对待的。他的《纯粹理性批判》的先验感性论就是"Ästhetik"。我们很多人把它翻译成康德的"先验美学",翻译错了,不是"先验美学",是"先验感性论"。他明确地说,他的先验感性论不是谈有关美学的问题,鲍姆加通把"先验感性论"用在讨论美学上是不恰当的。但后来他做了让步,特别是他的第三批判出来以后,他认为在某种意义上,从审美方面来理解也是可以的。所以,"ästhetisch"作为一个形容词,它也可以理解为审美的,或者鉴赏的,从这个意义上面来理解。所以,严格说来,他的第三批判里面有关这个"感性的理念",就是个矛盾。因为理念就是先验的或者超验的,它是理性提出的理念,本来是不可能有感性理念的。按照康德原来的意思,如果说有感性的理念,就好像我们说有圆形的方,有木制的铁,这是自相矛盾的概念。但是为什么在《判断力批判》里面他又提出来有一个"感性的理念"呢?他是要从"审美的"意义上来理解的,就是说,审美有它的先天原则。我刚才讲,审美是反思判断力,它有它的先天原则。这个先天原则虽然是从感性中引起的,并且也涉及到人的情感,但是这个情感不是一般的后天的那种感动、感情,而是具有先天的普遍意义的。一切人都有共通感,那么这个共通感不是后天形成的,它是人的情感的先天原则。那么,在这个意义上面,我们就可以在情感先天原则这个意义上面,给它找出一个理念来。比如说,我们判断一本小说,或者一部电影,是美还是不美,这个里头就有二律背反。有的人说,美这种东西不可能找到共同的标准来评价它,你说美就美,他说不美就不美,这个没有什么共同性,完全取决于各人的感觉。这是一说,特别是经验派坚持这一点。他们只相信自己的感觉,你觉得美,那就够了,你也没错;他觉得不美,他也没错,因为他的感觉并不美。这是一方面。二律背反的另一方面是理性派,理性派认为,如果这样的话,那我们文学评论、艺术评论都不需要了,我们为什么还要争论呢,还是为了要搞清它究竟是不是美嘛。所以理性派主张有一个概念,可以用来评价,用来评定。比如美还是不美,符不符合美的概念,比如说完善,比如说和谐,比如说对称,黄金分割,等等等等,都是美的标准和概念。那么康德就提出来,两方面都有道理,但是两方面都不完全对。作为个人的感受当然要从感觉出发,但是这个感觉有一个目标。虽然所有的感觉都不是一样的,一千个观众就有一千个哈姆雷特——当然这不是康德所说的了,但是就是这个意思——每个人都有自己的审美,但是尽管如此,我们还是要争论,究竟哪个判断才是美的。我们有必要争论。为什么要争论呢?我们力求使我们的美感达到共通性。那么这就有个目标,这个目标就是理念,在无穷的、无限的争论过程中,我们逐渐地接近这个目标,我们人类的情感越来越接近共通感。所以,哪怕是感性,我们也要设立一个审美理念。这个审美理念也具有同样的理性特点,即为有条件的东西去寻求无条件的东西,为有限的东西寻求无限的东西,为片段的东西去寻求一个整体的东西。人是一个整体,你不要从当时当下的一种情况去看,要从发展来看,他们是越来越趋向一个人性的整体,人类大同,世界大同,这是他的理念和目标。

下一次我打算具体地进入到《判断力批判》里头来,我今天讲的主要是三大批判相互之间的关系,下一次我打算先进入到《判断力批判》的序言和导言。这两个部分是最难的。《判断力批判》最难理解的是导言,康德自己都这样认为,写得非常的晦涩。所以我想着重把这个给大家讲一讲,解决一些难点。如果不把这些搞明白一点,一些人就很可能听不下去。所以,《判断力批判》序言和导言那九节,我打算作一个详细的介绍,它的具体的划分呐,包括审美判断力和目的判断力的划分呐,这也是最困难的部分。大家最好先作一些预习,有什么问题呢,最好把它先记下来,那么到时候在课堂上再提出来。

第二讲　序言和导言（一）

《判断力批判》的序言和导言，这次准备重点给它梳理一下。《判断力批判》是非常艰深晦涩的，我们在翻译过程中，有一个很深的感觉，就是前面的《纯粹理性批判》和《实践理性批判》当然也很艰深，但是《判断力批判》要求更高。《纯粹理性批判》它是第一个批判，所以它没有前提，你反正一头扎进去就可以了，你不需要预先做什么准备。那么到了《判断力批判》，康德有好多东西就不讲了，因为那是他已经讲过了的。所以我昨天给大家介绍了三大批判，为什么要介绍一下呢？就是要垫个底。大家先有个底，然后讲到这个《判断力批判》的某一个观点的时候呢，我们可以联系到前面的给大家梳理。那么《判断力批判》最难懂的地方，特别体现在它的序言和导言里面，特别是导言里面。这个导言有九节，导言是对整个《判断力批判》起源以及它的整个结构和思路，提出了一个大体的框架，等于是整本书的一个基本的线索。所以，这方面如果搞不通的话，后面也就难以理解。而这一部分呢，在康德自己，他是写了两个导言的。最初，他写了一个导言，现在叫做"第一导言"，没有发表。那个导言非常长，现在翻译成中文有四万多字。康德觉得太长了，他就删节了一下，现在看到的发表的导言，中文有一万多字。这是经过他删节的，原来有十二节，现在有九节。经过删节以后，有些东西就非常简要，没么详细，所以就更加不好懂，跳跃性很大。那么我在这里呢，试图带着大家，把这部书的导言和序言的部分逐字逐句地读一下，看他这句话是什么意思，那句话是什么意思，一路贯下来。这也是我在武汉大学给硕士生和博士生上课时采取的一种方式。逐字逐句读,就是不要跳过去。很多人讲《纯粹理性批判》,由于康德的著作也是很大部头,没有办法,所以只好跳着讲。但是我采取的办法呢,就是篇幅不要求很多,选其中的选段,但是一定要一句一句地读,要连贯起来读,那就是见真功夫的地方。你能够讲得头头是道,但是我拿一句康德的话来,你给我解释一下,康德在这个地方讲的这句话是什么意思。你解释不出来,那就是功力还不够。所以,我那个课堂上,学生非常踊跃,就是即使听不懂,但是也觉得有收获。因为在讲的时候,着重的就是要通过这种梳理,把康德的整个面貌展示出来。我把它称作是一种"全息式"的教学法,就是我们一个学期就只能够读十几页、二十页,但是实际上,对康德整个体系大家有了一个基本的了解。因为它是牵一发而动全身的。你跟着我,在解释每一句话的时候,我前联后挂,有时甚至能够把他的整个体系梳理一遍。所以,每个人读的那具体的几句话虽然不多,但是你跟着我过来,对康德的体系,对他的思维方式,对他的习惯,对他的用语等等这些东西都会有一个逐渐熟悉的过程。那么,我那个课已经上了有九个学期了,现在才上到一百多页,还要继续上下去,将来我把那个录音稿作为一个丛书出版,现在已经有一百多万字了。

今天讲的是《判断力批判》。我首先提醒大家注意《中译者序》,就是我自己写的序,在书的前面对它有一个提纲挈领的介绍。在《中译者序》的第1页上面,第二段讲到《判断力批判》的"序言":"序言提纲挈领地总括了《判断力批判》对于联结前两个批判从而完成纯粹理性的全部批判的必要性和意义,也是全书导言的一个简短的纲要。"所以,我们下面要把序言一句句读一下。接下来是讲"导言":"导言是关于批判哲学体系的总体结构和《判断力批判》的基本概念及总体构想的一篇独立论著",导言你可以把它看作是一篇独立的文章,就是康德的整个构思是怎么来的。"也是研究康德哲学及其思想发展的重要文献。"康德在提出第三批判的时候,对前面两个批判,他是有一种重新调整的思路,他整个体系构架都有改变,我们上一次课已经讲到了这一点。那么,是怎么改变的,为什么要改变？我这个译者序里面,把导言分成三部分,每三节一部分,一共有九节三部分。这三部分的主题是不一样的。我们掌握这个层次来读它,对这九节我们把它分成三个层次来读。那么前面三节,它"确定了判断力的先天原理对于联结彼此独立的知性立法和理性立法,即联结相互分裂的自然和自由、认识和道德所起的作用和所处的地位"。就是这个第三批判,它作为一种过渡的桥梁,作为一种联结的纽带,这是它的作用。前三节主要是讲这个。也就是,前三节主要是康德对他的哲学整体结构的一个调整,是整个康德批判哲学结构的一个大调整,讲的宏观上的这样一个改变。那么中间,"第四、五、六节阐明了作为联结中介的判断力不是知性认识中从普遍概念出发规定特殊对象的'规定性的'判断力,而是从给予的特殊出发去寻求其可能的普遍原则的'反思性的'判断力"。就是说,在第四、五、六这三节中,康德提出来一个反思性判断力的问题,这就比前面那三节要具体些了。前面三节主要是讲过渡,那么这三节主要讲反思判断力,提出了具体的过渡方式。"它出于这种需要而给自己立了一条法,即自然的形式的合目的性这条先验的原则"。反思判断力所立的一条法,一条先验的法则,是什么法则呢？就是形式的合目的性,就是自然形式的合目的性。我们看到自然的时候,有一种形式合目的性,这是一个先验的原则,合目的性的原则。一个事情的合目的性,它跟其他的自然规律不一样,比如说,因果性啊,实体性啊,这些我们把它看作是自然界本身的规律。但是,自然界的形式的合目的性,是我们反思判断力的一条先验法则。"这种合目的性只与对象对于主体认识能力的适合性相关,因而具有形式上普遍引起愉快的特点"。这就是第四、五、六节里面关于这个反思判断力形式合目的性的特点的阐述。它不是用来规定自然对象的,它是与主体的认识能力相关,但同时又与主体的情感能力相关。它"适合"于主体的认识能力,所以它引起人的情感、快感,引起人的愉快。这是第四、五、六节。那么最后,第七、八、九节,"阐明了自然合目的性之区分为直接与愉快相关的主观的、形式的合目的性,和建立于其上、不直接与愉快相关而与对客体的知识相关的客观的、质料的合目的性"。这是说,自然合目的性有两种,或者说有两个层次,一个是主观形式的合目的性,一种是客观质料的合目的性。下面,"与这种区分相应,反思判断力也就区分为通过愉快对主观形式的合目的性作评判的审美判断力,和通过知性和理性的关系对客观质料的合目的性作评判的目的论判断力"。审美判断力和目的论判断力的划分在这里引出来了。下面,"并在探讨两种反思判断力的概念、作用、相互关系这一基础上阐明了它们各自联结自然和自由、认识和道德的方式"。以上这一整段话,我们可以用来大体上概括导言这九节所谈论的问题。我在中译者序里面首先作了这样一个概括。

现在我们按照这个概括来进入我们对《判断力批判》的句读。由于时间关系,我们只能够对序言和导言进行句读。后面我就讲得比较自由一些了,有取舍。后面的比较容易懂一些,你把前面的导言和序言搞清楚了以后,后面的就可以比较具体一些,审美呀,自然科学里面的有机观呐,包括自然的历史和社会历史的发展等等,这些东西都相比之下较为容易一点。当然也不是很容易。康德的东西没有容易的,但是大家以后就可以自己去用功了。

首先我们看"序言"。

我们可以把出自先天原则的认识能力称之为**纯粹理性**，而把对它的可能性和界限所作的一般研究称之为纯粹理性批判：[1]什么叫纯粹理性？纯粹理性就是"出自先天原则"的认识能力。在康德的《纯粹理性批判》里面，主题就是探讨知性的先天原则，知性也就是一种纯粹理性。那么在《实践理性批判》里面，实际上他也是在探讨纯粹理性，即纯粹实践理性，纯粹实践理性也能够提出先天原则，这就是道德律。道德律也是先天原则。"而把对它的可能性和界限所作的一般研究称之为纯粹理性批判"。就是说，什么叫纯粹理性批判呢？就是对于纯粹理性的可能性和界限进行一般的研究。纯粹理性如何可能？纯粹理性的运用，它建立起科学体系，或者是用它建立起实践的规范，是如何可能的？它的界限在哪里？认识的界限在哪里？认识的界限局限于物自体。这是个界碑，你不能跨出现象，直接认识物自体。实践也有它的界限。实践的界限就是说，你不要把你的行为用科学的、用现象的东西来衡量。它只是停留在物自体的领域里面。当然，它也对现象起作用，但是它的原则本身是物自体的原则。这两种都可以说是纯粹理性批判。我们讲纯粹理性批判，一开始总认为是康德的《纯粹理性批判》这本书，当然这本书是纯粹理性批判，但是实践理性批判也是纯粹理性批判。都是对纯粹理性进行批判的。尽管我们所理解的这种能力只是在其理论运用中的理性，如同在第一部著作中也已经以那种命名出现过的那样，那时还没有打算把理性能力作为实践理性并按照其特殊原则来加以研究。这个地方就讲到了，尽管我们最初所理解的纯粹理性批判只是一种理论的理性，在第一批判里面当时还是这样来使用"纯粹理性"这个词，就是把它看作是一种认识的理性，一种理论的理性。当时还没有打算把"实践理性"也看作一种纯粹理性

---

[1] 本书凡引用康德原文，均用下划线标出，下同。

来对它的前提进行批判。当然他心里是有了,心里已经成熟了,但在《纯粹理性批判》里面,还没有表现出这一点。只是在书的后面,快结束的时候,有一种提示,什么是"理性的法规"呀,只能够作为实践的法规。于是那种批判就只是指向我们先天地认识事物的能力,所以只是讨论**认识能力**,而排除愉快和不愉快的情感和欲求能力;在第一批判里面,这种批判只是指向认识能力,而排除了情感能力和欲望能力。情感能力就是第三批判所要探讨的,欲望能力是在《实践理性批判》里面所探讨的。欲求能力,高级的欲求能力就是自由意志,是探讨自由意志的法则。而在诸认识能力中则根据其先天原则来讨论**知性**,而排除(作为同属于理论认识的能力的)**判断力**和**理性**,这是说,在那个地方既然主要讨论的是认识能力,那么在认识能力中,根据其先天原则来讨论的主要是知性,而排除了判断力和理性。这句话,如果你不熟悉背景,可能不太好理解。因为在第一批判里面,康德也讲到了判断力和理性,为什么他在这个地方讲,排除了判断力和理性呢?而且括号里面讲,判断力和理性"同属于理论认识的能力"。他下面有解释。因为在这一进程中的情况是,除了知性以外,任何别的认识能力都不可能提供出构成性的先天认识原则。这一句话一限定,就很明确了。这是说,在第一批判的进程中,除了知性以外,任何别的认识能力,就是判断力和理性,都不可能提供出**构成性**的先天认识原则。所谓"构成性的"这个概念,康德有他特殊的讲究。"konstitutiv"(构成性的,建构性的)这个词,它和"regulativ"(调节性的,李泽厚把它翻译为"范导性的")是不一样的。构成性的和范导性的是不一样的。构成性的是说,它本身构成知识。知性是本身构成知识的,这是《纯粹理性批判》里面的重点和核心。而判断力呢,只是附属于知性的。判断力在《纯粹理性批判》里面,它本身没有先天原则。它是把知性的先天原则联结到感性的材料之上,它起这样一个作用,我们上次已经讲到过。所以康德在这里说他主要探讨的,不是判断力。理性呢,在《纯粹理性批判》里面,它不是构成性的,而是范导性的。理性对认识也有作用,但它只是一个引导作用,它提出理念,提出自然科学所追求的最高统一性的理想,但这最高理想的本身绝对不是知识,它不能构成知识,它只是对于我们追求知识的过程进行一种引导和指引。你要追求,尽可能地去追求最完备的知识,尽管你一辈子也追求不到,几辈子也追求不到,人类永远追求不到,但是,有这个理想,就像一面旗帜在前面,认识就可以不断地前进。它起这样一个作用。所以这个批判按照其他每一种能力或许会自以为出于自己的根芽而在知识的现金资产中所拥有的份额,对所有这些能力加以审查,这里说,这个批判按照其他每一种能力,就是除了知性以外的其他认识能力,比如说判断力和理性,"或许会自以为出于自己的根芽而在知识的现金资产中所拥有的份额",来对这些能力加以审查,也就是加以批判。比如说,判断力、感性和理性。判断力还不明显,理性是最明显的。理性自以为它单凭自己的那些理念就可以获得真实的知识,如同理性派哲学家所以为的。其实它获得的只是一种伪知识,伪科学,只是一种科学的幻相。理性有这样的错觉。康德这个地方主要是指的理性。当然还有感性,感性往往会自以为单凭它自身就足以构成知识,如经验派所以为的。但康德指出,感性若没有知性,还不能构成真正的知识,它只有和知性结合起来才能构成知识。那么,纯粹理性批判就必须对这些能力加以审查。它没有剩下别的,只有**知性**先天地作为对自然、即诸现象的总和(这些现象的形式同样也是先天被给予的)的规律而制定的东西;这是说,纯粹理性批判经过审查以后,经过批判以后,它没有剩下别的,它只剩下了知性。知性这里打了着重号[1]。那么知性是什么呢?我们先暂时不看括号里

---

[1] 本书凡引用康德原文中的着重号(即每个字母隔开排),中文以黑体字表示。

的字句,剩下来的只有知性的规律制定的东西,也就是我上次所讲的,人的知性为自然界立法。纯粹理性批判里面,经过批判以后所剩下来的,就是人的知性为自然界所立下来的那些法则,它们构成了自然科学。它们是构成性的,而不仅仅是范导性的。知性对科学来说是构成性的,理性只是范导性的。那么诸现象的形式,比如说时间空间,也是先天被给予的。现象必须是在时间空间中,才能被给予我们。这些我上次已经讲到了。知性的范畴,对所有这些东西,就是通过时间空间所接受下来的各种现象的总和,来加以规范。这就是第一批判里面真正所要做的工作,实质性的工作就在这里。<u>但这个批判使所有其他的纯粹概念都听从理念的指点</u>,这是说,这个批判,它的实质部分虽然是知性,但是,它使所有其他的纯粹概念都要听从理念的指点。就是其他的概念,其他的范畴,知性的范畴,最后在理念的范导之下趋向于某个最终的目的,趋向于绝对真理,趋向于真理的总和。虽然永远也达不到,但是有理念在前面指引,那么就可以向这个方向不断地前进。<u>这些理念对于我们的理论认识能力来说是言过其实的,但却或许并不是无用的和可以缺少的,而是用作调节性的原则:</u>这就是说,这些理念其实并不能构成真正的知识,它们只能够对构成真正的知识起一种范导作用,起一种帮助作用。所以,如果把它们看作是真正的知识,那当然是言过其实的。"但却或许并不是无用的和可以缺少的,而是用作调节性的原则"。调节性的原则就是范导性的原则,这是翻译的不同。理念本身不是知识,但是对于知识有调节或范导作用,也是不可缺少的。这种作用就在于:<u>一方面抑制知性的这种令人担忧的僭妄,好像它(由于它能够先天地定出它所能认识的一切事物的可能性条件)由此就把任何一般物的可能性也包括在这个界限内了似的</u>;这就是说,理性的这种范导性、调节性作用,它一方面可以抑制知性的妄想、知性的骄傲自大。什么样的自大呢?就是好像由于它能够为自然界立法,于是它就"把任何一般物的可能性也包括在它的立法范围之内了"。"一般物",这在康德那里是有所指的,一般物的可能性就是包含自在之物在内的一般物。知性有一种僭越的愿望和要求,我有因果性范畴,有实体性范畴,我既然可以用这些范畴规定经验,那么我是不是也可以用它来规定物自体呢?我是不是可以用它来规定所有的一般物呢?包括自在之物呢?那么,理性的理念,如果你真的把它当作一种仅仅是范导性的概念,它就可以把知性的这样的愿望抑制下来。就是说,自在之物那些东西都是理念,你不要去涉足,否则的话,你就会得出一些伪科学。这是一方面的作用,就是理念对于人的认识,它有一种消极的作用,它可以限制人的认识能力,把它限制在认识现象的范围之内,免得它跨出界限,到自在之物的领域里面去。另方面在考察自然界时按照一条知性永远也达不到的完整性原则来引导知性本身,并由此来促进一切知识的最终意图。这个我们刚才已经讲到了,理念的作用就在这个地方。一方面,它能够树立一个界碑,限制知性的妄自尊大,超越界限,越权;另一方面,它可以引导知性本身,按照一条完整性的原则来引导知性本身,这个完整性原则不是知性能够提出来的,也不是它能够达到的。知性的认识只是就事论事,这个东西它有它的实体,那个东西它有它的原因,我把这些东西都规定好了,就摆在那里了,至于这个知识是否完整,知性是不管的,那是理性来管。知性在康德看来就是一种形成判断的能力。形成判断了,知性就完成任务了。而理性是推理的能力,理性形成判断以后还要推,而且要推到无可再推。所以理性的本性就是要追求完整性,把一切可推的都推到底,它跟知性的作用是不一样的。所以理性可以"由此来促进一切知识的最终意图",最终意图就是获得绝对真理,获得全部知识。这是理性的一种范导作用。

所以真正说来是**知性**,就其含有先天的构成性认识原则而言,作为拥有,也就是在**认识能力**中拥有它自己的领地的知性,本应当通过一般地这样称呼的纯粹理性批判而在所有其他有资格的能力面前确保自己独占的财产。这就是说,因为知性含有先天的构成性认识原则,它能够实质性地构成知识,它不仅仅是范导性或调节性的,所以在认识能力里面,它拥有自己的"领地";而知性既然有这样一种权利,那么,它"本应当"——注意这个地方是虚拟口气——知性本来就应该通过"纯粹理性批判"来独占自己的财产了。我刚才讲到,第一批判,本来就是《纯粹理性批判》,康德本来也是这样命名的。按照前面这样一些解释,既然只有知性才能独占先天知识的构成部分,它能够构成知识,所以,对知性的这种考察,这种审查,这种批判,本来应该能够使它"独占"自己的"财产"。这个领地是它独特的领域。"领地"是一个法律用语——康德经常喜欢使用法律用语,"独占财产"也是法律用语。所以,"拥有它自己的领地",就是说在知识的领域里面,知性是具有特权的。所谓领地,"Gebiete"这个词是法律上的词,在德国当时的领主制中,某某公爵,某某伯爵,有其领地,就是这个"Gebiete"。在法律上面,这是法定的由他占有、支配和管制的。知性是管自然科学知识领域的。所以"一般地这样称呼的"纯粹理性批判,本来最初是用来特指对知性的批判的,这个批判指明,知性比感性和判断力甚至理性都更有资格确保自己独占认识能力的领地。<u>同样,仅仅只在**欲求能力**方面包含有先天构成性原则的那种**理性**,它的财产已在实践理性批判中被分得了</u>。就是说,在知识的领域里面是知性有它特有的领地,那么在实践的领域里面呢,是理性有它特有的领地,它们双方在不同的领域里面有它们自己的领地。这就形成了两个不同的领域,一个是理论理性,一个是实践理性;一个是认识,一个是道德。它们分别由知性和理性来统治。知性为知识,为自然知识立法;而理性为人的实践能力立法。因为理性是涉及到物自体的,是涉及到无限的;但是理性在知识领域里面只是起范导性作用、调节性作用,甚至是帮助性的作用;而在实践理性里面,它起着主导性作用,构成性的作用。在实践理性、实践行为方面,理性涉及到自由,涉及到无限,涉及到不可认知的物自体对象。所以,那是它的领地。

那么,在我们认识能力的秩序中,在知性和理性之间构成一个中介环节的**判断力**,是否也有自己的先天原则;这些先天原则是构成性的还是仅仅调节性的(因而表明没有任何自己的领地),如果是调节性的,就没有自己的领地,比如理性在认识领域里面是调节性的,是范导性的,所以,虽然理性也在其中,这个领地还是知性的,不是理性的。理性的真正自己的领地是在实践领域里面。这里要讲的是,在这两者之间的"中介环节的判断力",是不是也有它自己的先天原则呢?这里就涉及到知性、理性和判断力三者之间的关系了。我们看下面:并且它是否会把规则先天地赋予作为认识能力和欲求能力之间的中介环节的愉快和不愉快的情感(正如同知性对认识能力、理性对欲求能力先天地制定规律那样);这些正是目前的这个判断力的批判所要讨论的。这一段提出了一个问题。就是"在我们人的认识能力的秩序之中"——认识能力有什么样的秩序呢?知性、判断力和理性,有这样三个层次。这是在我们人的认识能力中,所谓的高级认识能力,也是我们日常所讲的人的理性能力的秩序和结构。我们通常讲,人的认识能力有两种,一种是感性认识能力,一种是理性认识能力,毛泽东在《实践论》中也是这样分的,感性和理性。那么,感性康德在这个地方就不谈了,感性只是一种低级的接受能力;真正的认识能力是高级的认识能力,即知性、判断力和理性。这三种能力,三个不同的层次,相当于形式逻辑里面讲的概念、判断、推理。知性是提出概念,判断力是进行判断,理性是进行推理。在形式逻辑里,这三种能力是这样划分的,也是按照这样的秩序排列的。那么在这样一个秩序中,判断力构成了一个中间环节。知性有它自己的先天原则,比如说知性提出了概念。知性的概念是什么呢?知性的概念就是范畴。知性提出了范畴。判断力应用这些范畴进行判断,理性把这些概念变成理念来进行推理,那么,知性在认识的领地里面,对认识能力可以制定规律,人为自然界立法。理性在人的实践活动中,可以为人自己的实践行为立法。那么,判断力是不是能够为人的情感能力立法呢?在这个中间环节的认识能力中,它是否也对应于人性的一种中间的能力呢?人性里面,我们通常讲知、情、意,这是人性的能力,知是知识能力,意就是行为能力、意志能力、行动的能力,那么中间还有一个情感能力呀。康德在这里提出的问题就是,判断力是否对应于情感能力,也能够为它提供某种法则呢?这个就是目前这部《判断力批判》要讨论的了。

<u>对于纯粹理性,即对我们根据先天原则进行判断的能力所作的一个批判,如果不把判断力的批判(判断力作为认识能力自身也提出了这一要求)作为自己的一个特殊部分来讨论的话,它就会是不完整的</u>;这里首先讲了什么是纯粹理性,纯粹理性就是"我们根据先天原则进行判断的能力",这包括知性,也包括理性,都是根据先天原则来作判断,一个是作认识论的判断,一个是作道德判断——道德也可以说是一种判断。那么对于这样两种纯粹理性来说,它一定还要包含判断力批判,因为判断力属于三大高级认识能力之一。你如果把它撇开了,不对它进行批判,那你这个批判就是不完整的。正像知性和理性分别在认识和实践的领域里面都作了一个批判一样,判断力也提出来要对它自身进行批判。它自身的可能性何在?它自身的先天原则何在?<u>尽管判断力的诸原则在一个纯粹哲学体系里并不能在理论哲学和实践哲学之间构成任何特殊的部分,而只能在必要时随机附加于双方中的任何一方</u>。这句话很重要,我在上堂课已经讲到了这一点了。就是说,判断力你可以对它进行批判,但是它不能构成一个形而上学的哲学的一个独特的部分。它不能"构成任何特殊的部分",它不能在理论哲学和实践哲学之间构成一个什么"判断力哲学"。

康德的形而上学的构想还是两大形而上学,自然形而上学和道德形而上学,构成了未来可能的形而上学。康德的理想还是这样的,就是,关于认识,我们有未来的关于自然科学的形而上学;关于道德,我们有未来的关于道德的形而上学。那么,判断力呢,它在这个中间再没有插足的余地了。它只是一个联结的中介,它自己不占一个领域,"只能在必要时随机附加于双方中的任何一方"。它可以附加于理论哲学的领域上面,也可以附加于实践哲学的领域上面,其目的都是为了调和理论哲学和实践哲学的对立,起一种桥梁和沟通的作用。尽管如此,我们还是要对判断力单独地进行一种批判。所以,最后就有了康德的三大批判。虽然只有两大形而上学,但是有三大批判。三大批判里面,判断力批判是作为两大形而上学之间的一个桥梁来看待的,它没有自己的形而上学。我们来看康德下面的进一步解释。<u>因为,如果这样一个体系要想有一天在形而上学这个普遍的名称下实现出来的话(完全做到这一点是可能的,而且对于理性在一切方面的运用是极为重要的);那么这个批判就必须对这个大厦的基地预先作出这样深的探查,直到奠定不依赖于经验的那些原则之能力的最初基础,以便大厦的任何一个部分都不会沉陷下去,否则将不可避免地导致全体的倒塌。</u>这个问题提得很严重了。康德所设想的未来的自然形而上学和道德形而上学这个体系,如果有一天真正把它实现出来的话,完全做到这一点是可能的,而且康德晚年确实做了一部分,就是《道德形而上学》他写出来了。自然形而上学虽然没写出来,但他写了一个《自然科学的形而上学的基础》。而且他认为,要把这个基础扩展成一个自然形而上学是很容易的事情。每一个自然科学家,只要认可他的这个批判哲学,就可以按照他所提出的大纲把这个自然形而上学建立起来。每一条自然法则都可以找到它的形而上学的根据。这是很容易的事情,因为最主要的工作康德已经做了,他的批判里面已经为未来的形而上学打下了基础。所以他接着说,"而且对于理性在一切方面的运用是极为重要的",就是说,对这些理性原则的确立还只是初步的工作,确立了它,你怎么运用它,那就需要建立形而上学,这当然对于理性在各方面的运用来说是极为重要的,不论是认识方面还是实践方面都是重要的。但是如果要做到这一点,要把这个形而上学体系实现出来,那么首先要把基础打牢固,就是要奠定那些不依赖于经验的先天原则的基础。那些先天原则的基础何在,你要把它搞清楚,"以便大厦的任何一个部分都不会沉陷下去,否则将不可避免地导致全体的倒塌"。这个本来是康德进行纯粹理性批判的初衷,一开始他就是这样想的,他之所以要进行纯粹理性批判,就是要为知识打下基础;他之所以要进行实践理性批判,就是要为道德打下基础。他的两个批判已经打了基础了,但这个地方他仍然提出来,将来这个体系,你要真正建立起来,你就一定要把它的基础打牢,使它的任何一个部分都"不会沉陷下去"。比如说,还有一个地方没有打牢,就是判断力。判断力这个部分,如果你不把它的基础打牢的话,那它有一天可能会沉陷下去,那你整个体系就会倒塌。这个问题很严重。虽然你有两大批判建立起来了,已经在打基础了,但是如果判断力批判不建立起来的话,那么整个大厦还有可能倒塌。可见判断力批判如此之重要。这是在康德晚年才发现的一处隐患,所以他急于将它弥补起来。

但从判断力(它的正确运用是如此的必要和被普遍地要求着,因而在健全知性这一名目下所意指的没有别的,而正是这种能力),……先讲解括号内的说明。判断力的正确运用"被普遍地要求",普遍到什么程度呢?就是当时欧洲流行的所谓健全知性、健全理智,我们讲健全理智的学说,英国哲学家洛克、法国的哲学、法国的启蒙思想家,他们都谈健全知性、健全理智。健全理智在当时是一个流行的概念。就是说你有很多玄而又玄的知识,那不错;你也有一大堆杂乱无章的经验材料,也很博学,你什么都知道,这也不错。但是运用这些知识来进行正确的判断,这才是更重要的,这才是健全知性。否则的话,你没有健全知性,你有一大堆形而上学的、玄而又玄的知识,天赋观念呐,什么上帝呀,神呐,灵魂呐,或者你有一大堆经验的材料,乱七八糟的,但是你不会做判断,你没有健全知性(又翻译成"常识"——通常的、正常的"识"即判断力),那么,你有那些东西也没有什么用处,也是白拥有的。所以,康德认为他讲的判断力就是这样一种东西,它被普遍地要求着,必然地被要求着,"在健全知性这一名目下所意指的没有别的,而正是这种能力"。现在看整句话:但从判断力的本性中我们很容易相信,要发现它所特有的某种原则,必定会伴随着巨大的困难(因为任何一条原则它都必须先天地包含于自身内,否则它就不会作为一种特殊的认识能力而本身受到最通常的批判了),这是说,从判断力本身中,要发现它的那个原则,将要碰到巨大的困难。碰到什么困难呢?判断力的原则必须先天地包含在它的自身之内,它的原则必须显示出来,判断力的原则必须在判断力本身里面显示出来。但是,要显示出来,你就必须要对判断力做一个判断。判断力的原则是怎么样的,你只有通过对判断力进行判断才能够得出来。那么,这就是一个自相缠绕的困境。"任何一条原则它都必须先天地包含于自身内",你要发现这条原则,你就必须已经运用了这条原则,这不是一个逻辑矛盾吗?判断力在别的场合之下,通常都是现成地使用、采用别的东西给它提供的原则。比如在认识中,判断力采用知性给它提供的现成的原则,把它运用到感性材料身上去。在理性场合之下,判断力利用理性所提供的立法,把它运用到人的实践活动中去。那么,判断力本身有什么原则呢?那你要对它进行判断才能够得知啊。所以这是一个自相缠绕的困难。它特有的原则究竟是什么?既不是从知性借来的,也不是从理性借来的,要发现它所特有的原则,"必定会伴随着巨大的困难"。尽管如此,这种原则必须不是从先天概念中推导出来的;因为这些概念属于知性,而判断力只针对知性的应用。知性的原则是从先天概念中推导出来的。比如说范畴,范畴是一个先天的概念。这个先天的概念比如说"因果性",它有自己的原则,比如"一切发生的事都有原因",它的这个原则出自于知性所提出的先天的概念。而判断力的原则,它不能从这些概念里面推导出来。这是它的难处,它没有现成的概念让它去推导,"因为这些概念属于知性"。判断力所使用的概念不是自己的,是属于知性的。判断力在使用知性的概念,把它运用到经验的材料身上去,这个时候,它所使用的这些概念是属于知性的。"而判断力只针对知性的应用"。在这个时候,判断力自身的先天原则是显不出来的。在我们的认识活动中,我们也要使用判断力,但是这个时候判断力是用的借来的原则,它自身的原则是显不出来的。所以判断力本身应当指示某种概念,通过这概念本来并不是认识事物,而只是充当判断力本身的规则,如果你要找到判断力本身的原则的话,就应该从它本身引出概念,而不是从概念来引出它的原则,不是借来一个外来的概念来引出判断力的原则。引出来的这个概念本来并不是用来认识事物的。如果是用来认识事物的,那就是知性的概念了,那还不是判断力的概念。这个概念应当只是充当判断力本身的规则,也就是说,判断力里面引出的概念只是用来作判断用的,判断本身要遵守一种什么样的规则,而不是通过判断力把别的规则引用到经验的材料上面去。这个区分是很细微的。判断,一方面它引用别的规则,比如说,知性的范畴。但另外一方面,它自己也有一个规则。这个规则你怎么找到呢?但也不是充当一条判断力可以使自己的判断与之相适合的客观规则,因为为此又将需要一个另外的判断力,以便能够分辨该判断是否属于这个规则的场合。就是说,判断力里面引出的这个规则,它不是判断力必须要与它相适合的一个客观的规则。判断力本身有一个规则,你要把它引出来,但你不是要把它引出来成为一个外部的规则。如果是判断力必须要适合于这个规则,那么这个规则又需要另外一个判断力,来分辨你这个判断是否属于这个规则。就是说,我们要去为判断力寻找一条先天规则,我们不能够把这个规则当作是一个外在于判断力的一个客观的规则,否则的话,事情将没有前进一步,又变成了判断力必须要适合某一个规则了,那又需要一个判断力。因为所谓判断力在认识中的作用就是来判断这个经验的材料是否符合这个规则,是否适合范畴。它就是起这个作用的。在《纯粹理性批判》里面讲到判断的原理,讲到图型论,讲到原理论,进行原理分析的时候,康德是这样讲的,判断力所起的作用就是把知性的范畴联系到感性经验的材料上面,看感性经验材料与知性的范畴是否相互适合。判断力本身究竟是一种什么样的能力呢?在《纯粹理性批判》里面康德讲得非常含糊,他说这个能力是人心中一个很难理解的、很难搞得很清楚的能力,很费解的能力,它有一种自发性,但它又不是知性。知性是自发的,是能动的,而判断力只是起一个中介的作用,但是判断力也有一种自发性,又能够作判断。判断力又不能教,只能够自己去练习。它到底是什么能力,在那里是作为一个非常难以解决的问题存疑,在《纯粹理性批判》里实际上是没有解决这个问题。现在放到这个地方来解决。判断力的规则究竟是什么?它的法则究竟是什么?首先你不能把这个法则看作又是把判断力和它联结起来的法则,那就又需要一个中介了。但它自己已经是一个中介了。

为了一条原则(不管它是主观的还是客观的)而感到的这种困窘主要发生在我们称之为审美的、与自然界和艺术的美及崇高相关的评判中。这种困窘就是上述要为判断力本身找到一个规则的困窘,即这条规则既不能是主观的毫无规则,又不能是客观的用来规范判断力的规则,否则将会陷入无穷后退。所以这里讲,不管是主观的还是客观的原则都将导致一种困窘。而这种困窘主要发生在审美判断中,即对于自然美、艺术、崇高的这样一些评判中。这些评判的原则正是这样,你不知道它是主观的原则还是客观的原则,它既不是主观的也不是完全客观的。尽管如此,对判断力在这些评判中的某种原则的批判性研究是对这种能力的一个批判的最重要的部分。就是说,尽管在审美中发生了这种困难,即究竟如何确定审美判断力自身的先天原则是很困难的,但是,对这种原则、即对审美判断力原则的批判性的研究是对判断力这种能力的批判的最重要的部分。在《判断力批判》中,审美判断力是最重要的部分,最核心的部分。所以有些人把康德的《判断力批判》称之为一部"美学著作",在某种意义上也有他的道理。虽然它其实并不是一部单纯的美学著作,而是谈目的论的,但是美学部分确实是它最重要的部分。因为即使这些评判自身单独不能对于事物的认识有丝毫的贡献,它们毕竟只是隶属于认识能力的,这些评判——也就是这些审美判断自身,是属于认识能力的。在什么意义上属于认识能力的呢?就是说,这些审美判断力是由认识能力所构成的,是由人的诸认识能力所构成的。虽然它不能对于事物的认识有丝毫的贡献,但它隶属于认识能力,它所运用的是认识能力,但是不是用来认识的,而是用来作审美鉴赏。并证明这种认识能力按照某条先天原则而与愉快或不愉快的情感有一种直接的关系,就是说,审美的判断力,它表明,这样一种审美判断中的认识能力,按照审美判断的先天原则,它是与人的情感有直接关系的,是直接联系人的愉快或不愉快的情感的。它不是说又符合于其他的一个原则。它不是的。如果又符合于其他的原则,那就还需要一个判断力来判断它是否符合于这种情况了。判断力自身的原则,它不是从别的地方借来,它就从它自身,直接跟情感打交道。它既不从认识那里借来原则,也不从实践那里借来原则,它就是与自身引起的情感直接地有一种关系。而不与那可能是欲求能力的规定根据的东西相混淆,因为欲求能力在理性的概念中有其先天的原则。这个地方特别强调,这种认识能力与情感有直接的关系,"而不与那可能是欲求能力的规定根据的东西相混淆",也就是不与实践理性相混淆。在这方面,审美判断力跟认识能力的关系更密切,但是它利用认识能力是与情感打交道,不是与客体的认识打交道。它是认识能力,但是它与情感打交道。同时又跟欲求能力是不一样的,跟人的行为,跟人的实践活动,以至于跟理性是不同的。"欲求能力在理性的概念中有其先天原则",欲求能力的先天原则,也就是纯粹实践理性的先天原则。欲求能力本身体现为实践理性,即"一般实践理性"。而在一般实践理性里面,具有先天原则的就是"纯粹实践理性"。所以它在理性的概念中有它的先天原则。这里给它定位了:审美判断力的定位是来自于认识能力,但不是为了认识;同时,虽然不是为了认识,但是它跟人的欲求能力又不同。我们讲,不是为了认识,那是不是为了实践呢?按照康德的这种两分法,一方面是认识,不是认识就是实践嘛。但它跟实践又不同,与人的欲求能力不同,不要混淆起来。——至于对自然界的逻辑的评判,那么凡是在经验提出诸物的某种不再能由关于感性东西的普遍知性概念所理解和解释的合规律性的地方,这就是说,我们对自然界进行判断,一方面是审美的判断,它是非逻辑的,是感性的。"审美判断"本来也可以译作"感性判断","ästhetisch"这个希腊字本来的意思就是"感性的",与"逻辑的"是一对相反的概念。所以康德在这里经常用"逻辑的"与它相对照。在"对自然界的逻辑的评判"里面,有这样一些地方,在这些地方,你已经不能够再从"关于感性东西的普遍知性概念"来解释经验事物了。也就是说,你不能再用通常的自然科学的概念来加以解释了,你不能用通常的因果律呀、实体关系呀,等等一些关于感性东西的普遍的知性概念来理解和解释经验中的诸物了。在自然界里面,你在对自然界逻辑的评判中,你会遇到这样一些场合,在这些场合中,你不再能够引用自然界中因果律、实体关系等等,这些已经不足以解释某些事物了。那么用什么呢？用一种"合规律性"。不再能用知性范畴来解释，但它也有某种合规律性。比如说，后面讲到的有机体。有机体也有它的规律，生物界也有它的规律，但这种规律你不能够用因果性来加以解释。它不是能够用概念而加以规定的规律，而只是一种合目的性、合规律性。<u>以及凡是在判断力能够从自身取得自然物对不可知的超感性东西的关系的某种原则、并且也必须只是着眼于它自身而运用这原则于自然知识上的地方</u>，也就是说，在对自然界进行逻辑判断的时候，还有这样一些地方，就是在判断力能够从自身取得"自然物对不可知的超感性东西的关系"，就是说，自然物本身不可以把它看作是对一个物自体的关系，即对超感性的东西的关系；但我在自然界里面，我可以"看出"自然物对超感性的东西有某种关系。比如说我看出自然物有种趋向于上帝的目的关系。但是，判断力在进行这种判断的时候，在判断自然物对上帝的关系的时候，它是着眼于判断力"自身的运用"，而把这个原则运用于自然知识上面。就是说，这些自然物在自然知识的总体上好像都在趋向一个目的。又比如我们在有机体身上可以看到，有机体的那些表现你都可以用因果性、机械因果律来加以解释；但是，你总觉得解释不完，你总觉得后面还有别的东西。那个东西你看不到，它是超感性的，但它支配着有机体的一切活动和功能。我们经常把它看成是上帝的技巧，上帝的一种技术。这棵小草，这只昆虫，这个野兽，它是上帝造的，是上帝的作品，它太精致了，人是造不出来的，连它的内部结构都无法完全把握。人造一个机器，虽然仿生学我们今天可以仿造自然生物达到这样逼真的程度，你也造不出一个真正的机器动物，更不用说机器人了。你只能说那些是上帝的作品。它表明了一个超感性的东西，是自然界和超感性的东西发生关系的产物。在这里，自然物不是由知性来解释，不是由因果律来解释其合规律性，也可以用有机体和目的论来说明。有机体当然也有规律,但这个规律你不能用机械因果性来加以解释,你只能用目的性来加以解释。它的规律是一种目的性的规律,它的合规律性是一种合目的性的规律。一位医生,他所掌握的规律,一位生物学家或一位解剖学家,他所掌握的规律,不是机械因果性的规律。如果一位医生或一位解剖学家只懂得机械因果律,那他就不够资格了。他要深刻地了解这个有机体的目的何在,这个有机体上的这一部分的作用、功能何在,它是"为了"做什么的。这也是一种规律。这种规律就是一种合目的性的规律。但是,这种规律,这种法则,它是判断力"只是着眼于它自身"来运用于自然知识之上的。判断力在这样一些场合之下,比如说在有机体的场合之下,它所提出的那些有机体的有机规律、合目的性,它把这个合目的性用到有机体对象身上,它是着眼于它自身的运用。它不是用来认识这样一个对象,而只是用于这个对象的知识之上,也就是使这些知识得到某种统摄和总体把握。<u>则一条这样的先天原则虽然能够和必须应用于对世间存在物的认识</u>,同时开启着对实践理性有利的前景:这是说,它能够用于对世间存在物的认识,比如说我们可以用来认识有机体,医生看病的时候,我们把它运用于人体,你这个地方发炎了,发炎了是一种抵抗作用,是一种免疫作用,表明你身体里有免疫力,所以发炎被看作是一种有目的的活动,它是为了免疫,最终是为了整个机体达到一种平衡,达到一种和谐,达到一种修复。所以,机体上的某一种现象的出现,它都被解释成是有目的的。当然,在我们现代医学看来,这就是一种知识。我们的医学就是一门科学知识嘛。但是在康德的时代,生物学还没有完全奠定其科学基础,那个时候是一个机械论的时代。人是机器,人体是机器,动物是机器,这样的观点非常的盛行。康德也受了这种影响。只有牛顿、伽利略,他们的科学才是科学。生物学当时还是很幼稚的,人们认为生物学不是一门严格的科学。它当然可以运用于认识,但是当它运用于认识的时候,它所获得的并不是有关对象的严格的知识。一个有机体，一个动物，摆在你面前，你对它的目的性评价，并不是你对这个动物有机体的客观的知识，而只是出于你的主观的一种需要。什么需要呢？就是判断力的需要。我要作判断，我把它看作一个有机体有利于我对它作出判断。我把它看成有机的，那么我就会引导我的机械论的观点去作出更加准确、更加精密的判断。否则，你的机械论的观点在面对有机体这样复杂的对象时，会迷失方向，至少会把问题简单化。所以我就必须要引用一种目的论来指导、来范导我对有机体的机械论的解释。所以，按康德的观点，它是运用在知识上的，但是它本身不构成知识。虽然本身不构成知识，但是它"开启着对实践理性有利的前景"，就是说，你把一个对象看作是有机的，这对实践理性有用。我们今天的环保，动物保护主义，也把它看作是现代的伦理，就是你对动物要同情，要同情地理解动物的"目的性"，虽然你知道动物本身并没有意识到这种目的。当然这不是康德的意思，康德的意思是，它只是对实践理性有用的"前景"，要对道德有用，它还有一个推演过程。这个在我们后面讲到"目的论判断力批判"的时候还要讲到，从有机体的观点可以把整个世界也看成是有机的，那么整个世界就被看成是一个生态链，是一个从低级的"种类"到高级"种类"不断进化的有目的的过程。万物都有它的种类，当你把整个自然界和人类社会看作是一个有目的的过程的时候，就可以从中引出最高的"种"，即世界的终极目的，那就是道德。但这个地方讲得很晦涩。因为这是个导言嘛，不可能讲得那么清楚，它有很大的跳跃性。这个地方只是提到，"同时开启着对实践理性有利的前景"。这段话句子太长，难以理解的就在这个地方。还有背景知识，我也在这里给大家先提示一番。<u>但它并不具有对愉快和不愉快的情感的直接关系</u>，就是说，对自然界这样一种逻辑的评判，对有机体也好，对自然目的系统也好，在康德看来，都属于逻辑的评判，因为没有情感的东西在里面。它把情感排除了。逻辑就是要讲"种"、"属"、"类"的关系嘛,我对有机体的评判,我对自然万物的评判,都要冷静地分析其在种属链条中的上下级关系,这本身是一种认识,它是认识某些对象时的一种逻辑上的需要。所以,它对愉快和不愉快的情感并不具有"直接的关系"。不具有直接的关系并不是毫无关系,还是有关系的。我们在对自然界进行一种合目的性的判断的时候,我们也会有一种情感的关系在里头,但它不是"直接的"。当你把整个自然界看作是一个巨大的目的系统的时候,你也会引起一种崇高感,引起一种对于天意的感恩的激情。天意把壮丽的自然界给了我们,为我们提供了这样好的生存环境,让我们发展,按照康德的说法,就是最后让我们发展出人类的道德来,我们应该懂得感激,应该懂得欣赏。你欣赏这么一个自然界,如此壮丽的景色,最后都是为了促成人的道德,那道德肯定比它更加壮丽。所以,它最后还是有一种美感。甚至我们在科学发现中也有一种美感。我们讲"科学美",我们在进行科学研究的时候,也有一种美的情感。但是,它不是直接的。要通过什么呢?要通过审美判断力。目的论判断力要通过审美判断力,才能够跟情感联系起来。那么,现在最关键的就是审美判断力如何能够跟情感直接联系起来。<u>这种关系正是在判断力的原则中那神秘难解之处,它使得在批判中为这种能力划分出一个特殊部门成为必要</u>,对于世界的一种评判,它和愉快和不愉快的情感之间这样一种关系是最难解释的。如何能够解释清楚这样一种关系,这种关系如何可能,单凭目的论判断力是不行的,只有审美判断力批判才能说明如何可能由自然界引起一种普遍的情感,而这是最困难的地方。所以,"它使得在批判中为这种能力划分出一个特殊部门成为必要"。因为无论是理论理性批判还是实践理性批判都无法解决这一问题,它们都撇开了情感问题,所以这里必须划分出一个特殊部门来讨论判断力和情感的直接关系的问题。<u>因为按照概念(从中永远不可能</u>

引出对愉快和不愉快的情感的直接结论)而进行的这种逻辑评判本来顶多能够附属于哲学的理论部分以及对它的批判性限制。按照概念进行的这种逻辑评判,也就是我们前面讲的,我们对自然界的逻辑评判,本来呢,不管你讲有机体也好,讲生物学、医学、解剖学也好,对自然物进行种和类的划分也好,顶多能够附属于哲学的理论部分以及对它的批判性的限制。它本来不构成一个批判。它和愉快和不愉快的情感是没有直接关系的。如果按照概念的话,你要对自然界进行这种逻辑评判,它本来不能够构成判断力批判的一个内容。如果它没有审美判断力把它跟愉快和不愉快的情感联系起来,那么这样的生物学和医学的知识,顶多能够附属于哲学的理论部分,附属于机械论的部分,附属于牛顿力学的形而上学基础,作为一个补充。我们前面讲到,在康德看来只有机械论,牛顿力学,才是真正的科学,才是精密的科学,而生物学、医学都不是精密的科学。但是它对精密的科学有一种指导作用,有辅助作用。它能够使我们在大量的、精密科学所难以概括的微妙关系的场合之下,例如在面对一个有机体的场合下,以及在无数个自然规律并存的场合下,引导我们的精密科学不迷失方向。在医学中这就可以指导我们的解剖刀。解剖刀一刀划下去,你很可能划错地方,但是你如果有一个非常好的目的论的观点来指导,你就会顺着它的本来的机理去进行解剖。所以,解剖刀还是一种机械,但是它有一种目的论的东西在做它的指导。又如把多个自然规律归结为一个规律,像牛顿所做的那样,把"万有引力"当作总的规律、"种",把"自由落体"、"摩擦系数"等等当作底下的"亚种"。但是如果仅仅是这种关系,那么你用不着对它进行一种单独的批判。目的论判断力批判为什么要对有机体的原则进行批判?那是有另外的原因。就是因为审美判断力,它跟情感联系起来了,所以它把目的论判断力也带动了,把它也变成了判断力批判的不可缺少的一个部分。这两大部分的关系是这样来的。审美判断力批判是最根本的,但是目的论判断力批判也不可少。目的论判断力批判是审美判断力批判的一种扩展,扩展到整个自然界。审美判断力批判的原理只是处于人的内心,顶多扩展至人类社会交往;而目的论判断力批判把它的原则一旦确立起来以后,可以扩展运用到整个自然界乃至于整个社会历史上面去。

对于作为审美判断力的鉴赏能力的研究在这里不是为了陶冶和培养趣味(因为这种陶冶和培养即使没有迄今和往后的所有这类研究也会进行下去的),而只是出于先验的意图来做的:就是说,对审美判断力——也就是鉴赏能力的研究,不是为了陶冶和培养趣味,不要以为讲的是美学。在康德看来,你如果想从我这里学到怎么样欣赏,那你们想错了。你们读了我这个《判断力批判》以后,绝对不可能对你的欣赏趣味有半点提高。康德自己的欣赏趣味就不高。人们说康德有自知之明嘛,哈勒大学聘请他当美学教授,给他高出他在哥尼斯堡大学一倍的薪金,他不去。有人说,他不去是因为害怕和胆怯,因为他对美学不熟悉。其实他也瞧不起。他认为,我把哲学问题搞清楚了,美学这个东西,那你们就可以瞧着办了,何必需要我去。所以他的这个美学里面举的一些审美的例子,都不是很突出的,不是第一流的,都是二三流的,作家呀、艺术品啊,都不算第一流的。所以人们说,康德一辈子读过的小说,就是那些二三流作家的小说,没有受过很高的艺术熏陶。他在这里也不是要进行艺术熏陶,他不是谈的一般的艺术学或者是艺术欣赏,他要谈的是先验哲学。所以我自认为这一研究在缺乏那种目的方面也会得到宽容的评判。就是说,我这些研究没有那些目的,不是想提高大家的审美鉴赏力,因为我的本来意图就不是这样,所以,你们也不要责怪我。但说到先验的意图,那么它必须准备经受最严格的检验。在这方面他是很有自信的。一谈到先验的意图,那么一切艺术原理、审美原理,在他这个地方,都是非常严格的,经得起检验的。然而我希望,即使在这里,解决一个如此纠缠着自然的问题的这种巨大困难,可以用来为我在解决这问题时有某些不能完全避免的模糊性作出辩解。就是说,在这个地方,虽然他自认为是非常严格的,他准备接受最严格的检验,但是他也承认,在有些地方还是可能存在某些表述上的模糊性。那么,这些模糊性可以以问题太困难、太复杂作为辩护。这些问题太复杂、太困难,所以,在解决这些问题时不能完全避免有些模糊性。但有点模糊性关系也不大,只要这个原则被正确地指出、足够清楚地加以说明就行了;只要基本原则搞清楚就够了,至于其他的细节方面呢,可能有些模糊性的地方,也不要紧。假使说,从这里面引出判断力的现象,这种方式并不具有我们在别的地方,即对于依据概念的认识所可以正当要求的全部的清晰性,那么这种清晰性我相信在本书的第二部分中也已经做到了。也就是说,从这个原则里面引出判断力的现象,这样一种做法有时候并不具有在别的地方所看到的那种清晰性。比如在《纯粹理性批判》里面是很清晰的,从范畴里面引出经验知识的法则,他自认为那是无懈可击的,具有"全部清晰性"。但在《判断力批判》里面,有时候有可能并没有全部的清晰性,并不是足够清晰的。"那么这种清晰性我相信在本书的第二部分中也已经做到了",就是在目的论判断力批判里面,他认为要更清晰。因为目的论判断力还是属于认识的领域,目的论,有机体,机械论和目的论的关系,这些方面它比较逻辑上一贯。它不像审美。审美都是很具体的、很感性的,是非逻辑的,而且康德自己的审美趣味又不很高,所以在这方面他预先为自己作一些辩护:这方面有可能讲的不是很清楚吧,但是至少在第二部分是讲得很清楚的。第二部分是涉及到自然科学的知识,以及社会、社会制度和体制、历史、法律等等问题。康德对法律是非常有研究的。

于是我就以此结束我全部的批判工作。就是说,我以这样的批判结束我全部的批判工作。前面两个批判,他都没有这样宣布,那么第三批判出来,他觉得可以宣布了,全部批判就是三大批判了。有的人说他还有第四批判,其实那是站不住脚的。康德自己已经宣布他的批判全部结束了嘛,没有什么第四批判。有的人认为他的历史理性批判就是第四批判,这是没有什么根据的。其实,对历史的批判就在判断力批判里面。<u>我将马不停蹄地奔赴学理的探究,以便尽可能地为我渐高的年齿再争取到在这方面还算有利的时间。</u>结束了三大批判以后,他将奔赴"学理的探究",所谓学理(Doktrin)的探究,就是不再是批判了,而是正面阐述他的学理了,是着手来建立他所设计的未来形而上学体系了。他知道自己的年事已高了,所以尽量争取剩下还有一点的时间,来做这些事情。<u>不言而喻的是,在学理的探究中,对判断力来说并没有特殊的部分</u>,就是说,在学理方面,在正面阐述的形而上学方面,对判断力来说并没有特殊的部分,不能再导出一个美的形而上学。我们有一个科学的形而上学,有一个道德的形而上学,是不是还能导出一个美的形而上学来,他说那是不行的。——<u>因为就判断力而言,有用的是批判,而不是理论;</u>就是说,判断力只要批判就够了,但是,判断力本身并不能够建立起一个正面的学理,它是附属于其他学理之上的,顶多能够在其他学理之间起一个过渡或桥梁作用。<u>相反,按照哲学被划分为理论哲学和实践哲学而纯粹哲学也被划分为同样两个部分,构成学理探究的将是自然的形而上学和道德的形而上学。</u>形而上学的两大部分,他是坚持到底的,一个是认识,一个是道德,一个是自然科学的形而上学,一个是道德的形而上学,他的主体和实质性的部分是这两个部分。批判呢,可以这样说,前两大批判是两大形而上学的导言,而第三批判就不是什么的导言了,第三批判是前面两个批判的联结关系,或者是两个形而上学之间的一种过渡,但它本身不构成一个形而上学。没有什么美的形而上学。美是一种感性的东西,能够为它找到一个先验的原则,就已经很不错了,很难得了。再要把它扩展为形而上学,那就不是康德的思想了。康德基本上还是一个理性主义者,实践理性和理论理性,都立足于他的基本的理性主义立场。同一个理性,表现在两个方面。

以上是康德的序言。我们再看他的"导言"。

导言的第一节:哲学的划分。这是一种宏观的划分。我前面讲过,第一、二、三节,都是讲宏观的划分。

如果我们就哲学凭借概念而包含有事物的理性认识的诸原则(而不单是像逻辑学那样不对客体作区别而包含有一般思维形式的诸原则)而言,把哲学像通常那样划分为理论哲学和实践哲学,那么我们做得完全对。就是说,哲学的概念,它包含有事物的理性认识的原则。哲学的认识能力,是从它包含有对事物的理性认识这个原则来看的,而不是像形式逻辑那样。我们知道,形式逻辑讲概念、判断、推理,而不管内容。而康德的先验逻辑,或者康德的先验哲学,是要管内容的。它不仅仅是逻辑学,它还是认识论,甚至是本体论。作为认识论和本体论,它"凭借概念而包含有事物的理性认识的诸原则",有对事物的理性认识,是有关对象的一些原则。哲学是这样一些原则,我们把哲学看作是有关对象的那些理性原则所构成的。有关什么对象呢? 一个是有关现象,那就是理性的认识。其次是有关物自体,有关物自体也是有关对象。对不可知的东西,我们也有一种理性认识,那就是实践理性。当然,它不是严格意义上的"认识",它是一种道德知识。道德知识是有关物自体的,但它不是真正严格意义上的知识,它没有经验内容,它只能够指导你应该怎么去做。那么,我们"把哲学像通常那样划分为理论哲学和实践哲学",就像我刚才在讲序言的时候所讲到的,康德认为,一般来说,哲学就是这两部分。未来的哲学,未来的形而上学就是这样的,理论哲学和实践哲学,就这两个部分。"那么我们做得完全对"。这是跟形式逻辑不同的,形式逻辑也讲理性,但形式逻辑的理性是形式化的,是空洞的,而这里头是讲的人的认识的内容和人的实践的本体,是讲的认识论和本体论。但这样一来,为这个理性认识的诸原则指定了它们的客体的那些概念必定是特别各不相同的,因为否则它们将没有理由作出划分,划分总是以属于一门科学的各个不同部分的那些理性知识之诸原则的某种对立为前提的。就是说,我们这样划分完全对,但是理论哲学有它的概念,实践哲学也有它的概念,那些概念是完全不同的,因为它们的客体,它们的对象是完全不同的。否则它们就没有理由作出划分了。实践哲学和理论哲学如何划分呢?因为它们的原则不同,它们的对象不同,它们的概念也不同;不仅不同,而且是"对立"的,所以才需要做出这种划分。

但是,只有两类概念,是容许它们的对象的可能性有正好两种各不相同的原则的:这就是**自然诸概念**和**自由概念**。它们不同在什么地方?理论哲学和实践哲学的不同在什么地方?就是因为它们有两类概念,这两类概念,它们正好是各不相同的。它们的对象的可能性原则是完全不同的。这两类是什么概念呢?就是自然的诸概念和自由概念。关于自然的概念有很多,因果性,实体性,单一性,多数性,质和量等等,这些都是属于自然的概念。再一个就是自由的概念。自然的诸概念有十二个,自由的概念只有一个。它们必须分别属于两个不同的领域,而且"只有"这两类概念才属于这样截然不同的领域,再没有其他概念有如此完全对立的性质了。康德的全部哲学可以说都是探讨这两者的区别和关系问题,即自由和必然的关系问题。既然前者使按照先天原则的某种**理论知识**成为可能,后者却在这些理论知识方面在其概念本身中就已经只具有某种否定的原则(单纯对立的原则),前者,也就是自然的诸概念,知性的诸范畴,它们使理论知识成为可能,使得自然知识成为可能,人为自然立法嘛;后者,就是自由的概念了,它在理论知识方面只具有否定性的原则,也就是说,自由是不受自然必然的规律所限制的。这种自由我们通常把它叫做"消极的自由"。为什么叫做消极性的自由呢,就是它通常只有否定性的根据。自由不是要你做什么,而只是表明你不怎么样,你不受限制。这就是消极的自由。积极的自由就是去做一件事情:你不受限制,而想要做什么呢?他不讲,那就是消极的自由。只讲不受限制,那就是消极的自由。不能用理论知识来规范,那就是消极的。在"理论知识方面在其概念本身中就已经只具有某种否定的原则(单纯对立的原则)",就是与自然知识概念完全不同,完全对立。自然的概念都是被规定好了的,而自由是不受规定的。这就是自由的概念。当然,自由也有积极的概念,但那不是就理论方面而言,只是就实践上而言。相反,对于意志的规定则建立起扩展性的原理,这些原理因而叫作实践的原理:意志的规律,也就是自由意志的规定,这和对理论知识的否定性的规定不同,在意志的方面,它可以建立起一种肯定性的规定。这就是刚才讲的"积极的自由",就是这个意思。自由在理论知识里面,它只具有否定性的、消极的意义,但在实践的领域里面,它具有积极的、扩展性的意义,它是一种积极的自由。所以它叫做实践的原理。自由不是毫无规则,它也有它的原理,有它实践的原理。所以,哲学被划分为在原则上完全不同的两个部分,即作为**自然哲学**的理论部分和作为**道德哲学**的实践部分(因为理性根据自由概念所作的实践立法就是这样被称呼的),这是有道理的。康德在这里再一次强调在全部哲学中,理论哲学和实践哲学的划分,对应于自然哲学和道德哲学的划分,这样的划分是完全有道理的。但迄今为止,在以这些术语来划分不同的原则、又以这些原则来划分哲学方面,流行着一种很大的误用:就是说,自然哲学和实践哲学这两者,一个讲自然,一个讲实践,这种对哲学的划分,有一种很大的误用。有什么误用呢?这就是下面说的:由于人们把按照自然概念的实践和按照自由概念的实践等同起来,这样就在理论哲学和实践哲学这些相同的名称下进行了一种划分,通过这种划分事实上什么也没有划分出来(因为这两部分可以拥有同一些原则)。就是说,当人们把哲学划分为理论的部分和实践的部分的时候,往往在实践部分的里面掺杂进了一些不同的理解。作为纯粹实践哲学来说,它只能是道德哲学,只有道德哲学才配称为实践哲学。但是人们往往把一些"按照自然概念的实践"也掺杂进来了。按照自然概念的实践就是我们的日常实践,不是道德实践。我们日常做一些事情,我们的实用,我们的技术,我们做一件事情的技巧,我们的工艺,这些东西,我们都把它当作实践哲学纳入进来了。这是康德的时代,人们经常发生的这样一些混淆,康德对此很不满意。你把这些东西也叫做实践哲学,那你就在理论哲学和实践哲学之间造成了一种混淆。在康德看来,实践哲学真正说来只能是道德哲学,至于那些日常实用的东西,不是道德哲学,它们是实践,但不是实践哲学,它们是隶属于理论哲学的,也就是我们今天讲的技术。我们把科学和技术相提并论,这个是对的,只要我们把技术看作是附属于科学之下的。技术不是一种实践哲学,虽然它本身是实践,是实用。我们讲"科技",科技这个"技"是附属于"科"之下的,它是属于科学的一种实践的表现,它本身不足以成为一种实践哲学。真正的实践哲学就是道德实践,只有道德才能成为哲学研究的对象。

所以意志,作为欲求的能力,它是尘世间好些自然原因之一,就是说,它是那种按照概念起作用的原因;意志,康德首先解释什么叫意志。我们讲实践的时候,通常要把意志引进来。一件事情是你有意做的,故意做的,你有目地做的,那就是实践。如果你是无意之间做的,那当然不能叫实践。只要是有意做的事情,就叫做实践。在世界上有很多自然的原因,有些自然的原因是无意的,是自然现象,这座山塌下来了,那是无意的,那不能叫意志。但是它也是一种原因。那么意志也是一种原因,你做了一件事情,这件事情和自然现象不一样,但它也是一种"自然原因",因为你做出来了,它已引起了自然的改变。就像山塌下来引起了自然界的改变,你去挖山也可以引起自然界的改变。这两种现象,在自然现象上也许是相同的,但是,它的意义是不一样的。那么什么是意志呢?"按照概念起作用的原因"就是意志。对于意志原因的规定,是按照概念而起作用的原因,就是说,首先要有概念,然后,按照那个概念发生作用。我们说,意志是有目的的活动,有目的的活动就是你先有个概念在那里。你有"动机",你想做什么。有的东西还没有实现,它只是一个概念,但是这个概念可以引起你的作用,你可以按照概念来起作用。这就是意志。<u>而一切被设想为通过意志而成为可能(或必然)的东西,就叫做实践上可能(或必然)的,以与某个结果的自然的可能性或必然性区别开来</u>,就是说,一切被设想为意志行为,通过意志而成为可能的东西,就叫做实践上可能的;一切被设想为通过意志而必然发生的,就叫做实践上必然的。这跟自然的可能性和必然性是不一样的,自然的可能性和必然性的原因不是通过概念而被规定为原因性的,<u>后者的原因不是通过概念(而是像在无生命的物质那里通过机械作用,在动物那里通过本能)而被规定为原因性的</u>。就是说,动物做一件事情是没有概念的,它不是按照概念去做事情,它通过本能。无机物的过程,是按照机械原理起作用的,更不需要概念。只有意志作用才是按照概念起作用的。——<u>而现在,就实践而言在这里还没有规定,那赋予意志的原因性以规则的概念是一个自然概念,还是一个自由概念</u>。把意志解释清楚了以后,那么实践的概念也就清楚了。实践是一个意志行为嘛。意志行为,作为实践的行为,它是以一个概念为前提的,那这个概念是个什么概念呢?就应该有一种区分。通常的看法,就是把实践,不管它的概念是什么概念,通通称之为实践哲学。这就搞混了。应该把两种概念区分开来,一个是自然概念,一个是自由概念。你的意志行为也可以是按照自然概念来起作用,你的目的,你的动机,按照一个什么概念呢?比如说在日常生活中间,劳动,你去赚钱,你有个概念,那个概念是什么呢?是收入。收入是什么呢?收入是为了维持你今天买米的钱。这是个自然概念,因为你是个动物,你要吃,要喝,要生活,要养家糊口,这是一切动物都要做的事情。所以它是一个自然概念,这个收入满足你的欲望,满足你的饥渴,这是一个自然的概念。但是这跟你去做一件道德行为,如舍己救人,那是不一样的。你舍己救人的目的是要完成一件道德义务,这是我应该做的。这两者是不一样的。所以,以自然概念为目的的实践,不应该称之为实践哲学。只有以自由概念为目的的实践,才可以叫做实践哲学。以自然概念为目的,虽然已经是一个意志的实践行为了,但本质上跟一切动物行为是一样的,你把它作为实践哲学来看待,那你就把动物行为也提升到了实践哲学的领域了。其实它只是属于理论哲学的范围。我们对人的日常生活的需要的考察,跟我们对动物的考察,在层次上是并列的,都是对自然的考察,是可以通过科学来加以规定的。

但辨明后面这点是根本性的。因为如果规定这原因性的概念是一个自然概念,那么这些原则就是**技术上实践的**;但如果它是一个自由概念,那么这些原则就是**道德上实践的**;注意,这里提出了一个新概念:"技术上实践的"。实践有两种,一种是道德上实践的,一种是技术上实践的。那么这里提出的呢,如果原因是一个自然的概念,那么就是技术上实践的。技术上实践的不属于实践哲学,而属于理论哲学。只有立足于自由的原因之上的实践原则才是道德上实践的,也才能属于实践哲学。而由于在对理性科学的划分中完全取决于那些需要不同原则来认识的对象的差异性,所以前一类原则就属于理论哲学(作为自然学说),后一类则完全独立地构成第二部分，也就是（作为道德学说的）实践哲学。所以，实践的领域要分成两个层次。第一层次的东西，只是属于理论哲学，作为一种自然学说。当我们把人看作也要生存、也有生命这样一种动物的时候，我们就可以解释他为什么要做这件事，因为他要活，要养家糊口，要像动物一样传宗接代，那么人的行为在这方面属于自然哲学，可以用自然哲学来解释，不需要道德哲学，不需要另外搞出一门哲学来。如果一个人是为了义务牺牲自己，对这样的事情的解释，用自然哲学解释是绝对不行的，需要另外搞出一门哲学来。那就是道德哲学。那是道德上实践的。

一切技术上实践的规则（亦即艺术和一般熟练技巧的规则，或者也有作为对人和人的意志施加影响的熟练技巧的明智的规则），就其原则是基于概念的而言，也必须只被算作对理论哲学的补充。"技术上实践的规则"，康德在这里的括号中列举了其内涵，即艺术（Kunst），这个艺术是广义的，不仅仅是指我们平常所讲的狭义的艺术。狭义的艺术认为，画家搞出来的是艺术，一个油漆匠搞出来的就不是艺术。而在康德时代，这个艺术还具有广义性——就是技术。这里也可以翻译成"技术"，但是为了保持译名翻译上的前后一致和区别，我们还是把它翻成"艺术"。这一点要注意理解。"一般熟练技巧的规则"，就是一个工匠的熟练性，熟练程度。"作为对人和人的意志施加影响的熟练技巧的明智的规则"，这是说与人相处的艺术，与人相处的技巧，与人打交道的技巧，社会技巧——这个人适不适合这个社会，会不会和人打交道。这也是一种明智的规则，也是熟练技巧。这些都属于技术上实践的规则。一般的政治技巧等等也都属于这一方面。技术上的实用规则是"对理论哲学的补充"，因为理论哲学你要把它做出来，在做的过程中去发现规律。比如说实验室，实验室就是对科学的一种补充，在今天实验室仍然很重要。没有实验室，科学就不能发展了。特别是理工科，没有实验室寸步难行。但是实验室它这种实践只是对理论哲学的补充。因为它们只涉及到按照自然概念的物的可能性，属于自然概念的不只是在自然界中可以为此找到的手段，而且甚至有意志（作为欲求能力、因而作为自然能力），就其可以按照那种规则被自然冲动所规定而言。属于自然概念的，不仅仅是实践活动的手段，一种机器，或者是一种工艺，这些都属于手段——当然你可以用自然科学来加以规范，它的功率有多大，它的实用性怎么样等等——而且还有意志，作为一种欲求能力，意志也属于理论哲学，在这个情况之下。我们通常讲，实践哲学是讲人的自由意志的，但是意志如果不是自由意志，而是附属于自然的概念，是欲求能力，为了求生存，那么这种意志也属于理论哲学。因为这种意志是按照自然法则，被自然冲动所规定的。你要求生存嘛，这是一种自然冲动。虽然你实行了意志，但是这种意志不是按照它自己的法则而是按照自然界的法则而起作用的。但这样一类实践规则并不称之为规律（例如像物理学规律那样），而只能叫作规范：就是说，这样一些规则，它不具有规律的那种高高在上的尊严，规律是永恒的，而规范是临时可以采用的，随机应变的。意志即使服从自然概念，它也不是单纯的自然规律，而只是规范，因为它还可能有另外的选择。这是因为，意志不仅仅从属于自然概念，而且也从属于自由概念，它的诸原则在与自由概念相关时就叫做规律，只有这些原则连同其推论才构成了哲学的第二部分，即实践的部分。这个冒号后面转到康德的本题上来了。所有的那些实践的技巧，技术上实践的规则，都是属于自然哲学的。那么意志呢，当它从属于自然的概念的时候也属于理论哲学，这时它的规则只是规范。只有当意志这个概念它不仅仅从属于自然概念，而且也从属于自由的概念的时候，那么它的诸原则在与自由概念相关的时候，才能够称之为规律，才具有规律的必然性尊严，也才能够由此建立哲学的第二部分，就是实践哲学。所以有两种规律，自然的规律和自由的规律，意志只有在自由方面才能建立自己的规律,否则只能是服从自然规律的规范。

所以,如同纯粹几何学问题的解答并不属于几何学的一个特殊的部分,或者丈量术不配称之为某种与纯粹几何学不同的实践的几何学而作为一般几何学的第二部分一样,康德用几何学来做例子了。几何学问题的解答,一个几何学的应用题,它并不属于几何学的特殊部分,那是几何学的一种运用嘛。一个几何题,我们把它做出来了,你说我发明了几何学,那不是的。做题不属于几何学的特殊的部分,它只是几何学的一种应用。我还可以把几何学原理运用于丈量术,但丈量术绝不是几何学的一部分,不是什么"实践的几何学"。实验的或观察的机械技术或化学技术同样不可以并且更不可以被视为自然学说的一个实践部分,"实验的或观察的机械技术或化学技术"指的是化学实验室、物理实验室等等的技术。这里是说,自然学说所探讨的就是规律的体系,至于它的运用,包括实验室之类的技术,都是附属于它的,不能独立成为一个部分。在这方面,自然科学和几何学具有相同的性质,即不能把它们的原理的运用当作一门独立的实践科学。再进一步推导就涉及社会科学了:最后,家庭经济、地区经济和国民经济,社交艺术,饮食规范,且不说普遍的幸福学说,更不用说为了幸福学说的要求而对爱好的克制和对激情的约束了,这些都不可以算作实践哲学,这里,康德列举了这么多有针对性例子。当时英国的经验派的哲学家们,休谟啊,洛克啊,穆勒啊等等,他们都把这些称之为"实践哲学"。但在康德看来这些都不能称之为实践哲学,因为它们并不具有哲学的层次。或者说,这些东西根本不能构成一般哲学的第二部分;因为它们所包含的全都只是一些熟巧规则,因而只是些技术上实践的规则,为的是产生按照因果的自然概念所可能有的结果。人与人之间怎么样打交道,以及家庭关系、家庭经济、地区经济、国民经济、饮食规范、怎么样获得幸福,获得幸福的技术,获得幸福的明智的技巧等等,这都是英国经验派功利主义者们所强调的一些规则,在康德看来,这些只是一些技术上的规则,"因为它们所包含的全都只是一些熟巧规则,因而只是些技术上实践的规则,为的是产生按照因果的自然概念所可能有的结果"。这些都是按照因果律的。与人打交道也是按照因果律,我这样对他做,他也就会对我这么做,那么我们大家是双赢呢,还是互相吃亏呢,我们要在这方面进行一番计算,这是按照自然因果律的概念所产生的结果。由于自然概念只属于理论哲学,这些东西所服从的只是作为出自理论哲学（自然科学）的补充的那些规范,所以不能要求在一个被称为实践性的特殊哲学中有任何位置。整个这一段,康德还是在讲他的两大哲学的划分,怎样划分得更加精密。这就必须把隶属于理论哲学的那些实践规范排除出实践哲学的领域,将它们限定在理论哲学的补充的领域,而让他的实践哲学清晰地被规定为仅仅是关于自由意志和道德规律的哲学。反之,那些完全建立在自由概念之上,同时完全排除意志由自然而来的规定根据的道德上实践的规范,则构成了规范的一种完全特殊的方式：与前面那些都不同,建立在自由概念之上的,同时完全排除意志由自然而来的规定根据的道德上实践的规范,它是一种完全特殊的方式。它当然也是一种"规范",是可选择的规则,但这种规范和意志作为服从自然规律的技术规范不同,它具有特殊的方式。什么方式呢？它们也像自然所服从的那些规则一样,不折不扣地叫作规律,但不是像后者那样基于感性的条件,而是基于某种超感性的原则,并且和哲学的理论部分并列而完全独立地为自己要求一个另外的部分,名叫实践哲学。就是说,道德上的实践规范,它是一种完全基于超感性原则、基于物自体的规范,比如说自由哇,灵魂不灭呀,上帝呀,基于这些规则。这些规则都是不能够在感性中出现的,都是我们为自己的道德而设定的一种假设性的东西。我们认为它是属于物自体的,是不可认识、但必须相信的,也就是说,我们必须在实践行动中当作自己的目的来相信的。那么，这一部分才能叫做实践哲学，才能叫做哲学的第二部分。

由此可见，哲学所提供的实践规范的总和，并不由于它们是实践的，就构成哲学的一个被置于理论部分旁边的特殊部分；哲学所提供的实践规范的总和，实践总是有规范的，而属于哲学的实践规范，它们之所以成为与理论部分不同的一个特殊部分，并不是仅仅由于它们是实践的。仅仅由于实践的还有技术实践等等，那些是不能构成不同于理论部分的特殊部分的。因为即使它们的原则完全是从自然的理论知识那里拿来的（作为技术上实践的规则），它们也可以是实践的；这就是我刚才讲的意思，就是说，当它们的原则完全是从自然那方面拿来的，从自然的概念中来的自然原则，它们也可以是实践的，实用嘛，实用的也可以是实践的。而要成为一个特殊的部分，即哲学的部分，则是由于下面的原因。而是由于这样的原因和条件，即它们的原则完全不是从永远以感性为条件的自然概念中借来的，因而是基于超感性的东西之上，就是说，实践哲学的这一部分，它是基于超感性的东西之上，超出了一切自然原因，这才使它成为了实践哲学。所以，后者是只有自由概念借助于形式规律才使之成为可知的，所以它们是道德上实践的，就是说，不只是在这种或那种意图中的规范和规则，而是不与任何目的和意图发生先行关系的规律。实践哲学中的那些规范只是"自由概念借助于形式规律"，我们才知道它。我们怎么知道有道德律呢？是因为出于自由的概念，我们通过自由的概念，借助于一种形式的规则——道德律是完全形式的规则，才知道它。这里"可知的"不是指对一个自然对象的知识，而只是对一条实践法则的知，对自己可以并且应当如何行动的知。我们每个人都知道这一点，但是我们是如何可能知道的呢？"你要使自己的行为准则成为一条普遍的法则"，这条道德上的命令完全是一个行为的形式法则。通过这个法则，我们就可以知道了,我们有一个自由的主体,它是不以任何自然的、经验的、感性的事物来限制自己的,是它才使得我们能够意识到自己的道德律。这样我们才知道人有一个自由,它是我们的道德律的根基。"所以它们是道德上实践的","不只是在这种或那种意图中的规范和规则",你无论做什么事情,你都要有个意图,然后你才为这个意图制定一条规则。这就是康德讲的有条件的命令。你要老来不想受穷,那么你年轻的时候就要趁早积攒一些钱财,这就是由老来不受穷这样一个意图所制定的规范和规则。凡是老来不想受穷的,年轻时都应该积攒钱财。这样一条规则,虽然也是个命令,但是呢,这个命令有个前提,就是你是不愿意老来受穷的。如果有人说,我愿意老来受穷,老来受穷没关系,那这个规则就不生效了。所以它是有前提的。而"道德上实践的"是"不与任何目的和意图发生先行关系的规律",它是绝对命令,是无条件命令。只要你是一个有理性者,那么,你不要设定任何具体的目的,你根据你的理性就可以做出这样一条道德律。这条规律就是绝对命令,就是你的理性的良心。一个人讲良心,不是为了某种目的讲良心,他只要问问自己的理性——人是理性的动物嘛——就可以知道的。这是一个大的划分,理论哲学和实践哲学究竟怎么划分,这是第一节。

下面讲第二节:一般哲学的领地。这还是一个大的划分。

先天概念所具有的应用的范围,也就是我们的认识能力根据原则来运用以及哲学借这种运用所达到的范围。一个先天概念,不管是什么样的先天概念,不管是范畴,还是理念,它的运用的范围都是看我们根据哪种认识能力来运用它。范畴的运用范围是根据我们的知性能力的原则来运用的范围;理念呢,是根据我们的理性能力来加以运用的范围。而哲学就借这种运用而形成了自己的范围,如理论哲学的范围就是知性范畴所达到的范围,实践哲学的范围就是理念所达到的范围。

但那些概念为了尽可能实现某种对于对象的知识而与之发生关系的那一切对象的总和,可以按照我们的能力对这一意图的胜任或不胜任的差别而作出划分。就是说,范畴也好,理念也好,这些概念都是为了要实现对某种对象的认识。范畴是要实现对自然对象的认识,理念也是为了要达到对物自体的认识,对无限对象的认识。所以,它们对于"对象的知识而与之发生关系的那一切对象的总和",可以做出一种划分,就是我们这样一些概念,适不适合于对它进行认识。所有这些概念的对象,可以分成两部分,一部分是这些概念适合于对它认识,比如说范畴,范畴对它的对象是完全适合的,它的对象是经验对象嘛。但是理念对它的对象呢,并不适合。理念想要认识灵魂,想要认识上帝,那怎么可能呢?所以,它对它的意图是不胜任的。我们可以将这些对象分成两类,一类是我们的能力对于认识它是能够胜任的,一类是我们的能力对于认识它是不胜任的,可以做出区分,也就是现象和物自体的区分。

概念只要与对象发生关系,不论对于这些对象的知识是否可能,它们都拥有自己的领域,这里的"领地"应改为"领域"。接下来的两个"领地"也应改为"领域"。这与后面的"领地"不是一个词。我们的译文在统一译名的时候把这三个地方漏掉了,没有改过来,现在应改过来。这句话是说,概念只要与对象发生关系,不论它是胜任还是不胜任,来认识这些对象,不管是范畴也好,还是理念也好,它们都拥有自己的领域。这个领域仅仅是依照它们的客体所具有的对我们一般认识能力的关系来规定的。知性的领域和理性的领域,或者说范畴的领域和理念的领域,它们是按照什么来规定的呢?范畴的领域是现象领域,理念的领域是物自体的领域。理念也是一种认识能力,它与物自体的关系可以把它划出一个领域出来;

范畴对于现象中的对象也可以划出一个领域出来。所以,领域是"依照它们的客体所具有的对我们一般认识能力的关系来规定的",它们都是属于主客观的关系,思维和对象的关系,这种关系有两种,即分为现象领域和物自体的领域。——该领域中对我们来说可以认识的那个部分,就是对于概念和为此所需要的认识能力的一个基地(territorium)。在这个领域中,对于我们来说,可以认识的是哪个部分呢?就是现象的部分。只有范畴对现象是可以认识的。那么,这个部分"就是对于概念和为此所需要的认识能力的一个基地"。领域和基地又不太一样,领域可以是你完全不认识的,它也属于你的领域,我们通过理念根本就不能够认识物自体,但是物自体还是属于理念的领域。那么,范畴对于现象是可以认识的,现象对于范畴来说,就不光是一个领域,而且是一个"基地"了。在这个基地上有这些概念在行使立法的那个部分,就是这些概念和它们所该有的那些认识能力的领地(ditio)。这里有三个概念,一个是领域(Feld),一个是基地(Boden),一个是领地(Gebiete),互有层次区别。领域最大,基地次之,领地最小。比如说在现象这样一个基地上,有那些知性范畴在行使立法的那一部分,我们称之为"和它们所该有的那些认识能力的领地",如,知性在现象界有它的领地,因为知性为现象界立法嘛。知性在现象界是占领者,在这个基地上面,它占有,它占领着这样一个领地。但它的占领是高高在上的占领,而提供给它占领的基地的是另外一种能力,即感性的能力,这是它无法完全控制的。它固然为这个基地立法,从而形成了自己的领地;但也有这个立法支配不到的地方,这就是感性经验的那些材料的来源。知性只能在感性已经提供了经验材料的基地上行使权力,而不能自行提供这些材料。而提供这些材料的经验又不拥有这些材料的立法权。所以经验概念虽然在自然中,亦即一切感官对象的总和中拥有自己的基地,但却并不拥有领地(而只有自己的暂居地,domicilium):

就是说,经验概念与知性概念就不同了,知性概念是范畴,范畴可以为自然界立法。范畴是最抽象的概念,是哲学的概念,像原因、结果、实体这些概念。什么叫经验的概念呢?经验概念就是具体的那些概念。像动物呀,植物呀等等概念叫经验概念。经验概念在自然中,在一切感官对象的总和中拥有自己的基地,你要了解什么叫做一匹马,你就必须到经验里面去找它的基地。经验里面有很多内容,马应该是什么样子的。但经验概念并不拥有领地。就是说,马虽然占有那样一些经验的材料,但是那些经验材料并不是由马来给它立法的。马并不能够立法。马的概念作为经验的概念,它是从那些经验里面总结出来,概括出来,或者说是抽象出来的。它不是先天的。马的概念是后天的,动物的概念也是后天的。它不像因果性、实体性等等是先天的概念。只有先天概念才能立法。后天这些经验的概念不具有领地,而只有自己的暂居地。可以暂时居住。我们知道,马也是在地球发展史上产生出来的,在多少千万年以前产生出来,过了几百万、几千万年以后也可能灭亡,所以,它只是一个暂居地,它要过去的。<u>因为它们虽然合法地被产生出来,但并不是立法者,而是在它们之上所建立的规则都是经验性的,因而是偶然的。</u>马的产生,我们可以看作是偶然的。虽然它是一步步产生出来的,但是它是一个经验的偶然现象。领地跟基地是不一样的,基地要比领地宽广一些。而领域比基地要更宽广一些。领地是最狭窄的,就是说,知性为它立了法的那一部分就叫领地,由它所控制,由它所支配的。而基地不一定是由知性立法所完全控制的。至于领域则包括物自体,你根本就不能认识的东西也是属于某个领域的。

  <u>我们全部认识能力有两个领地,即自然概念的领地和自由概念的领地;因为认识能力是通过这两者而先天地立法的。</u>自由概念的领地,自由的概念,道德,物自体,在实践的意义上,它是隶属于理性的,理性为自由立法,也就是为人的本体立法。知性则为自然立法,这是两种不同的立

法。所谓领地也就是立法的属地,所以我们的认识能力有两个领地,一个是由知性对自然概念立法的领地,一个是由理性对自由概念立法的领地。至于感性认识能力则是隶属于知性之下的,判断力则是分属于知性和理性的,它们都没有自己的领地。所以人的全部认识能力中只有两种认识能力,知性和理性,具有立法能力,它们在各自的领域里面能够先天地立法。现在,哲学也据此而分为理论哲学和实践哲学。但哲学的领地建立于其上且哲学的立法**施行**于其上的这个**基地**却永远只是一切可能经验的对象的总和,哲学的领地是"建立"于基地之上的,这是对"理论哲学"而言的;哲学的立法又是"施行"于基地上的,这是对于"理论哲学"和"实践哲学"两者而言的。两种哲学所针对的是同一个基地,但这个基地本身只能是"一切可能经验对象的总和",它是现象界的,各种各样的经验的,可能经验的对象,包括过去的、现在的、将来的、一切可能经验的总和。这些构成了知性概念施行于其上或运用于其上、以建立起经验知识的基地,也构成了理性理念施行于其上或作用于其上、以显示其实在效力的基地。只要这些对象不被看作别的,只被看作单纯的现象;因为否则知性对于这些对象的立法就是不可思议的。知性只能对于现象立法,对于物自体,知性没有办法立法。"一切可能经验对象的总和"与"领地"的中间有一种差别,虽然知性在一切可能现象中立法,但这个立法只是立几条大法,而在这个里头还有许多具体的情况,它不是每一个都能够用一条干巴巴的知性的规律来规定的,却都包含在一切现象的总和里头。下面就有康德的说明,为什么是这样。基地为什么要比领地更宽广?领地只是基地上面的一栋大楼。除了这栋大楼以外,旁边还有些郊区,还有些附属地带。这些是下面要讲到的。

通过自然概念来立法是由知性进行的并且是理论性的。通过自由概念来立法是由理性造成的并且只是实践性的。不过只有在实践中理性才是立法性的;在理论认识(自然知识)方面它只能(作为凭借知性而精通法律地)从给予的规律中通过推理而引出结论来,而这些结论终归永远只是停留在自然界那里的。就是说,知性通过自然概念进行理论性的立法,而理性是通过自由概念而进行实践性的立法,严格说,理性只有在实践中才是真正立法性的,它单凭自己就可以为实践立法。而理性在理论理性方面,它只能"从给予的规律中通过推理而引出结论",这些结论永远停留在自然界那里。就是说,在理论认识方面,理性必须通过对现有知识进行推理,来引出结论,而不是一开始就把结论判定了。就是说,它必须要依赖于知性,要依赖于知性从后天给予的经验中所形成的知识,它只是对这些知识的一种调节而已。所以在这里,理性的结论永远只是停留在自然界那里,而不是像道德领域里那样,完全是自律。道德自律是自己给自己立法,人为自己立法是很干脆的,跟自然界无关的。所以,这两个方面是有区别的。但反之,如果规则是实践的,理性却并不因而立刻就是立法的,因为这些规则也可能是技术上实践的。不过在实践理性那里,如果规则已经是实践的了,那么理性并不因为是实践的马上就能立法,因为还有一些情况,比如技术上实践的并不是理性的立法。技术上实践的立法还是由知性来完成,由自然界知识来给它立法的。这个我们刚才已经讲到了。就是说,实践有两种,一种是技术上的实践,一种是道德上的实践。只有道德上的实践才真正是立法的,技术上实践的规则却只是由知性在理论上提供出来的,只是被立法的而不是立法的。所以理性的立法就只是道德上的实践性的立法。

因此,理性和知性对于同一个经验的基地拥有两种各不相同的立法,而不允许一方损害另一方。因为自然概念对于通过自由概念的立法没有影响,正如自由概念也不干扰自然的立法一样。一个是理论上的立法,一个是实践上的立法,它们两方面是井水不犯河水的。自然概念对自由概念的立法不产生任何影响,人的认识对人的道德实践没有任何影响,正如自由概念也不干扰自然的立法,你的道德实践,你的自由,也不能破坏了自然界的规律。那只是你自身的前后一贯性,但是它并不打断自然界的因果链条。道德实践和自由意志当然也要作用于自然界,不是按照自然界本身的规律,而是按照它自身的规律;但是一旦作用于自然界,其后果就交给自然界去处理了,就按照自然规律而发生影响了,这就已经不关道德律的事了。自然界还是维持它的因果链条必然性,而自由意志也不改变它的初衷。一个人出于道德的目的做事,这就行了,至于办成了事没有,或者好事办成了坏事,这是由自然规律所决定性的,这都无损于他的道德动机。所以,<u>这两种立法及属于它们的那些能力在同一个主体中的共存至少可以无矛盾地被思维,这种可能性是《纯粹理性批判》通过揭示反对理由中的辩证幻相而摧毁这些反对理由时所证明了的</u>。就是说,这两种立法,自由和自然,以及属于它们的认识能力和实践能力,在同一个主体上共存,在同一个人身上同时具有这两种能力,实践理性和理论理性,至少这种共存是可以无矛盾地"被思维"的。你至少可以设想,一个人的认识能力和实践能力,这两方面是可以和谐地、无矛盾地共存的。它们互相不干扰嘛。一个人既可以有自然界的知识,他也可以保持他的道德原则,这是可能的。我们可以想到这一点,即他既不用科学知识替代道德原则,又不以道德原则取代科学知识,双方可以不发生任何自相矛盾。在《纯粹理性批判》中讨论二律背反的时候,二律背反的每一方都是通过揭示对方的辩证幻相而摧毁了对方的反对理由。所谓反对理由就是这两者不能共存。第三个二律背反里讲自由和必然:要么这个世界上有自由,要么就没有自由,一切都是自然的因果必然性。双方争论不休。但是,双方都把对方的理由摧毁了。那么,结论是什么呢?按照康德来说,结论就是,世界上既可以有自由,也有因果必然性。它们可以和谐共存。人的自由和必然这两种立法可以同时并存，也就是并存于同一个主体的不同的"领地"中，这就是这句话的意思。但下面就引出问题来了。

但这两个领地虽然并不在它们的立法中，却毕竟在感官世界里它们的效果中不停地牵制着，不能构成为**一体**，这是因为：自然概念虽然在直观中设想它的对象，但不是作为自在之物本身，而只是作为现象。反之，自由概念在其客体中虽然设想出一个自在之物本身，但却不是在直观中设想的，因而双方没有一方能够获得有关自己的客体（甚至有关思维着的主体）作为自在之物的理论知识。就是说，这两个领地，在它们的立法中当然是不相冲突的，但是在感官世界里面呢，在它们的"效果"中，却经常地互相牵制，不能构成一体。因为自然概念只是通过直观看到现象，而自由的概念是出自于物自体，而在现象中看出其效果的。所以一方面，你如果通过现象来看，那么当物自体的自由的那种效果在现象中体现出来时，你并不能通过现象的自然规律去推测后面的动机，你也不能通过因果律去预料一个人将会干出什么事。当然，他一旦干出来了，你可以用因果律来分析他的后果，但是你不能事先知道按照因果律他将会干出什么事情来。我在上一堂课已经讲过，康德的自由意志观点，是跳出因果律之外的。它虽然不能够中断自然界的因果律，但是你不能用自然界的因果律判定它，你不能去预测它的动机，因而也不能预测行为的后果。我们对物理现象都可以预测其后果，我们对化学、生物现象，都可以预测其后果。但是我们对人的自由意志不能预测其后果，不知道人会打什么算盘，会干出什么事来。所以这两种立法"在感官世界里它们的效果中不停地牵制着，不能构成为一体"，因为它们分属于两个不同的领地嘛。而另一方面，"反之，自由概念在其客体中虽然设想出一个自在之物本身，但却不是在直观中设想的"，自由的自在之物的法则并不能规定直观的经验对象即现象,它的意图很可能在现象界根本实现不了,而只是一个空洞的"应当"。"因而双方没有一方能够获得有关自己的客体(甚至有关思维着的主体)作为自在之物的理论知识"。双方都没有对自在之物获得理论知识。因为自然知识只涉及到现象,而实践的知识、道德是因为它根本就不是严格意义上的知识。它只是关注人自己的实践,该怎么做。所以,<u>那个自在之物将会是超感官的东西,我们虽然必须用关于这个超感官东西的理念来解释那一切经验对象的可能性,但却永远不能把这个理念本身提升和扩展为一种知识。</u>这样一来,自在之物永远也不能够通过感性经验来加以认识,永远不能作为一种知识。我们可以用它来解释所有的经验对象,把这些经验对象都看作由一个自由意志所造成的后果,都要由这个自由意志来加以解释,例如由上帝的创造来解释世界万物的产生,或者由某人的自由意志来解释他所造成的一切后果;但是这个理念本身不是一种知识。我们说,这是他做的,这件事情是他干的,要由他的自由意志来解释,但他的自由意志是通过一种什么机制促使他这样干的?那个我们不知道。所以,自由意志本身是物自体,它不能成为知识。如果它能成为知识,那就没有自由意志了,自由意志就成了因果必然的规律了。

<u>因此对于我们的全部认识能力来说,有一个无限制的、但也是不可接近的领域,这就是超感官之物的领域,在那里我们不能为自己找到任何基地,因而在上面既不能为知性概念也不能为理性概念拥有一块用于理论认识的领地;</u>就是说,在超感官的自在之物的领域,我们不能为自己的立法找到任何基地,所有的基地都在现象界,都属于可能经验对象的总和。感性知识或经验知识的总和才构成基地。但在物自体里呢,我们不能用它来进行认识,不管是用知性也好,还是用理性也好,我们都不能用来认识。在这方面,我们找不到任何基地,丧失了我们所有的基地。我们要认识,就要有一大堆认识的材料提供给我们,来作为我们的基地。但是这个

基地在物自体那里没有。这个领域我们虽然必须为了理性的理论运用以及实践运用而以理念去占领，理性的理论运用，也就是范导性（或调节性）运用，理性必须把这个物自体作为范导性的理念纳入到我们的理论认识里面来，但是它本身不是知识，它只是一种范导。这就是理性的理论运用。理性的实践运用，就是道德运用。在这两个方面，我们都是用理性的理念来占领了物自体的领域。物自体是个领域，但它不是基地，它也不是认识的领地。当然它是实践的领地。那么我们为了实践的运用，我们可以用理念去占领它，可以为它立法。但对这些理念我们在与出自自由概念的规律的关系中所能提供的无非是实践的实在性，所以我们的理论知识丝毫也不能由此而扩展到超感官之物上去。对于这些理念，我们能够提供一种"实在性"，但是这种实在性只是一种实践的实在性，而不是理论的实在性。就是说，我们的理念在物自体的领域里面，可以看作它给实践行为立法，在这方面，它有它的实在性，就是我们确确实实有自由，我们确实可以选择。但这种选择完全是一种实践的实在性。也就是说，你确实可以选择，可以去做，但是你不能认识，你不能知道你的选择是否符合自然规律。你只知道你应当按照"自由概念的规律"即道德律去选择，而且你确实有可能这样选择，没有任何其他的实在性如外部环境、主客观条件等等可以阻止你作这种实在的选择。当然最终你是否做出了道德上应当的选择，这个是不能从自然规律的实在性方面加以预料的。所以，出自自由概念的规律，它所提供的只是一种实践的实在性而不是理论的实在性。"所以我们的理论知识丝毫也不能由此而扩展到超感官之物上去"。理论知识和自在之物是两个完全不同的领域。

现在，虽然在作为感官之物的自然概念领地和作为超感官之物的自由概念领地之间固定下来了一道不可估量的鸿沟，以至于从前者到后者（因而借助于理性的理论运用）根本不可能有任何过渡，好像这是两个各不相同的世界一样,前者不能对后者发生任何影响:在这两个领域里面,现在出现了一道不可估量的、不可跨越的鸿沟。从理论到实践,没有任何过渡,好像是两个各不相同的世界。这里所设想的过渡是"借助于理性的理论运用"的过渡,因为按照康德的体系程序,理论理性是一切批判的出发点,但它在实践理性面前止步了,无法从此岸跨越到彼岸去。这里还没有从实践的领域反过来看这个过渡问题。那么下面就涉及到这个问题了:那么毕竟,后者**应当**对前者有某种影响,也就是自由概念应当使通过它的规律所提出的目的在感官世界中成为现实;注意这个"应当",这个概念是个很玄的概念了,在这里也是一个很关键的概念。就是说,理论领域对实践领域实际上根本就没有影响,但是反过来,实践领域毕竟"应当"对理论领域有某种影响。什么叫实践领域呢？当然在自然界,人的日常实用也是一种实践,它当然就会对自然物有影响。但在道德界,道德是出于自由意志这个物自体,物自体是不考虑对自然界的影响的,它只考虑按照自己的道德律,来维持自己的前后一贯,坚持自己的自由自律。我昨天已经讲了,它不考虑现实的影响。我们通常讲康德伦理学只考虑动机,不考虑后果。它不考虑将造成什么后果,造成什么影响,不顾实际的效果是否能够实现,甚至可以"知其不可而为之";也不是去追求某种幸福,或者追求某种情感的需要,或者某种同情心,这些都不考虑,只是为义务而义务。但是它却"应当"对自然界有影响。就是说,虽然它本身是为义务而义务,但是作为一个自由行为,一种实践行动,它应该表现出来,应该做出来。做出来就有影响啊。如果一个人为义务而义务仅仅是停留在他的头脑里面、思想之中,而不去做,不去实行,那么这个人的自由意志何以表现出来呢？他有自由意志,这个不错,但是,这个自由意志要表现出来,那肯定是在现象界才表现得出来。至于它的规律,可以不在现象界表现出来,但它的后果应当在现象界表现出来,才能够说他做了这件事情。

不管他是做道德的事情,还是不道德的事情,都必须在后果中显示出他做了这件事情。当然你做这件事情的原则,可以不在自然界中显示出来,也可能你做的这件事情没有成功,或适得其反,你做了你事先没有料到的事情,你估计不足等等。这些都不要紧,只要你是为义务而义务。但是你必须做,不管后果如何。所以后者"应该"对前者有影响,否则的话,它就不是一件自由意志行为了,它就不具有自由意志的实在性了,不具有实践的实在性了。所谓实践的实在性,它就是能够对自然界发生影响的那种实在性。当然这个影响的规律不能仅仅用因果律来对它进行评价,而必须用一种超验的道德律来对它进行评价,你才能理解这件事情的意义。所谓的自由意志,在康德看来,首先就是"自行开始一个因果序列"。它本身是没有原因的,但它可以作为自然界的其他一连串事情的原因。不是因为自然界的某些东西促使他去做,他是自由的,但他一旦做出来就会对自然界发生影响,他就有他的后果。所以我们说康德伦理学完全不顾后果,也不太准确,他还是考虑后果的,只不过不是用自然科学的规律去考虑,而是用道德上"应当"的规律去考虑,"也就是自由概念应当使通过它的规律所提出的目的在感官世界中成为现实"。就是说,自由意志做出来这件事情,也是有目的的行为,凡是意志行为都是有目的的行为。那么,自由意志哪怕是做一件道德的事情,也是针对一个目的的。当然他的动机是为义务而义务,但这个为义务而义务在自然界里面的后果应该是怎么样的,他当然有一个考虑。为义务而义务不完全是一句空话,当然康德是从形式主义去理解它的,但是他也要考虑后果,应当有一个后果。我要把这件事情做成一件什么样的事情,对此我出于义务来考虑,要把它做成。我意想中有一个目的,至于这个目的在自然界中是否能够达到,那是一个技术性的问题,我可以不考虑。我达不到目的也不要紧,只要我尽了义务就够了。哪怕达不到目的,甚至杀身成仁、舍生取义都在所不惜。但是我的目的还在那里,你是为了什么杀身成仁、舍生取义的呢?你是为了爱国?你是为了某种政治目的?你是为了推动历史进步?你是为了人民大众谋幸福?还是为了人道主义理想?当然你是出于为义务而义务,但是你总有一个内容。所以,它也是有一个目的的。这个目的在感官世界中应该成为现实,虽然它不一定真的成为现实。不成为现实,不成功,那就成仁嘛。反正我是为义务而义务。但是,成功多好呢?不成功便成仁,那是没办法的选择,谋事在人,成事在天嘛,自然界不让你成功,你还是做了一个道德的人,那就可以了。但他的目的还是想要成功,一切意志行为都想要成功嘛,都是要去实现它、完成它。他的目的呢,还是要使它在感官世界中成为现实,一种"应当"的现实,而不是真的现实。真的现实可能跟这个应当的现实距离很大,甚至于完全相反,你可能成功不了。你成功不了但可以维持你的道德。反之,也许你真的成功了以后,倒是与你原来预想的道德目标完全不一样。我们经常发现,我们的道德行为成功了以后,它的结果并不是道德的。你的动机很好,但是效果很差,或者适得其反的情况都很多。你哪怕把你的目的实现出来了,但是效果也不见得就很好。但是,它有个应当的目的。他最开始设想的时候是很好的。自由意志的道德目的在现实中应当有它的影响。这个应当的影响是我们设想出来的,并不一定是现实中的实实在在的影响。但有了这一立场,我们就有可能在现实中去寻求这种"应当"的蛛丝马迹了,这就有可能反过来从实践的立场来统一自然的领地和自由的领地了。<u>因而自然界也必须能够这样被设想,即至少它的形式的合规律性会与依照自由规律可在它里面实现的那些目的的可能性相协调</u>。[1] 你的道德目的,虽然在现实社会中也许实际上实现不了,但是你认为它应当能够实现。那么,你这个应当

---

[1] 原句译文中"至少"二字置于"会"字之前,不明确,兹改之。

就有一个条件。有什么条件呢？就是自然界虽然事实上不见得能实现这个目的，但是原则上是可以实现这个目的的。你可以设想是可以实现你这个目的的，所以，你可以这样来设想自然界，自然界虽然不是你所设想的那样，但是它有你所设想的那样的一种可能性，它至少可能在自身的形式上会适合你的道德目的，你的自由的目的。当然你不是追求这个，你不成功便成仁，你不追求自然界是不是能够适合你的目的，但是你在设想这个目的能够成功的时候，你至少已经设想了这个自然界对你的目的有一种形式上可能的适合。内容上当然不可能适合，但我至少可以设想它在形式上有一种合规律性，它可能适合道德的目的。那么这种可能的适合是你主观想出来的，通过这种主观的设想的可能性，我们就可以得出下面讲的：——所以终归必须有自然界以之为基础的那个超感官之物与自由概念在实践上所包含的东西相<u>统一</u>的某种根据。"自然界以之为基础的那个超感官之物"，也就是自由，也就是物自体；"与自由概念在实践上所包含的东西"，也就是自由的后果，自由在现象界中的后果。这两者相统一，终归会有某种根据的。这种根据虽然是你设想的，设想自然界会和你的自由行为的后果相统一，相适合，但这种设想毕竟不是毫无根据的。那么，这个根据当然是在你的动机里面包含的。你并不是觉得这样做可能会成功，你才去做；但你这样做时毕竟是希望它成功的。你做一件道德行为，它有成功的希望，你设想自然界有可能会让你成功的。那么这种希望在自然界里面也必定会找到它的根据，不是自然界的客观实质或内容上的根据，而只是我看待自然界的主观形式上的根据。这样的根据，是你出于道德的应当而设想出来的。<u>关于这根据的概念虽然既没有在理论上也没有在实践上达到对这根据的认识，因而不拥有特别的领地，关于这个根据的概念</u>——你有一个概念，就是自然界会在形式上适合于我的道德目的这样一个概念，这个概念既不能在理论上达到对它的认识，也不能在实践上达到对它的认识。你既没有认识到它在自然界中的因果必然性，也没有为它设想一个技术上的手段去把它实现出来。你是一个道德家，不是一个政治家，政治家就要设计它的技术和手段，怎么样能够把它实现出来。但是你在做道德选择的时候，你没想到这个。所以，你没有达到对这个根据的认识，因而它不拥有特别的领地。你这样一种设想，就是自然界合乎你的行为的目的，自然界的这种合目的性并没有一种认识的根据，因此并没有它特别的领地。<u>但却仍然使按照一方的原则的思维方式向按照另一方的原则的思维方式的过渡成为可能。</u>当你设想，这样一个自然界虽然是按照因果律在那里运转，而你的自由行为虽然是按照道德律提出的要求在那里作用于自然界，但是当你作用于自然界的时候，你可以设想按照自然因果律运转的这个世界，自身有一种"合目的性"，它最终有可能跟你的道德目的相适合。如果你根本想象不到这个自然界会适合于你的目的，那你不是白费了，那你这个行为就是无效的。当然你在道德上可以不管，但你既然做这个事情，还是希望它有效嘛，所以你已经就设立了这样一个根据，就是自然界有可能适合于我们的主观目的。从道德上的"应当"的眼光出发，你仿佛看出自然界有一种合目的性，这个合目的性不能通过机械因果的分析而分析出来。如果你进行这种分析，那你就不是一个道德家，你就是一个科学家或政治家了。政治家也不是从道德目的出发的。严格说来，道德目的是不能够完完全全地在感性世界中实现出来的，但是必须设想感性世界虽然事实上不能够实现你的道德目的，但是原则上来说呢，它是有可能适合于你的道德目的的，只是在现实中很难做到，或者一般做不到。所以你希望看到自然界本身有一种适合于你的道德目的的适合性，这时候是你把你的一相情愿，附会到了自然界身上去了。这种一相情愿也是一个根据，这个根据可以作为从理论认识向道德实践过渡的桥梁。就是说，你虽然不是通过认识来进行你的道德实践的，你是完全通过道德的原则,为道德而道德,为义务而义务;但是,你还是设想在自然界里面,在认识的对象上面可以有一种与道德的统一性,你可以设想自然界好像有一种统一性。实际上当然这个统一性只是你的设想,不是客观上的,但是你有这种设想,你就会有一种眼光,去看这个世界。你就会具有一种道德的眼光,就是这个世界本来是可以按照道德的方式建构起来的,尽管它不是的,它充满着不道德,但是我还是设想这个世界是应该趋向于道德的。而且,既然是应该,它就是有可能成为道德的。这样我才努力地去做道德的事情啊。如果这个世界根本就不可能成为道德的,那我的目的何在呢?当然我的最终目的还是为义务而义务,但是,我的实践的行为总还是想影响这个世界,来实现我为义务而义务所提出的目标。所以,这就给我们提供了一种眼光,虽然这不是一个事实,但我们可以用这种眼光来看待自然界。这种眼光就是康德所谓"反思判断力"的眼光。就是说,当我们做这样一种判断的时候,我们一相情愿地把自然界看作是一种合目的性的时候,实际上,这种合目的性在我眼睛里面呈现出来的这种景象,是一种反思的判断力。我带着这种眼光,我才能看出自然界的这种合目的性。如果我没有这种眼光,那自然界就对我不显出这种合目的性。我作为科学家,我带着科学的眼光,那就看不出它对我有什么适合性。科学家必须把一切情感的考虑、审美的考虑都撇在一边,去客观地看待这个自然界。而如果我完全是道德的眼光,那我对自然界不屑一顾,自然界就完全是一个道德堕落的世界,我看它干啥,我只要自己为义务而义务就够了,不成功,就成仁,我总是会成仁的,成功的希望是没有的,那也不要紧。如果我是从道德眼光来看,就是这样。但是我从另外一个角度,从我的一相情愿来设想自然界可能会适合我的目的,那么我就有一种审美的眼光,一种反思的判断力,它仅仅是为了我主观上面的一种需要,为了我主观上面的一种自由感。我感到自由,我在自然界上面,用另外一种眼光看到一种适合于我的东西,或者我只看到适合于我的东西,我在黑暗的东西上面也看到某种光明的东西,我看到它对整体的必要性。我看到上帝的设计这样完美无缺,我在有机体上面看到各种各样机械的相互冲突的关系结合得如此完美,我在自然美上面看到大自然各种各样美的展示,甚至于我可以把荒凉的戈壁这些丑的东西看作是象征着某种人的力量、崇高、超越性、超感性。我用这样的眼光来看这个世界,我就会有另外一种角度。而这样一种角度恰好在认识和道德之间可以建立起一个过渡的桥梁。

第三讲 序言和导言(二)

今天讲导论的第三节:"判断力的批判作为把哲学的这两部分结合为一个整体的手段"。

前面两节,康德都是讲他的整个体系,讲他对整个形而上学的设计,就是认识论方面,自然的形而上学和实践方面道德的形而上学这两部分,讲它们具有的两个领地。那么在第三节,康德就开始把判断力批判作为一个中介引进来了。前面也有地方提到,这一节是正式把判断力批判引进来,作为一个中介,把他的哲学的两部分结合为一个整体。

就认识能力可以先天地提供的东西而言,对这些认识能力的批判本来就不拥有在客体方面的任何领地:因为它不是什么学说,而只是必须去调查,按照我们的能力现有的情况,一种学说通过这些能力是否以及如何是可能的。这个批判的领域伸展到这些能力的一切僭妄之上,以便将它们置于它们的合法性的边界之内。但是那不能进入到这一哲学划分中来的,却有可能作为一个主要部分进入到对一般纯粹认识能力的批判中来,就是说,如果它包含有一些自身既不适合于理论的运用又不适合于实践的运用的原则的话。批判,它不拥有领地,只有形而上学才有领地,哲学的学理部分才拥有领地。比如说,理论哲学,实践哲学,才有领地。那么批判呢,虽然也有两个批判,但它们不占有领地。我们前面讲到,康德有三大批判,但是只有两个形而上学,也就是说只有两个领地。那么,这三大批判里面,第三批判是没有自己的领地的。前面两个批判,你可以说它们是作为理论哲学和实践哲学的两个导言,所以,它们自身虽然没有领地,但通过它们所引导出来的实践哲学和理论哲学,它们也可以归结到它们自己的领地。唯有第三批判是没有领地的,它不能够建立起一个所谓美的形而上学。第一段就是讲的在批判这个层次上,是没有领地的。有一些批判,虽然没有领地,但它们可以作为进入领地的导言。这一段的最后一句话,实际上就是暗示了可能有某种另外的批判,它既没有领地,也不是进入任何领地的导言,因为它既不包含理论原则也不包含实践原则;但它可以列入批判的行列里面来。只是康德还没有点出来具体是什么,其实就是暗示了不仅仅是前面两个批判,还应该有个第三批判在这个批判哲学的行列里面。

<u>含有一切先天的理论知识的根据的那些自然概念是基于知性立法之上的。——含有一切感性上无条件的先天实践规范之根据的那个自由概念是基于理性立法之上的</u>。这是康德一直在强调的立法的两个方面,一个是自然的立法,一个是自由的立法,就是认识和道德。<u>所以这两种能力除了它们按逻辑形式能应用于不论是何种来源的诸原则之外,它们每一个按内容还都有自己独特的立法,在这立法之上没有别的(先天的)立法,所以这种立法就表明哲学之划分为理论哲学和实践哲学是有道理的</u>。这一段没有讲什么新的道理,康德只是讲这两种立法,它们按照其逻辑形式来立法。比如说,自然的形而上学按照知性的形式,道德的形而上学按照理性的形式。知性和理性相当于形式逻辑里面的概念的能力和推理的能力。形式逻辑讲概念、判断、推理这三个层次嘛。但形式逻辑不看内容,而这两种立法有真内容。这两个领地分别适用于概念的能力和推理的能力。

<u>不过,在高层认识能力的家族内却还有一个处于知性和理性之间的中间环节</u>。这个中间环节就是判断力,所谓"高层认识能力的家族",也就是我们在逻辑中所划分的三大能力:概念、判断和推理。概念和推理的

能力,前面都讲了,它们都有自己的领地。那么中间环节的判断力如何呢?康德下面说:对它我们有理由按照类比来猜测,即使它不可能先天地包含自己特有的立法,但却同样可以先天地包含一条它所特有的寻求规律的原则,也许只是主观的原则;这个原则虽然不应有任何对象领域作为它的领地,却仍可以拥有某一个基地和该基地的某种性状,对此恰好只有这条原则才会有效。就是说,判断力不能立法——因为它没有自己的领地嘛,它不可能去立法——但判断力仍然有其先天的原则,其实就是"按照类比来猜测"的主观的原则。而这主观原则仍然有它的"基地",即感性世界的主观形式,这是这一段的核心。

但这方面(按照类比来判断)还应该有一个新的根据来把判断力和我们表象能力的另一种秩序联结起来,这种联结看起来比和认识能力家族的亲缘关系的联结还更具重要性,因为所有的心灵能力或机能可以归结为这三种不能再从一个共同根据推导出来的机能:**认识能力、愉快和不愉快的情感和欲求能力**。"另一种秩序"就是,除了"按照类比来判断",也就是根据与形式逻辑的概念、判断、推理这三种能力的"类比"来确定这里的判断力的位置和秩序,而且还跟我们表象能力的另外一种秩序联结起来。这"表象能力的另外一种秩序"是什么呢?就是认识能力、愉快和不愉快的情感和欲求能力这样一种秩序。这是两个不同系列,两种不同的秩序。一种秩序是从形式逻辑来的,就是概念、判断和推理,或者说知性、判断力和理性;第二种秩序是从人类学来的,就是认识能力、情感能力和欲求能力,这是另外一个维度。前面一个逻辑的维度是就认识能力的本身而言的,后面一个维度是就人的三种能力而言的。它和人类学有关,跟人的能力体系有关,其中认识能力只是人的能力之一。人除了认识能力以外,还有情感能力和欲求能力。所以认识能力,按照逻辑的划分——这是最高的划分、最抽象的划分——可以划分为知性、判断力和理性。但是按照人的各种能力来划分，就可以划分为认识、情感和欲求——欲求也可以理解为意志。后面这种划分比起前面那种对"认识能力家族的亲缘关系"的划分还"更具重要性"，因为这种划分超出了认识能力内部的划分，而扩展到了知、情、意这三种不能互相归结的能力的更宽广的视野。对此，我们可以参考一下这个"导言"最后所列的那个表：

内心的全部能力	诸认识能力	诸先天原则	应用范围
认识能力	知性	合规律性	自然
愉快和不愉快的情感	判断力	合目的性	艺术
欲求能力	理性	终极目的	自由

这个表是这样划分的：第一项是"内心的全部能力"，从竖行来划分，划分为三种："认识能力"、"愉快和不愉快的情感"和"欲求能力"。从横行来划分，划分为三项："诸认识能力"、"诸先天原则"和"应用范围"。那么，在这个地方我们可以看到，"认识能力"的字样在表中出现了两次。竖行的一次是从人类学的角度来划分的，横行的一次则是从认识论的角度，从知识能力的角度划分的。康德基本上还是大陆理性派的传统，就是说，不管人有多少能力，认识能力还是最基本的。所以，他的这三大批判要从纯粹理性批判开始，就是先探讨人的认识能力。但是，他的目的又不是为了仅仅搞清认识能力就算了，他是要搞清人，把对人的知识建立在对人的认识能力的知识上面，建立在认识论上面。这是当时的一个传统。其实包括整个德国古典哲学都还在这个传统里面。这个传统一直到现代非理性主义才开始被打破。但是德国古典哲学，以及在他们以前的理性派、经验派，基本上都还是属于理性主义传统。他这里面讲的两个序列，我们可以从这方面来看。所以，这个地方就开始引出了，我们可以对判断力定位，一方面我们可以根据与形式逻辑的类比来联结，就是把它作为知性和理

性之间的一个中间环节来定位；但另一方面我们也可以从人的三种能力来给它定位。在这里，人的"知性"就是"作为认识的认识"，它是横、竖两个"认识能力"的交汇点。它是用在认识方面的认识能力。它本身就是认识能力，它同时又用在认识方面。那么理性能力呢，它是欲求能力，它是属于实践理性的；当然它也可以用在认识方面，但是呢，它只是对于认识起一种调节、范导作用，它本身的用武之地还是在道德方面、自由方面。那么，与此相类比，判断力的用武之地在什么地方呢？那就是在情感和艺术方面，虽然它在认识中也起一种联结作用，但那不是它本身独立的领域。

  这中间康德插入了一个本书最长的注释。这个注释我们用不着逐句解释，它的大致的意思是：对于在人类学中所经验性地表现出来的上述三种认识能力，我们都可以追溯到它们与"先天的纯粹认识能力"的亲缘关系，而从先验的立场给它们作一个定义。所以这个注释的主要目的是想把认识能力的秩序和人类学的秩序结合起来，因为人类学的秩序虽然是经验性的原则，但这里又必须把它提升到先验的原则。康德这里特别以欲求能力为例说明了这一点，因为康德曾在《实践理性批判》中把欲求能力定义为"凭借其表象而成为该表象的对象之现实性的原因的能力"。通常人们很容易把这个定义误解为一个经验性的规定，并反驳说有些欲求实际上根本就不能导致对象的现实性，即不能达到预想的目的。康德辩解说，尽管因为种种外部的原因以及主体力量的限度，欲求的目的在很多情况下的确是无法实现的，但这并不能否定对欲求能力的这一先验的定义。因为，即使我们意识到在这样一些幻想的欲求中我们的表象不足以（或者甚至根本不适合于）成为它们的对象的**原因**，那么毕竟，在每一**愿望**中都包含有与这些对象的关系作为原因、因而包含有这些对象的**原因性**的表象。欲求能力想要实现自己的目的的努力往往是不科学的、失败的,例如迷信和妄想;但在经验中的失败恰好证明了这种能力的先验结构正是想要在经验中实现它的目的,因为通常只有通过我们尝试自己的力量,我们才认识到自己的力量。所以在空洞的愿望中的这种假象只不过是我们天性中某种善意的安排的结果。康德的这一说明一方面解释了道德律作为一种欲求能力的法则对经验后果的超越性,另一方面也提示了从这种实践能力的不断尝试和进化中所体现的自然的"善意的安排",从而为后面的自然目的论思想埋下了伏笔。

接下来再看正文。对于认识能力来说只有知性是立法的,如果认识能力(正如它不和欲求能力相混淆而单独被考察时必定发生的情况那样)作为一种**理论认识**的能力而和自然发生关系的话,只有就自然(作为现象)而言我们才有可能通过先天的自然概念,也就是真正的纯粹知性概念而立法。——对于作为按照自由概念的高级能力的欲求能力来说,只有理性(只有在它里面才发生自由概念)是先天立法的。这里第一句话和破折号后面的一句话形成了对照:在认识能力里面,是知性立法;在自由的高级的欲求能力里面,是理性立法。下面又是用一个破折号来做比较,康德要提出他的情感原理了。——现在,在认识能力和欲求能力之间所包含的是愉快的情感,正如在知性和理性之间包含判断力一样。这就把判断力和情感挂起钩来了。判断力不仅仅是形式逻辑里面的一个中间环节,而且是人的三种能力——知、情、意——之间的中间环节。判断力跟人的情感能力是相关的。所以至少我们暂时可以猜测,判断力自身同样包含有一个先天原则。为什么包含先天原则呢?因为情感能力作为人的三种能力,是先天的。人先天固有三种能力嘛,知、情、意都是人的先天能力。所以,判断力跟人的情感挂起钩来,那么我们就可以猜测判断力自身肯定有一个先天的原则。并且由于和欲求能力必然相结合着的是愉快和不愉快(不论这愉快和不愉快是像在低级欲求能力那里一样在这种能力的原则之前先行发生,还是像在高级欲求能力那里一样只是从道德律对这能力的规定中产生出来),这里康德说了两种愉快和不愉快,一种是在低级欲求能力那里,一种是在高级欲求能力那里,都有一个愉快和不愉快。低级欲求能力就是在自然界,我们通过自己的自然欲望获得了满足,就感到愉快,这属于自然科学的领域。什么东西可以使我得到满足,那么我就去认识自然,发展科学技术,来满足自己的欲望。这个当然跟愉快的情感也有关系。那么在道德那里,在高级欲求能力那里,也有一种愉快。我做了一件好事,当然也有愉快,这愉快是道德律的原则得到实现而带来的,不像前一种愉快是纯粹偶然的。那么在判断力里面,这中间的环节直接跟愉快和不愉快的情感相结合,通过这一点,它就可以把两方面结合起来,把自然理论方面的领域和道德的领域结合起来。判断力同样也将造成一个从纯粹认识能力即从自然概念的领地向自由概念的领地的过渡,正如它在逻辑的运用中使知性向理性的过渡成为可能一样。在逻辑领域里面,知性提出概念,它还要通过判断力构成判断,由判断才构成推理。所以,判断在概念和推理之间,它构成一个中间环节。那么同样,判断力将造成从认识能力向实践能力、从自然概念向自由概念的过渡,而人的情感也就构成了人的认识能力和人的欲望能力之间的中间环节。

  所以,即使哲学只能划分为两个主要的部分,即理论哲学和实践哲学;即使我们关于判断力的独特原则所可能说出的一切在哲学中都必须算作理论的部分,即算作按照自然概念的理性认识;然而,必须在构筑那个体系之前为了使它可能而对这一切作出决断的这个纯粹理性批判却是由三部分组成的:纯粹知性批判,纯粹判断力批判和纯粹理性批判,这些能力之所以被称为纯粹的,是因为它们是先天地立法的。首先看这一段的最后部分。这个划分是很重要的,这是康德的重新调整。我们注意到,纯粹理性批判在这里出现两次,而两次的含义是不一样的。他说:"这个纯粹理性批判却是由三部分组成的:纯粹知性批判,纯粹判断力批判和纯粹理性批判。"纯粹理性批判怎么又成了它自己构成的一个部分呢？可见,后面这个"纯粹理性批判"显然已经不是康德的《纯粹理性批判》里面讲的认识论了,他讲的是道德学说,他讲的是实践理性批判。那么,实践理性批判成了真正的"纯粹理性批判"了,而原来那个纯粹理性批判只是"纯粹知性批判"。这是康德对他整个体系的一个重新调整。我们要注意这一点。当然,应该说康德的用词不是很严格,他只要能够达意就够了。他的意思就是,广义的纯粹理性批判包含有三个层次上面的环节,一个是纯粹知性批判——就是他的《纯粹理性批判》这本书, 个就是纯粹判断力批判,再一个就是严格意义上的纯粹理性批判——即对理性自己立法的领域所进行的批判,也就是实践理性批判。实践理性才是真正的纯粹理性。我们在前面提到,《纯粹理性批判》的主题主要是讲知性知识何以可能,而知性知识何以可能离不开感性,知性必须要通过感性经验才能构成知识。那么,纯粹的理性,它作为实践的原则,却不需要感性,因为道德律不需要感性,它把一切感性都剔除了,所以,它才是真正纯粹理性。现在反过头来看这一段的第一句:"即使哲学只能划分为两个主要的部分,即理论哲学和实践哲学;即使我们关于判断力的独特原则所可能说出的一切在哲学中都必须算作理论的部分",这段话怎么解呢？这是说,我们对判断力所讲述的一切,包括审美呀,包括目的论呐等等,在"哲学"里面看起来,就是说,你要把它归到形而上学上面来理解的话,它们都应该归入理论的部分,因为它们都属于现象界,它们自己没有自己的形而上学。你要把它看成形而上学的研究对象,那它就是附属于理论的。因为它们在现象界,和现象打交道嘛,你可以说审美是心理学嘛,你也可以说目的论是自然科学嘛,是医学、生物学和生态学嘛,它们都属于理论的部分,属于自然科学部分。尽管如此,它本身构成一个批判,这是可能的。它不能构成形而上学,但它可以构成一个批判。所以,批判就有三大批判。这个时候,康德的三大批判体系才真正建立起来。也就是他接下来列举的,当然名称已有所改变,叫做纯粹知性批判,纯粹判断力批判和纯粹理性批判。以上是导言第三节。

下面是第四节:"判断力,作为一种先天立法能力"。

在这一节,康德主要是讲对判断力本身作为先天立法能力如何理解。在这本书里,他在这里第一次开始正式地提出了"反思的判断力"的概念了。

一般判断力是把特殊思考为包含在普遍之下的能力。如果普遍的东西(规则、原则、规律)被给予了,那么把特殊归摄于它们之下的那个判断力(即使它作为先验的判断力先天地指定了唯有依此才能归摄到那个普遍之下的那些条件)就是**规定性的**。就是说,一般通常讲的判断力,就是"规定性的判断力",在《纯粹理性批判》里讲的判断力,在原理分析论里面讲的图型论呐,判断力的学说啊,那都是规定性的判断力。就是已经有了规则、原则、规律,有了范畴,我们手头有了一张认识之网,然后用固定的网上纽结的网络去捕捉那些经验的东西,这个时候就要用判断力了。判断力就是这种捕捉的能力。用已有的原则去捕捉经验的事实。去规定它,去规定那些事实,把它们放到这个框框里面去。但如果只有特殊被给予了,判断力必须为此去寻求普遍,那么这种判断力就只是反思性的。如果你手头没有一面认识之网,没有原则,或者说你在运用判断力的时候,你不是带着原则去运用的,你只是面对着特殊的、丰富多彩的感性现象,"特殊被给予了":那么面对感性现象你必须要为它们去寻找普遍的东西。你把概念呐,范畴啊先撇在一边,如果你不撇在一边,那你就是规定的判断力。但是有些场合之下,你不是为了规定,你没有想去认识,你只是面对着丰富多彩的感性现象,你想要为它们去寻求一种普遍性,有了特殊然后寻求普遍,这个时候,你的反思判断力就起作用了。什么是反思判断力?下面的一段,就是对反思判断力的解释。

<u>从属于知性所提供的普遍先验规律的规定性的判断力只是归摄性的;规律对它来说是先天预定的,所以它不必为自己思考一条规律以便能把自然中的特殊从属于普遍之下。</u>——不过,自然界有如此多种多样的形式,仿佛是对于普遍先验的自然概念的如此多的变相,这些变相通过纯粹知性先天给予的那些规律并未得到规定,因为这些规律只是针对着某种(作为感官对象的)自然的一般可能性的。就是说,我们在对一个现象进行认识的时候,我们用认识之网去捕捉它的时候,我们上面讲到了,这个网就是"天网恢恢,疏而有漏"的,有"疏",就有漏洞。我们说,一个事情有原因,我们把它规定下来了,规定它有原因。但是实际上,当你规定这个原因的时候,有很多东西你把它忽略了,你把它漏掉了。你所规定的东西是主要的原因,还有很多很多次要的原因。一个事件的发生是很丰富的,不是只有一个原因。一个原因解释一个结果,当然在很多情况下你可以这样解释,但是你仔细想一想,或者是后来的人就会指出来,你讲的那个原因只是原因之一,还有很多很多原因在决定这个事情,甚至这些原因是无限的。所以当你用因果律去解释一个事件的时候,你实际上忽略了很多具体的现象中的东西,因为你把它们都当作是微不足道的东西,或者不是起主要作用的东西。比如像自由落体的定理,一个东西从高处落下来,落下来的加速度是一个常数,9.8米/秒,这个常数怎么得出来的?你去试一下,是不是就是严格的百分之百、千分之千、万分之万就是9.8米/秒,你去试肯定有不同。有地球的纬度不同,有空气的质量不同,有温度的不同,物体的比重不同,都可以影响。你把一片羽毛丢下来,它半天还落不到地上。你说这也是自由落体呀,那他就可以说,我把它的空气的

阻力忽略了。任何事物都有空气阻力，你怎么能把它忽略了呢？但是，如果不忽略一些东西的话，你怎么能得出一个常数呢？你那常数是一个理想的常数，是一个抽象的规律。所以，任何自然规律在它用来规定一个感性现象的时候，它都要忽略掉某些次要的东西，否则的话它无以成立。它把摩擦力呀，空气阻力呀，什么东西都算进去，它怎么能够得出一个本质性的规律呢？所以，康德说有很多很多"变相"，有很多很多改变，就是说，同一个因果律在不同的情况之下，它发生作用的方式是不一样的，是因条件而异的。<u>但这样一来，对于这些变相就也还必须有一些规律，它们虽然作为经验性的规律在**我们的**知性眼光看来可能是偶然的，但如果它们要称为规律的话（如同自然的概念也要求的那样），它们就还是必须出于某种哪怕我们不知晓的多样统一性原则而被看作是必然的。</u>就是说，对被忽略掉的那些现象，它也有它的规律，比如空气阻力，它也有它的规律，它有空气静力学和空气动力学的规律。摩擦力也有它的规律。纬度、地球的磁场，也都有自己的规律。所以，那些被忽略掉了的东西都有自己的规律，并不是没有规律。它们也有规律，有各种各样的规律。它们共同促成了一个东西从高处掉下来这一件事情。所以，它们也服从某种规律。所以，任何一个事情具体地在经验中发生了，使它发生的那些偶然的原因，是无穷无尽的。因此，促使它发生的那些规律，那些经验的规律，也是无穷无尽的。偶然的东西不是没有规律的东西，它们本身也有规律，但是在某个场合之下，你要考察一个规律的时候，你就把其他规律作为一个尾数，把它忽略掉了，但实际上是不能忽略的，这只是由于我们认识能力的有限性而采取的权宜之计。——<u>反思性的判断力的任务是从自然中的特殊上升到普遍，所以需要一个原则，这个原则它不能从经验中借来，因为该原则恰好应当为一切经验性原则在同样是经验性的、但却更高的那些原则之下的统一性提供根据</u>，就是说，反思性的判断力有这样一个任务，就是在这种情况之下，自然界有无数多的规律性，有很多偶然的规律性，其中有一个是你要考察的，你把它看作是必然的，但其他的偶然的规律性呢，它们也是必然的，它们有它们的必然性，但在这个场合里面，它们被你看作是偶然的。那么，如果你抽象出一个片面出来，你就说你把握到这个对象了，那是把握不到的。比如伽利略的自由落体，你把那个常数抽出来，你说那个自由落体，在任何场合之下，从高处掉下来，就是这么一个过程。不是的。那是一个片面的、一个抽象的过程。真正具体的过程有很多具体的情况，你把它忽略掉了。所以，在这种抽象的眼光之下，自然的对象就被看作是不统一的，其中有一些是必然的，另外一些是偶然的，必须忽略掉，它就没有统一性了。那么，那些偶然的是些什么东西呢？自然科学不就是把那些偶然的东西解释出来，使它变成必然的、可以理解的吗？但是你在考察任何一个具体对象的时候，你又来不及把所有这些琐碎的情况都考虑在内。当然，考虑得越多越好。我们在科学研究和科学实验中间，尽量地要把那些偶然的现象都考虑在内。但是你考虑不完，任何一个具体现象都是无限丰富的。所以，你只好引进一个另外的先天原则，就是反思判断力的先天原则。虽然你没有考察完，但是你可以笼而统之地把这个对象看作是一个统一体，看作是把它所有的偶然性都包含在内了，但是，总体上它们不是四分五裂的，而是都趋向一个共同的目标，而形成一个统一的对象。<u>因而应当为这些原则相互系统隶属的可能性提供根据</u>。这些多种意向的原则，五花八门、杂乱无章地堆积在一起，但是你应该为它们找到一种系统的归属，用一个系统把它们整理起来。你要整理它们，要使它们成为一个系统，那么就要有个根据。<u>所以这样一条先验原则，反思性的判断力只能作为规律自己给予自己，而不能从别处拿来（因为否则它就会是规定性的判断力了），更不能颁布给自然</u>：你要把对象看成是一个统一的体系，一个具体的对象，把所有的丰富的内容都包含在内，那么，你又没有能够把每一个具体的规律都考察到，所以你只能自己先提出一个概念出来，只能把它作为规律自己给予自己，而不能从别处拿来。如果从别处拿来一个知性的概念或者一个理性的概念，那就是一种规定性的判断力了。反思判断力在考察一个具体对象的时候，它所使用的那样一条先天的原则，不是由你颁布给自然，让它去执行的，而是自然有什么，你就把它看成是一个具体的对象。这条先天原则只是你自己为了便于把握而给自己提出来的，自然不受你这个东西的限制，不受你的主观先天原则的限定，自然还在那里无限地丰富，你对它的解释对于它本身没有影响，它还是按照它的自然规律在那里运作。它这种运作有无限多种多样的变相，无限多种多样的方式，所以你对它的看法对于它没有什么影响，你没有把这个规律作为一条客观规律颁布给它，就像知性给自然界立法那样，不是的。判断力不能给自然界立法，判断力只是给自己立法。因为有关自然规律的反思取决于自然，而自然并不取决于我们据以努力去获得一个就这些规律而言完全是偶然的自然概念的那些条件。我们把一个经验对象看作是一个统一体，不管它有多么多的偶然性，有多么多的偶然现象、偶然规律混杂在里头，我们不可能穷尽它，但我们仍然可以把它看作是能够从整体上把握的。所以那些规律我虽然没有穷尽，但是我可以把它看作是有一个共同的目标。那么，这个目标，这个目的不是自然界本身有的，自然界哪有什么目的呢？人才有目的，也只有人才能把自然界看作是有目的的。所以，我们的这种反思是取决于自然，而自然并不取决于它，自然并不受它的影响。那么这是一条什么规律？直到这里，康德还没有公开地讲。下面一段就开始讲了。

于是，这一原则不可能是别的，而只能是：由于普遍的自然规律在我们的知性中有其根据，所以知性把这些自然规律颁布给自然（虽然只是按照作为自然的自然这一普遍概念），而那些特殊的经验性规律，就其中留下而未被那些普遍自然规律所规定的东西而言,则必须按照这样一种统一性来考察,就好像有一个知性(即使不是我们的知性)为了我们的认识能力而给出了这种统一性,以便使一个按照特殊自然规律的经验系统成为可能似的。这个原则是什么呢?就是知性根据普遍的自然规则来规定自然界,使自然界具有了普遍的规律,比如说,自由落体定律是一个普遍的规律;但是,那些剩下的特殊的经验规律,那些摩擦力呀,空气阻力呀,地球磁场的引力呀等等,那些无限多的经验性的规律,没有进入到比如说自由落体定律里面来的那些规律,就这些剩下来的东西而言,我们还是要把它看成是统一的,就好像是由一个知性——不是我们的知性,而是比如说上帝,为了我们的认识能力而给出了这种统一性,就好像冥冥之中有一个知性在那里安排,把这些无限多的经验规律组合成一个统一体,以便于我们的知性能够顺利地把它的那些规律把握住。"以便使一个按照特殊自然规律的经验系统成为可能似的",这里用了一个虚拟词"似的",好像有一个知性在那里,其实没有,是我们设想的,这个自然界的这个事物好像有人安排了,好像有人安排成一个统一体。虽然里面是杂乱无章,但是,我把它看作是有系统的。这里"好像……似的"这一虚拟语气非常重要,整个判断力批判可以说都是建立在这种虚拟语气之上的,就是说,审美也好,目的论也好,都只是对于我们人来说似乎是如此,而不是自然界本身真的如此。并不是说好像一定要以这种方式现实地假定这样一个知性(因为这只是反思的判断力,这个理念用作它的原则是用来反思,而不是用来规定);相反,这种能力借此只是给它自己而不是给自然界提供一个规律。反思性判断力是这样一个原理,就是判断力自己给自己提供了一个规则,是为了便于我们去把握一个对象。如果没有这样一个反思判断力把对象看作一个统一体,我们就会陷入到经验对象的无限多的各种各样现象的汪洋大海里面跑不出来了。你可以指责伽利略,说你这也忽略了,那也忽略了,你先要把那个东西研究完,又把这个东西研究完,研究完以后你再来设定自由落体。可那些东西是研究不完的,偶然的情况是无限多的。哪怕你这一次研究完了,你下一次做实验还有不同的情况,那么这个规律怎么能够得出来呢?规律得不出来,你怎么能够把自然界看作是一个统一体呢?你怎么能够把经验对象看作是一个统一的经验对象呢?它就是一大堆杂乱无章的现象了。所以,这是我们的认识对我们的判断力所提出的要求。判断力除了在认识方面有这个规定性判断力的要求以外,在它自己方面,也有要求,就是首先你在进行判断的时候,你必须自己有一套原则,就是说,你首先要把对象看成是一个整体。在认识中就已经需要有这种反思判断力了。认识除了需要规定的判断力来得出普遍规律以外,还需要有反思的判断力来把那些杂乱无章的、无限多的经验现象统一起来。这样你才能把它当作一个对象来研究。反思判断力需要有一个把对象统一起来的原则,这个原则的自身究竟是什么样的先天原则呢?这个地方暂时还没有讲到,下面一段要开始讲到了。

既然有关一个客体的概念就其同时包含有该客体的现实性的根据而言,就叫做**目的**,什么叫做目的,这个地方有个定义:有关一个客体的概念就其同时包含有该客体的现实性的根据而言,就叫做目的。这句话很拗口。有关一个客体的概念,就是说,一个对象的概念,而在这个对象的概念里面就包含了对象的现实性的根据,即这个对象如果要实现出来的话,那么它就要以它这个概念为根据才得以实现出来。也就是说,一个目的活动,是把这个客体、这个对象的概念放在前面作为它的动机,那么,当它最后把这个对象实现出来了以后,它的动机就是实现出来的这个对象的根据。动机就是根据。他最后把它实现出来了,那么根据何在?根据就是他的动机是这样的。他先把这个客体的概念想到了,然后按照这个概念把这个对象实现出来。什么是目的?这就是目的。什么是目的活动?

这就是目的活动。目的活动和自然规律不一样。自然规律就是按照规律去运转,目的活动就是按照规律的"概念"去运转。先有一个规律的概念,然后把这个概念实现出来。自然规律没有这样一个概念,它就是自然规律,按照自然规律去活动。那么目的活动就是按照概念,按照客体的概念去活动。这是康德在别的地方讲的,对于目的,对于意志,跟自然现象不同的地方是这样区分的。<u>而一物与诸物的那种只有按照目的才有可能的性状的协和一致,就叫做该物的形式的**合目的性**</u>:一个东西跟其他的东西具有和谐一致,这种和谐一致是按照目的才有可能的,那么这种和谐一致就叫做这个物的"形式的合目的性"。一个东西跟其他的东西,按照形式的合目的性,大家都是按照一个目的,和谐一致,处于一个统一体中,那么,这个东西的和谐一致,它和其他的东西的合作、和谐的这种特点,就叫做合目的性。我们在一个社会里面也是一样的嘛,大家都为了一个共同目的,所以大家都要有一个合目的性,要有一种协作性,要有一种合作性,我们说这个人合作性很好。自然物也是这样。这就叫做形式的合目的性。之所以是"形式的",是因为在客观内容上并不能够真的发现这种目的,而只是在主观形式上我们按照一个自己的原则可以把对象看作是趋向于某个目的的。<u>那么,判断力的原则就自然界从属于一般经验性规律的那些物的形式而言,就叫做在自然界的多样性中的**自然的合目的性**</u>。前面讲的是形式的合目的性,那么接下来讲到自然界。自然界就物的形式而言,物当然是从属于经验性规律的了,自然界有多种多样的经验的性状和现象,我们讲任何一个经验都有无穷个偶然性,但是这些无穷无尽的偶然性对一个目的有一种合目的性,这就叫做"自然的合目的性"。判断力的原则就是这种自然的合目的性原则。判断力自己要提供一个规律,一个先天原则,这个原则究竟是什么呢?靠什么东西把自然物、把一个东西统一起来呢?每个自然物有那么多的经验的方面,那么多形形色色的现象,各种各样的角度,所显现出来的杂多的、五花八门的现象,那么判断力就是靠这样一种自然的合目的性把它们统一起来的。所有这些东西,都是形成这个自然物,形成这个经验对象的,都为形成这个经验对象而服务,所以,每个经验对象都是特殊的,都是具体的,它都跟任何别的经验对象不同。所以,好像所有这些经验现象都是为了最后这样一个目的而和谐、合作的。这就是判断力主观提出来的一个原则,就是自然界是适合一个目的的,自然界具有一种合目的性。<u>这就是说,自然界通过这个概念被设想成好像有一个知性含有它那些经验性规律的多样统一性的根据似的</u>。我们注意到,康德在这里经常使用"好像"这个概念,"好像……似的"这种虚拟式,这是康德《判断力批判》里面非常重要的、几乎可以说是个核心的概念。国外有人专门做文章,论康德的"好像"。反思判断力的原则就是一种"好像"的原则。就是说,我们要把它看成什么,我们要对它采取一种立场,要采取一种态度,这个态度是姑妄言之的态度,而不是自然科学的态度。不是说它就是那样了。比如说,这个花是美的,不是说这个花就具有美的属性了,我们是说这个花向我们显现出美的,在我们看来,它好像是故意地要使我们感到美一样,其实它哪里是故意呢?这个花又没有意识。但是我们把它拟人化了。我们说,"蓝天在微笑",蓝天哪里会微笑呢?只是好像在微笑。设想好像对象里面有一个知性,这些多样性统一,根据一个目的,把它们组织在一起,使它们构成一个统一体。好像是这样的,但是实际上不是的。实际上只是我们反思判断力的主观原则。

所以,<u>自然的合目的性是一个特殊的先天概念,它只在反思性的判断力中有其根源</u>。自然的形式的合目的性原则是判断力的一个先验原则,它还是一个先天概念,它是判断力本身的一个概念,自然的合目的性。我们把自然看作是有目的的,或者合目的性的,这并不是对自然的科学的规定,包括我们的审美也好,有机体的医学呀,生物学呀,这些研究也好,对整个自然界的合目的性的系统观察也好,其实呢,它们都是反思性的判断力。甚至于我在后面还要讲到的,在历史领域里面,历史好像也是合目的的,但是从科学的眼光来看,历史没有目的。这是康德的一个基本立场。如果你是一个科学家,用科学的眼光,用知识的眼光来看待历史,那么,历史是没有目的的。但是我们从反思判断力的眼光,我们可以从历史中看出一种目的,看出它好像有个目的。康德这个"好像"用得是非常广的。<u>因为我们不能把像自然在其产物上对目的的关系这样一种东西加在自然的产物身上,而只能运用这一概念就自然中按照经验性的规律已给出的那些现象的联结而言来反思这个自然。而且这个概念与实践的合目的性(人类艺术的,或者也有道德的)也是完全不同的,尽管它是按照和这种合目的性的类比而被思考的。</u>就是说,自然的合目的性跟实践的合目的性,前面讲到过,人类的技术性的实践,劳动啊,技能啊,这些合目的性,那是不同的。实践的合目的性还是属于理论的,它是可以从科学的角度来规定的。我们科学地安排一个实验室,来发展我们的技术;我们科学地设计工作程序,来提高劳动生产率。科学和技术是不可分的嘛,技术是附属于科学的,在科学中间是可以找到它的位置的。道德的合目的性跟这里讲的也不同。一个道德行为,它也要合目的。人是目的,它把人看作是目的。人从本体上来说,确实有目的的意义。这个目的和自然的合目的性也是不一样的。但康德又说:"尽管它是按照和这种合目的性的类比而被思考的。"这个类比,首先是和人类的技术、人类的艺术的类比,就是说,我们把自然界、自然物看作好像是有一个上帝的技术,我们说"巧夺天工"、"鬼斧神工",我们在审美的时候,把这个自然界看作是好像有一个上帝在安排,大自然的造化。这是和人的技术在进行一种类比。我们到张家界,到九寨沟去,好像是有人故意这样安排的,把它安排成就像我们在国画里看到的那种景象。我们说"风景如画",就是把风景看作好像是有一个知性在那里画出来的一样,是故意安排的,是有目的的。其实我们知道没有,没有一个大自然的造化,那是偶然形成的嘛。但是我们可以从里面看出某种统一性,我们还可以去寻求某种统一性。比如我们到九寨沟去照相,我们要构图哇,我们要设想这个自然界在有意构图,构了很多,就看你善不善于去寻找。一个高明的摄影师,他就可以通过构图啊、采光啊,可以拍出很漂亮的照片。一个蹩脚的摄影师,他就可能找不到,他构出来的图,都是很难看的。这就是我们把自然界看成是一个有意识的、有知性的主体创造的产品。

下面看第五节:"自然的形式的合目的性原则是判断力的一个先验原则"。

这就更进一步了。我们看到,康德的思路是从抽象到具体,越来越细,越来越具体,从大而化之,然后引出他要讲的主题,然后这个主题一步步地升华。前一节是讲判断力的先天原则,引出自然的合目的性,那么这个自然的形式合目的性的原则是一个什么原则呢?具体来考察。它是判断力的一个先验原则。自然合目的,我们认为自然有目的,这个原则是我们主观想象出来的,它不是自然界本身所构成的原则,但是这个原则本身具有先验的性质。这个主观想象出来的原则也不是你突发奇想,它具有先验的性质,你不能不去这样想。我们人在面对自然界的时候,不能不这样想。这第一段很长,也很难懂。我们首先要扫除几个障碍,一个是"先验"和"先天"。前面我讲过判断力的先天的立法能力,这个地方讲的是,判断力的先验的原则。先天和先验有什么区别?通常,以往的康德研究者很少把它们作出严格的区分。先天(a priori),是个拉丁词,它本来就是先天的意思,先于经验。但是这个词在康德这里,它不具有那种"天生"的或"天赋"的意思,不是与生俱来的,先天带来的,不是这个意思。它是一种逻辑上的含义,它用在逻辑的意义上面。韦卓民先生把它翻译成"验前的",经验以前,应该说他这个翻译比"先天的"要更好,因为"天"这个概念在中国传统哲学里面意味着自然界,"先于自然界",或者是"自然界给我们先带来的",好像"天生的"意思,"先天的"在汉语里面有天生的意思。我们说一个人先天很好,就是说他的基因、他的家族遗传、他的天赋很好。但是在康德这里我们要注意到它是逻辑上的意思,是逻辑上在先的意思。先天的东西很多了,像数学呀,逻辑学呀,包括康德的先验逻辑呀,都可以说是先天的。它是一个比较泛的概念。凡是先于经验的,能够通过理性、知性来进行思考,来进行推理的,都叫做先天的。那么先验(transzendental)这个概念呢,也是从拉丁文来的,也可以翻译成超验的,超越,超经验,超乎经验之上。但是,这个词在拉丁文里有两个词,一个是"transzendental",一个是"transzendent"。这两个词在康德这里分别使用,区分很严格。我们分别把它们翻译成先验的和超验的。所以这里有三个词很相近,一个是先天的,一个是先验的,一个是超验的。它们怎么区分?我们是这样区分的,按照康德的解释,先天的是比较泛的,先验的和超验的都可以说是先天。那么先验和先天有一点不同,先验的也是先天的,但并不是一切先天的都可以称作先验的。先验的必须是有关经验之所以可能的知识,才叫做先验的知识。而先天的知识可以不是这样的。比如说形式逻辑,形式逻辑不管经验,它先于经验,但它不管经验,它的前提当然可能是经验给它提供的,但也可能是幻想的,它都不管。所以形式逻辑跟经验没有关系。但先验的东西虽然先于经验,却要运用于经验,它是关于经验何以可能的知识。所以我们把它翻译成先验,先于经验而要运用于经验,在经验上得到"验证"。它只是先于经验而已,但是它离不开经验。知性必须要运用于经验,知性没有经验,它是空的。这是先验的意思。先验是有关知识,有关认识论的,有关对象的知识何以可能、认识的对象何以可能的。它是要解决这方面的问题。所以它比先天的范围要更窄一些,它的含义要更深一些,更具体一些。它是讨论真理的问题,而形式逻辑不讨论真理问题,它只关心正确性的问题,它不考虑真理性的问题。那么,先验逻辑就要考虑真理性的问题、认识论的问题。就是说,你的这个知识跟对象是一种什么关系,它如何形成对象?这是一个区分。至于超验的东西,它超越于经验,而且不能够运用于经验。超验的东西,它不能够当作经验对象的东西,不能够当作可以运用于经验对象的东西。如果一定要运用,那它只能是一种范导性的运用,一种调节性的运用。这是这三个概念的区分。与这三个概念相对应的,与先天相对应的是后天(a posteriori),与先验相对应的是经验,与超验相对应的就是内在。超验的就是非内在的,它是超越经验之外了。内在的就是在经验之内了。这三个概念的含义都不一样,它们的反义词也都不一样。扫清了这几个障碍,我们再来读这一节。

<u>一个先验的原则,就是通过它而使人考虑到这种先天普遍条件的原则,唯有在此条件下诸物才能够成为我们知识的一般客体。</u>这就是我刚才讲的,所谓先验是什么意思?就是这样一种先天的普遍条件,唯有在这个条件之下,各种事物才能够成为我们知识的客体。就是说,先验的东西是解决我们的知识何以可能的条件的知识,是关于知识的知识。那就是认识论了。先验的东西是关于认识论的。关于知识何以可能,有哪些条件。这是康德的一个定义。<u>反之,一个原则如果让人考虑的是这种先天条件,唯有在此条件下所有必须经验性地给出其概念的客体都能先天地进一步得到规定,它就叫做形而上学的原则。</u>先验的原则和形而上学的原则有什么区别呢?先验的原则是讲认识论的,形而上学的原则是讲本

体论的。先验的原则是讲知识何以可能,形而上学的原则是讲知识怎么构成的,知识的结构,有哪些先天的成分。形而上学的原则就是先天构成的原则。一个知识,它里面有哪些先天的成分,当然既然是知识,它就有经验的基础了。但是,除了经验的基础以外,它还有先验的成分。那么,这些先验的成分是什么呢?把这些成分分析出来,把它展示出来,这就是形而上学所要做的工作。所谓自然科学的形而上学,就是讲,自然科学里面,它们的形而上学要素有哪些。关于先验的原则,康德举了下面的例子。所以,物体作为实体和作为变化的实体,它们的认识原则如果表达的是"它们的变化必定有一个原因"的话,那就是先验的;但如果这原则表达的是"它们的变化必定有一个**外部的**原因"的话,那它就是形而上学的:因为在前一种情况下物体只能通过本体论的谓词(纯粹知性概念),例如作为实体来思考,以便先天地认识这个命题;但在后一种情况下一个物体的经验性的概念(作为一个在空间中运动的东西)必须成为这个命题的基础,但是这样一来,后面这个谓词(只由外部原因而来的运动)应归于物体,这一点却可以完全先天地看出来。这一段话的意思很难理解,但是只要我们抓住这一点,就是说,先验的东西指出,一个实体它的变化必定有一个原因。为什么?要说明为什么必定有一个原因,也就是说明它的变化何以可能,这就是认识论上的,即先验的。那么,一个实体,它的变化必定有一个外部的原因。这个"外部的"打了着重号。这个命题,它就是解决了这个实体的变化是由哪些原因构成的。他不是探讨为什么一定有个原因,他不是解决一定会有个原因的问题,而是讲它一定有一个外部的原因。就是说,一个实体,它已经作为一个知识了,那么它是由哪些东西所构成的呢?它必须有一个外部的原因,因为它既然已经作为一个知识构成,那么它就是经验的,就是占有空间的,占有广延。凡是占有广延的,它的运动都是由外部的原因造成的。这是当时机械论自然观的一个共识。就是,凡是具有广延的物体,它的运动的原因都是由外部的原因造成的。那么,从科学知识这样一条经验的命题里面,我们就可以看出来,它包含有先天的原则。就是说,所有的经验事物,只要它是经验事物,它就占有广延,只要它占有广延,它就必然有它的外部的原因使它产生运动。这就是对它的形而上学的分析。这种分析是康德在《自然科学的形而上学基础》中做的,并且估计如果他写一本《自然科学的形而上学》,也会立足于这种分析,就是分析我们的自然科学建立在哪些形而上学的要素之上。我们在《纯粹理性批判》的先验感性论里面也看到这样的提法,对于时间空间的"形而上学的阐明"和对时间空间的"先验的阐明"。这两种阐明是不一样的。所谓形而上学的阐明就是说,时间空间到底是什么,时间空间是先天的直观形式,为什么要这样理解而不能作别的理解,这是对它的形而上学的阐明;所谓先验的阐明就是说,时间空间怎么样起作用,它使得什么成为可能呢?它使得数学和几何学成为可能。所以先验的阐明是针对着认识论的,而形而上学的阐明是针对着本体论的。本体论把那些先天的本体论的谓词分析出来,认识论就用这些谓词来说明认识活动的可能性和必然性。——所以,正如我马上要指出的,自然(在其经验性规律的多样性中)的合目的性原则是一个先验的原则。因为诸客体就其被思考为服从该原则的而言,其概念只是有关一般可能经验知识的对象的纯粹概念,而不包含任何经验性的东西。反之,必须在一个自由意志的规定性的理念中来思考的那种实践的合目的性的原则将会是一个形而上学的原则:因为一个作为意志的欲求能力这一概念终归必须经验性地给予出来(而不属于先验的谓词)。然而这两种原则却都并非经验性的,而是先天的原则:因为为了把谓词和这两个原则的判断中主词的经验性概念结合起来,并不需要任何其他的经验,而是能够完全先天地看出那种结合。康德之所以要讲这么多,就是要说明,自然合目的性属于先验的原则。它不是一个形而上学的分析,自然合目的性不是说我们有一个经验,然后我们从里面分析出有一个先天的构成部分叫做合目的性。它没有。如果从形而上学的角度去看它,它没有什么合目的性,自然界哪有合目的性呢？我们采取自然科学的眼光,我们看不出它有什么合目的性。当然,它是一种先验的原则,就是说,虽然你在自然界里面看不出合目的性,但是这种合目的性是你在看自然界的时候,在认识自然界的时候,你要对它形成一种统一的科学知识,它就必须有这样一个合目的性作为前提,它使得自然科学知识成为可能。对自然科学如果你没有合目的性的观点,你就进入不了自然科学。虽然自然科学它本身并不包含有合目的性。所以这个自然合目的性不能构成一门形而上学,不能说有一个自然的合目的性的形而上学,不能说有一门审美的形而上学,也不能说有一门目的论的形而上学。形而上学只能有理论的自然形而上学以及实践的、道德的形而上学,只有这两个。所以呢,这个合目的性,它不能够看成是一个形而上学的内容,它只是我们的一个先验的原则。这也是与实践的合目的性不同的,实践的合目的性是包含有一个具体的目的概念的,虽然在道德实践中也不需要任何经验,但是它是把经验性的目的先天地预设为它的对象的。所以实践的合目的性可以有自己的形而上学,而自然的合目的性却不可能有它的形而上学原则,只能有先验原则。但作为先天原则,这两种合目的性都是一样的。

　　自然的合目的性概念属于先验原则,这一点我们可以从为自然研究先天地奠定基础的那些判断力准则中充分地看出来,但这些准则所针对的无非是经验的可能性,因而是自然知识的可能性,但不是仅仅作为一般自然,而是作为通过特殊规律的某种多样性所规定了的自然的知识的可能性。——这些准则作为形而上学智慧的格言,是在某些规则人们不能从概念中说明其必然性的场合下,常常是足够地、但只是分散地出现在这门科学的进程中。"自然界取最短之路(lexparsimoniae);但自然界不作飞跃,不论是在其变化的序列中,还是在各种殊异形式的编排中(lex continui in natura);然而,自然界在经验性规律中的大量的多样性是在少数原则之下统一着的(principia praeter necessitatem non sunt multiplicanda)";如此等等。"为自然研究先天地奠定基础的那些判断力准则",是些什么准则呢?在下面的破折号后面,康德举了一些这样的准则。比如说,第 17 页那些用拉丁文注明的格言,他称之为"形而上学智慧的格言"。比如说,"自然界取最短之路";"自然界不作飞跃",自然界总是亦步亦趋的,总是一步一个脚印的,它不会飞跃;自然界是多中之一的统一体等等。拉丁文里面第一个是节约律。第二个是连续律,第三个是"原则除必要外不得增加",这就是所谓的"奥卡姆的剃刀"了:"如无必要,不得增加实体。"就是说,你运用的原则越少越好,没有必要,你就不要增加任何一个原则,自然界在经验性规律中的大量的多样性是在少数原则之下统一着的。这其实也就是节约律。自然界不作飞跃,自然界是连续着的,自然界是节约的,自然界所使用的那些规则都是压缩在最少、最必要的限度之内。这是我们在研究自然科学的时候,虽然是不成文的,但是,它是法规,是不成文法。你要说自然界就是这样子吗?那很难说。自然界如无必要,不得增加实体。那么什么叫做"必要"呢?很可能有些你原来认为必要,后来认为不必要了。所以,这些都是不成文法,都是一些"智慧的箴言"。就是说,你在进行自然科学研究的时候,你要遵守这样一些法则,你就可以用最少的力量获得最大的收获。它是一种指导,在自然研究的时候,它有一种指导作用。如果你在自然研究的时候,你发现一种现象,你就给它发明一条原则,或者是给它规定一个实体。遇到另外一种现象,你又规定另外一个原则、另外一个实体。那么这个实体就会无限多了,到最后你的研究就进行不下去了。那你能不能想办法把这些现象归总一下呢？把它归结为一个实体，或者是一个原则。比如牛顿。牛顿坐在苹果树下，苹果掉在头上，这是一个现象；天上的太阳和月亮在那里运行，这是一个现象。这两个现象需要两个原则，但是牛顿就想到了，这两个现象其实是一个原则——万有引力，它们都遵循万有引力。通过这样一个智慧的箴言，就是说，自然界的原则越少越好，你总是要想办法把多个原则归总为一个原则，那么自然科学就产生了各种各样的伟大的发现。自然科学里面的发现，很多都是这样产生出来的。还有一些看起来不相干的两个现象，它们中间肯定是有联系性的，你不能把它们看成是不相干的，它们中间是连着的，"自然界不作飞跃"，那么你就要找出那些中间环节。当你找到那些中间环节的时候，你就可以把两个不连续的东西看作是一个连续的整体。你就可以把本来有两个原则来规范的经验对象，把它们用一个原则统一起来。这在我们日常的自然科学研究里面已经无形中使用了这样一些法则，就是把多个原则归总为一个原则，把它们看作是同一个原则的类底下的类别，类底下的不同的种。苹果掉下来是万有引力的一种表现形式，天体的运行是万有引力的另外一种表现形式，它们都属于万有引力这样一个总的规律。这是我们在自然科学中已经在使用的，但是这些原则在自然科学中并没有它的根据。这是我们的一种主观使用的方法，是我们所采用的一种先验的方法。

但如果我们打算为这些原理指出来源并尝试按心理学的路子做这件事，那么这就是完全违背这些原理的意思的。如果我们打算为这些原理指出来源，这个来源也可能是自然的来源，自然界就是这样的结构，这样的种啊、类啊、属啊，在分类学里面有纲啊，目啊，种啊，亚种啊，马应该属于奇蹄目啊，马里面又分蒙古种啊，阿拉伯种啊，这样一种划分。当然今天我们知道在基因里面有它的客观根据了，但当时的分类学认为这完全是一种主观的划分。林奈是当时分类学的代表嘛，他的植物分类学根据花蕊的根数来划分植物。那完全是主观任意的。有一种植物有三个花蕊，有一种植物有五个花蕊，根据这种方式来划分，这种划分是非常表面的。你也不能根据外形，根据外形来划分，鲸鱼就会被划为鱼类了，蝙蝠就会被划为鸟类了。到底根据什么来划分，在当时没有基因，没有血液检验的情况之下，这种划分完全是主观任意的。你根据一个我们可以把握的方式，你就可以进行划分。所以，这个划分在自然界里面，没有什么来由。于是有些人"尝试按心理学的路子来做这件事"。为了自己图省事，为了避免麻烦，来做这种事情。这还是用一种经验的方式来解释。但是，这些解释都完全是违背这些原理的意思的。这些后天经验的解释，都不是这些原理的本来的意思。这些原理的意思是什么呢？就是当你运用了这些原理，尽管你知道，它也许不一定是客观的，但是它是不能不运用的。一定要运用，虽然是主观的，但是是一种先天的方法，是一种先验的原则，每一个科学家在进行科学研究之前就要掌握这一条原则，就要善于归类。不然的话，你就不是一个科学家。你顶多是一个博物学家，你知道的很多，但是你掌握不了原则，掌握不了规律。因为它们并不是说，有什么事情在发生，亦即按照何种规则我们的认识能力把自己的活动现实地发动起来，并且这件事是如何被判断的，而是说它应当如何被判断；科学家"应当"这样来判断，而不是他为了图省事，他把这些原理归总一下。如果他不怕麻烦的话，他也可以不归总。不归总那就一塌糊涂了，那牛顿的贡献都被抹杀了。牛顿的贡献无非就是把自然界的规律整理得井井有条嘛，一个归属一个嘛。所以它不是可有可无，可以做也可以不做的。它应当这样做，应当这样来判断。这个"应当"当然是个"有条件的命令"，就是说如果你想把自然界看作一个统一的整体的话，你就必须运用这一套原理。至于为什么一定要把自然界看作一个整体，康德在后面将有解释，即他的自然目的论的解释，最终还是道德目的论的解释。而在这里，如果这些原则只是经验性的,这种逻辑上的客观必然性就不会出现。所以,对于我们的认识能力及其运用来说,自然的合目的性(它显然是从这些认识能力中闪现出来的)是判断的一条先验原则,因而也需要一个先验的演绎,如此作判断的根据必须借助于这个演绎到知识的先天来源中去寻找。这里又出现一个词,"演绎"(Deduktion)。什么叫先验的演绎?下面的一整段康德都是讲这个演绎。我们先了解一下其含义。凡是先验的东西都需要演绎。前面讲了,先验的东西和形而上学的东西不一样,形而上学的东西是可以直接在知识对象里面看出来的,比如说一个经验的知识,你分析这个经验的知识你就可以看出来它里面有先天的东西,比如说时间、空间、范畴,都可以直接从经验的东西里面把它分析出来,把它构成这个经验之所以成立的基础。它就是这个基础,形而上学基础。那么,先验的东西不能够直接看出来,它是要追溯,要反思的。它不是直接出现,而是要你在经验里面去进行追溯,去推理,这个东西何以可能呢?康德在《纯粹理性批判》里讲,知识何以可能的呢?先天综合判断是何以可能的呢?我们已经有先天综合判断了,但是我们要追溯这个先天综合判断的成因,它最初是怎么构成的?那个原因,它可能不在这个里头,要你去追溯。它可能在这个经验知识之外,在它的后面,所以必须要用演绎把它钩出来。这个演绎跟形式逻辑讲的演绎也不一样。形式逻辑的演绎是讲从一个既定的前提出发,然后通过三段式推理,推出里面包含的可能的结果。大前提,小前提,加在一起,然后得出一个结果,这是通常讲的演绎三段论推理。但是,先验的演绎不是形式逻辑的演绎,而是先验逻辑的演绎。先验逻辑的演绎不是从一个既定的前提推出它的结果,而是倒过来的,从现有知识追溯它何以可能的前提。康德在《纯粹理性批判》中范畴的"先验演绎"部分举了法庭的例子。在法庭上辩论的时候,法官要求证人提供证据。这些证据都是一些经验的证据,但不是先验的证据。提供了经验的证据以后,还要追溯先验的证据。就是,这些证据之所以能够成为一个有力的证据,必须要有先验的证据,要追溯它在法律上的根据。一笔地产,一笔房产,并不因为你住在那里你就有所有权,你住在那里还要有它的合法性。那么要追溯这个合法性,在法庭上辩论的时候就要追溯它的合法性何在,你住在这里的合法性何以可能。那就要到法律里面去找。所以,这个地方的演绎就是说,要寻求我们这样做的先天根据,使它能够这样做的那个先天根据,这就是康德的演绎。这个演绎与我们通常讲的演绎的含义是颠倒的。自然的合目的性的先验演绎就是要寻求自然合目的性的先天根据。

这就是说,我们在经验的可能性的那些根据中首先找到的当然是某种必然的东西,也就是普遍规律,没有它们自然根本就不能被(作为感官对象)思考;我们在日常的自然科学知识里面是这样看待经验规律的,在可能的经验根据中间我们找到了必然的普遍的规律。像由因果性和协同性而得出的牛顿运动定理呀,惯性定理呀,相互作用定理呀等等。这是用来说明经验对象的。而它们是基于诸范畴,被应用于我们一切可能的直观(如果这些直观也是先天给予的话)的形式条件上的。于是在这些规律之下判断力就是规定性的;通常我们的自然科学里面使用的判断力就是规定性的判断力,就是用知性范畴去规定那些直观的对象。因为这种判断力所要做的无非是在这些给定的规律之下进行归摄。例如知性表明:一切变化都有其原因(普遍的自然律);于是先验判断力所要做的无非是指出在所提出的先天知性概念之下这种归摄的条件而已:这就是同一物的各个规定的前后相继性。于是对于一般自然(作为可能经验的对象)而言那条规律就被认识到是绝对必然的。这一大段还是讲规定性的判断力,并举因果性范畴为例说明这种判断力的运作方式。下面讲的"那个形式的时间条件"就是康德在这里讲的"同一物的各个规定的前后相继性",就是说时间前后相继,使得因果性范畴能够运用于经验对象之上。"前因后果"嘛。当我们讲前因后果,因果不能颠倒,不能够倒因为果,这个时候我们是利用了时间的前后相继性。这个时间的前后相继性在《纯粹理性批判》里面,被康德称之为图型,范畴的图型,每一个范畴都有它的图型。那么因果范畴的图型就是时间的前后相继,因果不能颠倒。——但现在,经验性知识的对象除了那个形式的时间条件之外还在好多性质上被规定着,或者在我们可以先天地作出判断的范围内还可以被规定,以至于具有各种特别差异的种类除了它们作为属于一般自然而共同拥有的东西之外,还能够以无限多样的方式成为原因;这是我们刚才讲的,其实康德在这个地方已经有一点重复了。前面讲得简单一点,这里讲得更加过细一些。他这个演绎呢,跟前面讲的没有什么本质性的区别,就是讲清这个道理,就是说我们要认识一个对象的时候,除了运用知性的范畴,运用规定性的判断力以外,还有很多很多大量的东西,我们是无法运用规定性的判断力的。一个是因为我们的知性有限,不可能把每一种现象都运用规定性判断力加以规定,因为这个偶然性是无穷无尽的。另外我们即使是先天地判断对象,也不一定要用规定性的判断力,还可以用别的判断力,使这些无限的多样性都呈现出来。而这些性质中的每一个都必定(按照一般原因的概念)具有自己的规则,这个规则就是规律,因而带有必然性:就是那些无限多样的偶然性质,它们每一个其实都有因果性,都带有它的必然性。尽管我们依据我们认识能力的性状和限制根本看不出这种必然性。因为人多了,有些东西的影响太微小了。地球磁场的引力,你凭眼睛怎么能够一下子看出来呢?还有很多其他的,我们不知道的,我们现代物理学讲的四种力相互作用,你根本就感觉不到。那些力你怎么能都把它考虑在内呢?所以,每一个科学家在他的认识水平上面,他都忽略了大量其他的本身是必然的那些东西,而在他自己看来呢,这些东西是偶然的干扰，是偶然现象，可以不考虑，可以忽略掉。所以我们必须在自然中，就其单纯经验性的规律而言，思考无限多样的经验性规律的某种可能性。无限多样的经验性的规律，虽然我们不可能都认识到，但它们的可能性我们必须要考虑在内。如果你只是单独地考虑一个因果性，那你就是抽象地看待这个自然界。自然界不是像你那样的，自然界是丰富多彩的。这些规律在我们的见识看来却仍是偶然的（不能先天地认识到的）；考虑到这些规律，我们就把按照经验性规律的自然统一性及经验统一性（作为按照经验性规律的系统）的可能性评判为偶然的。这个事实，你说它对自由落体有偏离，它不完全是按照自由落体定律落下来的，通过计算，它有一点偏差，我们通常对这个偏差有一个范围的规定，规定在正负零点几之内，我们通常这样来规定。承认它有偏差，承认这个具体的事件这个样子发生并不是必然的，它是偶然的。但由于这样一个统一性毕竟不能不被必然地预设和假定下来，否则经验性知识就不会发生任何导致一个经验整体的彻底关联了，就是说，这样一个统一性，虽然是偶然的，但是你必须把它看作是必然的。莱布尼茨提出充足理由律就是出于这个考虑。莱布尼茨说，除了逻辑的真理以外，还有事实的真理。莱布尼茨是理性派哲学家，他当然承认逻辑的真理，但是他认为，我们也不能不考虑，有一些真理是事实的真理。事实的真理其实归根结底也是逻辑的真理，只不过里面的逻辑关系太复杂了，我们人类理性根本就把握不了，所以我们只有把它们看作是既定的事实。但在上帝的眼睛里，一切都是按照逻辑，按照矛盾律，按照同一律来规定的。只是在人看来呢，有些东西是按照矛盾律规定的，但是有大量的事实的真理不一定是按照矛盾律规定的。虽然本质上是应该按照矛盾律规定的，但是在我们人看来，它有无限多的丰富的理由，我们人的认识把握不了。所以我们就假定它有充足理由，它是偶然的，但是它有充足理由，不是无缘无故的，偶然的东西也是有理由的。单独看它是偶然的,其反面也是有可能的;但与它的充足理由联系起来看整体上又是必然的,不能不如此的,其反面是不可能的。偶然的东西有充足理由,正因为它理由太充足了,我们不能全盘把握它,所以我们把它看作偶然的。莱布尼茨已经有这种思想,那么,康德在这里也利用了这样一个观点,把偶然的东西也假定为必然的,假定它的那些偶然的现象后面都有我们所不知的必然规律,这样我们才能把一个经验的现象看成是彻头彻尾地由必然规律所统治的,是把杂多东西统一在一个原则之下的。就是,你把这种偶然性假定为必然的,但是你又是偶然地发现它的,你不能够把它从一个必然的规律中推出来,你只能够假定它是必然的,但是它实际上是偶然的,在你面前出现的这个东西是一个偶然出现的事实。这种假定是必要的,虽然你不知道,这个无限丰富的经验的东西,你怎么可能每一个为它找到那些必然的规律,那些因果链条呢?你找不到,但是你可以假定它们有一个最终的统一原则,这个假定就是你主观的假定了。你并没有获得客观的知识,你的假定是为了使这个经验的各种各样的现象能够有一个彻底的关联,它都是按照知性的必然性统一在一起的。<u>又由于普遍的自然律虽然在诸物之间按照其作为一般自然物的类而提供出这样一种关联,但并不是特别地按照其作为这样一些特殊自然存在物的类而提供的:</u>这就是说,普遍的自然规律,知性的范畴、因果必然律,虽然是按照"一般"自然物的类提供了因果律,但并不是作为"特殊"自然物来提供因果范畴。作为特殊的自然物,那还有很多很多。有很多在你进行因果性推理的时候,你必须把它忽略掉的。它是为抽象了的自然界而提供的一个原则,而不是为一个丰富多彩的自然界提供的原则。要是按照机械因果性,那一切事物都变得非常机械,非常单面,非常抽象。实际上不是的,我们看到的自然界都是丰富的。<u>所以判断力为了自己独特的运用必须假定这一点为先天原则,即在那些特殊的(经验性的)自然律中对于人的见</u>

地来说是偶然的东西,却在联结它们的多样性为一个本身可能的经验时仍包含有一种我们虽然不可探究、但毕竟可思维的合规律的统一性。这句话虽然很长,但是意思还是很明确的。所以我们继续往下看。这样一来,由于这个合规律的统一性是在一个我们虽然按照某种必然的意图(某种知性需要)、但同时却是作为本身偶然的来认识的联结中,被设想为诸客体(在这里就是自然界)的合目的性的:这种合规律的统一性被设想为一种合目的性的,即好像所有这些多样的东西都是趋向于某个目的而被安排在这里的,由此使它们统一起来。所以,对服从可能的(还必须去发现的)经验性规律的那些事物而言只是反思性的判断力就必须考虑到这些规律,而按照我们认识能力方面的某种**合目的性原则**去思维自然界,而这一原则也就在判断力的上述准则中被表达出来了。上述准则就是那些自然界不作飞跃呀,节约律呀,奥卡姆的剃刀哇,如无必要不要设定原则啊,不要设定实体呀等等。这些原则里面,就表达了这样一个"我们认识能力方面的某种合目的性原则"。自然界不作飞跃,就是说它的每一点都是连着的,都是好像趋向一个目的那样联系在一起的,这样的原则只是我们认识能力方面的原则,其实是为了我们的方便。我们把一个有机体的身体的各个部分看作没有任何一个部分是可以忽略的,是多余的。它们都是连着的。牵一发而动全身,全身的经络,每一块肌肉,都是跟所有其他东西连接在一起的。都是合乎目的的。那么,这样一个原则,自然界不作飞跃,在自然界有一个种和类的等级系统、秩序,这样一些原则其实都表达了我们认识能力的一种方便,并不真的是自然界的规律。于是,自然的合目的性这一先验概念既不是一个自然概念,也不是一个自由概念,因为它完全没有加给客体(自然)任何东西,而只是表现了我们在着眼于某种彻底关联着的经验而对自然对象进行反思时所必须采取的唯一方式,自然的合目的性,在自然界里面,没有那个东西,这只是人的

"反思判断力"的一种主观看法,一种观点。当然这种看法是必然要这样看的,否则的话我们没有办法进行认识,我们的认识就是一盘散沙,构不成一个科学知识的体系。所以这个概念"既不是一个自然概念,也不是一个自由概念,因为它完全没有加给客体(自然)任何东西"。如果是自然的概念,就必须加给自然客体以某种东西,某种规律;如果是自由的概念,也必须给自然界带来某种影响。自由的概念虽然是超验的,虽然是不能够从自然界经验对它加以理解的,但是它对自然界和经验还是有影响的,人的自由行为总是在经验现象里面表现出来的,好歹影响了自然界,否则的话,怎么叫做自由呢?但反思判断力的这个先验概念既不是自然概念,也不是自由概念,因为它对客体没有任何影响,"而只是表现了我们在着眼于某种彻底关联着的经验而对自然对象进行反思时所必须采取的唯一方式"。所谓唯一方式就是,你不能不采取它,你还不能采取别的观点,你要对自然界进行彻底地认识的话,你就必须采取这样一种合目的性的观点来看待自然界。你把自然界看作是一个整体,虽然自然界本身是不是一个整体,我们不知道,但是你必须把它看作是一个整体。自然界是不是就不作飞跃,这些东西从它本身来看,你没有办法断言,但是你自己必须这样看。因而表现了判断力的一个主观的原则(准则):因此当我们在单纯经验性的规律中找到了这样一种系统的统一性,就好像这是一个对我们的意图有利的侥幸的偶然情况时,我们也会高兴(真正说来是摆脱了某种需要):注意这个地方提到了我们的"高兴",就是说,我们怀着这样的意图去寻求自然界的合目的性,那么是不是能寻求得到呢?这要看你的运气了。牛顿就有这个运气,苹果恰好掉在他的头上了,他突然一下找到了一个统一性了,那他当然很高兴了,当时他高兴得跳起来了。但是这是偶然的,是可遇不可求的。因此呢,当我们在经验的系统中,找到了这样的统一性,"就好像这是一个对我们的意图有利的侥幸的偶然情况"的时候,我们也会高兴的,"真正说来是摆脱了某种需要",我们本来一直需要找到这个统一性,现在我们可以摆脱这个需要了,其实是满足了这种需要了,怎么能不高兴呢?<u>尽管我们必定将不得不承认,这是这样一种统一性,它并不是我们所能够看透和证明的</u>。自然界这样一种系统,这样一种完美,这样一种完善的统一性,天衣无缝,每一个都没有任何偏差,月球的运行,恒星的运行,苹果掉下来,每一个现象,都有精密的规律,这究竟是怎么回事呢?是谁在安排呢?还有一些,我们现在看起来,好像没有精密的规律,好像有偏差,比如说行星,它的运行轨道有点不规则,我们就断言,它的轨道肯定受到了某个行星或卫星的影响。你凭什么那么断言?为什么你就认为它一定是规则的?我们没有根据。我们只是猜想,我们只是希望,从里面找到使它偏离轨道的某种另外的原因。如果有一个科学家说,我们不要探讨了,它是偶然的,那这个科学家就没有当科学家的资格了。你之所以能够当一名科学家,就是说你必须从这些偶然的东西里面找到它的必然性,这才是科学的态度。但是你最终并不知道是为什么,为什么它就是这样安排的,为什么它就一定要这样合规律,不能有一点偏差。它不是我们所能够看透和证明的。好像是有一个上帝的知性严格地按照一种普遍必然规律在安排这个宇宙,使它丝丝入扣,天衣无缝。但是我们看不透它,我们只是希望它如此,其实只是我们主观判断力的一种运用。整个这一段就是康德的"演绎"。我们可以看到,这个"演绎"其实说穿了呢,也没有什么很神秘的,就是翻来覆去地说,我们之所以运用这样一个概念,自然合目的性,不是因为自然界里面真的有什么样的构成性的结构,有什么合目的性;自然界本身没有合目的性,自然界没有意图,自然界也不是有意识的一个什么知性,一个什么神,一个冥冥之中的意志在支配,不是的;这只是我们主观的反思性判断力的一种先天原则。尽管是反思判断力的原则,我们不能不把它运用在考察自然科学的时候,否则的话,我们的自然科学的考察是没有办法进行的。它是我们在考察自然科学的时候必须设定的一个前提。

为了确信对目前这个概念的演绎的正确性和把它假定为先验知识原则的必要性,只须让我们考虑一下这一任务的重要性:由含有或许是无限多样性的经验性规律的自然界所给予的那些知觉中构成一个关联着的经验,这一任务是先天地置于我们的知性中的。关于这一任务的重要性,我们刚才已经讲了,就是使经验性规律的多样性服从于一个统一的原则。这项任务已经在我们的知性中先天提出来了的,但是这个任务要由反思的判断力去完成。否则的话,单靠知性是建立不起一个科学知识体系的。知性虽然先天地具有普遍的自然规律,没有这些规律自然将根本不可能是某种经验的对象;但它除此之外也还需要某种在自然的特殊规则中的自然秩序,这些规则它只能经验性地获悉且对它来说是偶然的。知性有普遍的自然规律,但这些规律不能解决特殊自然规则的统一秩序问题,不能把那些偶然规则包揽无余。没有这些规则,就不会有从一个一般的可能经验的普遍类比向一个特殊类比的进展,知性必须把这些规则作为规律(即作为必然的)来思考:因为否则它们就不会构成任何自然秩序了,虽然知性没有认识到它们的必然性或者在任何时候也不可能看出这种必然性。知性不能认识到所有偶然经验事物的必然性,但却必须设想和思考这些事物有一个必然的秩序,"否则它们就不会构成任何自然秩序了",也就"不会有一个一般可能经验的普遍类比向一个特殊类比的进展"了。而只有这种进展才使得知性的普遍规律能够越来越细致地凭借"类比"日益深入到特殊经验中去。所以,尽管知性在这种必然性方面(在客体方面)不能先天地规定任何东西,它却必须为了探索这些经验性的所谓规律,而把一条先天的原则,即按照这些规律一个可认识的自然秩序是可能的这样一条原则,作为关于自然的一切反思的基础,知性不能把这条合目的性秩序的原则规定为客观必然的,但却必须设定为主观必要的,它是"关于自然的一切反思的基础"。表达出这样一个原则的是下述一些命题:在自然中有一个我们所能把握的类和种的从属关系;那些类和种又按照一个共同的原则而相互接近,以便从一个向另一个的过渡并由此向更高的类的过渡成为可能;如果说我们的知性一开始似乎是不可避免地必须为自然作用的这种特别的差异性设定正好这么多各不相同的原因性种类的话,这些种类却毕竟可以从属于我们必须从事于搜寻的少数原则之下,如此等等。这就是我们刚才讲的,必须设想一个种类的体系,一个秩序,这些种类呢,在同种同类之间是相互接近的,而且有一个阶梯,这个阶梯是非常密集的,非常细致的。自然不作飞跃嘛,这些种类的阶梯相互之间是衔接的,是过渡的,有些东西是介于这一种和那一种之间,有些东西是介于这一类和那一类之间。我们今天知道,有些东西是介于动物和植物之间,有些甚至是介于有机物和无机物之间。所有的东西都是有互相过渡的。但是呢,它是从低级向高级的过渡。这就好像是有个目的的,好像是预先安排定了的。自然与我们的认识能力的这种协调一致是判断力为了自己根据自然的经验性的规律来反思自然而先天预设的,因为知性同时从客观上承认它是偶然的,而只有判断力才把它作为先验的合目的性(在与主体认识能力的关系中)赋予了自然;因为我们没有这个预设就不会有任何按照经验性规律的自然秩序,因而不会有任何线索来引导某种必须按照其一切多样性来处理这些规律的经验及自然的研究了。整个这一段就是讲的自然的合目的性的概念作为一条先天的原则,它的演绎,它的根据何在。它的根据不在知性,也不在理性,而在判断力本身。所以它不能给自然科学增加任何科学知识,你不能停留在这个东西是有目的的,就算是对自然的解释了。自然科学不能用目的论来加以解释。自然科学家不能说,它之所以这样是因为它要这样,那样的话,你还是一个科学家吗?但是,如果你没有目的,那自然科学也无法开展。所以,自然界好像合乎某种目的,合乎我们人的认识的目的,好像就是为了便于我们对它的认识才显示出合目的性。这样一种状态其实是我们自己的眼光所导致的,是我们的反思的判断力的眼光所导致的。什么是反思的判断力呢?反思的,"reflexiv",就是反过来,从对象上面反思到我自己,好像是对象的某种原则,其实是我们主观上先天的某种原则,这就是反思。它不是规定。规定(bestimmend)是从主观去规定对象,反思是从对象反思到自己,反思到主观。反思的判断力是这个意思,我们把它看成好像是对象的某种属性,但是其实只是我们主观的某种属性,主观认识能力的某种活动。

因为完全可以设想:不管自然物按照普遍规律是多么的一律,没有这种一律经验知识的一般形式根本就不会出现,然而,自然的经验性规律连同其作用的特别差异性却可以是如此巨大,以至于对我们的知性来说,将不可能在自然中揭示某种可理解的秩序,把自然产物划分为类和种,以便把对一个产物的解释和理解的原则也运用于解释和把握另一个产物,并从一种在我们看来如此混乱的(真正说来只是无限多样的、不适合于我们的把握能力的)材料中产生出一个关联着的经验来。这一段比较容易理解。自然规律的普遍性和它的个别差异性之间的对立,使得我们必须设想一个自然目的秩序,否则我们就可能设想,这种差异性使我们连类和种的划分都无法做出,无法通过类比由普遍的规则把握特殊的规则,整个自然界就会成为一盘散沙,产生不出经验知识的系统来。这是从反面来说明自然目的预设的必要性。

所以判断力对于自然的可能性来说也有一个先天原则,但只是在自己的主观考虑中,判断力借此不是给自然颁定规律(作为 Autonomie),而是为了反思自然而给它自己颁定规律(作为 Heautonomie),"Autonomie"

是自律,"Heautonomie"是再自律。这是希腊字,"He"是"再"的意思,"auto"是"自","nomo"是"规律"。自律在《实践理性批判》里面是作为一个道德原则提出来的。自由意志的自律,这是个道德原则。但是在这里呢,判断力给自然颁定的规律也被看作是一种"自律",这是康德对他前期思想的一个修改。原来他认为自律只是道德律的自律,人为自然界立法,那个不叫做自律,人为自己立法才叫做自律。但在这个地方,人为自然界立法也被看作是自律了。他的自律的概念被扩大了,扩展到包括认识能力也是自律,甚至于包含判断力的原则,包括审美,包括目的论判断,都属于自律。而且,判断力的自律好像比前面的自律处于更高层次——再自律——"Heautonomie":不是给自然颁定规律,而是为了反思自然而给判断力自己颁定规律。这里的"它"是指谁呢?"它"就是判断力。判断力自己给自己颁定规律。在知性里面,知性是为自然界颁定规律,这已经是自律了,因为知性它有一种自发性,它主动地、能动地去给自然界颁定规律。这在《判断力批判》里面把它称为自律,原来是没有这样称呼的,原来自律特定的是指道德。那么在道德领域里面呢,理性给自由颁定规律。理性和自由还是不同的,理性并不等于自由。理性给自由颁定规律就是自律了,但是这个自律的层次好像还不如判断力的层次高。判断力的层次是,判断力自己给自己颁定规律。它既不给自然,也不给自由颁定规律,它就给它自己这种能力来颁定规律。所以它叫做"再自律",在自律之上再自律,它是高阶自律。这一点很重要。康德对自律的这种变化,国内的康德学者还没有研究过这个问题。为什么要把判断力看成是更高的自律,后面我们还要讲到。判断力是唯一能够给自己这种能力颁定规律的,判断力之所以提出一些审美的先天原则,所谓共同感呐,所谓形式的法则啊等等,这些都不是为了别的东西,就是为了它自己能够自由协调活动。那是更高层次的一种自律了,甚至我们可以说是一种最高层次的自由了。当然,这样理解的自由跟康德原来理解的自由就不一样了,康德认为这个自由只是一种"自由感"。在康德看来,感性的东西还不是真正自由的,它只是对自由的一种暗示或一种象征性的表达。但是,如果要我们拿这个观点来思考这些问题的话,我们可以得到很多启发,实际上,后来席勒已经讲到了这一点,只有游戏的人才是真正的人,才是自由的人。只有在游戏中的人才是真正的自由的人。那么,判断力的这种再自律呢,是为了自己的游戏,为了使各种认识能力相互之间做游戏,相互之间自由地活动,协调,带来快感,带来愉快。这种自律应该说——如果撇开康德的偏见的话——是更高的一种自律。康德在这里已经暗示了这一点,把它称之为再自律。这种规律我们可以称之为在自然的经验性规律方面的自然的特异化规律,它不是判断力在自然身上先天地认识到的,而是判断力为了某种我们的知性可以认识的自然秩序,在它从自然的普遍规律里所造成的那种划分中,当它要使特殊规律的多样性从属于这些普遍规律之下时,所采纳下来的。这种再自律的作用在康德看来仍然还是附属于认识的,是由认识的需要所逼出来的,它能够使我们在认识中注重"特异化",具体问题具体分析,不搞一刀切。但又能够把握住多样性,不至于毫无规则。所以当我们说:自然界按照对我们的认识能力的合目的性原则,也就是为了适应于人类知性的必要工作,即在知觉向人类知性呈现出来的特殊的东西上发现普遍的东西,在有差异的东西(虽然对每个属来说又是普遍的)上重又发现在原则的统一性中的联结,而把自己的普遍规律特异化了:那么我们借此既没有给自然界颁定一条规律,也没有通过观察从它那里学习到一条规律(虽然那个原则可以通过观察而得到证实)。自然界"按照对我们的认识能力的合目的性原则"而"把自己的规律特异化了",好像它有意要"适应于人类知性的必要工作",但这其实并不是自然界本身的规律,也不是我们加之于自然界的一条规律,而是我们加给我们自己的认识能力的一条规律。因为这不是一条规定性的判断力的原则,而是一条反思性的判断力的原则;我们想要的只是:自然界尽可以按照自己的普遍原则而建立起来,我们却绝对有必要按照那条原则和以它为根据的那些准则,去追踪自然的经验性规律,因为我们只有在那条原则所在的范围内才能运用我们的知性在经验中不断前进并获得知识。这就是反思判断力的意思了。"那条原则"就是指反思判断力的原则,反思判断力就是用来引导知性在对经验知识的追求中不断前进的,它总是提出一个统一所有杂多经验的特异性而使之趋向于一个目的的任务,但只是为了认识能力即判断力自己的需要,而不是为自然界再立一条新法。

今天暂时就讲到这里,下面大家可以提一些问题。

提问和回答

提问一:康德哲学中"客体"与"对象"两个概念的区别和联系何在?

答:我们在翻译的时候,这个"Objekt"和"Gegenstand"我们把它们严格区分开来,这个在后面的索引里都有。这两个词我们不把它混淆起来。但是,实际上这两个词的区别很小,无非一个是拉丁词"Objekt",一个是德文词"Gegenstand"。"Gegenstand"是"站在对面"的意思。"Stand"是"站起来","gegen"就是"对立,对面"。"站在对面的东西",我们把它翻译为"对象"。"对象"和"客体"是可以互通的,它的意思在康德这里也是可以互通的。为什么康德要使用这两个词呢?在有些地方似乎有些区别,就是"客体"这个词好像更加抽象一些,"对象"这个词好像更加具体一些。因为"客体"是一个拉丁词,拉丁词在德语的语境里面肯定就不太具体了。外来词肯定就不太具体,本土的词有自己的词根,有它具体的理解。所以"Gegenstand"应该更具体一些。但是实际上这种区分也是很相对的。我考虑可能康德最开始的时候想把它们区别地运用,但是后来搞来搞去就混在一起了。所以,在他那里,你很难提出一个真正含义上的区别。所以,我们基本上可以把它们看成等同的词。有的人试图做一些区别,但又解释不通。他很多地方又不是那样使用的。有的人认为,"客体"是不是讲的物自体,"对象"是不是讲的现象,其实也不是的,很多情况之下他的物自体用了"对象",现象又用的是"客体",如客观的东西是主体建立起来的,他又是这样混着用。所以,我觉得在他那里这两个词是没有什么区别的。

提问二:如何处理自然界无序、杂乱无章的状态和人的信仰之间的关系?

答:康德在最后谈到了这一点。他认为,既然自然界的有序状态是我们看出来的,那么最后为什么我们的判断力一定要把自然界看成是有序的?按照他前面的解释呢,他认为是判断力自身的一种协调活动,也可以说是判断力自己跟自己做游戏。但是他最后又讲到了,判断力为什么会自己跟自己做游戏呢?它暗示出了人的某种本性,人的某种素质。这个素质如果没有判断力这种游戏,是发现不了的。一个素质就是人是自由的。就是说,人在自然界也好,在社会中也好,处处都感觉不到自由,那么,人在审美中呢,觉得自己有自由。于是他就会思考,我真正的自由究竟是什么?这样,就可以引入人对于道德自由、道德自律的思考。所以,"美是德性的象征",意义就在这里。就是说,通过审美,可以架起一个桥梁,使我们感性的人,可以通过对于我们的感性活动的思考,去猜测我们不可认识的本体,就是道德本体,就是我们人是自由的。同时,我们把整个自然界看成是有序的,看成是一种合目的的过程,一个从低级到高级发展的过程,这就促使我们想到,这个自然界,包括人类社会的历史的发展,最终有没有一个终极目的呢?这个终极目的我们永远也看不到,肯定是看不到的,但是在我们人类发展的过程中,我们可以去猜想这个宇宙肯定有一个终极目的。通过我们的理性去思考的话,我们就会发现,这个终极目的如果有的话,只能有一个,那就是人的道德。整个自然界是为了产生人的道德而表现出一种合目的性的。当然这个合目的性用自然科学的观点是看不出来的。但是我们人能看出来。为什么?因为我们人是有道德的。一个有道德的人用道德的眼光去看自然界,他就会从自然界里面看出一个等级系统,有些东西是高级的,有些东西是低级的;接近于道德、有利于道德的就是高级的,否则就是低级的。整个自然界是为人所用的,而人类社会呢,所有的发展它都有一个目的,科学和艺术,最后要通向一个目的,就是要形成有道德的人,要以人的道德为目的,要启发人的道德意识。所以这是我们一个有道德的人在自然界和历史中所看出的合目的性,这种合目的性反过来暗示了、提醒了我们在做这样一种观察的时候,我们人是有道德的。那么,当我们意识到我们人是有道德的这一点的时候,我们对自然界就会有另外一种看法。因为我们是有道德的,所以这个自然界我们把它看作是有目的的,而且我们同样也可以把它看作是上帝造成的,我们可以把它看作最终是上帝安排这个自然界,使它能够产生出我们人类,又使人类社会能够趋向于我们的道德。所以,对自然界的一种道德眼光最后可以通向神学。就是说,自然界按照自然科学的观点,它完全是杂乱的,它不会有一个目的。但是按照道德的眼光来看,它有一个目的。那么,自然界有这么一个目的,它又不是人创造出来的,它是先于人产生的,人只能够利用它,那么我们就可以设想,是谁创造了它,使它有这样一个目的呢?这个自然界的创造者把它创造得如此之完美,如此之合目的性,对人的道德如此有启发性,那肯定是上帝。所以,从道德的目的论,我们就可以过渡到一种伦理学神学,上帝是一个道德的上帝。上帝创世,他安排了一个自然界,使这个自然界有利于道德。当然上帝也是我们自己假设的一个东西,但是我们可以借助于上帝这个观念来解释自然界的合目的性,最终的根据就在这里。当然神学本身也是建立在道德之上的,是通过我们有道德的人按照我们的需要假定一个上帝的存在,包括来世,包括灵魂不朽,这都是我们假定的。但是,它可以使我们在上帝的这种名义之下意识到整个自然界对于人的道德的一种相配性。整个自然界是配合我们的道德的,可以使我们有这种信心,有这种希望,所以这种假定还是有用的。就是在神学里面,我们可以希望有一个上帝,希望所有的自然物,上帝的造物,都能够为我们所用,来形成我们自己的道德。康德在《判断力批判》的后面一部分讲自然的合目的性,可以通向道德目的论,最后通向一种伦理学神学,就是这个意思。

提问三:在《判断力批判》中提到了形而上学的原则和先验的原则。亚里士多德认为形而上学是追究作为存在的存在的学问,海德格尔认为形而上学是超出存在之外去追问。康德分别从先验和超验的角度去考察。我的理解是,在康德之前,形而上学并未作出这种区分,把先验和超验混淆了。康德作出区分,认为形而上学应该追求先验的,形而上学应该追问知识何以可能。海德格尔认为我们对形而上学并不能作出超验的追问。我们如何存在,它并不是超出存在者之外。存在和存在者的关系就是这里讲的先验和经验的关系。这是我对海德格尔的误读还是对康德的误读?

答:康德的形而上学和我们今天理解的形而上学还有很大的不同,他的所谓形而上学还是传统的作为科学的科学,自然的形而上学,但也包括道德的形而上学。所谓自然的形而上学就是未来作为科学的形而上学,它是为科学奠定基础的,所以他写了一本书,叫《自然科学的形而上学基础》。自然科学、牛顿力学这些东西都是建立在形而上学基础之上的。但此外形而上学还要为道德提供基础,所以他还写了一部《道德形而上学基础》和一部《道德形而上学》。因此他的形而上学有两部分,自然形而上学和道德形而上学。那么这个形而上学本身的基础是什么?这个就是先验哲学所要探讨的东西。当然这个基础里面有先验的东西,比如说,先验的范畴,先天直观形式,先天直观形式使得数学得以可能,先验的范畴使得自然科学得以可能。它的结构里面有先验的这一个层次,作为先验知识的这一个层次。但是形而上学本身不是要探讨知识何以可能,而是要从现有已经实在的知识里面去分析它的结构,展示它的结构体系,它的先天知识是哪些。这就是未来的形而上学所要做的工作。那么,先验的知识,先验的原则,跟形而上学的原则不同之点就在于,它的目的就是要探讨知识何以可能,在于追究知识的先天条件。所以,先验的立场和形而上学的立场就不一样。形而上学的立场是就事论事。这个事实,这个概念,它的含义是什么,它的结构是什么,它的构成部分有哪些,它们的关系如何,把它原原本本地展示出来,构成一个体系,这就是康德所想要建立的未来的形而上学。但是先验的知识不是这样,它是先为这个形而上学提供基础,它要为这个形而上学何以可能打下牢固的基础。所以康德的批判就是起这样的作用的。《纯粹理性批判》属于一种先验哲学,先验哲学就是为形而上学打下基础,奠定基础,他提出的这个问题就是一个先验哲学的问题,就是人类的知识如何可能,包括数学如何可能,自然科学如何可能,以往的形而上学如何可能,未来的形而上学如何可能,最终要归结为未来的形而上学如何可能。所以,由此所构成的这个批判哲学,它的立足点是立足于先验的立场上的,而不是立足于形而上学的立场上的,未来的形而上学才是立足于形而上学的立场上的。奠定了基础以后,那么你就可以把形而上学,包括它的基础,原原本本地把它展示出来了。但是这个基础是如何获得的呢?是通过一种先验的探讨才获得的。所以它们有交叉的地方,就是说,通过先验的探讨获得的这个先验的知识,它就构成形而上学的基础。这是它们的交叉。但是它对待这个基础的态度,有一个层次上的区别。一个是把它展示出来,一个是说明它何以可能。海德格尔的哲学呢,当然应该说他对于传统的先验的立场有所超越,但是我认为他还有传统的痕迹,就是说,要探讨作为存在的存在,探讨本体论。海德格尔的《形而上学导论》就是要为形而上学建立一个导论嘛,要为新的本体论提供一个导论嘛,那么从哪里导起呢,就是从"此在"导起。从此在导起最后还是为了确定此在何以可能。要从此在去追溯使得它存在起来的那个先天的东西。当然那个先天的东西已经不是康德那个固定的先天的东西了,不是一个先天的框架,它本身也成为了一个神秘的东西,一个不断变化的东西,不断隐蔽的东西。但是我们可以通过我们的此在去不断地追溯它,追溯那个赤裸的、可能的那个东西。这是海德格尔的立场。海德格尔的立场也可以说是带有先验的成分,但是已经不是康德的那种先验的立场了,它同时又是形而上学的立场。就是说,我的所有这些探讨,都是为了展示存在本身的一种方式。他讲此在是我们窥视存在本身的一个窗口嘛。我们此在是怎么样的,我们就领会到了存在是怎么样的。所以这个此在既是对于它的之所以可能的先验条件的一种追溯,同时又是对存在本身的一种展示,一种去蔽,一种真理的显现。这个里头当然要比康德复杂得多了。怎么能用简单的一种区分来套在他身上呢?要进行更进一步的分析。

提问四：自然的形式的合目的性是反思判断力的先天原则。但是,我们知道这种先天原则作为一种多样性统一的原则为知性认识能力的必然性提供可靠保障。那么,我想问的一点就是,康德把反思判断力分为审美判断力和目的论判断力,审美判断力是主观合目的,目的论判断力是客观质料的合目的性。在这里,客观质料的合目的性是由反思判断力引申出来的,而反思判断力是一种形式的合目的性。形式这个概念在康德《判断力批判》中是一种主观性的东西,这种主观性的东西和客观质料的合目的性产生了矛盾,这种矛盾应该如何理解？是不是这种客观质料的合目的也是一种主观的设定？

答：它这里有一个层次关系,就是说,反思判断力的先天原则本身来说,只能是审美。就是自然的形式的合目的性,或者说,主观的合目的性。就它本身的先天原则来说,它应该是这样的。但是我们一旦获得了这个主观的形式合目的性以后,我们还可以进行更高层次上的反思。就是把这个主观形式的合目的性反思到当我们能看到客观的某些对象的时候,好像它也有一种客观上的主观形式的合目的性。（插问：老师,这也是一种"好像"吧？）对,"好像"。"好像的好像",它本来已经"好像"了。但是在自然目的论方面呢,它又有一个"好像",就是说,它是主观形式的合目的性在客观质料上面的一种扩展性的运用。但是同时你也不能把这种主观形式的合目的性当作就是真正的客观的、质料的,像科学知识所理解的那样的客观的、质料的,它不是的。它是好像是客观质料的,但实际上还是主观形式的。但是我们在主观形式的合目的性里面,我们得到一种启发,就是主观形式的合目的性在艺术品上面呢,它有一种客观质料的运用。它可以用来制造出某些客观的产品,美的艺术品。那么我们就可以利用这样一个原则,把这个原则扩展到自然界身上去,把自然界那些有机体也看作是好像某种大自然的造化的艺术品,或者是上帝的艺术品。看作好像是上帝造出来的。它是客观质料的,上帝造的嘛,自然界都是上帝的造物嘛,我们可以假设好像有一个上帝,造出了这个有机体,这个有机体是客观的。这个客观质料的合目的性概念,我们医学也要用它,解剖学也要用它,生物学也要用它。但是这样一种合目的性的观点,它是从审美判断力的先天原则里面借来的。所以目的论判断力它所使用的这些先天原则不是它本身固有的原则,它是借来的原则。你要认为它是自然本身固有的先天原则的话,那上帝创世说,对上帝存在的目的论证明啊,就都可以成立了。但是康德是否认这个的。它本身没有什么先天的原则,它是借来的。所以,反思判断力的先天原则只有一个,就是自然的主观形式的合目的性,包括审美的,也包括我们刚才讲的自然界的哲学智慧的箴言,自然界种类的划分呐,统一性呐,这个我们通常称之为"科学美"。但是康德在这个地方并没有直接把它叫做科学美,他只是说这些东西也可以引起愉快。它是和人的情感联系在一起的,我们可以把它叫做一种科学美。它本身是一种审美判断力的先天原则。

提问五:审美判断力的先天原则是自然的合目的性,自然的合目的性是一种先天原则,并不是自然固有的。所以康德的"上帝"概念是从先天原则推出来的,并不是从自然推出来的。因为自然本身不具有合目的性。康德说人为自然立法,是对象符合观念,而不是观念符合对象。而柏拉图说具体的事物是对理念的模仿,具体的事物符合理念。那么,康德哲学和柏拉图哲学有没有什么渊源关系?王元化对中国哲学和西方哲学做了一个区分,认为西方是概念形而上学、自然哲学,中国从孔子开始发展的是伦理学、道德哲学。但是根据康德对道德哲学的定义,道德哲学的前提是自由意志,如果拿这个原则来对比、规范中国哲学传统,那么中国哲学还能否称之为道德哲学？中国在二十世纪二十年代出现了张君劢与丁文江的"科玄论战"。而从康德哲学来看，从科学推出来的人性观不能决定人的伦理，道德哲学高于理论哲学，由此看来，"科玄论战"双方都没有理解康德哲学。中国古代哲学主要处理的是人和人的关系、人和社会的关系。而用康德的理论来解释的话，这是一种技术上的实践，而不是道德上的实践。只能算是理论哲学，而不是道德哲学。又如苏格拉底"越狱"不"越狱"的问题，一个人的行为是肉体与欲望决定的，还是精神决定的？

答：可以这样看。苏格拉底当然是出于精神的考虑才选择了不逃跑。但苏格拉底除了道德以外，还有一个公民的责任问题。比如说，他服从法律，服从法庭。法庭判他有罪，他没有任何通融。他觉得服从法律这是光荣。当然按照康德的严格的为道德而道德呢，他还有一点欠缺。就是说，他还在考虑自己的荣誉，考虑自己的幸福，他在死之前说，你到全雅典去问一下，有谁比我生活得更好，更幸福？他认为他是幸福的，他这样的死法比其他人更好。如果人到老了，精神也衰退了，相貌也丑陋了，头脑也糊涂了，与其那样去死，不如他现在处于巅峰时的死，是最光辉的。就像一场戏剧有一个光辉的谢幕，他是把整个生活当作一场戏剧在那里设计，一个完美的生活，一个艺术品。他的生活是一个艺术品。从这点上来看，他还不太符合康德那个观点。（插问：他还是有内在性？）他认为是内在的。苏格拉底认为人追求善，包括人的幸福、健康，这些东西都包括在内。他感觉他是最幸福的，对艺术人生的这样一种锻造，他是最幸福的。所以，康德在西方哲学史上，不管是对柏拉图也好，还是对苏格拉底也好，还是对以前的所有哲学家，他有一个很大的创造，就是这个道德跟一般人所理解的道德有一个层次上、等级上的区别。一般人理解的道德都是放在伦理的层次上来理解，道德与伦理不太一样。当然康德也没有完全明确区分,这是到黑格尔才把道德和伦理严格区分开来。道德就是建立在自由意志之上,没有别的考虑的。而伦理有很多别的考虑,它可能是由风俗、习惯、传统这些因素所决定的行为。它是好的行为,是善的行为,但是它不一定是道德的行为,它只是合乎伦理的,合乎伦常的,这个是不一样的。这样来划分,中国传统道德只能算是伦理,伦常,不是从个人自由意志出发的,而是从人际关系出发的,或者从天人关系出发的。再就是,合法的行为和道德的行为的区别。道德行为也可以说是合法的,合乎规律的,但真正的道德必须是"出自于"规则的,出自于道德律的。把这两者区分开来,这是康德的一个很大的贡献。在这一点上,可以说康德是划时代的,在他以前没有人这样明确地把道德限定在"为道德而道德"。这当然也是他最大的缺陷,就是他把道德搞得非常抽象。他把道德的上限提出来了,但是光有这个上限不行。而康德的功劳也在于他提出了这个上限。归根到底,你要是出于自由意志,你是为道德而道德,你就是为道德而不为别的,那么才是真正道德的,这是一切道德行为里面必须要有的维度。当然我们今天认为,那些东西太抽象了,我们应该有许多具体的内容,我们为人民服务也好,为大多数人民谋利益也好,这些都是有它具体的内容的。但是这个上限是康德提出来的,就是说,你做好事,当然可以。甚至如果你是为了你自己的私心杂念来做这个好事,那也可以,也值得"鼓励",人嘛,都是有限的,但是这并不值得"敬重"。只有你真的没有任何私心杂念,就是为道德而道德,那才值得敬重,你这个人的人格那就是很了不起了。这是康德给道德提出的上限。以前像柏拉图的理念论呢,当然康德属于这个传统,但是也有一些区别。康德并不否认我们的观念符合对象。他只是说,我们的观念之所以符合对象,是因为对象是由我们的观念建立起来的。这一点跟柏拉图有点区别。柏拉图的理念——现实生活要符合理念,理念并不是由我们建立起来的,还是在现实生活中去追求理念,理念本身是不动的,理念高高在上,在天上。但是康德的理念是由人的主体把它建立为一个客体,建立为一个客观的东西,它的能动性更强。还是有点不太一样。大体上是这样的区别。

提问六:在《纯粹理性批判》中,通过先验直观形式、先验范畴,然后由先验统觉统摄经验材料,形成知识,为自然科学提供了内在统一性。在《判断力批判》中,又提出反思判断力和形式的合目的性。按我的理解,也是为自然提供统一性的。《纯粹理性批判》里的先验统觉与这里的形式的合目的性有没有类比?如果没有,它们又有何区别?

答:它们有这样一个区别,在《纯粹理性批判》里面就是知性的统觉的统一,它是要建立起一个客体,一切自然界的事物都是由它才具有了客观的必然性。这是人为自然界立法,使得自然界成为可能的一个先天条件。这属于知性的统一的作用。但是知性这个统一的作用是就事论事的,就某个对象而言,我把它统一起来,使它作为一个客体,被我所认识。但是,你分别地对每个对象进行认识,对这些对象认识了以后,又怎么样呢?能不能构成一个更大的体系呢?这个在《纯粹理性批判》里面是通过理性的范导作用,理性能够把所有这些东西看作是趋向某个理念的一个大系统。理性是推理嘛,它可以从有条件的东西推出无条件的东西。那么,不断地推下去,就促使人的知性不断地前进,把自己的各个具体的知识在理念之下连接成一个系统,这是理性的功劳。那么在《判断力批判》里面呢,这个理性的功劳也要通过判断力来起作用。就是说,你要把自然看成一个大系统呢,因为理性不能够把理念看作自然界里面显现出来的东西,它只能看作是自然之外的一个目标,比如说一个上帝,或者是一个宇宙整体,它是在整个宇宙之外的,它不在任何具体的自然事物之中。那么，它要形成这样一个大系统呢，它还是要具体地在每一个自然物身上去展示出这个自然物是如何趋向于某个目的的。这样从底层的低级的目的趋向于高级的目的，从高级的目的趋向于更高的目的，才能最终把整个自然界构成一个大系统。所以康德在《判断力批判》里面讲的，是直接从自然界本身对它进行反思，这种反思和知性的规定性的判断力进行统觉的统一又不一样，它是一种合目的性的统一性。就是说，从一个具体的经验对象上，它所看到的不是这种作为一个对象本身的统一性——例如知性的统觉通过范畴把那些时间空间呐，把那些经验的材料呀统一成一个对象——不是那种统觉，而是从这个对象的知识上面看到它与另外一个对象知识的统一关系，进而在这个关系中，从一条规律看到它跟另外一条规律的统一关系。这些规律本身是知性发现的，但是规律和规律之间的统一关系——当然具体关系也要知性去发现——是在"合目的性"的指引之下才发现的。比如说，知性发现了很多很多规律，那么这些规律之间能不能归总一下？对于知性来说，它归不归总无所谓，它发现了的那就是规律了，那就能起作用。我发现苹果掉了下来，这是一个规律，伽利略发现自由落体，这就是一个规律。它就有用，它本身就是一个规律了。但是这个规律又要和天体的运行联系起来，这就不是伽利略的责任，他发现了规律就够了。牛顿呢，他的灵感就体现在，他产生了这样一个目的，就是要把这些规律归总为一个大系统。所以，他发现了更高层次的规律，发现了这些规律都是那个更高层次上的规律的一个种，而更高层次的万有引力才是一个类。但它本身也是一个规律，万有引力也是一个规律。但是这个种类关系是牛顿通过合目的性发现的。他为了把所有的这些规律尽可能少地归结为几条规律，他做出了这样的努力。所以这个合目的性只有通过判断力这样的统一关系才能够引出来。在知性那里它是不管这些的。知性只要一个经验的材料，一个知性的范畴，能够把它们结合在一起，形成一个规律，那就够了。那么理性呢，它还是试图把它们整个看成一个规律，但是理性是站在整个宇宙之外，来进行一种范导，所以它不能进入到这个系统之中，它把它看成一个系统，但是这个系统是如何构成规律的，那只有靠经验偶然去碰了。经验不断地去发展，不断地去越来越接近于整个世界系统的最终条件，但是永远也不能穷尽。它只是泛泛而谈。但是判断力的原则是非常具体的，苹果掉下来是规律，但这个规律是属于哪个更高的规律的？这个就要反思的判断力了，它给知性的自然科学研究提供一种方向，能够构成一个有联系的作用。它是能够在科学发展过程中起实际作用的。它之所以可以起实际作用，并不是客观自然界有这种规律，这种规律还是主观的，是反思的判断力本身的一种规律。自然界为什么会起这样实际的作用？那它只能够解释为是偶然的，是大自然的一种合目的性，它适合于我的判断力。其实这种合目的性是我自己想出来的，不是自然界本身固有的。

第四讲 序言和导言(三)

在导言的前几部分,由于康德调整了他的一些说法,还有一些名词术语,是原来他经过讨论经过介绍的,在这个导言这里他就不再介绍了,而我们今天读这个导言,还得把他原来的意思给大家理清出来,所以就比较麻烦。从第六节开始,就进入到《判断力批判》本身的结构了,所以,我们读起来就不必把注意力分到另外两大批判或者其他一些没有介绍的那些背景知识上面去了,就可以专注地来考察他的《判断力批判》的内容。

第六节,它的标题是"愉快的情感和自然合目的性概念的联结"。

这个我们就比较熟悉了,因为自然合目的性作为审美判断力它是和愉快的情感联系在一起的,前面已经讲过,这里只是更加详细一些。自然在其特殊规律的多样性中对我们要为之找出原则的普遍性这种需要的上述协和一致性,按照我们的一切洞见来看都必须被评判为偶然的,但对我们的知性的需要来说却仍然必须被评判为不可缺少的,就是前面讲的,自然有那么多的特殊规律,多样性,每一种偶然的现象,它后面都有一种特殊的规律,但是我们没有那么多时间,也没有那么大的能力去一个个地把它全部弄清楚。所以,在这种多样性中,我们还是要为它找出一个原则的普遍性,这种需要就导致对我们的判断力进行一种反思,提出一种合目的性。"上述协和一致性"就是说,这种多样性和我们判断力的需要是相一致、相适合的,是适合于我们的判断力的这种合目的性的。"按照我们的一切洞见来看都必须被评判为偶然的,但对我们的知性的需要来说却仍然必须被评判为不可缺少的",这种合乎目的性对于我们的看法来看,那当然是偶然的、事实的,一个自然景象啊,一朵花的形式啊,或者别的什么东西呀,这样的适合我们的判断力,就被看作是偶然情况。美丽的自然风景呐,美丽的形象呐,不是到处都能看到的,你要碰机会,才能看到一个漂亮的形象。但是对于我们的知性的需要来说还是不可缺少的,就是说,这种美的判断,这种自然的合目的性的判断,是我们知性不可缺少的,必须要有的。偶然性后面有一种必然性。在我们的知性要认识一个对象的时候,它面对的是它所无能为力的、丰富多彩的多样性。那么这个时候,知性就有一种要求,要达到一种统一的把握,对一个对象能达到一种彻底的把握。而我们的知性能力又没有能够彻底地把握,那么怎么办呢?那就必须要启动我们的判断力进行反思。<u>因而被评判为自然界借以与我们的只不过是针对知识的意图协和一致的合目的性。</u>这样的协和一致性,就被评判为自然界和我们的知识的意图协和一致,也就是这样一种合目的性,我们把它看作是跟我们的知识的意图相吻合、相适合的一种合目的性。——知性的普遍规律同时又是自然的规律,它们对于自然来说和物质的运动规律是同样必要的(尽管是出于自发性);就是说,知性的普遍规律,像那些因果性、实体性那些规律,它们既是自然的规律,同时又是知性的规律。因为知性为自然界立法嘛。所以,它们对自然来说和物质的运动规律是同样必要的。比如说牛顿的运动定理跟因果性、实体性的规律,是同样必要的,我们要认识自然界,我们除了要有具体的经验规律以外,我们还要有哲学上的这些范畴来进行把握。但知性的普遍规律是"出于自发性",它们是能动地形成那些自然规律的,这与牛顿定理的经验性质又有不同。<u>而它们的产生也不以借助于我们认识能力的任何意图为前提</u>,这样一种科学知识是客观的,并不借助于我们认识能力的任何意图。知性对自然界的把握是客观的,是不以人的意志为转移的。虽然是主体建立起来的一个客观的世界,但这个客观世界一旦建立起来了,它就是不以我们的意图为转移的。因为我们只有通过它们才首先从那有可能成为物的(自然的)知识的东西那里获得一个概念,而这些规律是必然应归于作为我们认识的一般客体的自然界的。只有这样一种知性的知识,只有这些知性所建立起来的规律,是首次使那些可能成为自然知识的材料获得了一个对象概念、因而首次被结合为客观对象的,所以这些规律是必然被看作属于客观自然界的。因为客观对象、自然界没有它们是不可能建立起来的。这是在理论认识、科学知识方面的情况。我们的知性所建立起来的规律,对于客观自然界被看作是必然的。比如说,"一切发生的事情都有原因"这样一个规律,就被看作在自然界中是必然的,客观的。然而,自然按照其特殊规律而来的那种秩序,不论那至少有可能超出我们的把握能力之上的多样性和不同性如何,毕竟还是现实地与这个把握能力相适应的,这一点就我们所能洞见的而言,是偶然的;就是说,自然的合目的性这种观点对于我们所能看到的东西来说,它是偶然的。因果律是必然属于客观自然界的,但是合目的性呢,它不是必然属于客观自然界的。我们都知道,自然界完全可能没有目的性,完全可能是不美的、混乱的、偶然拼凑起来的,不像因果性规定了自然界不可能是没有原因的。所以,我们看到一个合目的性的自然现象,我们就把它判定为是偶然的。而寻找这个秩序则是知性的一件工作,它被有意引向知性的一个必然的目的,即把原则的统一性带进自然中来:就是说,尽管这是偶然的,但是知性仍然有这样一个任务,就是要在自然界里面找到秩序,最好找到一个完美的秩序。你看到自然界,有的是美的东西,有的是不美的东西,那么总体上来说,知性想要在自然界里面去寻求一种秩序。这个不美的东西,也是有它的目的,要使它符合于它的总体的合目的性。整个自然界总的来说应该都是完美的。这是知性的一个任务,一件工作。那么,这件工作,知性又没有能力去完成,所以康德接着讲了下面这句话:于是判断力就必须把这个目的赋予自然,因为知性关于这方面不能给自然颁定任何规律。知性想要把握自然作为一个统一体,但是知性又没有这种能力,它只能够具体地把握那些一个一个的对象、一个一个的规律。于是判断力就来做这件工作,就是把这个目的赋予自然。但是赋予自然不是把它看成是自然客观所固有的,它在这里是一种反思的判断力。

每个意图的实现都和愉快的情感结合着;反思判断力这种合目的性的观点为什么会带来愉快呢?是因为每个目的的实现,每个意图的实现都是和愉快的情感结合着的。当反思判断力把这个自然界成功地看作是一个合目的的系统的时候,适合于我们的判断力主观运用的要求的时候,我们对这种适合就产生一种快感。它跟我们的需要相适合嘛,我们的判断力想要把它看成一个统一体,看成是合目的的,它果然就像是合目的的了,这个时候我们就感到愉快嘛。而如果这意图实现的条件是一个先天的表象,比如在这里就是一个反思判断力的一般原则,那么愉快的情感也就通过一个先天根据而被规定,并被规定为对每个人都有效的;反思判断力的目的得到了适合,于是它就产生了愉快;但是由于反思判断力的合目的性的原则是一个先天的原则,所以它所引起的愉快也就具有一种先天的根据,因而具有普遍必然性。它跟一般的快感不一样。一般的快感,比如说吃一顿美餐,获得了快感,这样的愉快没有先天原则,它是我个人特殊的,我的口味,我的个人的气质,我个人的生活习惯所带来的,所以这种愉快不具有普遍必然性,它不能要求别人也具有。但是反思判断力不一样,它的原则是先天的,它排除了一切个人的考虑,它是从判断力本身的这个结构出发。每一个人都有判断力,每一个人的判断力的结构先天都是一样的,从先天的方面来看都是一样的,所以,在这方面,它所获得的愉快就应该有一种普遍性了,它就被规定为对每个人都有效了。我们在审美的时候为什么要求别人与我们有同感,而在吃美餐的时候并不要求别人也和我一样有快感,就是这个原因。因为反思判断力是先天的原则。这就是说,仅仅通过客体与认识能力的关系,而合目的性概念在这里丝毫没有顾及欲求能力,因而就与自然的任何实践的合目的性完全区别开来了。就是说,反思判断力原则仅仅是通过客体——自然对象,与我们"认识能力"的关系的一种合目的性,这样一种合目的性丝毫也没有考虑到欲求能力,也没有考虑到我主观的愿望,没有考虑到我自己口味的要求,我的实用的需要,"因而就与自然的任何实践的合目的性完全区别开来了"。自然的实践的合目的性我们前面有介绍了,在康德看来,这是技术上实践的,比如说科学技术啊,科学实验呐,再就是政治上的技术啊,人与人打交道、人与人相处的技术啊,其中包括饮食的技术,所谓的美食。我们讲美食家,美食也是一门技术,品尝葡萄酒,品尝食物,这也是技术,有品酒师嘛。这些技术,都属于实践的合目的性,跟审美在这一点上是完全不同的,完全要区别开来。这个在后面康德讲美的四个契机的时候更加说明了这一点。

  实际上,既然我们在自己的心中找不到、也不可能找到从知觉和按照普遍自然概念(范畴)的规律之间的吻合而来的对愉快情感的丝毫影响,因为知性在这时是无意中按其本性必然行事的:那么另一方面,发现两个或多个异质的经验性自然规律在一个将它们两者都包括起来的原则之下的一致性,这就是一种十分明显的愉快的根据,常常甚至是一种惊奇的根据,这种惊奇乃至当我们对它的对象已经充分熟悉了时也不会停止。把自然的合目的性和一般的科学知识区分开来,就在这里。一般的科学知识,我们在自己心中找不到对它有什么愉快感,因果律呀,必然律呀,我们认识的一个对象,就认识了,我们丝毫也找不到它和愉快情感有什么样的关系。我们在进行科学研究的时候，我们要不带情感，我们要抱着一种充分冷静的头脑，排除一切情感好恶需要，排除爱好、愉快和不愉快，要冷静地去考察对象。这个时候呢，情感对我们没有丝毫的影响，这个时候我们才是科学的态度。但是另一方面，即算是在科学研究中，当我们"发现两个或多个异质的经验性自然规律在一个将它们两者都包括起来的原则之下的一致性"的情况之下，就有一种明显愉快的根据。我们前面多次提到牛顿的例子，牛顿把地球上的自由落体和天体运行的这样两种不同的规律能够统一在一个万有引力之下的时候，也会引起高度的愉快感。我们做几何题也是这样，两个看似毫不相干的几何现象，我们能通过一条定理把它们统一起来，解决了这个问题，这时候我们就会有一种非常痛快的感觉。那么复杂的东西，我们把它变得非常简单，这是多么高的技巧和能耐！所以这常常是"一种十分明显的愉快的根据，常常甚至是一种惊奇的根据"。不要小看了这个"惊奇的根据"。亚里士多德讲，哲学起源于惊奇，起源于对大自然的惊异。如此丰富多彩的大自然居然是由这样少的几条规律所建立起来的，这就促使我们探讨大自然的奥秘，有意图地把丰富多彩的大自然归结为尽可能少的几条规律。这就是我们上次提到的所谓"科学美"。科学中也有美，科学中也有情感，虽然在我们研究科学的时候我们要撇开情感，不要去考虑它，不是因为它美所以你才是这样认为的，而是因为它是这样的，你才这样认为。但是科学中是不是就完全没有美呢？也不是。在这种情况之下，当你在能够为科学找到一种合目的性的时候，在大量的多样性中找到一种统一性的时候，能够把几条或者多个自然规律归结为一个自然规律的时候，这个时候就感到一种美。哥白尼当年提出日心说，就是出于这样一种愉快的情感。他认为他的日心说和托勒密的地心说相比美得多，上帝不会造出那么一个丑陋的世界，上帝肯定要造出一个最完美的世界，而他的解释最完美，所以他相信自己是对的。当然具体要观察的时候呢,不能以这样的态度,不能以审美的态度去得出自己的结论,还必须要有具体的经验材料,要经过推理、推算。但是一旦观点成立,在科学中获得了一个新发现,那就会带来巨大的美的享受。或者你首先以审美的眼光去预测自然的统一性,然后通过严密的、不带感情的论证证明了这种统一性,你也会获得巨大的美的享受。<u>虽然我们在自然的可理解性和那个种类划分的自然统一性——只是由于这种统一性,我们借以根据自然的特殊规律来认识自然的那些经验性的概念才是可能的——一方面,不再感觉到任何明显的愉快了;但这种愉快肯定在那个时候曾经有过,而只是由于最通常的经验没有它就将是不可能的,它就逐渐与单纯的知识混合起来而不再引起特别的注意了。</u>这种统一性是我们认识自然界的可能性的前提,就是我们要把这个世界看成是可能的,这是促使我们进行研究的最初的一个要求。我们可以想想,我们为什么会对科学感兴趣,我们为什么要做科学家,为什么研究科学规律?是因为从小我们就有这种向往,对自然界感到惊奇,想要破译自然界的密码。所谓破译它的密码,就是能够把丰富多样的自然界归结为几个最关键性的关系。就是出于这样一种惊奇感,这种惊奇感就是把自然界看成是统一体的感受,所以它是一切科学知识、科学研究的前提。科学起源于惊奇感。我们今天的科学研究是不是起源于惊奇感?我们从初中到高中学理科的时候,我们要读理科,我们不读文科,我们是不是出于惊奇感,是不是出于美感?我想绝大多数都不是的。那是父母给他规定的,读文科没出息,读理科才能将来有工作。所以我们败坏了科学精神,科学美就不存在了。我们在科学中看不到美,那是一种劳动,那是一种苦役,甚至那是一种惩罚:让你读理科,看你调不调皮!当然一旦进入到研究,深入到严格的科学论证,我们就"不再感觉到任何明显的愉快了",但这种愉快毕竟是你的初衷,并且积淀下来了。"但这种愉快肯定在那个时候曾经有过,而只是由于最通常的经验没有它就将是不可能的,它就逐渐与单纯的知识混合起来而不再引起特别的注意了"。由于这个事情习惯了以后呢,我们就对科学美习以为常,就不去注意它了。我们在做几何题时有快感,哪怕你把它当作一种惩罚,你今天晚上要把这十道题做出来,但是他做出来了还是感到很痛快的,一个中学生在完成了作业的时候,他觉得松了一口气,感到很畅快。如果顺利的话,他会感到更加高兴,今天晚上做得很顺利,显示了自己的能耐。——所以,这就需要某种在对自然的评判中使人注意到自然对我们知性的合目的性的东西,即需要一种把自然的不同性质的规律尽可能地纳入到更高的、虽然仍然是经验性的规律之下的研究,以便在做到这点时对自然与我们认识能力的这种只被我们看作偶然的相一致感到愉快。尽量地要归纳,要归总,所有的自然规律要归总。现在我们现代自然科学、现代物理学,还没有归总,还有四种相互作用力,能不能把它们归结为一种呢?从爱因斯坦一直到霍金他们,一直都在考虑这个问题。一定要力图追求这个目标,虽然明明知道也有可能追求不到,也许最终是竹篮打水一场空,但是作为一个科学家,他的使命就是这个,就是要找出万物的普遍规律,少数的规律,能够把整个宇宙的规律归总的这样一个目标。如果能做到,哪怕是偶然获得了一个机遇,被我破译了,在某一点上我做到了,这个时候,我就会感到一种愉快了。与此相反我们就会极其讨厌一个自然的表象,我们将通过这个表象被预先告知,只要有丝毫的研究超出了最通常的经验,我们就会碰到自然的规律的某种异质性,它将使自然的特殊规律为了我们的知性而结合在普遍的经验性规律之下成为不可能:因为这是与自然在其种类中的主观合目的性的特异化原则以及我们的以此为目的的反思性判断力相冲突的。就是说,当我们做不到这一点的时候,我们就会很讨厌——这么繁多的头绪,我怎么才能把它清理出一条线索呢?我们就会感到非常烦恼,非常讨厌。当我们把它清理好了的时候,我们就会觉得很愉快。这是在自然科学研究当中我们经常会碰到的现象。

然而,判断力的这个前提,在自然对于我们的认识能力的那种理想的合目的性应当扩展到多么远这点上,仍然是这样的不确定,以至于如果有人对我们说,经由观察,一个更深入或更广泛的自然知识必将最终碰到诸规律的某种多样性,它是任何人类知性都不能归结到一个原则上来的,我们也会同意,虽然我们更愿意听到,如果另外的人给我们以希望说,我们对自然的内部认识得越深,或者越是能够把自然与我们现在尚不知道的外部事项作比较,我们就会发现自然在其原则上将越是简单,在其经验性规律的表面的异质性上会越加一致,我们的经验就会前进得越远。反思判断力的自然合目的性预设毕竟只是一个主观的前提,即使我们在某种程度上成功地把自然规律归结为更少数的原则了,我们仍然清醒地知道,如果我们的研究更深入一些,也许这种统一还会被打破,而代之以更加复杂的多样性。在这一点上是不能够情感用事的。从情感上我们当然愿意随着研究的深入而越来越简化自然的秩序,但现实的科学发展很可能不是这样。例如康德的时代牛顿体系是最简明地解释了自然界的几乎一切规律,但后来爱因斯坦突破了牛顿的框架,使问题变得复杂化了。当然康德并不能预见后来发生的事,但他从原则上提出了这种预见。因为我们判断力的吩咐就在于:按照自然对我们的认识能力的适合性的原则行事,凡是认识能力所到达之处,都不去断定(因为这不是给我们提供这种规则的规定性的判断力)它是否在某个地方有自己的边界:因为我们虽然就我们认识能力的合理运用来说是能够规定边界的,但在经验性的领域中是不可能规定任何边界的。康德的整个这一段就是讲的愉快的情感和目的性概念的连接,首先在我们对自然界的研究中就已经有连接了。我们力图把自然界看作是一个有序的系统,有低级,有高级,低级的附属于高级的规律。最高的规律,应该是最少数的规律,它统摄一切。这就是我们在研究自然界的时候力图做到的对这种统一性的追求。这种追求并不因为科学发展的某一时间段并没有导致简化自然规律而受挫,因为它建立在自然知识可以无限扩展、继续探索这一前提上,永远有继续努力的余地,虽然就"认识能力的合理运用来说"我们能够规定扩展的边界,即不能超出现象界,但在现象中、经验中总是可以再去尝试把多样性归结为单一性的。那么这种统一性的追求带来了愉快,我们把这叫做科学美。康德没有讲到科学美,但他是从科学知识的研究中首先提出来有这样一种苗头,那么我们要把这个苗头抓住,看它究竟是怎么回事。

下一节是第七节,康德就要讲"自然的合目的性的审美表象"了,这个就进入到正题了。

上面那一节还是个引子,引出了我们对自然合目的性能够产生一种美感这个话题,那么这种美感本身应该说就是美学表象,就是审美的表象。这里关于审美,下面我们有个译者注:"ästhetisch"是来自于古希腊"aesthetic"这个词。"aesthetic"是"感性学",鲍姆加通用它来表达"关于美的科学"。后来日本人在翻译的时候就把它翻译成"美学",我们中国人也就跟着把它翻译成美学。但是,它的原意就是"感性学"。那么,我们在这里翻译的"审美表象",其实也可以翻译成"感性表象"。所以"审美的"(ästhetisch)在这里有双重含义,一个是"感性的",但是另一方面,它也可以被理解为"审美的"。这两重含义在康德这里是交替使用的。当他把这个词和"逻辑的"相对应来使用的时候,我们通常就更倾向于把它理解为"感性的","感性的"和"逻辑的"是相对立的;当它用在美学方面、审美方面的时候,我们把它理解为"审美的"。所以这个词很麻烦。

但是,我们提出来,以后我们都要有一种意识,凡是遇到这个词的情况下,我们都要意识到它有双重含义。之所以不能够把它全部译成"感性的",一个是因为它除了"感性的"意思以外在康德这里确实还有"审美的"的意思,再一个如果全译为"感性的",康德还有另外一个词"sinnlich/Sinnlichkeit",也是"感性的/感性"的意思,就是人的感觉、感官这些方面的感性的,容易搞混淆。所以,我们经常采取的办法就是,在无法区分的时候就打个括号,"感性的[审美的]",或者"审美的[感性的]"。有很多地方都是这样处理的。康德在这一节主要就是要把"审美"的判断引出来。

<u>凡是在一个客体的表象上只是主观的东西,亦即凡是构成这表象与主体的关系、而不是与对象的关系的东西,就是该表象的审美性状</u>;这里的"审美性状"也可以译为"感性性状"。就是说我们感到了一个对象,但是我们感到的是这个对象给我们带来的主观的性状。比如说,感觉、知觉、印象,当然也包括情感、情绪。这个对象使我感到很讨厌,这个对象使我感到很感动等等。这些东西都是主观的东西。也就是,凡是构成这个客体的表象,也就是对象的表象,它是对象上面引起的,但是这个表象又是主观的,当我们对这个表象只就它对主观的关系来考察的时候,而不是就它对对象的关系来考察的时候,那么它就叫做感性的,或者叫审美的。<u>但凡是在该表象上用作或能够被用于对象的规定(知识)的东西,就是该表象的逻辑有效性</u>。同一个表象,它也有可能被用于对于对象的规定。它是对象的表象,颜色啊,声音呐等等知觉、印象。知觉、印象是主观的,但是我们也可以把它看成是客观的内容,客体的内容。比如红色,红色当然是主观的表象,但是我们可以把它看作是这朵花的红色,看成是客观的内容,它有双重性、双面性。这个时候——用于对象的规定的时候呢,它就是该表象的逻辑有效性。就是说,这朵花是红的,这个红的被看作是花的一种属性。那么,你把它看作属性,那就是一种逻辑有效性了。就是你

可以用先验逻辑,像"实体"和"偶性"这样一些范畴去对它加以规定了。红色是属性,不是把红色看成我的主观表象,而是把它看成是客观事物的一种属性,那就是从该表象的逻辑有效性来看待它了。在一个感官对象的知识中这两种关系是一起出现的。在感性知识里面,同一个表象有双重的含义,这双重的含义是一起出现的。既可以把它看成是主观的感觉、知觉、印象,同时也可以把它看成是对象的内容,对象的经验材料,对象的感性性质,特殊的性质。所以,它是双重关系一起出现的。在对外在于我之物的感性表象里,我们在其中直观这些物的那个空间的性质是我对这些物的表象的单纯主观的东西(借此仍然并没有决定它们作为客体自在地可能是什么),为了这种关系的缘故,对象即便借助于这种空间性质也只是被思考为现象;但空间尽管自己只有主观性质却仍然是作为现象的物的一个知识成分。**感觉**(这里是外部感觉)同样也只是表达了我们对外在于我们的物的表象的主观的东西,但真正说来是表达了这些表象的质料(实在)(借此某种实存之物被给予),正如空间表达了这些物的直观可能性的单纯先天形式一样;而感觉仍然也被运用于认识我们之外的客体。以上这一段都是讲的前面所说的意思。就是,在我们认识的时候呢,这种感觉的表象以及时空形式有双重的身份。一方面,它是主观的,另一方面,它又可以用来表达客观事物的实在的属性。

但在一个表象上**根本不能成为任何知识成分**的那种主观的东西,就是与这表象结合着的**愉快**或**不愉快**;就是说,关于对象的表象,当它在认识中,我们可以把它看作是双重的。但是有一种表象,你不能把它看作是双重的,比如说——也是感性的——愉快和不愉快,它引起我们的感情,引起我们的情绪,快感,这些东西你就不能把它看作是对象的一种属性了。它引起的红色,你可以把它看作是对象的属性,它引起的愉快和不愉快,你就不能把它看作是对象的属性。这就有点不同了。虽然,愉快的情感和红色都是属于感性的,但是这样一种感性和那种感性是不一样的。那种感性——红色的"感性",康德通常是用"Sinnlichkeit",情感的愉快和不愉快的"感性",他是用的"ästhetisch"。"ästhetisch"的含义要比"Sinnlichkeit"更广泛一些。当然有时候"Sinnlichkeit"也可以用于人的情感和情绪,但是通常,在日常生活中间更多的是用于感性认识。而"ästhetisch"就不限于感性认识,也包括审美。因为通过它们我对该表象的对象什么也没有认识到,尽管它们很可以是任何一个认识的结果。通过一种愉快和不愉快,我们对这个对象一点也没有增加知识,虽然我的愉快也有可能是由于我对它的认识带来的结果,但是我的愉快和不愉快对这个知识没有什么影响。于是一物的合目的性只要它在知觉中被表现出来,它也不是客体本身的任何性状(因为一个这样的性状是不可能被知觉的),虽然它能够从一个物的知识中推断出来。愉快和不愉快不是事物本身的属性,那么,一物的合目的性也属于这种情况。我们在一物上看到了合目的性,它对我能够产生愉快的情感,但是它并不属于对象的一种性质,并不是对象的一种属性。虽然我们能够把它从 个物的知识中推断出来,我们推断个物,它有一些偶然性,还有一些我们把握不了,太多了,于是我推断它有一种合目的性。但是我们这种推断是为了引起我们自己的愉快,而不是为了给这个对象的知识增加一些成分。所以,先行于一个客体知识的、甚至并不要把该客体的表象运用于某种认识而仍然与这表象直接地结合着的这种合目的性,就是这表象的主观的东西,是完全不能成为任何知识成分的。而这样 来,对象就只是由于它的表象直接与愉快的情感相结合而被称之为合目的的;而这表象本身就是合目的性的审美表象。——问题只是在于,一般说来是否有这么一种合目的性表象。有没有这种表象呢?前面讲了这么多,对于对象的一个并不能成为知识成分的先天的主观感性(审美)表象,只能是与愉快的情感结合着的合目的性表象。那么是不是有这种表象呢?那他下面就讲了,确实有这种表象。

　　如果对一个直观对象的形式的单纯领会(apprehensio)没有直观与一定知识的某个概念的关系而结合有愉快的话:那么这个表象因此就不是和客体有关,而只是和主体有关;就是说,如果我们对一个对象的形式,通过我们单纯的领会、单纯的接受、单纯的感受,不与一定知识的某个概念发生关系,而结合有愉快,就是说,不加以任何概念的把握,没有任何范畴,也不从概念方面去设想,我们看一棵松树,我们没有想它是一棵"植物",我们把"植物"的概念撇在一边,只是单纯去领会它,这个时候我们又结合有愉快:那么这个表象因此就不是和客体有关,而只是和主体有关。这愉快所能表达的就无非是客体对那些在反思判断力中起作用的认识能力的适合性,这个愉快表达了什么呢?我在欣赏一棵松树的时候,我感到愉快。这个愉快是什么意思呢?这个愉快并不是我们看到了松树有美这样一种属性,有这样一种知识。不是的。美不是概念,也不是知识,也不是客观事物的属性,它只是表明了这个客体对主观的反思判断力中起作用的那些认识能力有一种"适合性"。我们在反思判断力中,在进行反思判断的时候,有很多认识能力在起作用,那么这个对象对这些认识能力的活动有一种适合性,它适合于我们的诸认识能力的一种活动,适合于我们把它想成那样。而就它们在这里起作用而言,那么这愉快所能表达的就是客体的主观形式的合目的性。这就是康德对于审美判断力的一个规定了。审美判断所引起的愉快,它表达了客体上面引起对主观形式的合目的性的这样一种性状,好像是对象、客体身上的一种"性质",但其实不是的,只是它适合于我们主观的目的。我们就对象给我们带来的主观形式而言,不是就对象本身的存在而言,评价它有一种"主观形式的合目的性"。因为对这些形式在想象力中的上述领会,若没有反思的判断力哪怕是无意地将这些形式至少与判断力把直观联系到概念之上的能力相比较的话，它是永远也不会发生的。这种领会，这种愉快，它仅仅是因为我们的反思判断力将这些形式和判断力的那种把直观联系到概念之上的能力相比较，才引起的。我们的判断力有一种能力，就是把直观和概念联系起来，我前面讲了，判断力就是起把直观和概念联系起来这种作用的。但是在这个地方还没有"概念"，没有概念却仍然有使直观和概念联系的能力，所以它只是和判断力的这种"能力"进行比较。判断力有把直观和概念联系起来这种能力，当这个对象的形式适合于我们的判断力的这种能力，这个时候就发生了我们对对象的领会，带来愉快的领会。现在，如果在这种比较中想像力（作为先天直观的能力）通过一个给予的表象而无意中被置于与知性（作为概念的能力）相一致之中，并由此而唤起了愉快的情感，那么这样一来，对象就必须被看作对于反思的判断力是合目的性的。我们在这里要注意，康德把想象力规定为"先天直观的能力"。先天直观本来有时间空间了，但是时间空间是先天直观"形式"，而想象力是先天直观"能力"，就是说，先天地运用时间空间的这样一种能力，先天地规定时间空间的这样一种能力。它"通过一个给予的表象而无意中被置于与知性（作为概念的能力）相一致之中，并由此而唤起了愉快的情感"。这里提出了，反思判断力的合目的性的内在的机制究竟是什么样的结构呢？就是由于想象力作为先天直观的能力，通过一个客体的表象，无意中——不是有意的，也不是概念先行地要这样做的，而是偶然碰上的——"它被置于与知性（作为概念的能力）相一致之中"。知性，在这里作为概念的能力，也是能力。想象力也是能力，概念也是能力，这两种能力通过一个给予的表象，置于一种一致之中。所谓一致，就是协和，协调，协调一致。"那么这样一来，对象就必须被看作对于反思的判断力是合目的性的"，就是说，反思判断力的合目的性这种结构就是想象力和知性通过一个对象的表象而互相协调。一个这样的判断就是对客体的合目的性的审美判断。审美判断力的结构就是这样的。在审美判断力中,想象力和知性的能力协调一致地活动。但是,这个知性的能力并不把知性的概念带进来,它只是一种能力,它能够形成概念,但是在这个地方它没有形成概念,它力图去寻求就像概念那样的普遍性,但不是概念。知性要寻求一种普遍性,想象力要寻求一种多样性。想象力,心骛八极,神游四方,到处去驰骋,但是再怎么驰骋,它最后还是为了达到一种普遍性。它是跟知性能力相协调的一种驰骋,它不是无边无际的驰骋。最后是这两种能力达到协调一致,这就是审美判断。它不是建立在任何有关对象的现成的概念之上,也不带来任何对象概念。它的对象的形式(不是它的作为感觉的表象的质料)在关于这个形式的单纯反思里(无意于一个要从对象中获得的概念)就被评判为对这样一个客体的表象的愉快的根据。在审美判断的时候,它的愉快是从哪里来的呢?似乎就是从它的对象的形式来的。我们对一朵花感到愉快,我们就认为这朵花的形式是使我们感到愉快的原因,是我们感到愉快的根据。但是这个形式呢,这朵花的形式,红色,形状,香味等等,是在我们对这朵花进行反思判断的时候,才能够给我们带来愉快。如果你不是对它进行反思的判断,而是想对它进行规定性的判断,即要从对象中获得概念,那它就不能给你带来愉快,那你就会从植物学的角度去考察这朵花了,那么你就不是审美的态度了。审美判断力要有审美的态度,也就是反思判断力的态度。你不是要去规定它的知识,而是要从它的形式上面给自己带来愉快。你要采取这样一种态度,你才能够真正获得审美愉快。这种愉快也被判断为与这客体的表象必然结合着的,因而被判断为不只对把握这个形式的主体而言,而且一般地对每个下判断者而言都是这样的。而这种审美愉快就有一种普遍性,即对每个判断者都适用的普遍有效性、普适性。这样一来,该对象就叫做美的;而凭借这样一种愉快(因而也是普遍有效地)下判断的能力就叫做鉴赏。这是康德对美和鉴赏所下的一个定义。当然还有别的一些定义，后面要讲。因为，既然愉快的根据只被放在一般反思的对象的形式中，因而并非放在对于对象的任何感觉中，也与包含任何一种意图的某个概念无关；所以这就只是主体内一般判断力的经验性运用中的合规律性（想像力和知性的统一），在反思中——其先天条件是普遍有效的——客体的表象是与这种合规律性协调一致的；而由于对象与主体能力的这种协调一致是偶然的，所以它就产生出了一个该对象对于主体认识能力的合目的性的表象。这一段比较容易理解。鉴赏的愉快既非立足于感觉，也不是立足于概念，而只是立足于判断力在经验性的运用中的"合规律性"，即合乎把想象力和知性统一起来的要求；但由于这种统一协调是偶然的，是判断力碰巧找到的，所以被看作是对象对于主体的某种迎合，即"合目的性"。再来看下一段。

于是这里就有一种愉快，它正如一切不是由自由概念（即由高层欲求能力通过纯粹理性所作的先行规定）产生的愉快和不愉快一样，永远不能从概念出发被看作与一个对象的表象必然结合着的。就是说，这种审美的愉快，它不像由自由的概念产生的愉快那样，不像纯粹理性、道德所带来的那种愉快那样。道德的愉快，从自由概念出发的愉快，还是从概念出发的，比如说，善呐、恶呀，我们做了一件善事，或者我们做了一件好事，我们就觉得愉快。我们喜欢看到好人好事嘛，我们不喜欢看到坏人坏事嘛。这也有一种愉快，就是在实践理性里面，我们也可以产生愉快。但是这个愉快和审美愉快是不一样的，审美的愉快不能从概念出发，好像这个愉快是和对象客观必然结合着的，好像是由概念必然带来的。任何人对坏事都会厌恶，对好事都会感到高兴，这是由对象的性质所决定的，它的善，是跟我们的自由意志相符合的。但是，它这个善的本性是由这个事情本身的性质决定的，我们自由意志的对象在现实中获得了实现，从而就产生了愉快。审美的愉快则不是这样。而是必须任何时候都只是通过反思的知觉而被认作与这个表象联结着的，因而如同一切经验性的判断一样并不能预示任何客观必然性和要求先天的有效性。注意这里有两个比较。一个是跟实践理性的道德愉快相比较，它不像道德的愉快那样从概念出发。但是，在这点上，它倒是跟经验性的判断，即主观的知觉判断有类似之处。在这里，我必须要再介绍一下康德的"经验性"的判断，它和"经验"判断是不一样的。经验判断是知识，一切知识都必须要有经验，这是康德的一个出发点。经验，康德是用的"Erfahrung"，这是个德文词，它就是指经验，经验知识。经验知识是客观的。而"经验性的"，这是另外一个词："empirisch"。经验性的判断与经验判断不一样，它是主观的。它又叫做知觉判断。知觉判断是主观的。比如说，"我觉得今天很冷"，这是个知觉判断，也是个经验性的判断。但是如果有人说，"今天是很冷"，那就是一个经验判断了，那是一种知识。今天只有零度嘛，那当然今天是很冷。这就是一个客观的判断了。我觉得今天很冷，那是一个主观的判断，那个没有客观必然性。你觉得今天很冷，也可能天气并不冷。或者你生病了，或者你这个人天生就特别怕冷，或者你刚从热带地方来，觉得很冷，而别人并不觉得冷。所以这个知觉判断属于经验性的判断，它是没有什么客观必然性的。我今天很冷，或者说我觉得这道菜很好吃，这都没有什么客观性的。你不能有一个人出来说，这道菜客观上并不好吃，没有这种客观性。吃饭的口味是主观的，是一种知觉。你觉得好吃，那对你来说就是好吃；他觉得不好吃，那对他来说就是不好吃。没有一种客观的普遍有效性和必然性。在这一点上，审美的愉快倒是和经验性判断有类似之处，如果你不了解经验判断和经验性判断的区别，就会搞混了。你会问，经验判断怎么没有客观性呢？经验判断当然有客观性了。知识就是经验判断。"一切知识都开始于经验"，这是康德自己说的话。所以，经验的和经验性的，一定要把它们区分开来。经验性的，这个拉丁词"empirisch"，一般用作形容词，是指的主观知觉判断。当然这个主观知觉判断可能成为经验的判断，可能成为客观的，但它本身还是主观知觉的。我觉得冷，不一定是客观上很冷，当然可能是客观上冷，但是这个判断本身没有客观性。审美判断在这一点上与这种判断有相同之处。<u>但鉴赏判断也只是像每个其他的经验性判断那样要求对每个人都有效，这一点即使它有内在的偶然性，总还是可能的。</u>鉴赏判断即审美判断，当然也包括口味。口味是一种经验性判断，或者是一种知觉判断。这个"鉴赏判断"（Geschmack）在这里有比较广泛的意思。鉴赏判断，包括口味，像每个其他的经验性判断那样要求对每个人都有效，也是可能的。所谓"口之于味，有同嗜焉"，这是常见的，但并不是必然的。又比如说，我觉得今天很冷，我就也许会以为别人也会觉得冷，也许会认为我的这种知觉对别人也会有效。那也有可能呀。你觉得冷，别人也可能会觉得冷，因为今天是冷嘛。但是你没有想到这个，你只是觉得既然我感到冷，那么别人也会感到冷。母亲自己身上冷了，她觉得孩子肯定要加衣服了，这都有可能的，并不排除这种情况。就是说，知觉判断也可能具有一种客观有效性，尽管是偶然的，但总还是可能的。但是这要求并不具有必然性。我不是说，我觉得冷，你就一定要觉得冷，那可不一定。也许你也会觉得冷，但你身体好，也可能完全并不觉得冷。这都是可能的。<u>陌生之处和怪异之处只在于：它不是一个经验性的概念，而是一种愉快的情感（因而根本不是什么概念），但这种情感却又要通过鉴赏判断而对每个人期待着，并与客体的表象联结在一起，就好像它是一个与客体的知识结合着的谓词一样。</u>这句很重要，奇怪的地方在这里，就是说，鉴赏判断，审美判断，它有这样一个特点，尽管像其他的经验性判断一样，也能够要求对别人有效；但是，它跟经验性判断不同的地方就在于，经验性判断仍然是主观的，你觉得冷，他觉得冷,或者所有的人都觉得冷,这仍然是主观的,没有一个客观标准。但是审美判断就有这样一个特点,它"要求"对每一个人都有效,对每一个人都期待着,好像它是客体的一个知识。这么美的东西你都觉得不美,那至少是你的眼光有问题。明摆的事实嘛,票房率这么高的一部电影,你居然觉得不好看,那不是你的判断有问题吗?至少你的欣赏水平有待改进。所以必须把这种评价看成是基于客体本身固有的属性。明眼人一看而知,所有人都应该认识到这个审美对象是美的,好像这是一个认识判断一样,具有那种客观的普遍必然性。奇怪就在这里。审美判断的特点,它既跟道德的判断不一样,跟道德的愉快不一样,道德的愉快是由概念带来的,有一种必然性——在这一点上它跟经验性判断有类似之处,它是主观的,它没有任何客观必然性,也不能要求先天的有效性——但是奇怪的是,尽管它不是客观的,不由概念而来,但是它却要求"好像"是客观的,这点它跟经验性的判断又不一样,这就是它的怪异之处。你的口味并不要求是客观的,你只要觉得好吃就够了。但是审美判断要求你把它看成是客观的。它要求好像是一种客观的属性。我们以前美学界经常讨论,总是在争论美是客观的还是主观的。很多人认为,美当然是客观的,这是可以接受的。因为美是客观事物的属性嘛,只是你还没有认识到它,一旦认识到它,就产生了美感嘛。康德在这里就分析,美的确好像是客观事物的属性,但是我们为什么总是想把美看作是客观事物的一种属性呢?那么下面他就做出了这样一种区分。

个别的经验判断,例如有人在一块水晶里发觉有一滴流动的水珠,这是有权要求每个别人必须同样发现这一点的,因为他是按照规定性的判断力的普遍条件而在可能经验的一般规律之下作出这一判断的。同样,一个人在单纯对一个对象的形式的反思中不考虑到概念而感到愉快,尽管他的判断是经验性的并且是个别判断,他也有权要求任何人的同意:这是两个方面,对于一种客观知识的判断和审美判断在这一点上是同样的,都有权要求别人都同意。但是审美判断却不像知识判断那样有"可能经验的一般规律"作依据,即有知性概念和原理作根据,那么它的这种要求的根据是什么呢?康德继续说:因为这种愉快的根据是在反思性判断的普遍的、尽管是主观的条件中,也就是在一个对象(不论它是自然产物还是艺术品)与诸认识能力相互关系之间的合目的性协和一致中被发现的,这些认识能力是每一个经验性的知识都要求着的(即想像力和知性)。这句话很重要。怪异性就在这里。为什么审美判断会要求每一个人都去同意呢?就像它是一个客观判断一样,就像美是客观事物的属性一样?它的秘密就在这里。康德认为,审美判断这种愉快,来自于一种普遍性的先天条件,也就是说是在这样一个主观条件中,在对象和"诸认识能力相互关系之间的合目的性协和一致中",被发现、被感到的愉快。这种条件就是,对象和我们的各种认识能力相互协调一致。而这些认识能力是每一个经验性的知识都要求着的,在每一个知识里面都要求有想象力和知性。所以,由此引起的愉快,我们把它看作是对于某个客观事物的属性。虽然是一种主观的条件,但是这个主观的条件是涉及到对象和认识能力的关系。这个对象是适合于我们认识能力的这种协和一致的活动的,这个时候呢,我们运用认识能力,那么我们以为我们的认识能力会带来一个客体的属性,一个客观的知识。但是在反思判断力中,它实际上带来的不是一种客观知识,它带来的是客体和我们主观能力的一种协调一致。这种协调一致是我们主观看出来的,并不是客体本身固有的,并不是客体的属性。所以愉快虽然在鉴赏判断中依赖于某个经验性的表象且不能先天地与任何概念相结合(我们不能先天地规定何种对象将会适合于鉴赏或不适合于鉴赏,我们必须尝尝对象的味道);但愉快之成为这个判断的规定根据,毕竟只是由于我们意识到它仅仅基于反思及其与一般客体知识协和一致的普遍的、虽然只是主观的诸条件之上,对这种反思来说客体的形式是合目的性的。审美愉快虽然依据于主观经验性的表象,但它能够成为审美判断的普遍性要求的根据,因为这种愉快并不是由个人利害和欲望的满足而导致的,而是由于反思到主观中的某种普遍性的条件,即反思到我们的诸认识能力"与一般客体知识协和一致"的条件,因而在这种反思的眼光看来,客体的形式是合乎我们的某种目的而形成起来的,哪怕实际上并没有任何目的。

这就是为什么鉴赏判断按其可能性——因为有一条先天原则预设了这种可能性——也是从属于一个批判的原因,尽管这条原则既不是知性的一条认识原则,也不是意志的一条实践原则,因而根本不是先天进行规定的。根据上面所说的,康德就解释了鉴赏判断为什么也属于一个独立的"批判"即《判断力批判》的原因,因为它像其他两个批判一样,也要为鉴赏判断的先天原则的可能性提供辩护和阐明,说明这种判断的先天可能性条件。按照康德的说法,批判的任务无非就是,在运用认识能力之前要对这种认识能力的可能性条件和运用的范围进行一番批判的考察。《纯粹理性批判》对知性能力在运用于认识之前进行了批判的考察;《实践理性批判》对理性能力在运用于实践之前进行了批判的考察;那么这个《判断力批判》也必须对判断力在运用于鉴赏活动之前进行一番批判的考察。所以尽管它既不是知性的认识原则,也不是意志的实践原则,"因而根本不是先天进行规定的",即不是规定的判断力,而只是反思的判断力;但既然它也有一条先天原则,那么也就必须为这种先天原则的可能性条件进行批判的考察。

前面都是讲的审美判断力,那么下面这一段就引出除了审美判断力以外,除了对美的判断以外,还有崇高。在这里,康德把崇高和美作了一个区分。但对由反思事物的(自然的和艺术的)形式而来的愉快的感受性不仅表明了主体身上按照自然概念在与反思判断力的关系中的诸客体的合目的性,而且反过来也表明了就诸对象而言根据其形式甚至无形式按照自由概念的主体的合目的性;而这样一来就是:审美判断不仅作为鉴赏判断与美相关,而且作为出自某种精神情感的判断与**崇高**相关,所以那个审美判断力批判就必须分为与此相应的两个主要部分。崇高跟美的区别,康德是用"按照自然概念"和"按照自由概念"来区分的。按照自然概念,就形成了对美的感受。就是在自然方面,我们把美看作是自然物的一个属性,当然这里头并没有引进"概念",但是它是属于自然概念这一方的,就是我们在欣赏美的时候,我们把这个美看作好像是自然物的一种属性。而当我们在进行崇高的欣赏的时候——崇高肯定不是自然物的属性——那么我们就把它看作是属于自由的一种属性。当然,美也好,崇高也好,既不是自然的属性,也不是自由的属性,只是我们把它"看作"是这样的。所以,审美判断力批判分成两个部分,一个是美的分析,一个是崇高的分析。

下面一节是第八节:"自然合目的性的逻辑表象"。

前面讲的是审美表象,审美表象也可以翻译成感性表象。所以,康德的思想是层层递进的,先是讲的感性的表象,然后再讲逻辑的表象,这一节讲逻辑表象。康德的《判断力批判》整个来说,分成两大部分,一个是审美判断力批判,一个是目的论判断力批判。那么,他开始就作了这个划分。在由经验所提供的一个对象上,合目的性可以表现为两种:或是出自单纯主观的原因,在先于一切概念而对该对象的**领会**(apprehensio)中使对象的形式与为了将直观和概念结合为一般知识的那些认识能力协和一致;这是审美判断力的合目的性的特点;或是出自客观原因,按照物的一个先行的、包含其形式之根据的概念,而使对象的形式与该物本身的可能性协和一致。这是目的论判断力的特点。简单地来说,就是审美判断力批判立足于主观形式的合目的性,对象的形式与认识能力协调一致;那么目的论批判力批判立足于客观质料的合目的性,对象的形式还要考虑,但是,同时还要考虑该物的内容,也就是该物的质料,对象的形式与该物本身的可能性协调一致。该物本身的可能性,当然还是人自己设想的对象的可能性,即客观质料的合目的性,这样的协和一致,就形成了目的论判断力批判的主题。我们曾看到:前一种合目的性表象是基于在单纯反思到对象的形式时对这个形式的直接愉快之上的;所以第二种合目的性的表象,由于它不是把客体的形式联系到主体在把握这形式时的认识能力,而是联系到对象在一个给予概念之下的确定的知识,它就和对物的愉快情感没有关系,而是与在评判这些物时的知性有关。就是说,审美判断力是与人的情感直接相关的,因而是感性(审美)表象;而目的论判断力批判与人的情感没有关系,或者说没有直接的关系,而是与评判这个物的知性有关,也就是说,跟自然科学有关,与评判这个物的知识有关。所以又称之为自然合目的性的"逻辑表象",而不是"感性表象"。这就是康德的总体的划分。如果一个对象的概念被给予了,那么在运用这概念达到知识时判断力的工作就在于表现(exhibitio),就是说,在于给这概念提供一个相应的直观:无论这件事是通过我们自己的想像力来进行,如同在艺术中,当我们把一个预先把握住的、有关一个作为我们的目的的对象的概念实现出来时那样;还是通过自然在它的技术里来进行(像在有机体中那样),如果我们把我们的目的概念加给自然以评判它的产品的话;在后面这种情况下不单是自然在物的形式中的**合目的性**,而且它的这件产品作为**自然目的**都得到了表现。这一段不难理解,通常的知识就是由判断力把直观联系于已知概念之下而形成的,也就是把概念"表现"或"展示"出来;所以一般认识作为一种有目的的活动里面就已经包含了判断力的这两种机能,一种是"艺术"或"技术",即人为地发挥自己的想象力使直观符合我们的概念,另一种是为自然产品设想一个目的,让它们自然而然地去适合于这个目的。这时自然界就不光是具有"合目的性",而且似乎有了自己的客观的"自然目的"。我们继续往下看。——<u>虽然我们关于自然在其按照经验性规律的诸形式中的主观合目的性这一概念根本不是客体的概念,而只是判断力在自然的这种过于庞大的多样性中为自己求得概念(而能在自然中把握方向)的一条原则:但我们这样一来就仿佛是把对我们认识能力的某种考虑按照对一个目的的类比而赋予了自然。</u>就是说,自然界的目的论判断力是起这样的作用的:自然在其按照经验性规律的诸形式中的主观合目的性这一概念本身并不是客体的概念,而只是我们的判断力在研究自然的时候,自然太庞大,太多样了,于是我们为自己要求得一个统一性的概念,运用这样一条原则去把握自然对象;所以目的论判断力是这样的,它也要使用由审美判断力所提供的主观形式的合目的性的原则,但是它是用于对自然界的认识。自然界太庞大了,我们通过知性没办法把握。所以我们就引入了自然的合目的性来帮助我们对自然界的认识。我们前面多次讲到的种和类呀,有机体呀,自然的节约律呀,自然的连续律呀等等这样一些规律,这都是我们的反思判断力在运用于客观知识的时候,运用于自然界知识的时候,我们对自己的认识提供的一种帮助。这本来是为了我们自己的方便而进行的一种技术上的处理,一种认识的技巧。我们把多个规律归总为一个规律,这是我们在科学知识中所运用的一种技巧,一种"智慧的箴言"。但是,我们把它看作是自然本身就是这样构造起来的。我们在运用这些智慧的箴言的时候,实际上应该是一种实践的技术,就像科学实验一样。科学实验要有技术,我们在进行科学研究的时候也要有技术,我们要善于把多个规律归总为一条规律,要善于分清它的种和类的等级关系,这样我们才能把自然界把握为一个有条理的系统。这本来是我们实践技术的一个原则,但是我们通过一种类比,把它赋予了自然,好像自然界就是这样构造起来的,好像它冥冥中也有这样一种技巧。这样,我们就可以把**自然美**看作是形式的(单纯主观的)合目的性概念的表现,而把**自然目的**看作是实在的(客观的)合目的性概念的表现,前者我们是通过鉴赏(审美地,借助于愉快情感)来评判的,后者则是通过知性和理性(逻辑地,按照概念)来评判的。也就是说,所谓的自然目的论,无非是我们把在审美过程中所提出来的这样一条主观形式的合目的性原则当作我们自己在研究科学知识的时候一种实践的技巧,如同在艺术(技术)中那样,并且把我们这样一种实用的技术类比地附会于自然界本身,就好像自然界本身就有一个这样的合目的性结构,好像自然界本身就有这样一条规律——合目的的统一性,其实是我们主观的一种技术处理。所以,自然目的论是这样的,它的前提是审美判断力批判。首先,你要提供出一个自然的主观形式的合目的性这样的原则,然后,我们通过这样一个原则,我们就用类比的方式,类比于自然界,好像自然界有一种客观的质料上的合目的性技巧。这个时候,我们就进入到目的论的判断力批判。目的论判断力批判本身没有自己的原则,它是借用的审美判断力的原则。

在这上面就建立起判断力批判被划分为审美的判断力批判和目的论的判断力批判的根据:因为前一种判断力被理解为通过愉快和不愉快的情感对形式的合目的性(另称之为主观合目的性)作评判的能力,后一种判断力则被理解为通过知性和理性对自然的实在的合目的性(客观合目的性)作评判的能力。这一段继续讲这种区分,把审美判断力归于情感对形式的合目的性的主观判断,把目的论判断力归于知性和理性对"实在的合目的性"的客观判断。下面一段则很关键。

在一个判断力的批判中,包含审美判断力的部分是本质地属于它的,因为只有这种判断力才包含有判断力完全先天地用作它对自然进行反思的基础的原则,这就是自然根据其特殊的(经验性的)规律对我们的认识能力的形式合目的性原则,没有这种形式合目的性,知性就会不可能和自然相容;与此不同,必须有客观的自然目的,即必须有只是作为自然目的才可能的那些事物,这一点却并不能指出任何先天理由。就是说,审美判断力是有先天根据的,它的先天原则是知性和自然相容的前提;但必须有一个客观的自然目的,即必须有只是作为自然目的才可能的那些事物,这一点却是没有先天根据的。所以康德在《纯粹理性批判》里对上帝存在的"自然目的论的证明"进行批判,就是指出它没有先天根据。如果自然目的论有它的先天根据,那上帝就可以证明了。是谁设计了这样一个自然目的呢?那肯定是上帝了。只有上帝能设计,你能设计吗?我们普通人设计不了。那就可以证明上帝了。但是,正因为自然目的论没有先天根据,所以上帝存在的目的论证明是不成立的。就连它的可能性也不由作为普遍经验对象和特殊经验对象的自然的概念来说明,相反,只有自身不包含这方面的先天原则的那个判断力,在偶尔遇到的(某些产品的)场合下,当那条先验原则已经使知性对于把这目的概念(至少是按照其形式)应用于自然之上有了准备之后,才包含有这种规则,以便为理性起见来使用目的概念。对自然界进行目的论判断的这样一种判断力,本身并无先天原则,也不能由经验对象来说明,它实际上是借用了审美判断力的原则。"那条先验原则",就是前面讲的审美判断力的先天原则。在审美判断力中,我们已经把自然界看作是主观形式的合目的性,但那绝对不是一种知识,那是为了我们反思判断力的需要要这样看。那么,同样一种需要,我们也可以把它转用于自然目的方面。我们可以把自然界类比于我们自己的目的。我们自己有一种技巧,有一种在认识自然科学的时候所采用的技术，那么，我们就设想，自然界在构成它自己的时候是不是也有一种技术，是按照合目的性构成起来的呢？这是一种类比，这不是知识。所以，这样一种合目的性的判断力所使用的原则是由审美判断力批判预先准备好的。所以，康德讲"当那条先验原则已经使知性对于把这目的概念应用于自然之上有了准备之后，才包含有这种规则，以便为理性起见来使用目的概念"。但是，审美判断力和目的论判断力还是有所区别，下面一段就讲到了这个区别。

但是，这个先验原理，即把自然在一物的形式上与我们的认识能力处于主观关系中的合目的性设想为对这形式的一条评判原则的原理，它所留下而完全未加规定的是，我应当在何处、在哪种场合下把这种评判作为对一个按照合目的性原则的产物、而不是对宁可只按照普遍自然律的产物的评判来进行，它托付给**审美**的判断力的是[1]，在鉴赏中去决定这产物（它的形式）对我们的认识能力的适合性（只要这种适合不是通过与概念的协和一致、而是通过情感来断定的）。"这个先验原理"就是审美判断力的先验原理。审美判断力有个特点，就是你不能预先测定我在什么场合之下能够感受到美。所以，它这一点是未定的，是偶然碰上的。我走到一个地方，噢，突然发现这个地方风景这么美呀。从来没有发现过的，是可遇不可求的。所以，它把这一点托付给审美判断力，也就是托付给感性的判断力。美不美，你要自己去感受，你不能通过概念来推定，你要在鉴赏中去决定这产物对我们的认识能力的适合性。与此相反，运用于目的论上的判断力却确定地指出了某物（例如一个有机体）能够据以按照一个自然目的的理念来评判的诸条件，但对于把与目的的关系先天地赋予自然、甚至只是不确定地从这样一些产物的现实经验中假定这一类目

---

[1] 原译作"它把这一点托付给**审美**的判断力"，不够明确。

的的那种权利,它却不能从作为经验对象的自然的概念中提出任何原理:因为这样做的根据在于,必须占有许多特殊的经验,并在它们的原则的统一性中使之得到考察,以便能仅仅经验性地在某一对象上认识某种客观的合目的性。就是说,目的论判断力是可以推的,它是关于自然合目的性的一种逻辑表象嘛,它不是感性表象,不是审美表象。审美表象你只能自己去体会、去观察,碰到就碰到了,它是偶然的。你发现一个对象是美的,这是偶然的,不能通过概念来推定。而目的论判断力是可以通过概念来推论的。比如说有机体,你要找合目的性,那有一个概念可以指导你去找,你到有机体身上去找。凡是有机体,凡是一个生物——动物或植物,你就可以在它身上发现合目的性。任何动物、植物都有这种合目的性。但是,这种合目的性的根据又不是在经验中能够找得到的,它还是反思判断力的一种根据。因为在经验中,你要断定一个有机体是合目的的,那你得做多少分析,你这一辈子分析一个小小的昆虫都分析不完。它有太多的偶然性,每一种偶然性的后面都有它的充足理由。人的知性是不能够把握充足理由的,那只有上帝才能够做得到。人只能够把充足理由的对象当作一个事实接受下来。有机体太复杂了。任何一个有机体,即使一个小虫子,它都是太复杂、太复杂的,你是不能够把它的密码全部破译出来的。——所以审美判断力是按照一条规则、但不是按照概念来对物作出评判的一种特殊的能力。目的论判断力则不是什么特殊的能力,而只是一般反思性的判断力,如果它就像到处在理论认识中那样按照概念,但在某些自然对象上则按照特殊原则,亦即按照单纯反思的判断力,而不是规定客体的判断力行事的话,所以根据其应用它属于哲学的理论部分,并且由于这些特殊原则并不像在一条学理中所必须的那样是规定性的,所以它必定也构成批判的一个特殊部分。就是说,与审美判断力有自己的特殊规则不同,目的论判断力只是附属于自然科学的一种反思判断力。

但是,它所得出的那些合目的性,并不是规定自然科学的知识,而是帮助自然科学的知识。在自然科学面对有机体无能为力的时候,它帮助它进行规定,但是它不能代替它进行规定。一个医生也好,一个生物学家、解剖学家也好,你还是要懂得一般自然科学的机械因果律,尽量地把动物机体的那些关系解释为机械因果律的关系,当你解释不了的时候,你援引目的论来进行补充,这个时候,你就能够把你的知识构成一个完整的体系了。否则的话,你那些机械论根本就解释不了,你没有目的论就根本解释不了。所以目的论判断力虽然属于"哲学的理论部分",但不属于"学理"的部分,因而不能进入到自然科学的形而上学,而只能构成"批判"的一个特殊部分。<u>与此不同,审美判断力却对其对象的认识毫无贡献,因而必须仅仅被列入判断主体及其认识能力的批判</u>,审美判断力就完全只是批判,它本身也不能够列入到理论哲学里面去;而目的论判断力则可以把它归于自然知识、理论哲学。但是,尽管审美判断力只是认识能力的批判,然而,<u>只要这些认识能力能提供这些先天原则,而不管这些先天原则还有什么另外的(理论的或实践的)运用,这样的批判是一切哲学的入门</u>。这句话很重要,就是说,审美判断力批判成了一切哲学的入门。这句话突然在这里提出来,而且前后都不搭界,究竟讲的是什么意思,非常费思量。审美判断力批判怎么能成为一切哲学的入门?你如果对审美判断力批判有一个全盘的了解,你就可以猜出康德在这里的意思。康德在这里突然冒出的一句话,是非常难解的一句话。我最近写了一篇文章[1],专门分析这句话,为什么说是"一切哲学的入门"。它一方面是认识能力的理论哲学的入门,另一方面是实践哲学的入门。从理论哲学方面来看,审美判断力批判是诉之于人的情感能力,而且反思判断力是一个更高层次上的

---

[1] 指拙文"审美判断力在康德哲学中的地位",载《文艺研究》2005年5期。

自律,我在前面讲了,它是更高层的自律,它是"再自律",它才真正地反映出人的诸认识能力的一种自由协调活动。一切知识都必须在这个前提之下才能够进入。比如说康德在前面讲的,对自然界的统一性有一种惊异感,这是知性进行自然科学的规定、进行自然科学研究的一个前提,一个可能性的条件。如果你对自然界没有统一的合目的性的反思,并且通过这个反思引起一种愉快情感,引起一种惊异感,那么你根本就不会去进行科学研究。之所以要进行科学研究,是因为人跟动物不同,动物不对什么东西感到惊异,它吃饱了就睡,人吃饱了没事就要观察,观察星空,观察天上的飞鸟,地上的走兽,石头,山川。他有一种惊异感,他把整个宇宙看作是统一的,所以人才会进行科学研究。所以审美判断力是人的理论认识的入门。实践也是这样的。道德,实践,你有了审美判断力,那么,你对人的道德这方面情感就有了更加细致的体察。美是道德的象征嘛。你通过人在审美活动中的自由感,你会猜测到人有一种自由的东西。从这两方面来看,它都是"一切哲学的入门"。这是暗示了后来席勒所发展出来的审美教育的思想。席勒就是从这里——当然还有别的地方——提出来,审美教育是最根本的。你要做一个道德的人,你要做一个有知识有文化的人,你首先要做一个审美的人。你如果连审美的人都不是,你就不会去发展科学,也不会去提高自己的道德,你不会发现自己是道德的人。所以,审美的人是道德的人的预备。成为道德的人,成为理性的人,必须首先是一个游戏的人,这是席勒后来所讲的一番道理。我们暂且这样来解释它,至于康德究竟是不是这个意思,还有待进一步研究。这句话是很深奥的。跟前面讲的,判断力批判如果不做好的话,那么整个体系的大厦就会倒塌,这里面有一种呼应关系。我在前面已经跟大家讲到过这一点,有一件非常严重的事情,就是说,康德做了两大批判——他的两大批判本来就是要打基础的——以后,突然发现这个基础还根本没有打牢,如果没有

第三批判的话,那么,前两大批判的基础都是白费。所以他"忙于"第三批判。为什么"忙于"呢?是要赶快把它打牢。就是这时候才发现还有一个更重要的东西没有打牢。当然他这个东西在他自己看来,并不是最重要的,最重要的还是形而上学了,他的目标就在于重建形而上学,他的批判只是打基础。但是,从打基础这一点上来看,三大批判里面,最后这个批判,甚至于是其他两个批判的基础。这一点是很重要的。

下面是最后一节即第九节:"知性和理性的各种立法通过判断力而联结"。

这等于是一个总结了。前面讲了判断力批判作为两大批判的中介,作为理论哲学和实践哲学的中介和桥梁。那么,这个桥梁如何建立起来?前面又讲了判断力批判的两大部分,它的划分,它的原理,它的先天原则,都讲了。那么它究竟是如何发挥中介作用的呢?如何起一种联结作用的呢?这一段就是做这个总结了。

知性对于作为感官客体的自然是先天地立法的,以在一个可能经验中达到对自然的理论知识。理性对于作为主体中的超感官东西的自由及其独特的原因性是先天立法的,以达到无条件地实践的知识。知性和理性,它们都是先天立法的,一个是理论知识,一个是实践知识。前一种立法下的自然概念的领地和后一种立法下的自由概念的领地,与它们有可能独自(每一方根据自己的基本规律)对对方拥有的一切交互影响相反,由于使超感性的东西与现象分离开来的那个巨大的鸿沟,而被完全隔离开来了。就是说,理性和知性这两者,它们不同的领地是完全分割的,分属于自在之物的领域和现象的领域,不可能产生任何交互影响。自由概念在自然的理论知识方面什么也没有规定;自然概念在自由的实践规律方面同样也毫无规定:就此而言,从一个领地向另一个领地架起一座桥梁是不可能的。单纯从这两个领地来看,它们是不可能沟通的,现象和物自体怎么能沟通呢?——不过,即使按照自由概念(及它所含的实践规则)而来的原因性的规定根据在自然中找不到证据,而感性的东西也不能规定主体中的超感性的东西:但这一点反过来倒是可能的(虽然不是着眼于自然的知识,但毕竟是着眼于从自由概念中对自然所产生的后果),就是说,自由的概念是一个原因性的概念,自由也是一种原因;但它和自然因果律不同,它是一种自由因,是自由产生的原因,而自然因果律的原因是必然的原因。所谓自由就是由自己自行开始一个因果链条的能力。康德在第三个二律背反中讲到,自由就是自行开始一个因果链条。它有后果,如果没有后果,那个自由是空的。所谓自由,就是你能够自由地做一件事,所谓积极意义的自由就在这个上面,是自由所不可分割的一个特性。就是说,你要自由,你就必须表现出你的自由,那么这个表现肯定是在效果上面表现出来的。所以,自由也是一种原因性,那么它的规定根据呢,在自然界中是找不到根据的。你为什么要这样做,这个按照自然律是找不到根据的,它是自由的。我愿意这样做,我想这样做,我决定这样做,这就做了。所以,它在自然中找不到证据。"而感性的东西也不能规定主体中的超感性的东西:但这一点反过来倒是可能的(虽然不是着眼于自然的知识,但毕竟是着眼于从自由概念中对自然所产生的后果)"。超感性的东西是自由了,它不能由感性的东西来规定。但是他说这一点反过来倒是可能的。反过来如何可能呢?虽然感性不能规定自由,但是自由却可以规定感性。自由在感性中有它的后果,这件事情是他自由地做的,所以这件事情可以由他的自由来规定。但是,你不能由这样一件事情的因果关系去规定他为什么要这样做。并已经在通过自由而来的原因性这个概念中包含着了,它的**效果**应当按照自由的这些形式规律在世上发生，尽管**原因**这个词在运用于超感性的东西上时只是意味着这样做的**根据**，即把自然物按照其固有的自然律、但同时却又和理性规律的形式原则相一致地在某种效果上规定其原因性的那个根据。所谓"原因性这个概念"，就是说，它肯定是有结果的，它是原因性嘛，原因性如果没有结果，它怎么叫原因性呢？所以"原因性（Kausalität）"这个词通常译作"因果性"。这个自由因，在超感性的意义上面，作为自由的原因来运用的时候，它只是意味着我这样做的根据，而并不是意味着这个因果性能够加入到自然的因果链条里面去作为其中的一个环节。我的自由不是因果链条上的一个环节，它是中断了这个环节，它打断了这个环节。它是从自己开始，它自己是绝对的原因，而不是其他原因的结果。然后下面它的效果，又进入到因果链条里面去了，但它自己不进入因果链条。自由本身是原因，是绝对的原因，这个原因不进入因果链条，但它的后果"应当"进入因果链条。所以，严格说来，它也没有中断自然界的因果链条，自然界还是按照它的因果链条。但是，有些事情按照那个因果链条，你就不能完全解释它。人做的事情，你必须除了按照因果链条解释以外，同时还要从自由因方面去解释，要由"应当"或"本来应当"加以解释。它有另外一种根据，而且这件事情真正的根据是自由而不是因果链条。我们人所做的事情的根据就是我自由做的，而不是由于因果链条，不是由于我的生物学上、生理学上、医学上的一些特征而导致的。这另外的根据就是"把自然物按照其固有的自然律、但同时却又和理性规律的形式原则相一致地在某种效果上规定其原因性的那个根据"。自由因就是这样一个根据。这样做的可能性虽然不能看出来，但从据说存在于其中的矛盾所提出的反对理由却是完全可以驳倒的。这在康德的二律背反里面已经证明了。第三个二律背反就是自由和必然，自由和自然因果律，是不是能够相容。世界上有没有自由，是不是只有因果律，还是同时也有自由。双方争执不下,双方都把对方驳倒了。那么,反对理由是完全可以驳倒的,对方的反对理由已经在二律背反那里被驳倒了。所以,自由的可能性虽然不能证明,但也完全不能反驳,一切反对理由都无效。

康德在这下面有一个注释。大意是人们会反驳他说,自由的原因性既然已经在自然界留下了效果,而且自然界能够对自由加以阻碍或促进,那岂不是证明自由也成为自然现象了么?康德解释说,自然界并不是对自由造成了阻碍或促进,而只是对自由的后果造成了阻碍或促进,因而自由虽然能够对自然施加影响,自然却不能够对自由施加任何影响。自由仍然是超越于一切自然之上而无法用自然原因来解释的根据。下面再看正文:

——按照自由的概念而来的效果就是终极目的,它(或者它在感性世界中的现象)是应当实存的,为此人们就预设了它在自然界中的可能性的条件(即作为感官存在物、也就是作为人的那个主体的可能性的条件)。"按照自由的概念而来的效果",就是说,任何效果都是按照自然因果律的,但是如果真正按照一个自由概念产生一个效果,那么这个效果就是一个终极目的,它不是眼前的目的,不是眼前的自然律,不是眼前的自然现象。就是说,自由因,自由的行为,道德的行为,它也还是要考虑效果;但是这个效果不是眼前的效果,而是"应当"的效果。人应当做一个好人,所有人都应当做一个好人。我做的这件事情应当有一个好结果,但是因为它在现实世界中总是受制于种种因果关系,不以人的意志为转移嘛,所以那种美好的愿望总是难以实现。虽然难以实现,但它是终极目的,它仍然有效果,这个效果按照自由的眼光、自由的立场来看,它是终极目的,虽然现在没有实现,或者只是部分地实现,但总有一天是要完全实现的。所以,对自由的行动,康德强调动机,但他也不是完全忽视效果的,只不过这个效果是一个未来的效果、终极的效果,而不是眼前的效果。眼前的效果则可能是不符合的。所以它(或者它在感性世界中的现象)是"应当"实存的,"为此人们就预设了它在自然界中的可能性的条件(即作为感官存在物、也就是作为人的那个主体的可能性的条件)"。自然界中的可能性的条件是什么呢?就是人这个感官存在物,它的主体就是这个效果实现出来的可能性条件。人的主体应当是实现这个终极目的的主体。在人身上就可以这样设立,在动物身上或其他自然物身上,你都不能说它应当怎么样,这个自由的概念只立足人的主体才有效果。<u>这个先天地、置实践于不顾地预设这条件的东西,即判断力,通过自然的合目的性概念而提供了自然概念和自由概念之间的中介性概念</u>,也就是说,这种应当的终极目的,它是置人的实践于不顾,就是人在现实中间到底是怎么做的它不管,它只是强调应当。人在实践中间不一定有好的效果,很可能是不好的效果,很可能他的实践根本就没实现出来,他自以为是自由选择所做出来的事情完全是违背他的自由概念的。我们说人经常做蠢事,特别是那些罪犯,罪犯都是在做蠢事,他违背了他的本性,他本性是自由的,他做出来的事情是违背他的自由的。在现实生活中,实践是形形色色的,但是自由的概念不顾这些实践而预设这样一个条件,预设有一个合目的性,一个终极的合目的性。自然本身不符合于自由,自由也不能符合于自然,但是自由应当有一个在自然中的终极目的,应当实现出来。所以设想中的终极目的是一种合目的性的概念,这个合目的性的概念就为自由的概念和自然的概念两者之间提供了一个过渡的中介。就是说,暂时我们看不到什么调和的余地,但是我们可以设想,我的目的,自由的目的,应该在世界上实现出来,应该使这个世界成为一个不仅仅是合乎因果律,而且是合乎自由的这样一个世界,一个美好的世界。所以整个自然界被看作是趋向于这个终极目的的,那么在对自然界的这种眼光之下,我们就可以把自然的因果律和自由的道德律结合起来了。<u>这概念使得从纯粹理论的理</u>

性向纯粹实践的理性、从遵照前者的合规律性向遵照后者的终极目的之过渡成为可能；因为这样一来，只有在自然中并与自然规律相一致才能成为现实的那个终极目的之可能性就被认识到了。这一大段就是讲怎么过渡的，就是设定自由概念在现实的经验世界中假定有一个终极目的。我们在自然界看到的形形色色的不自由的状态、悲惨的状态、恶的状态，都是由自然规律导致的；但是，我们设想它里头有一种进步，它是趋向于那个终极目的的，越来越接近于一个美好的世界，越来越接近于一个自由的世界，那么这就可以形成一种过渡。这个世界虽然不好，但是它已经显示出一种合目的性了。

知性通过它为自然建立先天规律的可能性而提供了一个证据，证明自然只是被我们作为现象来认识的，因而同时也就表明了自然的一个超感性的基底，但这个基底却完全被留在**未规定**之中。自然知识，是认识自然的现象，但是同时也"证明"了这个现象底下有一个超感性的自在之物，一个基底。因为如果没有显现者，哪里会有现象显现出来呢？但是这个自在之物只可思维，不可认识，因而它还"留在未规定之中"。判断力通过其按照自然界可能的特殊规律评判自然界的先天原则，而使自然的超感性基底（不论是我们之中的还是我们之外的）获得了**以智性能力来规定的可能性**。"不论是我们之中的还是我们之外的"，意思为，不管是我们自己的物自体还是客观世界的物自体。"智性"和知性，我们在后面的索引上也有其原文，康德在很多场合下是等同的。但有时候也不完全等同，智性也包括狭义的理性，指高级认识能力。这里应当就是指知性能力，因为它与下面讲的"理性"相对应。这个超感性的基底本来是不能够用知性来规定的，因为知性不可能有"先验的运用"、只能有经验性的运用；但是通过判断力，我们在反思自然界的"特殊规律"中的先天原则时，可以获得以知性能力来规定它的一种"可能性"。理性则通过其先天的实践规律对同一个基底提供了**规定**;这样,判断力就使得从自然概念的领地向自由概念的领地的过渡成为可能。理性为这个自在之物提供了规定,但这个规定不是认识的规定,而是实践的规定。理性、自由,它们本身有自己的规律,有道德自律嘛。这样,判断力由于使知性规定自在之物有了"可能性",这就使理性的实践对象进入到了知性规定的视野,从而使自然的领地向自由的领地的过渡成为可能。

就一般心灵能力而言,只要把它们作为高层能力、即包含自律的能力来看待,这句话大家要注意,就是说,所有的高层的心灵能力,都可以看作是包含自律的能力。这个我在前面已经讲到了,这三种能力在《判断力批判》里面,都被称之为具有一种"自律"的性质。这是康德晚年的一个改变。他在前面《纯粹理性批判》和《实践理性批判》里,还没有这样看。《纯粹理性批判》只是人为自然界立法,《实践理性批判》才有自律,人为自己立法。但在这里,他讲到了,所有这三种高层能力都可以是自律的能力。那么,对于**认识能力**(对自然的理论认识能力)来说知性就是包含先天**构成性**原则的能力;对于**愉快和不愉快的情感**来说,判断力就是这种能力,它不依赖于那些有可能和欲求能力的规定相关并因而有可能是直接实践性的概念和感觉;对于**欲求能力**来说则是理性,它不借助于任何不论从何而来的愉快而是实践性的,认识能力,我们很好理解。所谓知性就是包含先天构成原则的能力,它构成知识。它在里面也要使用理性,但是理性在知识里面只起范导性的作用,只有知性才是具有先天构成性的。与欲求能力相关的实践有两个层次,一个层次就是技术的实践,它是附属于科学的;另外一个层次就是道德的实践,它是属于道德的。那么,判断力既不依赖于技术的实践,也不依赖于道德的实践,也不依赖于实践性的那种口味,那种美食的原则。美食的原则,刚才我讲过,它也属于实践的技术。在后面要讲到的审美判断力的第一契机里面,康德讲得很明确:审美判断既不同于快适——美味是属于快适的，也不同于善——善是属于道德的。康德在这里把判断力提取出来了，跟那两种都不一样。"对于欲求能力来说则是理性，它不借助于任何不论从何而来的愉快而是实践性的"。理性是不管愉快的。当然，理性实践，道德实践，也会带来愉快，比如说敬重感，敬重感也是一种愉快。但是它不依赖于这些愉快。所以它<u>并作为高层的能力给欲求能力规定了终极目的，这目的同时也就带有对客体的纯粹智性的愉悦</u>。理性本身给欲求能力规定了终极目的，就是我刚才讲的，自由的概念在自然界里面规定了一个终极目的。这个终极目的在现成的自然界里面是根本没有实现出来的，但在理想中，它把自然界看作一个合目的地趋向于终极目的的系统。所以，这样一个终极目的，是由理性、由自由概念本身提出来的。当然这个终极目的，如何能够把自然界看成是趋向终极目的的，那还是要靠反思的判断力，理性还做不到。理性只是提出一个终极目的，应该这样，但是判断力就可以把自然界看成是好像趋向于这个终极目的的。"这目的同时也就带有对客体的纯粹智性的愉悦"。这样的终极的目的，也就带有 种愉快。我们看到终极目的的理想的时候，我们有一种崇敬感，有一种愉快感。我们希望看到我们的未来的希望之星，它鼓舞着我们为它去奋斗嘛。所以，这个理想是我们所追求的，是给我们带来愉悦的。——<u>判断力关于自然的一个合目的性的概念仍然是属于自然概念的，但只是作为认识能力的调节性原则，虽然关于某些引起自然合目的性概念的（自然的或艺术的）对象的审美判断就愉快和不愉快的情感而言是构成性的原则</u>。自然目的论是辅助、帮助我们在自然科学中进行认识的一种调节性原则，也就是范导性原则。"虽然关于某些引起自然合目的性概念的（自然的或艺术的）对象的审美判断就愉快和不愉快的情感而言是构成性的原则"。这句话我们要注意，就是说，目的论判断力是一个调节性的原则，但是审美判断力原则具有构成性,它不仅仅是具有调节性的。虽然它完全是主观先验的原则,但它对于主观的情感,就情感而言,具有一种构成性。我们在审美的时候所认识到的,不是对象,我们所引起的愉快,它本身有一种结构——情感结构。是什么样的情感,通过审美判断力,我们可以加以判定。它就是我们情感的一种性质,一种形式,一种构成。所以它是构成性的原则。所以,审美判断力的先天原则具有构成性,但是当目的论判断力把它借用过去,用在自然界的合目的性上的时候,它对于认识就只具有一种调节性的功能。认识能力的协调一致包含着这种愉快的根据,在这些认识能力的活动中的自发性使上述自然合目的性概念适合于成为使自然概念的诸领地和自由概念在它们的后果中联结起来的中介,因为这种自发性[1]同时也促进了内心对道德情感的感受性。就是说,认识能力的协调一致,本来是反思判断力本身的结构,反思判断力就是认识能力的协调一致。在审美判断力中,是想象力和知性相一致,在目的论判断力中,是知性和理性相一致。知性要通过理性达到统一,就必须借助于反思的判断力来进行一种设想。认识能力的活动,是一种自由协调活动,所以在审美的时候,这些认识能力相互之间的活动是一种自发的活动。自发的活动也表现出一种自由协调的活动嘛。所以,它可以成为认识和自由的中介。它采用的是认识能力,它是各种认识能力的协调活动。这就把认识纳入进来了。但另一方面,它因为是一种自发的活动,自由的活动,所以,它把自由也纳入进来了。它能够把自然和自由,把认识和道德,结合在一起,结合为一体。当然不是真正结合为一体,而是以一种类比的方式,一种"好像"的方式,一种象征的方式,把它们结合于一体。这就是这种反思判断力的中介作用。使自然的概念和自由的概念"在它们的后果中联结起来"。自由的概念

---

[1] "自发性"原译作"联结",意思难以贯通,今试将"diese"一词视为指代前面的"自发性"。

的后果也是在自然中的。但在自然中怎么能看得出来呢？一般是看不出来的。一个人出于自由行为，出于自由意志，出于道德，他的行为在自然中，按照自然规律，是看不出来的；但是按照判断力的规律，它可以暗示出来，可以象征出来。美是道德的象征。我一种自由的协调活动，在自然中引起了我的快感，那么我就注意到这种活动，并且由此想到我是自由的。那么这样一种活动同时就促进了内心对道德情感的感受性。这个地方引进了道德情感，虽然不是道德本身，但是有了一种道德情感，它就把人引向对自己道德的注意，促进了我们对道德的感受性。我们意识到自己是自由的，那么我们对于这个自由本身的纯粹的道德律就会进行思考。所以，艺术和审美的修养对人的道德的形成是有好处的。这就是席勒后来发挥出来的审美教育的思想，就是从这里出来的。最后的表，我在前面已经介绍，就请大家自己看了。

导言部分，就暂时讲到这里。

提问和回答

提问：康德美学包含着对经验论美学的反驳和超越。康德一方面把美和主观合目的性形式联系在一起，认为美是关乎形式的，另一方面又讲美是德性的象征，赋予美感以道德情感的内容。这表面看起来与他反对先验论混淆审美愉悦和道德愉悦，竭力把审美纯粹化的主张是矛盾的。您能不能就主观形式合目的性及其相关概念对这个问题做一个详细的分析。还有，美作为德性的象征其先天根据是什么？是否与鉴赏判断的第三契机揭示了无目的的合目的性是契合的？我们对这个矛盾问题能否通过第三批判的哲学任务得到额外的解释？

答：这个实际上是我在后面要讲的内容。康德在他的《判断力批判》

里面很明显地体现了他的一种综合的立场。我们讲康德,他的一个很重要的特点,就是在当时的理性派和经验派两派哲学、包括两派美学之间,起一个综合的调和的作用。在他的《纯粹理性批判》里面,他是结合了经验派的认识论和理性派的认识论。一方面他反对了经验派的那种导致休谟怀疑论的倾向,就是没有任何规范,整个知识基地都受到动摇了;另一方面他又要为知识建立起一个能够用于经验上的规范。在这方面他又反对理性派。理性派那个规范完全是从形式逻辑里面推出来的。那么康德认为形式逻辑在有关对象的知识、在关于真理问题上是无能为力的,它必须建立它的先验逻辑。所谓先验逻辑,基本立场当然是理性派的,但是它是不忽视经验的。一切知识都从经验开始,没有经验,任何逻辑都没有用,包括他的先验逻辑。知性没有直观就是空的,直观没有概念就是盲的。这两方面都要结合起来。那么,在审美的领域里面也是这样。康德的眼睛里面盯着的就是这两派,一个是经验派,一个是理性派。在当时,经验派和理性派在美学方面争论也是非常激烈的。经验派也是否认在审美中有任何普遍必然的规律,他们认为审美和人们吃饭的口味是一样的,你觉得怎么样就是怎么样。你没有感到的你就不要说,那些都是空话;你感到了你也说不出来,你就自己欣赏就得了。你所写的那些美学批评、文学批评,艺术批评,都是你发的感慨而已,没有任何理论价值。这就是经验派的主张——当然不这么绝对,有的人还不那么彻底,还认为应该可以探讨一些规律性的东西,口味呀,鉴赏啊,还是有一定的规范。但是,这个规范的根据是什么,经验派总是找不到。有的把它归结为经验、习惯。像休谟就认为,我们要对一个东西做出正确的审美判断,那么我们就必须找一个人来,他是看过了无数的艺术品,他对鉴赏很有经验,他可以做出比较,他可以做出权威性的判断出来,那么我们就跟他。经验派用这样一种个人的欣赏口味作为标准,那显然是非普遍的,只是一种临时的标准。那么理性派和这一点相反,他们力图在概念中找到一个普遍规律,没有例外的规律。他们找到的规律,比如说完善。鲍姆加通就是讲的完善,感性所认识到的完善,以及感性本身的完善。完善是一个概念,所谓完善就是完备无缺、完满无缺。一个概念完全符合这个概念,那就是这个概念达到完善了。概念底下有很多经验的东西,如果概念全都包括了,那就完善了。这个完善的概念也是一个很抽象的概念,也是从古代和中世纪传下来的概念。再就是一些技术性的概念,像平衡呀,对称呐,这些形式的概念。那么康德在这方面有一种调和。一方面就是他的主观形式合目的性里面有更多的理性派的观点,理性派观点其实包含许多西方美学传统的古典主义审美原则。古典主义的审美原则从古希腊开始就有这个特点,他们比较强调形式,比较强调形式的和谐、关系,甚至数学比例。像古希腊的有些雕刻家,如玻吕克里特,认为人体就是一系列的数学关系,你按照严格的数学关系刻画人体,那么人体就是美的。这个黄金分割啊,这个文艺复兴以来发现的三角形的稳定性呐,构图怎么多样的统一呀,对比呀,对称呐,这样一些规律,都是形式主义的规律,这都是古典主义的美学最强调的。他们认为这就是美的本质。美的本质就在于这些形式,这些形式跟人的情感没有任何关系。花纹、图案,那有什么内容?什么内容也没有,它就是线条。但是那些线条很优美。从古希腊开始就有这种传说,说是两个画家比赛,看谁能画出最优美的线条,最流畅的线条。把线条本身的优美和流畅看作是美的最集中的体现,这个是康德非常强调的。但是在现实的审美中间,不可能是纯形式的,它肯定要有内容。所以康德就讲,纯粹美有的时候也变成附庸美,它附加了它的内容,就成了附庸美,它就有这个色彩呀形象呐情感呐等等非形式的东西、内容的东西加进来,那就是不纯粹了。含有目的的东西、合乎概念的东西,也是不纯粹的了。所以康德评价说,一个艺术品,它越是抽象越是形式化就越美。所以,他给艺术品划分的等级就是,像音乐这样的艺术是最低级的,因为它有最多的内容,最打动人的情感,使人感动,而这种感动也不具有普遍性。音乐的感受各个人是完全不一样的。那么在绘画和美术里面,他认为素描要高于色彩。素描是形式,色彩有刺激性。凡是有刺激性、带感官刺激的东西,他的评价,都是不太美的。所以,在这方面,康德倾向于形式主义,倾向于古典主义美学,倾向于理性派的审美标准。这是一个方面。但是,另外一方面,他也看到古典主义审美标准的不足。所以康德的审美有四个契机。第一个契机,可以看作是形式主义的,是无利害、无目的的合目的性。无目的的合目的性就是形式的合目的性。它完全是形式主义的。但是他第二个契机,非概念的合目的性。不要概念,这就反映出经验派美学的特点了,经验派美学就是反对概念。理性派美学就是强调概念,平衡呐,对称呐,黄金分割啊,这些都是可以用概念加以概括的美学标准,康德认为也是不适当的。他认为审美是没有概念的,它不依靠概念。不依靠概念靠什么呢?靠感觉。但这种感觉又不是一般的五官的感觉,或者"第六感觉"。经验派认为,五官感觉以外还有第六感觉,美感呐,道德感呐,生命感呐,都属于第六感觉,属于内感觉,康德也不同意,认为内感觉还是一种感觉,它也没有普遍性。所以康德从无概念的合目的性里面找出了一种感觉,那就是共通感——就是每个人都共通的、相同的那种感觉,先天相同的一种感觉。这就是美作为道德的象征的先天根据。在这方面他吸收了经验派的感性的思想,但是跟经验派又不完全一样。他跟理性派不完全一样,跟经验派也不完全一样。那么这个共通感有先天原则,它跟五官的感觉,比如说感觉到色彩的刺激呀,感觉到声音的刺激呀,情绪的波动啊,那是不一样的。它是一种普遍的鉴赏,人人都能够认可的,人同此心,心同此理。所以,他甚至于把鉴赏定义为:我们通过一个对象的形式来互相传达情感的活动。这样的能力就是鉴赏力。这个定义的本身就有两方面,一个是它的形式,它只着眼于形式;但是另一方面,用形式来负载和传达人与人的情感。所以,在这方面很难说康德的立场是在哪一边,他是把两方面他认为合理的地方都综合起来了,集两方面的合理之处,构成了他特有的美学。他的美学是比较宽广的,他超越了经验派和理性派。康德的美学具有非常大的容量,可以容纳各种不同的流派,一直到现在。当然,他也有局限性,比如他过分强调形式主义,但是从他的强调共通感,强调人的情感的传达这些方面,他可以容纳他的时代一直到现代派美学和艺术的各种各样的流派,它们都可以在他那里找到依据,都可以把它们装进去。当然要装进去,你必须要对它改造。康德当时所提出来的这样一个框架还要进行一番改造,把他那些不适应的东西、过时了的东西去掉。但是他的基本构架,我认为是非常合适的。今天的美学家们如果不读康德的美学,自己在那里构想一个东西,你很可能落入到他已经批判过的那些东西里面去。包括他对于审美标准、二律背反的那种解决方式,我觉得非常适合于当代的解释学美学、接受美学的。美学要不要有标准?要有。但是又不是一次性的,它是被不断地修改,不断地改写。随着人类情感的不断地扩展,美的标准也要不断地修改。不同的时代对美的标准有不同的选择,有不同的视野。当然这是后来的人可以从这里发挥的内容了。康德并不直接有这种思想,但是我们可以从里面发挥出很多东西出来。

提问二:判断力批判有一个先天原则"合目的性",而目的论判断力批判则没有先天原则,它是从审美判断力那里推过来的。这里是不是就蕴含着一种矛盾?到后来黑格尔就把这个目的论运用到社会历史上,认为人的社会历史发展有一个目的。刚才您也讲到,目的论本身就蕴含着进步的概念。这样到了黑格尔那里,再加上达尔文的进化论,进步的观念加上进化的观念,这必然推出进化史观。本身目的论批判没有先天性原则,从这里推出这么一系列的东西,是否必然就会发生教条?

答:黑格尔也不是教条,黑格尔的目的论不是诉之于外在的预先的一个框框,虽然最终还是这样的,但在他的具体论述中间,他的目的是靠人实现出来的。他是立足于人的自由之上,整个历史在黑格尔的心目中是自由意识的发展。自由意识从人类认识的早期,一步一步地发展,发展到他的时代,他认为自由意识就成熟了,所有以前的时代自由意识还没有成熟,都是处于一个发育的过程。发育到现在,成熟了,但他回过头来一看,所有的这些历史的合目的性一步步地进化,从低级到高级,都是由自由意识在里面起作用而导致的。潜在地起作用,虽然没有明确地意识到,但已经有这个意识在里面起作用。所以,他并不是独断地先把一个东西确定下来,而是已经发展到了这一步以后,回过头去,考察我们走过的历程,看它的本质是什么。逻辑和历史一致,在历史中间看到逻辑规律。是从历史当中找出来的,不是他预设的。所以恩格斯说黑格尔的思想有巨大的历史感做基础。他是从历史中找出他所谓的历史规律。所以就不能说他是独断地或者教条式地加给历史的东西。当然他有这一方面,就是说,当他发现了这些规律以后,最后他把这些规律归结为上帝,就是说,最后还是上帝预设好了的,上帝在《逻辑学》里面已经建立起了一个创造世界的蓝图,那么这个蓝图一步步通过自然界,通过人类社会,通过人的精神生活一直发展,发展到今天,我们就意识到自己的自由了。最后这个解释,你可以说是武断的。就是说,他的逻辑学从哪来的?那不是天上掉下来的吗?很多人这样批评他。康德批评独断论,就是批评他们假定一个前提,未经批判就这样来展开论证。那么从这个角度来看,黑格尔也有这个特点,也有教条主义的成分。但是这是他的很不重要的方面。我觉得他最重要的方面,就是对一些历史的本质规律的把握是划时代的,他以前从来没有人这样做过。他是"第一个想在历史中发现一种规律的人",这是恩格斯对他的评价。从来没有一个人想在历史中发现一种规律,想在人的自由活动里面,找到一种合目的性。自由活动中每个人按照自由意志做事情,你也不知道他,他也不知道你,人心隔肚皮,怎么会我们大家合起来就做出来一种有规律的、合目的的事情,能够导致社会发展,从低级到高级,这是很奇怪的。那么黑格尔的贡献就在于,他把这个事情讲清楚了。当然最终还是没有讲清楚,他是归结为绝对精神在里面暗中操纵了。但是他很多具体分析都把这个操纵理性的机智、理性的机巧,解释出来了,这很了不起。这种思想,其实在康德那里已经有了萌芽了。康德把整个自然界和人类历史都看成是合目的的,有一个从低级到高级的发展进程。这个观点是当时启蒙运动时代的普遍的观点。大家都认为今天比过去要好,只有卢梭认为今天不如过去,但是大部分人认为比过去要好。今天是理性,是启蒙,过去是愚昧,是黑暗,中世纪是黑暗和迷信。所以历史在不断地进步,人变得越来越聪明,社会变得越来越合理,这个是当时人的信念。那么康德呢,他的贡献就是,他指出这种信念不是人的主观的信念,而是有一种客观的"天意",在那里安排。好像有一种客观的天意。天意使得自然界安排得好像是以人为目的,而且是以人的道德性为目的。每个人都不自觉,但是当他在追求自己的利益的时候,他无形之中造成了整个社会的发展。康德的贡献就在这里,就是揭示出历史有一种合目的性的发展趋向。但是康德把这种合目的性理解为人的反思判断力,他认为这种判断力只是我们作为一个有道德的人,对自然界、对人类社会所采取的一种眼光。至于自然界和人类社会是不是有这种规律,康德是否认的。他认为人类没有什么规律,人类如果要说有规律,那就是自然科学的规律。一切规律,真正严格地说来,就是自然规律。所以人类在今天,你别看它已经发展到了如此高度的文明,它一夜之间可以倒退到野蛮去,倒退到原始人去。它之所以没有倒退,就应该算是一个奇迹了。我们应该把它看作是一种偶然的幸运,所以我们应该感谢大自然,也感谢上帝,要有感恩的思想。但是这种感恩思想也还是出于我们的眼光,我们是道德的人,我们不能不把自然界看成是向我们生成,向我们趋近,向我们的道德不断进步的这样一个过程。因为我是道德的人,所以我就要把自然界看作是合乎道德的,将来最终要趋向于终极目的,趋向于道德的。所以,康德把这种东西看作是主观的反思判断力的一种眼光。那么黑格尔就把这种眼光变成一种客观的历史理性。所以,何兆武先生翻译的那本康德的《历史理性批判文集》,这个名字我就不同意,我写过一篇文章[1],就是说,康德其实没有"历史理性"的概念,康德的概念是"天意",历史理性是黑格尔的概念。康德不认为历史中有一种规律,他只认为历史有一种反思判断力所看出来的一种合目的性。好像有一种合目的性,但实际上是没有的。这是康德跟黑格尔的一个差别,不要把它搞混了。现在很多人都非常关注康德的历史理性批判里面是不是讲了历史发展规律呀,其实完全搞错方向了。这是受何先生的误导。我在那篇文章里面做过一些分析。

提问三:人的能力是有限的,是无法把握一切事物的,而只能把其中一些作为既定的事实接受下来。然而在康德那里,理性作为一种调节性或者范导性的作用,是引导我们的知识迈向无限的。那么这其中是否蕴含矛盾?

答:这两者是有关系的。在《纯粹理性批判》的后面一部分,快结尾

---

[1] 参看"康德历史哲学:'第四批判'和自由感",载《哲学研究》2004年4期。

的关于方法论的那一部分,康德曾经谈到过理性和知性之间的关系,在人们认识的时候除了知性以外还要用理性,那么理性的作用在什么地方呢?理性的作用就发生在知性的能力把握不够的时候。对什么把握不够呢?就是知性知识把握具体的规律,这一条规律,那一条规律,而理性能够引导人的知性把握全部规律,把所有的规律看作是自然界的一个大系统。它设定了一个目标,就是说,你所把握的这些规律,对于宇宙整体知识来说都是微不足道的一小部分,你不能自满,你不能满足,你还要向这个规律的总体前进。这是理性的一种范导作用,它能够激励人的知性不断地向前发展,而且把世界看作是一个大系统。但是具体怎么看呢?理性并没有提供一种方法,理性只是提供一个目标、一个理念,在那里引导着人的知性前进。但具体如何才能前进,如何才能一步一步把整个世界看成是个大系统,这个就要靠判断力了。判断力能够在具体一个经验对象,它的各方面的知性规律太多无法把握的情况之下,把它看作是一个统一体,看作一个整体。而且,通过看作一个整体,它能够把自然界分成一些等级、一些类,有些规律是附属的,附属的在主要的规律层面上可以忽略不计。我们实际在科学研究中都是这样的。有些是偶然现象,我们把偶然现象可以忽略不计。我这个科学实验的误差在正负零点几之内就是可接受的,我这个实验就可以说是成功了,它的误差就在正负零点几之内嘛,我们就认为它是可以重复的,别的科学家按照这个方法也能够做出来。这个科学实验就可以说成立,这条定理就可以说被证明了。但是那些被忽略掉的东西本身也是有规律的,不过它们是处于低层次的规律。所以我们可把自然界的这些规律归结为一些层次,比如说基本粒子层次啊,原子层次啊,分子层次啊,细胞层次啊等等。我们在这些层次上面可以把其他更低的层次忽略不计。所谓忽略不计并不是把它们去掉,而是把它们看作是一个整体,看作其他规律是服从、从属于这个主要规律的。所以我们可以把自然界看成是一个一个的等级系统,这样,不断地向它的总体迈进。反思判断力起的是非常具体的这种作用,它也把自然界看成是一个合目的的体系,但是它跟理性是不一样的。理性是站在合目的性系统之外,为它设定一个理念来引导它,但是具体的工作它并没有做。知性如何能够向它趋近呢?知性如果没有反思判断力在里面起作用,它是迈不开步的,它只能就事论事。能够获得大量的经验知识,但是这些经验知识如何成为规律?这些规律之间有什么样的关系?规律与规律之间能不能归结,按照什么标准来归结?知性对此无能为力。知性只是把范畴运用于对象之上,得出一条规律,那就够了。但是如果有了反思判断力,就可以引导知性去力图把握尽量多的、越来越多的,但又是越来越统一的自然知识的合目的系统。在这个系统之中,有低级的,有高级的。无机物,那是最低级的。有机物更高级,它里面又有低级高级之分。更复杂的就是更高级的。机械力学是最简单的了,那么还有更加高级的,像电磁理论呐,光学呀,这些东西就比较高级一些了。然后进入到生物界,生物界的原生生物啊,植物啊,动物啊,最后到人。这样一些等级,种和类的关系,就把自然界显现为一个有目的的系统——这个我在后面还要讲到的,自然目的论——一切事物的存在都是为了促成最高的目的,就是人类,人类的文化。人类文化中的最高点,就是人的道德。所以康德自然目的论体系最后变成道德目的论。整个自然界都是为了人的道德而设置好了的,以道德为目的设置好了的从低级到高级的一个系统。所以,理性和判断力相互之间是有关系的,是不可分的,它们的作用都是一个,但是它们的作用层次不一样,理性设立理念,让知性去趋近于它,而反思判断力可以帮助知性去趋近于这个理念。所以它们在不同的层次上起作用,并没有什么矛盾。

第五讲　审美判断力批判(一):分析论

1　美的分析论

今天开始讲审美判断力批判。我们前面已经把《判断力批判》的导言逐字逐句地给大家讲解了。这个导言是最难的,所以要逐字逐句地讲。下面我们开始正式进入判断力批判的正文内容了。我们在后面采取逐节讲解的方式,只是在某些关键地方、难点,还是给大家作逐字逐句的讲解。这个内容首先就是审美判断力批判,其中尤其是对于美的分析部分,是判断力批判的奠基性的部分。其次还有崇高的分析部分,也很重要,在某种意义上甚至重要性不亚于美的分析部分。再就是先验演绎的部分,它延伸到谈艺术的部分。艺术问题虽然在康德本人并不是很重视,但客观上看也是康德美学中一个重要的内容。最后则是审美判断力的辩证论,它的篇幅比分析论小很多。

我们先来看看分析论这个部分,它包括了从第 1 节到第 22 节的内容,主要是阐述了审美的鉴赏判断的四个契机。这里,"鉴赏"一词用的是"Geschmack",这个词同时也有"口味"、"品味"、"味道"、"滋味"的意思,但康德用的通常是最高级的含义,即审美和艺术的"鉴赏"的含义。至于"契机"一词,原文为"Moment",有"因素"、"瞬间"的意思,这里指鉴赏中最关紧要的那些要素。那么,这些契机分为四个方面,它们是根据康德的范畴表而来的质、量、关系和模态四种契机。但与康德在《纯粹理性批判》中的范畴表不同的是,在那里量的范畴放在质的范畴之前,而在这里首先讨论质的契机,然后才讨论量的契机。为什么会这样?康德在"第一契机"的标题"鉴赏判断按照质来看的契机"之下作了一个注释,这个注释相当重要,它不但解释了什么是鉴赏,而且提到了上述量和质的颠倒。他说:<u>在这里成为基础的鉴赏的定义是:鉴赏是评判美的能力。但是要把一个对象称之为美需要什么,这必须由对鉴赏判断的分析来揭示。这种判断力在其反思中所注意到的那些契机我是根据判断的逻辑机能的指引来寻找的(因为在鉴赏判断中总还是含有对知性的某种关系)。在考察中我首先引入的是质的机能,因为关于美的感性判断[审美判断]首先考虑的是质。</u>可见,鉴赏就是"评判美的能力";"契机"则是对于"把一个对象称之为美需要什么"的回答,即一个对象之所以被称之为美,是由于它们包含这样一些契机,它们是审美判断力"在其反思中所注意到的";而这些契机是通过《纯粹理性批判》中的判断的逻辑机能表的指引来寻找的。之所以要通过判断的逻辑机能表来找,则是由于鉴赏判断是知性能力和想象力的自由协调活动,里面含有知性的作用,而知性是唯一能够给予这些活动以逻辑上的条理性的。最后,为什么要先讨论质的契机?"因为关于美的感性判断[审美判断]首先考虑的是质"。最后一句没有展开,有点语焉不详。我们来帮他解释一下。所谓"感性判断",原文为"das ästhetische Urteil",这个"感性的"(ästhetische)在康德第三批判中同时具有"审美的"含义,但它在希腊文中的原意就是感性的,与理性的相对。康德在《纯粹理性批判》中曾反对鲍姆加通把"Ästhetik"这个词用在"关于美的科学"上面,即理解为"美学",而把它限制于"先验感性论"这种认识论的领域,作为一种感性认识的科学来讨论。但在第三批判中他作了很大的让步,把这个词的双重含义都打通了来使用,就是承认可以用来讨论美的问题,但是同时又保持它的原来的含义,就是感性认识的含义。所以我们在译这个词的时候通常根据上下文把它翻译为"审美的"或"感性的",只是同时又在后面方括号内注明它的另一个含义。那么,为什么关于美的感性判断或者说审美判断首先要考虑质,而不像规定性的认识判断首先考虑量呢?康德这里没有说。但他前面讲反思判断力时说过,反思判断力和规定性的判断力不同就在于,它是从特殊上升到普遍,而不是从普遍来规定特殊。特殊在这里就是感性。所以,认识判断首先要考虑量,即使是质也要把它归结为"内包的量",即"程度",这是定量化的自然科学所要求的。但自然科学在把质归结为量或程度时,舍弃了大量的不能量化的东西,也就是那些没有认识论意义的东西,而这些东西在审美判断中恰好是应该考虑进去的。所以,审美判断首先要考虑质,它就是要完整地就感性的质本身来考虑质,不为认识而舍弃任何东西,而是就它们本身的特殊性来寻求普遍原则。这就是为什么在第三批判中要颠倒量和质的次序的原因。

现在我们来看看他的第一契机,这个契机包括前面5节。他在**§1. 鉴赏判断是审美的**一节中,首先就把鉴赏判断规定为是感性的(审美的),也就是说,鉴赏是与我们主体的愉快或不愉快的情感相关的,就此而言,它与对客观的认识没有任何关系。认识中的感性经验在规定性的判断力中可以得出逻辑的判断,而与情感这种感性成分相关的判断则"总是感性的[审美的]",因为它们永远不可能成为认识的要素。这就首先确定了鉴赏判断注定只能是感性的、情感的判断,它与主观中的愉快和不愉快的情感相关。接下来,**§2. 那规定鉴赏判断的愉悦是不带任何利害的**,则进一步对审美这种感性的愉快作了限制,就是说,它不是任何一般的感性愉快,而是"不带任何利害的"感性愉快。这一限制非常重要,由此产生出一个美学上的流派,即后来布洛等人提出的"审美距离说"。所谓审美距离,也就是和所谓"利害"保持距离。"利害"这里是"Interesse",在德文中有"利害、利益、兴趣、关切"等等含义,很不好译。我们在这里凡涉及到欲求能力的时候,比如涉及到快适或者是善的时候,都译为"利害"。快适和善无疑都是能够带来愉快的,但是它们都和利害结合在一起,而利害则和一个对象的实际存在是分不开的。所以被称之为利害的那种愉悦,我们是把它与一个对象的实存的表象结合着的。这个实存的表象,通常我们就叫做"目的"。而康德后面明确提出,鉴赏是"无目的的"。康德随即从鉴赏的这种无利害、无目的性得出了一个真知灼见,就是如果人类仅仅从实用的眼光来看待一切的话,他们就不会有审美这么回事,例如,如果我身处一个无人居住的岛上,没有任何重返人类的希望,即使我能单凭自己的愿望就变出一座华丽的大厦来,我也不会为此哪怕费这么一点力气,如果我已经有了一间足以使我舒适的茅屋的话。卢梭由此而认为艺术和审美完全是一种没有用处的奢侈浪费,甚至是人类道德的堕落。但康德并不同意这种结论,他要把艺术和审美的这种无功利性引向一种更高的道德眼光,也就是为人类的道德意识的觉醒作准备。因为审美鉴赏是超功利的,每个人都必须承认,关于美的判断只要混杂有丝毫的利害在内,就会是很有偏心的,而不是纯粹的鉴赏判断了。但这种"无利害"的鉴赏判断却能够向"有兴趣"的道德判断靠拢。对此我们可以看看这一节的末尾康德的一个注释:对于一个愉悦的对象所作的判断可以完全是无利害的(uninteresiert),但却是非常有兴趣的(interessant),就是说,它并非建立在任何利害之上,但它却产生某种兴趣;一切纯粹的道德判断就是这类判断。但鉴赏本身甚至也完全不建立任何兴趣。在德文中,形容词"interessant"和"interessiert"(及其名词化的 Interesse)虽然几乎是同义词,但却有一点细小的区别,就是"interssant"更偏重于"兴趣、关切",而"interessiert"和"Interesse"更偏重于"利益、利害"。所以在康德这个注释中,他可以说纯粹道德判断是完全无利害的,但却产生某种兴趣或关切。

因为在康德看来，纯粹道德应该是"为义务而义务"，没有一点利害考虑，但作为一种实践行为，肯定还是要考虑行动的实行和要达到的目的的，而这个目的是要求实存的。而鉴赏本身则连这种目的都没有，因此也"完全不建立任何兴趣"，就此而言，鉴赏判断和道德判断是不同的。但既然鉴赏摆脱了一切利害考虑，它也就为道德判断扫清了障碍，在这点上它与道德判断又是接近的。

第3、4两节对带有利害的愉快，即"快适"和"善"的愉快进行了分析，以便和鉴赏的无利害的愉快进行对比。**§3. 对快适的愉悦是与利害结合着的**，康德为"快适"下的定义是：<u>快适就是那在感觉中使感官感到喜欢的东西</u>。这里他区分出"感觉"（Empfindung）的双重含义，即认识性的感觉和情感性的感觉，前者是"客观的感觉"，后者是"主观的感觉"，也就是"情感"（Gefühl）。其实这两个德文词本身都具有客观和主观的双重含义，但在康德这里他通常把"Empfindung"用于感性认识上的含义，而把"Gefühl"用于情感上的含义。而在其他人，比如黑格尔那里，则更多地把"Empfindung"用于主观情感上的含义，而把"Gefühl"用于客观认识上的含义。德文中这两种含义往往纠缠不清。但在康德这里，他自己是分得很清楚的。快适就是主观感觉上的令人愉快，并且不但如此，它还产生了"爱好"（Neigung），激起了欲望，引发了对那个对象的实存的追求。所以快适是与利害直接结合着的。另外一种愉快则是间接与利害结合着的，这就是"善"的愉快。**§4. 对于善的愉快是与利害结合着的**，但与快适不同，善（das Gute，即"好"）是间接的结合，它要考虑达到有利的、好的事物的手段，因而掺杂了理性的考虑。快适则没有这些考虑，而是直接使人愉快的，例如吃一顿美味直接就令人舒服，但从营养学的和养生学的角度说也许并不会带来好的后果，因而并不是"善"。就愉快的直接性这方面而言，快适比善的愉快更接近于鉴赏。但快适和善的共同点就在于和对象上的利害结合在一起,它们构成三个阶梯:快适是直接的结合,善是间接的结合,而最高的善,即"那绝对的、在一切意图中的善,也就是带有最高利益的道德的善",也会"对它的存有具有某种愉悦感、即对之感到某种兴趣"。这是这一节的最后一句话,我们可以注意这里讲的道德的善带有"最高利益",这也就是前面那个注释里讲的"兴趣"(Interessant)了。道德的善属于善里面的最高等级,但它仍然和那些实用的、功利的善一起,属于善的范围。但所有这些利害、利益和兴趣,都和鉴赏无关。

第5节,§5. 三种不同特性的愉悦之比较,点明快适和善二者都具有对欲求能力的关系,其中快适是"病理学上的"(pathologisch),也就是生理学上的,可以通过各种仪器测量出来的;善的愉悦则是"带有纯粹实践性的"、具有明确的目的性的。至于鉴赏,则只是静观的,它既没有目的,也不是建立在任何概念之上。快适对于动物也适用,美只适用于人类,而善则是一般地对任何一个有理性的存在物都适用的,例如在感性上与人类完全不同的外星人,以及上帝、天使等等,都适用于善,因为他们都要考虑目的和手段的关系,乃至于道德关系。所以比较起来,在所有这三种愉悦方式中唯有对美的鉴赏的愉悦才是一种无利害的和**自由的**愉悦;因为没有任何利害、既没有感官的利害也没有理性的利害来对赞许加以强迫。这里把鉴赏的无利害和"自由"挂起钩来了。但这里的自由显然只是自由的"愉悦",即一种自由感。所以尽管康德把道德律称之为自由意志的自律,他在这里却说:凡是在道德律发言的地方,关于什么是该做的事客观上就再没有任何自由的选择,这里的"自由的选择"当然不是指丧失了自由意志,而是指使自己的意志在客观上受制于道德律,而不去追求那种自由的愉悦。最后,康德总结从第一契机推得的美的说明是:鉴赏是通过不带任何利害的愉悦或不悦而对一个对象或一个表象方式作评判的能力。一个这样的愉悦的对象就叫做美。这里"美"(schön)是形容词,严格说应该译作"美的",它的名词化"das Schöne"才应该译作"美"。总之,第一个契机就是说明鉴赏和美是无利害的愉悦。

第二个契机是"鉴赏判断按照其量来看的契机",它包含有4节,即第6—9节。先看第6节:**§6. 美是无概念地作为一个普遍愉悦的客体被设想的**。康德说这可以从第一个契机中"推出来",因为既然美的愉悦是无利害的,所以没有私人的利害阻碍它可以成为他人共享的愉悦。这一推导在事实上并不十分令人信服,是否凡是无私的愉悦就一定是人类共同的愉悦,这里头看不出什么必然性。审美上的千差万别甚至完全对立,也可能不是由于个人利害关系不同造成的。不过康德这里不是从事实上来说的,而只是从可能性和必然性上来说的,即既然没有利害冲突,我们就可以指望人类的鉴赏日益走向一致。他以此来解释我们为什么习惯于把美看作是客观事物的属性:<u>于是他将这样来谈到美,就好像美是对象的一种性状,而这判断是(通过客体的概念而构成某种客体知识的)逻辑判断似的</u>。康德认为,人们要把美视为客观事物的属性,这并不说明美就真的是客观的,而是透露了一个信息,即人们借助于这种"客观"的说法其实是在要求一种主观的普遍性。这种主观普遍性好像是通过大家共同承认一个客观事实来达成的,而其实是通过一种先天的共同情感而导致的。所以这个第二契机应该和后面的第四契机、即关于"共通感"的契机结合起来看,它的主题就是鉴赏判断的共同性不是由概念造成的客观普遍性(如同认识活动中那样),而是由情感造成的主观普遍性。下面第7节:

§7. 按上述特征把美和快适及善加以比较。简单说来,就是说快适是根本没有普遍性的,"口味面前无争议";而善的愉快虽然有普遍性,但却是通过概念来达到的。这两种情况都与鉴赏的场合不同。鉴赏虽然没有概念,但却"要求别人赞同他",如果别人做出了不同的判断,他就会责备他们,认为他们缺乏品味。这种要求不是来自于概念,而是来自于情感本身的先天原则。快适则没有对别人的这类要求。所以，**§8. 愉悦的普遍性在一个鉴赏判断中只表现为主观的**。这是康德预计最容易引起争议的话题，但却具有本质的重要性。他说：在一个鉴赏判断里所能碰到的、对审美判断之普遍性的这一特殊规定，是一件虽然不是对逻辑学家、却是对先验哲学家很值得注意的事，它要求先验哲学家花不少力气去发现它的起源，为此也就要求揭示我们认识能力的某种属性，这种属性没有这个分析将仍然停留在未知之中。鉴赏愉悦的主观普遍性不是一个逻辑学的话题，而是一个先验哲学的话题，因为它植根于人类情感的共通性，这种共通性表现为一种认识能力即判断力的"某种属性"，也就是反思性。判断力这种认识能力能够从对象上反思到主体自身的某种先天根源，而这正是先验哲学家所要探讨的问题，即鉴赏何以可能？鉴赏这种主观感性的愉悦何以可能又是普遍的？只有先验哲学能够揭示出这种可能性的条件，这就是人们先天具有的共通感。它使我们的鉴赏愉快能够超出私人的感觉和私人判断的个别性，而扩展到全人类，至少使这种扩展成为每个鉴赏者的一种自发的倾向，一种尽管常常遭到拒绝、但却总是必然提出的要求。而这种要求并不依赖于逻辑的证明，它依赖于一个"普遍同意"的理念，也就是后面要讲到的"共通感"的理念。但在这里还没有提出这个理念，康德在这里卖了个关子。最后第9节：**§9. 研究这问题：在鉴赏判断中愉快情感先于对象之评判还是后者先于前者**。康德强调说：解决这个课题是理解鉴赏批判的钥匙，因此值得高度注意。为什么这么说？因为如果情感先于对象之评判，那这种评判就不会有普遍性，或者说普遍可传达性，鉴赏就和一般快适没有什么区别了。但鉴赏的愉快是一种先验的愉快，必须为它找到先天的基础，这才能纳入到先验哲学的范围内来考查，否则就只是心理学的研究对象。可见这正是康德的第三批判的切入点，他是由于在晚年发现一切感性的愉快中有一种愉快是具有先验基础的,这才想到在两大批判之外再建立第三个批判。所以他提醒我们要高度注意这个问题,就是注意鉴赏判断的先验条件问题,这是第三批判成立的根据。所以,正是被给予的表象中内心状态的普遍可传达性,它作为鉴赏判断的主观条件必须为这个判断奠定基础,并把对对象的愉快当作后果。康德由此把鉴赏和人的认识能力联系起来了,因为,可以被普遍传达的不是别的,而只是知识和属于知识的表象。当然这里讲的不是真正的知识,而只是"属于知识的表象",即反思性的判断力。反思的判断力使得我们的各种"表象力"处于这样一种相互关系的"内心状态"中:由这表象所激发起来的诸认识能力在这里是处于自由的游戏中,因为没有任何确定的概念把它们限制于特殊的认识规则上面。所以内心状态在这一表象中必定是诸表象力在一个给予的表象上朝向一般认识而自由游戏的情感状态。这就是知性和想象力之间的自由游戏活动,它由于其自由畅达而伴随着愉快的情感。这种作为"自由游戏的情感"的内心状态就是鉴赏判断的规定性根据,但它本身是由诸认识能力、即想象力和知性的自由协调活动所引起的,而只有这种属于认识、但却并不真正用于认识的表象才是唯一对每个人都有效的。想象力和知性的协调在认识活动中也是被普遍要求的,例如我们在做一道几何习题或物理学习题时,也要调动我们的直观能力和知性能力,使它们协调活动。老师在讲解这道习题的时候,也已经把这种协调传达给了我们。即使在那里这种协调是统一于一个概念之下,因而不是自由的而是必然的,但却已经表明认识能力的这种协调是普遍可传达的。因为我们意识到这种适合于某个一般认识的主观关系正和每一种确定的知识的情况一样必定对每个人都有效,因而必定是普遍可传达的,因此,诸认识能力的自由协调活动也一定是能普遍传达的。因为每个人都同样有这样一些认识能力,也都能判定它们的活动是否协调;这种判定一旦做出,它就必然引起审美的快感,而这愉快也必定是普遍可传达的。正因为审美愉快的普遍有效性是基于主体判定对象时的主观条件的普遍性之上的,所以它有其先天根据,而不只是心理学的经验现象。

当然另一方面,这种先天根据也不是由概念,而是由感觉而生动活泼地表示出来的,这种先天的普遍性离不开主观的情感。所以我们意识到这种协调活动也不是通过智性和概念,而是通过愉快的情感,<u>所以那种关系的主观统一性只有通过感觉才被标明出来</u>。所以第二契机的结论是:<u>凡是那没有概念而普遍令人喜欢的东西就是美的</u>。简单可以概括为:美是无概念的普遍愉快。

鉴赏判断的上述两个契机都基于一个共同的机制,即通过审美愉快而发现自己是自由的,并由此而指向人类本性中某种共同的、普遍性的先天条件。因此美感虽然是个人主观的,但却具有社会普遍性,是"可以"和"应该"传达给别人的。这鲜明地反映出康德考虑美学问题是立足于"先验的"高度,并猜测到了美感与人的社会性本质的必然联系。但必须指出,康德在这里提到的"自由的游戏",既不等于思辨理性中"先验自由"的理念,也不等于实践理性中的"实践自由",而是表现于人的情感活动中的经验性的自由,即自由感。康德作为一个先验论者历来都反对伊壁鸠鲁的经验论幸福主义,但在这里,为了调和他自身的矛盾,他不得不对幸福主义做出某种让步。即便这样,康德却仍未真正实现他的过渡,因为个人自由的快感只不过是对道德自由的"类比"或"象征"。不过毕竟,这两个契机对美感性质的分析使美与快适、善以及认识都明确区分开来,具有了自己独特的研究范围,并具有了在情感方面的"构成性原则",这是康德美学一个极重要的贡献,它提供了美学从其他学科中独立出来的根本依据,使美学走上了真正独立发展的道路。所以我们说,康德才是作为一门独立学科的美学的真正创始人。

第三契机是篇幅最长的一个契机,有 8 节,即从 10 到 17 节。这一契机是:鉴赏判断按照它里面所观察到的目的**关系**来看的契机,属于关系范畴。但这里既不是实体关系,也不是因果关系,又不是交互关系,而是目的关系。目的关系比具体的目的(Zweck)要更广泛,它称之为"合目的性"(Zweckmäßigkeit)。凡是目的肯定是合目的性的了,但是一般合目的性不一定有具体的目的,这是康德特意区分开来的两个概念,也是把审美判断力批判作为目的论批判建立起来的一个基础。那么,什么是合目的性呢?所以在这一契机中,一开始康德就结合目的性作了一种严格的规定。**§10. 一般合目的性**。一般合目的性的规定是与对目的的规定联系在一起的。我们在前面"导言"部分的第Ⅳ节末尾也看到过康德对这两个概念的规定:"既然有关一个客体的概念就其同时包含有该客体的现实性的根据而言,就叫做目的,而一物与诸物的那种只有按照目的才有可能的性状的协调一致,就叫做该物的形式的合目的性;那么,判断力的原则就自然界从属于一般经验性规律的那些形式而言,就叫做在自然界的多样性中的自然的合目的性。"(第 15 页)[1]这段话我们前面有逐字逐句的解释,大家可以去参看。简单说,所谓目的,就是一个客体的概念同时就包含有该客体的现实性的根据,也就是该客体是根据它的概念而实现出来、而成为现实的,我们就说这个概念是这个客体或对象先定的目的,如一个产品的概念就是这个产品先定的目的,而这个产品就是按照这个概念实现了的目的。而合目的性呢,就是在这种关系中的协调性,目的关系中各种成分之间的协调性。"形式的合目的性"则是哪怕抽掉这个目的,抽掉这个具体的目的概念,让它只有一种可能性,这些成分仍然表现

---

[1] 凡不加注明的括号内的页码,都引自康德《判断力批判》,邓晓芒译,杨祖陶校,人民出版社 2002 年版,2005 年第 8 次印刷。

出这种协调性。这是康德在导言里面已经说过的。那么我们来看看他在这里说的。如果我们想要依据先验的规定（而不以愉快的情感这类经验性的东西为前提）解释什么是目的：那么目的就是一个概念的对象，只要这概念被看作那对象的原因（即它的可能性的实在的根据）；而一个概念从其客体来看的原因性就是合目的性（目的的形式）。可以看出，康德这里说的和前面说的是完全一致的。不同的是，这里强调"要依据先验的规定"，"而不以愉快的情感这类经验性的东西为前提"，来进行解释。为什么要强调这一点？按照上一节即第9节的说明，这很好理解，就是康德想要先于愉快的情感而对目的和合目的性作一种先验的规定，从而使他的合目的性不是局限于心理学，而是上升到先验哲学。审美判断力批判属于先验哲学，即关于鉴赏判断何以可能的先天条件的学说，而不是就快感来谈快感。当然，从这样一个先验的层次上，我们也就可以把这样规定下来的目的和合目的性推广运用到目的论判断力批判上去，指导那种与愉快情感无关的自然目的论观点，使它成为整个《判断力批判》的基本原则。这里还引入了一个"原因性"概念，也就是亚里士多德的"目的因"概念，但这点在导言中那段话中已经包含着了，那里的表述是"包含有该客体的现实性的根据"，这种根据当然也就是原因性了。如康德接下来说的：结果的表象在这里就是该结果的原因的规定根据，并且先行于它的原因。目的因与机械作用的原因不同的地方就在于此，就是结果的表象先行于原因，即先行于亚里士多德的"致动因"。我先要达到一个什么结果，有了一个目的表象，然后才发动起来去争取这个结果，这就是目的活动，或者实践活动。马克思也说过，在劳动过程中，劳动所要达到的结果已经预先存在于劳动者的头脑里了，不过是以观念（或表象）的方式存在着。康德认为，只有从这种先验的立场，我们才能顺理成章地解释由此所带来的愉快和不愉快：这种原因性贯彻下来了，就引起愉快的情感，受到阻碍则引起不愉快的情感。

这一节的第二段说明,现实的合目的性行为就是有目的的意志行为,但是我们也可以没有任何意志和目的而把一个过程看作是合目的的,虽然这种合目的性肯定是要由某个意志或目的来解释才有可能的,但我们只着眼于它的合目的性形式。所以<u>合目的性可以是无目的的,只要我们不把这个形式的诸原因放在一个意志中,而我们却毕竟能使对这形式的可能性的解释仅凭我们把它从一个意志中推出来而被我们所理解</u>。就是说,我们凭某种意志理解了一种合目的性,但我们又不把它放在意志中,而仅仅考察它的那种好像趋向于一个目的一样的形式,这是有可能的。当然,这是"通过反思而看出的合目的性"。这样一种"无目的的合目的性"的界定就为下面的讨论奠定了基础。

§11. <u>鉴赏判断只以一个对象(或其表象方式)的合目的性形式为根据</u>。上一节是比较困难的,这一节就明白多了,无非是回到第9节的主题。就是说,鉴赏判断的愉快要以先天的合目的性形式为前提。它既不是立足于主观经验的目的,也不是基于任何客观的表象,如善的概念、认识的概念,而是立足于这样一种主观普遍性:<u>能够构成我们评判为没有概念而普遍可传达的那种愉悦,因而构成鉴赏判断的规定根据的,没有任何别的东西,而只有对象表象的不带任何目的(不管是主观目的还是客观目的)的主观合目的性,因而只有在对象借以被给予我们的那个表象中的合目的性的单纯形式,如果我们意识到这种形式的话</u>。"主观目的"就是快适的目的,"客观目的"就是善的目的,它们都是涉及利害的。我们从"对象借以被给予我们的那个表象中",也就是从任何一个对象的表象中,撇开这个对象的实存,而只着眼于它的"合目的性的单纯形式",这就是鉴赏判断的规定根据。所以下面一节接着就说:**§12. <u>鉴赏判断基于先天的根据</u>**。首先鉴赏的愉快和不愉快不可能与它的前提形成一种因果关系,因为那将会是一种经验性的关系。康德在这里举出了《实践理性批判》中关于道德情感即"敬重感"的例子来作对比,说明两者的情况类似,即敬重感也不是自由意志这个原因性的结果,而就是自由意志的内心状态本身,或自由意志在内心状态中的直接体现。只有一种情况,即"只是当作为某种善的道德的概念应先行于由规律所作的意志规定时",才必须假定愉快的情感是自由意志的结果。康德在这里暗示的是他的"至善"概念,也就是德福一致的概念,它是由上帝和来世保证的,只有在那种情况下我们才可以借这种保证而假定道德意志会带来与德行相称的幸福和愉快。但绝不能把愉快"从这个单单作为认识的概念中推导出来",那是"白费力气"的,因为愉快产生的原因在这种情况下必须考虑到意志行为,而不单是认识的概念。那么与道德意志的这种情况相比,在审美判断的愉快中也有类似的方式:只不过这种愉快只是静观的,而不产生对客体的利害,相反,在道德判断中的愉快则是实践的。所以在对象的表象那里,对主体诸认识能力的游戏中的形式的合目的性的意识就是愉快本身,这正如道德中的敬重感其实就是自由意志的内心状态本身一样。所以,正如在《实践理性批判》中,敬重感构成道德的"动机"(Triebfeder),它背后是自由意志的"动因"(Bewegsgrund)一样,上述形式的合目的性意识在一个审美判断中包含有主体在激活其认识能力方面的活动性的规定根据,因而也包含这种愉快作为诸认识能力的某种内部的原因性(这种原因性是合目的的)的活动,即保持这表象本身的状态和诸认识能力的活动而没有进一步的意图。所以鉴赏愉快是能动的、但又是没有目的的,而只是"流连于美的观赏"中。这和那种感官刺激的愉快即快适有类似之处,即都是直接感到的,没有什么目的设计和理性手段的介入,"但究竟是与之不一样的",即鉴赏是主动的而不是被接受的,是先天的而不是后天经验的。

下面§13.**纯粹鉴赏判断是不依赖于刺激和激动的**，正是接着上面的话头进一步展开讲鉴赏和快适的感官刺激之间的区别。康德在这里强调"纯粹鉴赏判断"是"不受刺激和激动的任何影响"，而唯一地"只以形式的合目的性作为规定根据的"。他并不否认刺激和激动常常对鉴赏判断的普遍愉悦有贡献，但他认为不能因此就用它们来冒充为美，把它们的质料冒充为形式。否则，一种不纯粹的鉴赏判断以刺激和激动为尺度，"它就永远还是野蛮的"。接下来在§14.**通过例子来说明**中，康德举了许多例子，如单纯的颜色、声音，在绘画和音乐中是具有刺激性的，但是它们之所以对于美的鉴赏有贡献，还是因为它们的纯粹性表现出一种均匀的形式。还有装饰、建筑、园林等等，都是这个道理，即必须将杂多统一为单纯的形式才能达到鉴赏的要求，在这方面康德是力主形式主义美学原则的，因为只有普遍的形式才能造成愉快情感的先天的普遍传达，而内容或质料的驳杂则导致审美判断的不一致，而降格为后天感官的刺激了。这一节可以看作第13节的附释，它的矛头是指向经验派美学的。

下面：§15.**鉴赏判断完全不依赖于完善性概念**。这又是从另一头来澄清鉴赏判断的特点。前面两节是讲鉴赏不同于快适的刺激，这一节，以及下面一节，则是讲鉴赏不同于善。与鉴赏的主观形式的合目的性不同，善是一种客观的合目的性，它分为两个层次，一个是外在的有用性，一个是内在的完善性。人们很容易把有用性和鉴赏区别开来，但不容易把完善和鉴赏区别开来，例如莱布尼茨就把美等同于完善，而且是对完善的一种"含混的思维"，因为它含有感性的因素；他认为如果是纯粹的完善，那就完全不用感性，而单凭理性的概念和逻辑就可以把握了。康德在这里的矛头是指向理性派美学的，他指出，美这种"一物表象中的形式的东西"根本没有使我们认识到任何客观的合目的性，相反，<u>在直观者内心剩下来的就只是表象的主观合目的性</u>，例如我在森林里看见一个周围环绕着树木的草坪,我用不着设想任何客观的目的,如可以用来开一个乡村舞会之类,我也可以感到美;但要认识到完善性,没有这类客观目的是不可能的。理性派的完善概念自以为是单纯形式的、无目的的、但却仍然是客观的合目的性,这是自相矛盾的。他们的错误在于把鉴赏等于一种含混的认识,从而把审美判断(感性判断)归结为一种逻辑判断了。审美当然也包含有知性,但它却毕竟不是作为对一个对象的认识能力,而是作为按照判断的表象与主体及其内部情感的关系而对判断及它的表象(无须概念而)进行规定的能力来隶属于此的,如果这种判断依照某种普遍规则是可能的话。这就把审美鉴赏和一种对完善的知识完全区别开来了。

§16. **使一个对象在某个确定概念的条件下被宣称为美的那个鉴赏判断是不纯粹的。**这一节是继续扩大上一节的战果。就是说,康德从上述有关鉴赏判断和完善性概念的区分中,建立起了纯粹的"自由美"和依附性的美的区分,前者不以任何有关对象应当是什么的概念为前提;后者则以这样一个概念及按照这个概念的对象完善性为前提。当然,康德并不否认这些依附性的附庸美的意义,他只是要先把纯粹的鉴赏判断限定清楚,然后再把那些不纯粹的鉴赏判断覆盖上去,这样来构成整个鉴赏判断的层次清晰的领域。但这样一种单纯就形式来看的自由美实在很难找到具体的例子,康德勉为其难地找到一些,如自然界的花朵、一些鸟类的羽毛,一些海洋的贝类,以及装饰艺术和无标题音乐等等。而一旦涉及到比如说一匹马、一个人、一座教堂的美,那就都带有概念和目的了。所以不仅快适与美的结合妨碍美的鉴赏的纯粹性,善或者完善概念与美的结合同样造成了对鉴赏判断的纯粹性的损害。因为对美的愉悦是这样一种愉悦,它不以任何概念为前提,而是和对象由以被给予(而不是对象被思维)的那个表象直接结合在一起的。不过,康德也承认审美的愉悦和建立在完善概念之上的"智性的愉悦"之间有协调一致的可能,由此也可以导致一种很高的美,尽管是一种依附的美。它可以使我们在纯粹美和完善概念这两方面都得到很大的收获,也可以利用鉴赏的主观普遍性来作为完善的客观普遍性的工具。但真正说来,这两方面只能并行而不能互相促进,这是不容混淆的,否则就会互相妨碍。所以从自由美和依附美的不同立场我们可以对同一个鉴赏对象做出不同甚至对立的审美判断,但双方的争论只是由于没有将这两种美划分清楚的缘故,其实相互之间并没有矛盾。

下面一节则是专门来探讨那种依附的美的极致,这就是:§17. 美的理想。这个问题的探讨首先是由鉴赏的标准或规则引起的。康德认为,我们不可能通过概念来为鉴赏规定什么客观的规则,而只能在审美感觉的普遍可传达性中看出某种一致性,这就是那个经验性的、尽管是微弱的、几乎不足以猜度出来的标准,它体现在某些"典范性"的鉴赏作品之上。典范不是供人模仿的,而只是示范,它诉之于欣赏者自己的创造力。而最高的典范,即鉴赏的原型,只是一个理念,每个人必须在自己心里把它产生出来,他必须据此来评判每个人的鉴赏本身。不过,理念(Idee)只是一个理性概念,它是永远也不能在一个具体的感性形象身上体现出来的,只有"理想"(Ideal)才能做到这一点。因为理想意味着一个单一存在物、作为符合某个理念的存在物的表象。因此那个鉴赏原型固然是基于理性有关一个极大值的不确定的理念之上的,但毕竟不能通过概念、而只能在单个的描绘中表现出来,它是更能被称之为理想的(第68页)。理念和理想的区别在于,一个是抽象的概念,即一个无限性或极大值的概念;另一个是具体的个体形象,这在《纯粹理性批判》中就说明了。康德曾经把灵魂和世界整体都叫做"理念",唯独把上帝叫做"理想",就是着眼于上帝的个体性。而在审美的(感性的)理想中,康德特别强调的是它依赖于描绘能力即想象力,因为它应当是一种感性的个体性。那么,这种理想是一种什么样的美呢？康德认为，美的理想必定是依附的美，而不是自由的美，因而必定不属于一个完全纯粹的鉴赏判断的客体，而属于一个部分智性化了的鉴赏判断的客体。进一步说，美的理想也不是一般的美的事物，而只能是人。只有那在自身中拥有自己实存的目的的东西，即人，他通过自己规定自己的目的，或是当他必须从外部知觉中拿来这些目的时，却能把它们与本质的和普遍的目的放在一起加以对照，并因而也能审美地评判它们与那些目的的协调一致；因而只有这样的人，才能成为美的一个理想，正如唯有人类在其人格中，作为有理智者，才能成为世间一切对象中的完善性的理想一样（第69页）。换言之，审美理想就是人，具体说，就是美的人体。但这个人体不是单纯的肉体，而是结合着各种智性概念如目的和人格的完善性概念的人体。

而在这种美的理想身上也体现出两方面的标准。一个是"审美的规格理念"，即从动物种类发育的角度对人体的一个评价标准：畸形的身体肯定不美，只有那符合人体的平均值的身体才可能是美的，这可以说是一个消极的标准。所以康德在这里的一个注释中说，一个完全合乎规则的面孔通常也表明其内心是一个平庸的人。当然完全合乎规则也是不可能的，不同民族的人种具有不尽相同的规则，所以这种统一的规则也只能是一个"理念"。另外就是"理性的理念"，它涉及到人类的那些抽象的目的，特别是人类的"道德性"，舍此，该对象就不会普遍地而又是为此积极地（而不只是在合规矩的描绘中消极地）使人喜欢。例如灵魂的善良或纯洁，坚强或宁静等等，它们仿佛在身体的表现（作为内心的效果）中变得明显可见；这就需要那只是想要评判它们、更不用说想要描绘它们的人，在内心中结合着理性的纯粹理念和想像力的巨大威力（第72页）。所以，美的理想最重要的是要对道德性的概念有所暗示和象征，这才会被人们当作"完善"的典范来推崇。但无疑，这样一种理想也不是康德所说的纯粹鉴赏判断或"自由美",而只是依附性的美。康德之所以提出这个话题,只是为了突出他的纯粹鉴赏判断的特定含义,即它必须没有任何目的,哪怕是道德上的完善的目的,而纯粹是形式上的"无目的的合目的性"。

所以他的"从第三个契机推出的美的说明"是:<u>美是一个对象的合目的性形式,如果这形式是没有一个目的的表象而在对象身上被知觉到的话</u>。简言之,美是无目的的合目的性形式。这个契机可以和第一个契机结合起来看,即所谓"无利害的愉快",它们讲的其实是一回事,一个是从"质"的方面讲,一个是从"关系"来讲。

第四契机是:<u>鉴赏判断按照对对象的愉悦的模态来看的契机</u>。从标题上看不出他要讲什么,只是为了适应他的四类范畴的框架而提到"模态"。其实就是讲鉴赏判断的愉悦的普遍性有什么必然性,其必然性根据何在。他的回答是:在先天的"共通感"。这一契机中整个谈的都是共通感。但问题是由必然性模态引出来的。所以他首先讨论的是:**§18. 什么是一个鉴赏判断的模态**。鉴赏判断的模态就是审美愉悦的必然性。但这种必然性并不是认识的必然性,即认识到别人必然也会感到愉快,也不是实践的必然性,即实践目的的达成必然使人的自由意志感到畅通无阻的愉快;相反,这种必然性作为在审美判断中所设想的必然性只能被称之<u>为典范性,即一切人对于一个被看作某种无法指明的普遍规则之实例的判断加以赞同的必然性</u>。就是说,鉴赏判断必然会通过典型的示范而向别人寻求赞同,而且我们都相信能够获得这种普遍赞同。这就是鉴赏判断的普遍性本质上所具有的主观必然性。然而,**§19. 我们赋予鉴赏判断的那种主观必然性是有条件的**。审美愉快的普遍必然性既不能通过逻辑证明,也不能通过强制,又不是从经验的偶然性中总结出来的,那么它一定有它自己特有的先天条件。<u>人们征求着每个别人的赞同,因为人们对此有一个人人共同的根据</u>。那么这个共同的根据是什么?**§20. 鉴赏判**

断所预定的必然性条件就是共通感的理念。这就绕到了他真正想说的话题上来了。康德说,既然鉴赏判断既不能有一条客观原则,又不能毫无原则,那它就必定有一条主观原则,这条原则只通过情感而不通过概念,却可能普遍有效地规定什么是令人喜欢的、什么是令人讨厌的。这就是共通感(Gemeinsinn)的原则。德语中通常把拉丁文的"sensus communis",即当时欧洲盛行的"常识"、又叫"普通知性"(der gemeine Verstand,还译作"健全理智")的,称之为"共通感",但康德认为不能这样混淆,因为普通知性、健全理智、常识本身都要按照概念来作判断,而不是按照情感。康德在后面第40节还再次提到这一点,把共通感和启蒙运动的"常识"的观点区别开来。所以只有共通感才是鉴赏判断的普遍可传达性的条件。那么,**§21. 人们是否有根据预设一个共通感**呢?康德在这里援引知识的传达活动来为此提供证据。他说:知识与判断,连同它们的那种确信,都必须能够普遍传达;因为否则就会没有任何与客体的一致应归于它们的了;它们就会全都只是诸表象力的主观游戏了,恰好如同怀疑论所要求的那样。但如果知识应当是可以传达的,那么内心状态、即诸认识能力与一般知识的相称,也就是适合于一个表象(通过这表象一个对象被给予我们)以从中产生出知识来的那个诸认识能力的比例,也应当是可以普遍传达的;因为没有这个作为认识的主观条件的比例,也就不会产生出作为结果的知识来。这里是首次明确提出一般认识中的诸认识能力的协调活动来为审美中的诸认识能力的自由协调活动作根据,他在前面其他地方也曾触及到这一点,但都没有展开。就是说,认识活动本身就是一个感性、想象力、知性、判断力和理性等等诸认识能力相互的协调活动,或者说"相称"的活动,而当我们传达科学知识时,这种相称和协调也随同一道被传达了,这本身就是科学知识的普遍性的体现。一种不能传达的知识肯定不是客观意义上的真正的知识。而相称不相称则只能由主观情感来规定。当我们在数学和物理课堂上看到老师对一个复杂的题目做出了如此"漂亮的"论证时,这种论证的协调性也同时感染了我们,传达给了我们。任何科学知识的传达过程中都伴随有这种情感,这种相称或不相称的感觉,通常这被称之为"科学美",当然康德并没有用这个词。那么,既然这种相称本身必须能够普遍传达,因而对这种(在一个给予的表象上的)相称的情感也必须能够普遍传达;而情感的这种普遍可传达性却是以一个共通感为前提的:那么这种共通感就将能够有理由被假定下来。康德这里主要是要为共通感寻求先天的根据。既然认识活动在《纯粹理性批判》中已被证明有先天条件,即先天直观形式和先天范畴,还有先验想象力的先验图型,那么这些先天认识能力相互之间的"联结"关系自然就能够用来为同样是诸认识能力的协调活动的鉴赏判断提供根据了。这就可以排除心理学的解释,而使共通感的学说成为鉴赏判断的先天原则。

这个契机的最后一节是做总结了:**§22. 在一个鉴赏判断里所想到的普遍赞同的必然性是一种主观必然性,它在某种共通感的前提之下被表象为客观的**。鉴赏判断的普遍赞同是主观情感上的赞同,但由于有共通感,这种普遍赞同得以实现,并且"被表象为客观的",也就是说,好像是客观的,但实际上还是主观的。主观的东西如果有了普遍性和"必然性",那它就要采取"好像"是客观的形式,因为通常认为客观的东西才有普遍必然性。所以建立在个人情感之上的鉴赏判断并不是断言"每个人将会与我们的判断一致",而是以此为典范而断言"每个人应当与此协调一致",这种"应当"就是假定了一个先天的共通感作为理想的标准才有可能要求的。因而这一原则在涉及到不同判断者之间的一致性时是可以像一个客观原则那样来要求普遍的赞同的。不过,共通感在这里只是一个预设的理念,是用来解释我们为什么自认为能够做出他人也应该同意的鉴赏判断的,它绝不是一种知识。康德在最后一段中提出了一系列问题,这些问题暗示,共通感不可能"作为经验可能性之构成性原则",而只能是"有一个更高的理性原则使它对我们而言只是一个调节性原则,即为了更高的目的才在我们心中产生出一个共通感来",也就是它其实应当被纳入到后面的自然目的论中来考察,表明大自然把共通感安排在人心中是为了最终把人引向更高的目的,即人的道德和文明。其次,鉴赏并不是"一种本源的和自然的能力",而是一种需要培养的"文化",是一种"理性的要求"和"理念",它表明人们的特殊情感相互一致的可能性,而并不是一种天生的心理素质。但他说他现在还不想在这里研究这些问题。在后面他对这些问题都有回应。

康德"从第四个契机推论出的美的说明"是:那没有概念而被认作一个必然愉悦的对象的东西就是美的。简单说就是:美是**无概念的普遍必然性愉快**。这与第二个契机的说明几乎是一模一样的,不同的只是加上了"必然性"的修饰。

综上所述,鉴赏判断的四个契机,前两个界定了鉴赏的愉快情感的两大特点,即无利害的快感和无概念的普遍性,后两个追溯到这两大特点的先天根据,即无目的的合目的性形式和共通感。第一、三和第二、四两对契机是两两重叠对应的,而在层次上第三、四契机比第一、二契机要高。但总括起来无非是两条:无目的的形式的合目的性,及无概念的主观普遍性。

所以康德在"对分析论第一章的总注"中作结论道:鉴赏是与想像力的**自由合规律性**相关的对一个对象的评判能力。其中,自由是想象力的特点,并且是生产性的、创造性的想象力的特点,但又受到知性的合规律性的形式规范,因而体现为对某个"对象"的判断;但实际上并非受制于对象的自然规律(概念),而是取决于共通的情感要求。所以它是某种无概念的、自发的合规律性,又叫做<u>自由的合规律性</u>,它是可以和<u>鉴赏判断</u>

的独特性共存的。简言之,鉴赏就是想象力和知性的自由协调活动(游戏)所体现的普遍可传达的愉快,它直观地体现了自由(自由感)和必然(合规律性、主观普遍性)的直接统一,因而在某种类比("好像")的意义上沟通了自由概念和自然概念。为进一步说明这一点,康德还在这个"总注释"中,对古典主义的形式原则、即几何学的匀称、平衡等原则,以及浪漫主义的想象力原则,都作了细致的分析。通常人们把古典形式原则看作最纯粹的美的标准,但康德指出,那里面其实已渗入了某种概念,如几何学的"圆形"、"正方形"等概念,不再是纯粹的鉴赏了。形式美的原则虽然也能引起愉悦,但其中的想象力是为知性或概念服务的,而不是相反,所以与纯粹鉴赏是不同的。浪漫主义的想象力反对人为的束缚,崇尚自然,其中有一个很强烈的目的,就是放任自由活动而引起娱乐。这种实用的目的虽然有时也利用审美的愉悦,往往达到让想象力摆脱一切合规律性的光怪陆离的程度,但这种风格是让鉴赏为善服务,突破了鉴赏力本身的标准。不过,在古典主义的形式规则和浪漫主义的自由自在这两方面,康德更多地表现出对大自然的非人工的美的欣赏,对模仿的厌倦,和对"朦胧美"的向往,哪怕这些对象并不显示出纯粹美,而只是显示出"美的展望"。在他看来,后面这种对象毕竟对想像力带有一种魅力,因为它们保持着自己的自由活动(第81页)。这种偏好显然受到卢梭等人崇尚自然的浪漫主义审美趣味的影响,而偏离了古典主义的审美原则。

2 崇高的分析论

我们现在进入到对崇高的分析。崇高(Erhaben)这个概念,最早提出的是古罗马的朗吉弩斯,在近代是由英国美学家、经验派美学的泰斗柏克(Burke,又译"博克")所提出的,并首先进行了详细的分析。这个概念与

"性格"(个性)概念一样,成为近代浪漫主义美学思潮的一面重要的旗帜,在很多场合下几乎要取代和排斥了古典主义的"美"(优美)的概念。康德早年的一篇文章《关于优美和崇高的感情的考察》中已经试图调和美与崇高之争,认为美是"吸引人",崇高是"感动人",但基本上还停留在心理学的分析之上。在《判断力批判》中,他才站在"批判哲学"的立场上,探讨了崇高的先天根据。这个崇高部分先有两节总论,即§23—§24 然后是"数学的崇高"三节,包括量和质两方面;以及"力学的崇高"两节,包括关系和模态两方面。总共是七节,从§23—§29。

我们先来看他的总论。**§23. 从对美的评判能力过渡到崇高的评判能力**。在这一节中康德主要比较了美和崇高之间的异同。他认为,崇高和美在原则上都是一致的,即都是无目的的合目的性、非概念的主观普遍性的愉快情感,本身都是纯粹的鉴赏判断。在它们那里,想像力在一个给予的直观上就被看作对理性的促进,而与知性或理性的**概念能力**协和一致。不同的是,美似乎被看作某个不确定的知性概念的表现,崇高却被看作某个不确定的理性概念的表现(第82页)。其内在差异在于,美无论如何属于主观,却仍然要想象客观对象(自然)自身具有适合于人的活动的合目的性形式,似乎它本身具有"美的属性";而崇高则不可能也不需要有这种想象,相反,其前提是对象的"无形式",因而对人的判断力和想象力施加"暴力",其形式极端的不和谐、不合目的性,也就不可能纳入任何可为知性把握的形式中。由此,崇高首先就带给人的鉴赏活动一个暂时的阻滞,一种被拒斥的不快;但恰恰因此就刺激起人向一种更高的理性理念中去寻找依托。但这理性理念并不存在于旷野荒芜的自然界对象中,也不被看作外在自然界的属性,这自然界只是激发着人的审美判断力转向主观,因为真正的崇高不能包含在任何感性的形式中,而只针对理性的理念;这些理念虽不能有与之相适合的任何表现,却正是通过这种可以在感性上表现出来的不适合性而被激发起来、并召唤到内心中来的(第83页)。换言之,崇高是不能"把玩"的,不像美能够置身事外,而必须投身于其中。即使我在自然界中遭遇崇高,也立即把崇高体会为一种主观的心情。这是很有见地的。但这种心情首先是消极的,痛苦的,只有当人在自身的理性中寻找到一种更加强大的主体性力量,才带来一种更强烈的快乐,一种战胜了巨大敌手的快感。所以由此所伴随着的惊叹或崇敬是一种"消极的快乐",一种痛快感,它把人提升到一种"包含有更高的合目的性的理念"。

简单说来,作为诸认识能力的自由协调活动,美是想象力和知性相和谐,崇高是想象力和知性不能和谐,因而跳过知性而和理性相和谐;因此美具有某种"客观性"的假象,崇高则连这假象也没有,而明白地显示为主观想象力的合目的性运用。所以,既然"反思判断力"是认识诸能力的协调,而认识中最重要的是知性和想象力的作用,那么严格说来它只能是想象力(直观能力)与知性的协调,即鉴赏力或美;但由于狭义的理性在"调节性"的意义上也属于认识能力,所以反思判断力也可以包含想象力和理性的和谐(崇高)以及知性和理性的和谐(目的论),但都不是本源性的反思判断力。从作用上看,自然的美的概念可以引向一种"大自然的技巧",并通过类比于美的艺术而引出自然的目的论,这虽然并不扩展我们对于自然界的知识,但毕竟扩大了我们的单纯机械性的自然概念——这是在后面的"目的论判断力批判"中所表明的;而崇高的"无形式"的抽象性和主观性则使它在自然中远不是"那么重要和有丰富的结果",只能成为自然的美的"一个补充"。当然,这并不意味着在一般意义上美也比崇高更重要,而只是在有关自然界的知识的方面不如自然美有扩展作用。但在另一方面,康德在后面的"审美反思判断力的解说的总注"中把主要注意力放在崇高中所体现的道德情感上,仔细探讨了整个审美判断力通过崇高而向道德的过渡。换言之,从美向崇高的过渡就是从认识向道德的过渡在审美判断力这一层次上的体现。在这里,过渡的中介就是"创造性的和自发的"想象力,即具有自由的主观合目的性的直观活动,它由于与理性协调而带上了无限性,使人意识到了自己的尊严。所以就鉴赏力从自然知识过渡到道德境界而言,崇高无疑比一般的美更加重要。美与崇高分别在与自然的关系及与道德的关系方面有自己的优势。

上面一节分清了崇高和美的区别,那么接下来就讨论崇高的情感本身了:**§24. 对崇高情感研究的划分**。康德对崇高的划分与美的划分一样,也是按照知性范畴的四大类来排列的,即量、质、关系和模态四个契机,但量和质的次序回复到了范畴表上的次序,量先质后。为什么不和美的分析一样把质放在前面?康德要我们参考第23节。在那里第二段谈到,崇高所面对的是自然界的"无形式",也就是"无限",所以"愉悦在美那里是与质的表象结合着的,在崇高这里则是与量的表象结合着的"。(第82页)当然这个量已经不再是一般的数量了,而是"极大"的量。至于崇高的分析和美的分析的另外一种重要的区别,即崇高还另外区分为"数学的崇高"和"力学的崇高",康德的解释是:因为崇高不同于美的静观对象,而是与内心的激动关联着的,那么这种关联要么是与认识能力关联,这就是数学的崇高;要么是与欲求能力关联,这就是力学的崇高。为什么不直接说"认识能力的崇高"和"欲求能力的崇高"?因为认识能力与概念相关,欲求能力与利害相关,而崇高的鉴赏却是无概念无目的的,所以采用了数学这种直观形式的科学和力学这种没有利害的科学来表示崇高的愉快。当然并不是指数学和力学本身,而只取它们的无概念无目的性这方面。

数学的崇高

在数学的崇高中,一开始康德为一般的崇高正名,这就是:**§25.崇高的名称解说**。而这一解说其实就已经是"**量的契机**"了。因为如上面讲过的,崇高立足于自然界的无限性,就是无限大,即绝对地大。康德仔细讨论了"大小"的概念。首先,大或小在数学上是相对的,是比较而言的;但是如果我们不作这种比较,而只是一般地说某物是"大的",那就和说某物是"美的"有相同的性质,它也是主观合目的性的反思判断力的运用,因而可以用来作审美评判。这种情况很普遍,中、外都有,西方的"大"(如德文的 Groß)同时也意味着一种赞美,即"伟大"。中国古代也讲"天地有大美而不言"(庄子)。这种"大"要求每个别人都加以赞同,同时也能够带来一种普遍可传达的愉悦,这就是"敬重"(Achtung)。在《实践理性批判》中,康德曾把"敬重"看作一种道德情感,并且和崇高联系起来,认为两者十分相近。但在这里,康德把这种大或小、敬重或轻视的评判看作是"审美的[感性的]",就将这种评判大大扩展了,因此我们甚至把美也称之为大的或小的:对此我们必须到这里面去找原因,即凡是我们只要能按照判断力的规范在直观中描述(因而审美地表现)的东西,全都是现象,因而也全都是某种量(第88页)。凡在直观中的描述都可以适用于大或小的评价,它可以用于数学比较,可以用于审美,也可以用于道德情感。绝对的大则是一种理念,这就是称之为崇高的评判,可见崇高不该在自然物之中、而只能在我们的理念中去寻找。自然界不存在绝对的大,而只是因为我们的想像力中有一种前进至无限的努力,在我们的理性中却有一种对绝对总体性即对某个真实的理念的要求,而任何感官的尺度都不能适合这个理念,所以在这种紧张的张力中,便唤起了我们自身主体中的某种超越感官能力的精神情调,这就是崇高。所以崇高就是那种哪怕只能思维地表明内心有一种超出任何感官尺度的能力的东西。（第89页）这就是康德对崇高的"量"的规定。

但崇高虽然并不存在于大自然中，却毕竟要由自然物来引起，那么，什么样的自然物才能引起崇高呢？这就是在下一节中所讨论的话题：**§26. 崇高理念所要求的对自然物的大小估量**。康德首先把数学中的大小估量解释为最终依赖于审美的大小估量，因为数学评价大小总是从一个预先设定的相对尺度出发的，而这个相对尺度又必须以另一个尺度为单位来估量，却永远也给不出一个绝对的基本尺度。所以对基本尺度的大小的估量必定只在于，我们可以在一个直观中直接地领会它，并能通过想像力把它用来表现数目概念：这就是说，对自然对象的一切大小估量最终都是审美的(即在主观上、而不是在客观上被规定的)（第89页）。所以"最大的东西"就是对我而言不可能有比它更大的尺度的东西，这种审美的理念就产生出崇高的感动。因此，数学中相对的大不能引起崇高感，而必须是主观中的审美的领会才有这种可能。但也不是一切对大的领会都导致崇高的判断，只有当这种领会达到极大值，我们的统觉能力已经跟不上把对象统摄为一个整体的要求了，这时才有崇高。康德举例说，埃及金字塔当我们在适当的距离来观赏它时，它就显出"伟大"，也就是"大"，那是最美的；但如果走得太近，我已经完全不能从整体上把握它了，这时它就显出崇高。参观圣彼得大教堂也是这样，我们不能只说它"大"，而必须说它"崇高"。这是一种"震惊"，但却因此而被置于一种动人的愉悦状态。不过这两个例子都不算纯粹的崇高，而是掺杂了目的在里面，因为它们都是人为的作品。

但崇高作为一种纯粹的审美判断，它的对象不是人为的艺术品，也不是那些具有确定的概念和目的的自然物，这些场合都不是纯粹的崇高；纯粹的崇高是这样的场合：必须对荒野的大自然（并且甚至只在它本身不具任何魅力、或不具由实际危险而来的激动时）的崇高单就其包含有量而言加以描述。因为在这种表象中大自然不含有任何大而无当的东西（也没有壮丽的或令人恐怖的东西）。（第91页）康德在这段话里把崇高和另外四种情况区分开来。一种是"大而无当"（Ungeheuer），这个德文词含有"不可思议的大"、"大怪物"、"鬼神莫测"的意思，它通过它的大而取消了构成它的概念的那个目的。与之相近的是相对的大而无当，即"宏大"（kolossalisch，庞大的、极度的），它也是要表现一个概念而不得，因为那个概念太大了。但这只是相对于该概念而言的，而不是绝对的大而无当。但一个关于崇高的纯粹判断必须完全没有任何客体的目的作为规定的根据，如果它应当是审美的并且不能与任何一种知性或理性判断相混淆的话（第91—92页）。就是说，不论是相对还是绝对的"大而无当"都不是纯粹的崇高，纯粹的崇高应当是无概念无目的的合目的性，是纯粹的审美（感性）判断。而"大而无当"则有概念、有目的，"无当"是相对于它的概念和目的而"无当"。至于另外三种情况，一种是大自然引起人的快适的情况，即它具有"魅力"（Reiz，又译"刺激"），这肯定不是崇高，欣赏崇高必须摆脱感官快适的刺激；或者是大自然中有"实际危险"而"令人恐怖"的情况，这时也不能欣赏崇高，崇高鉴赏的前提是必须自己立于安全的地方，否则就不是"无利害"的愉快了。这两点是在前面第一节中在讨论美与快适及善的区别时就已经摆明了的。还有一种是大自然具有某种"壮丽"（prächtig）的景色，这仍然不是崇高，而只是美。前面讲的那个金字塔的例子与此类似：在适当的距离上我们欣赏金字塔，便感到伟大壮丽，而不是崇高——虽然金字塔不是自然物，而是人工产品，因而由此产生的崇高判断是不纯粹的，但原理是一样的。由此我们也可以看出，国内有人想把康德的崇高翻译为汉语的"壮美"，相应地把康德的美翻译为"秀美"，意思固然好，却并不符合康德的原意。康德的崇高并不等于壮美,而是比壮美更高一层;他的美也不等于只是秀美,而且也包括壮美。

接下来,用星号隔开的四个页码共七个自然段,主要是讨论数学的崇高的基础,说明这个基础并不在数学的无限性中,而在于使数学无限性得以可能的想象力向理性理念的无限扩张中。康德问道,崇高的鉴赏判断<u>既然在这里却根本没有评判对象的(如同在美那里的)**形式**的合目的性作基础,那么就要问:这是何种的主观合目的性?</u>它的普遍有效的愉悦的根据何在?康德没有马上回答,而是采取排除法,首先排除数学中对于大小的估量。他认为,想象力在对大的估量中有一种自发地进向无限的倾向,这种倾向在数学中却受到知性的数的概念的引导,成为了量的图型,这是在《纯粹理性批判》的范畴的图型法中已经说过的:量的图型是数。但在这种数学的处理方式中,每次都有一个目的概念,而且在追求这个目的的过程中,尺度或者单位的大小是已经固定了的,比如说十进位制或四进位制,一英尺或者一里长。一旦选定了单位,就可以在此基础上进行无限的复合累进,但这些尺度本身却都是有限的,对这些尺度本身并没有一种要统摄进一个想象力的直观中、并一直推到想象力的极限的要求。因为知性的统摄只要求在一定单位的基础上达到任何一个目的概念,至于<u>对这些单位,则虽然可以有领会,但不可能统摄进一个想像力的直观中(即不可能通过感性的统握统摄进一个想像力的直观中,虽然完全可以通过逻辑的统握而统摄到一个数的概念中)</u>。所以,尽管数学的无限和崇高大小的无限都是一样的,但它们的基础是不一样的。因为通过逻辑的统握而统摄到一个数的概念中,这是知性即可做到的,但是要把形形色色的感性全都统摄进一个想象力的直观中,这是知性无能为力的,而只有理性才有可能。<u>但现在,人心在自己里面倾听着理性的声音,理性对于一切给予的大小,甚至对那些虽然永远也不能被完全领会但仍然(在感性表象中)被评判为整个给予出来的大小,都要求总体性,因而要求统摄进</u>

一个直观中,并要求对于一个日益增长的数目系列的所有那些环节加以表现,甚至把无限的时空也思考为"被整个给予的"。显然,要达到对无限总体的直观统摄,这不能仅仅停留于知性和数学概念,而必须上升到理性的理念,这种理念不是一般的逻辑理念,而是审美(感性)理念。

而这种思考也就表明了内心有一种超出一切感官尺度的能力,它要求有一种统摄,去把某个据说拥有在数目中规定了的对无限的关系的尺度作为单位提供出来,这种要求当然是不可能实现的,但哪怕只要能思考这给予的无限而不矛盾,这也就要求在人的内心中有一种本身是超感官的能力(第93页)。所以这种能力就涉及到某种"本体"(Noumenon)的理念,这种本体虽然本身不能直观,却能为直观奠定基础,使一切直观在大小估量中被整个地统摄在它的理念之下。这虽然不是一种理论的认识,但毕竟是作为人心的扩展,人心感到自己有能力在别的(即实践的)意图中超越感性的局限性。这就是崇高的真正的基底,即诉之于超感性的那种向理性理念的扩展,这种理性理念在我们的"思考"中呼吁想象力向无限总体的直观统摄努力,尽管达不到,但却为想象力容留了无限发挥的余地,因而使它与理性理念处于摆脱一切概念束缚的自由协调之中。所以自然界在它的这样一些现象中是崇高的,这些现象的直观带有它们的无限性的理念。这也是数学之所以能够在大小估量方面追求无限性的一个前提,一个"基本尺度",即自然界中现象的无限性。但由于这个基本尺度是一个自相矛盾的概念(因为一个无终点的进展的绝对总体性是不可能的);所以自然客体的这样一种大,这样一种由想像力徒劳无功地运用其全部统摄能力于其上的大,必然会把自然的概念引向某种超感官的基底(这基底为自然界同时也为我们的思维能力奠定基础),这就是超越一切感官尺度的大,它因而与其说是把对象、倒不如说是容许把在估量对象时的内心情调评判为**崇高的**(第94页)。"无终点的进展的绝对总体性是不可能的",这一点康德已经在《纯粹理性批判》的第一个"二律背反"即世界在时间和空间上是否有限的讨论中用作理论依据了,但在那里康德的结论却是:不论说世界在时间和空间上有限还是无限,都是错误的,因为它们都混淆了经验现象和物自体。但在这里,作为一种"反思性的判断力",康德却利用这种自相矛盾性把想象力逼向去寻求"某种超感官的基底"、即某种本体的支持,这个本体是自然界的本体,也是我们思维能力的本体,我们虽然不能直观到它,但至少可以去思考它,这是不会自相矛盾的。所以用这样一种尺度我们并不是在评价对象,如同数学那样,而是在评价我们自己的"在估量对象时的内心情调"。这就是数学的崇高的本质。

于是康德得出结论:所以,正如同审美的判断力在评判美时将想像力在其自由游戏中与知性联系起来,以便和一般知性概念(无需规定这些概念)协调一致;同样,审美判断力也在把一物评判为崇高时将同一种能力与理性联系起来,以便主观上和理性的理念(不规定是哪些理念)和谐一致,亦即产生出一种内心情调,这种情调是和确定的理念(实践的理念)对情感施加影响将会导致的那种内心情调是相称的和与之相贴近的。就是说,美的鉴赏是想象力和知性相协调,崇高则是想象力和理性相协调,这种协调的内心情调是和道德的内心情调"相称的和与之相贴近的"。按照《实践理性批判》中的说法,道德的内心情调就是敬重感,它和崇高的愉快感相近,当然还不完全等同。但有一点是共同的,它们都是超越一切感性尺度的,是一切用来和它们比较的东西都不可与之同日而语的。由此我们也可以看出,为什么康德说崇高是由认识过渡到道德的一个桥梁。所以必须把崇高从自然对象身上剥离下来,归之于人心的内部,人心感到在他自己的评判中被提高了。而自然界中体现出的数学的崇高,与其说是某个更大的数的概念,不如说是作为想像力的尺度的大的单位;而且更进一步说,崇高不仅不在于数目的大,而且也不在于我们在这一进展中越来越达到更大的单位(第95页),那都是相对的;而在于绝对的大,即把在其完全的无止境中的我们的想像力、并与它一起把自然界表现为与理性的理念相比是微不足道的,如果想像力要作出一个与这些理念相适合的表达的话(第96页)。超感官的理念才是唯一的一个最大的"单位",即"世界整体"这个理念,它是绝对的大的,但它只属于我们内心,任何自然界的尺度与它相比都是"微不足道的"。

下面一节讲的是崇高的第二个契机,即质的契机:**§27. 在崇高的评判中愉悦的质**。质的契机是就崇高的愉快的性质而言的,这一点其实在上一节中谈到崇高的"内心情调"时已经说了,甚至已经说到了这种内心情调和"确定的理念(实践的理念)"的内心情调是相近的,也就是和道德的敬重感是相近的。但在上一节中没有直接提到"敬重感",因为在那里是要讨论量而不是质;他要把敬重感留到这一节来讨论。这里康德显然受制于他自己的"建筑术"的需要,颇有"卖关子"之嫌。敬重如前所述,并不仅仅限于道德情感这一领域,它是更加广泛的概念。一般说来,对于我们的能力不适合于达到某个对我们来说是规律的理念所感到的情感,就是敬重。而崇高正是符合于这一定义的情感,在其中,想象力在其最大的努力中都表现出它与绝对整体的理念的不适合性,但却同时表现出它的使命是实现与这个作为整体的理念的适合性。所以对自然中的崇高的情感就是对于我们自己的使命的敬重,这种敬重我们通过某种偷换而向一个自然客体表示出来(用对于客体的敬重替换了对我们主体中人性理念的敬重),这就仿佛把我们认识能力的理性使命对于感性的最大能力的优势向我们直观呈现出来了。就是说,之所以要采取某种"偷换"(Subreption)的手段把对自然客体的敬重用作对我们主体中人性理念的敬重的代用品,是要在我们对自然界的"认识能力"中启示出它的"理性使命",也就是道德的使命,并由敬重而体现出这种道德使命高于一切感性能力的"优势"。所以想象力在自然界的无限性中使出浑身解数也无法达到整体的理念,但仍然把这个理念作为自己的使命来加以敬重,这实质上是从认识到道德的一种过渡。对自然整体的敬重实际上是对人性理念的敬重,或者说,它是引导我们走向对人性理念的敬重的一个象征。

在这一基本框架之下,康德接下来对崇高的愉快的性质进行分析。在崇高中,想象力与理性的理念之间既不相适合但又努力协调一致的活动导致这样一种复杂的心情:对一切感性的尺度与理性的大小估量不相适合的内知觉就是与理性规律的协调一致,并且是一种不愉快,这种不愉快在我们心中激起对我们的超感官使命的情感,而按照这一使命,发现任何感性的尺度都与理性的理念不相适合,这是合目的性的,因而是愉快的(第97页)。这一段话里面的意思似乎有点颠来倒去:不相适合就是协调一致的,不相适合就是合目的性的,不愉快就是愉快的。但事实就是这样矛盾的。正因为意识到与理念不相适合,这种意识与理念恰好是相适合的;正因为不愉快激起了我们对自身具有超感性理念的使命感,所以这种使命感恰好又是令人愉快的。所以崇高感是建立在某种内心冲突之上的,这与美的感情的那种内心平静的静观是完全不同的,因为想象力只有在与理性的冲突中,通过自身的不充分性,才能使理性的优越性被直观到,才能使想象力和理性相互之间的主观合目的性体现出来。从直观形式条件来说,这种主观合目的性就体现为催促时间的连续综合尽快结束而达到一个终点,从而使内感官遭到一种强制力。既然是强制力,所以从主观上看是不合目的的,似乎只是客观上的大小估量所需要的;但在此正是这个通过想像力使主体遭受到的强制力,对于内心整个规定而言却被评判为合乎目的的,客观上大小估量的需要反倒无所谓了,它只是一种激发内心的合目的性程序的手段而已。康德由此得出结论:崇高情感的质就是:它是有关审美评判能力的对某个对象的不愉快的情感,这种不愉快在其中却同时又被表象为合目的的(第98页)。我们通过审美(感性)能力对自然对象的评判总是受限制的,但就想像力必然扩展到与我们理性能力中无限制的东西、也就是与绝对整体的理念相适合而言,这种不愉快、因而这种想像力在能力上的不合目的性对于理性理念和唤起这些理念来说却被表现为合乎目的的。所以崇高的愉快只有通过某种不愉快才是可能的(第99页)。这一规定不仅适用于数学的崇高,而且也适用于力学的崇高。既然已经谈到了"强制力",所以康德在这里其实已经进入到"力学的"崇高里面来了。下面我们就来看看康德崇高的分析论的第二部分,即所谓

自然界的力学的崇高

这一部分比数学的崇高要简单一些,它只有两节,分别讨论崇高的"关系"和"模态"。先看关系的契机:**§28. 作为强力的自然**。自然界中克服障碍的能力称为"强力"(Macht),而以强制强的那种强力则称之为"强制力"(Gewalt)。自然界当它在审美判断中被看作强力,而又对我们没有强制力时,就是力学的崇高。力学的崇高中最微妙的一点就是,除了别的要求外,它还必须是那种"被表象为激起恐惧的"自然界,或者说被看作是"可恐惧的",但是却又并不现实地引起恐惧,而只是在想象中设想着这种情况。这就如同有道德的人恐惧上帝,却并不由于上帝而恐惧,因为他把对抗上帝及其命令的意愿设想为他决不担忧的情况(第100页)。前面第26节讲数学的崇高中不应含有令人恐怖的东西,与这里并没有什么冲突。因为这里并不是讲力学的崇高必须在自然中有令人恐怖的东西,而只是讲自然中的情况可以被设想、被表象为可恐惧的,但只是在我的设想中,并不真的有什么危险。恰好相反,康德说:谁恐惧着,他就

根本不能对自然界的崇高作出判断,正如那被爱好和食欲所支配的人也不能判断美一样。前者回避去看一个引起他畏惧的对象;而对一种被认为是真正的恐怖是不可能感到愉悦的。所以,力学的崇高的关系、即它对于鉴赏者的关系并不是客观现实的力学关系,而只是在主观想象中的关系。康德举例说,当我们面对险峻的山崖、大自然的雷电和飓风等等景象时,只要我们处于安全地带,那么这些景象越是可怕,就只会越是吸引人;而我们愿意把这些对象称之为崇高,因为它们把心灵的力量提高到超出其日常的中庸,并让我们有勇气能与自然界这种表面的万能相较量。我们在自然肉体上是不能与大自然相抗衡的,我们的能力在与它的强力相比较时显得太渺小了;但是与此同时,我们在自己内心的理性能力上也发现了另外一种非感性的尺度,它具有胜过自然界一切强力的优势,这就在自然界面前保持了我们的人格独立性,自然界的强力对于我们的人格性就不再是一种强制力,它不再能够使我们屈从于它之下,相反,它使我们发现自己的优越性,把我们提升到超越于自然界之上。所以,自然界本身并不是崇高,而自然界在这里叫作崇高,只是因为它把想像力提高到去表现那些场合,在其中内心能够使自己超越自然之上的使命本身的固有的崇高性成为它自己可感到的(第101页)。而且这种内心使命的崇高性并不因为我们立于安全地带而有什么减少,因为这种提升并不是说我们就真的在力量上胜过自然界了,而只是揭示了我们内心的使命和素质,揭示了一种可能性,然而对这种能力的发展和练习却仍然被委托给我们,并仍然是我们的责任。就是说,我们的理性凌驾于自然界之上,但要将这种能力发展出来,使我们现实地支配自然界,这还是有待于我们去实现的任务。我们在自然界强力的无理性上看到了自己理性的可能性,从而对人类征服自然建立了信心,不但看到了我们发展科学技术的伟大潜力,而且看到了我们的理性在道德上根本凌驾于自然界之上的本质。而在这里面就有真理，也就是有它的现实意义和真实性，而不是精神胜利法。

接下来康德对一些可能的反对意见进行了反驳。例如有人会认为他的这套崇高理论过于空洞和不切实际，但康德说这条原则可以为最普通的评判提供基础（第102页）。例如连野蛮人也会欣赏和崇敬那在强力的危险面前毫不畏惧的人，文明人则除此之外还尊敬那既勇敢同时又具有和平和温柔的内心的人，因为这更加表明他不为外在的强力所征服；人们还把最高的敬重给予军事统帅，而正义的战争也能够提高民众的思想境界，相反，长期的和平则使商业精神泛滥，自私和怯懦流行，使民众的思想境界降低。这令人想起后来黑格尔的观点：战争是保持一个民族的生机活力的必要的手段。另一种可能的反对意见是，大自然的强力通常被看作上帝的愤怒，它带给我们的只有恐惧，而并没有从我们自己的内心发现一种战胜这种强力的优势，否则就是对上帝的亵渎了。康德的回答是对以往这种宗教信仰方式的批判，认为在这种恐惧的心境中，人的内心并不具有鉴赏所必要的"凝神静观的情调和完全自由的判断"，当然就与崇高没有什么关系了；反之，只有当他意识到自己真诚的、神所喜欢的意向的时候，那些强力作用才会有助于在他心中唤起这个存在者的崇高性的理念（第103页），而不是被看作上帝的怒火的爆发。所以崇高对人的提升并不是要人骄傲自负，胜过上帝，而是让人意识到自己和上帝的超越性有亲缘关系，因而甚至谦恭自责也是一种内心的崇高情调。而这样一来，宗教就内在地与迷信区别开来了。康德对宗教的这种批判，在他的《单纯理性范围内的宗教》中有更详细的论述。康德的上帝在我们每个人心中，这个存在者不仅仅是通过它在自然界中所表明的强力而在我们心中产生内在的敬重，而且还更多的是通过置于我们心中的、无恐惧地评判那强力并将我们的使命思考为高据于它之上的那个能力，来产生这种敬重的（第104页）。这是马丁·路德以来的新教精神在美学领域中的重要发挥:我们可以把力学的崇高看作是上帝赋予我们的超越一切自然力之上的优势和特权。

最后一个契机是**模态的契机**。**§29. 对自然界崇高的判断的模态**。康德认为,在这方面崇高与美又有一种区别,就是我们没有那么容易认为我们对自然界的崇高感也能够得到别人的认同,因为要能够对自然界的崇高有所体会,需要在认识能力上有"更大得多的教养",也就是"要求内心对于理念有一种感受性"。事实上,没有道德理念的发展,我们经过文化教养的准备而称之为崇高的东西,对于粗人来说只会显得吓人。例如萨伏依的农夫把一切攀登雪山的爱好者称之为傻瓜。这就是上一节所讲的,对崇高的领悟和对内心使命的自觉并不是一种天生的素质,而是需要练习和发展,需要把它作为一项任务来实现的。文化教养就有这种作用,它能够把人心中的领悟崇高的潜力挖掘出来。但康德又认为,这并不说明崇高的判断本身就是从文化教养中产生出来的,是一种后天的经验习俗,而仍然是先天固有的,它在人们能够凭借健全知性同时向每个人建议且能够向他自己要求的东西中有其根基,也就是说,在趋向于对(实践的)理念的情感即道德情感的素质中有其根基(第105页)。在这里,"健全知性"一语用的是"der gesunde Verstand",这不是指前面说到的"共通感(Gemeinsinn)",而是一个更加广泛的概念。凡是有理性的人,也就是一般具有健全知性的人,都会向每个人建议并且向他自己也要求,对实践理念应该有一种道德情感上的敬重,而这就是崇高判断的根基。正是由于崇高的判断把想象力与理性的理念相联系,所以它的前提是建立在人的道德情感之上的,这就使我们相信自己可以向每个人建议赞同这种判断,因而也就把必然性赋予这种审美判断。对崇高的这一根基,康德的评价极高。他甚至说:在审美判断的这个模态中,亦即在审美判断的这个被自认为的必然性中,有一个对于判断力批判的主要契机。因为正是这种必然性在这些审美判断上标明了一个先天的原则,并把它们从经验性的心理学中提升上来——否则它们在这种心理学中仍然会被埋没在快乐和痛苦的情感之下(只不过附带一个说明不了任何问题的修饰语:精致的情感)——以便将这些判断、并通过它们把这个判断力置于那些以先天原则为基础的一类判断力中,但又将它们作为这样一些先天原则纳入到先验哲学中去(第106页)。崇高的最后一个契机,本来是从前面一路推论过来的,现在反过来成了前面一切审美判断力,包括对美的鉴赏力的"主要契机",以及最终将它们从经验的心理学提升为先验哲学的最重要的先天原则。其原因就在于,这个崇高的契机是最终打通审美判断力和道德情感的一个契机,通过它,审美判断力批判终于完成了从认识向道德、从理论理性向实践理性的过渡。在这种意义上,崇高和美相比具有更加重要的作用。当然,前面说了,从自然观方面说,由于美必须看作好像是客观事物的属性,所以它可以对于机械论的自然观进行某种补充,并通过美的艺术而向大自然的"艺术"即自然目的论的观点过渡,从而在这方面比崇高具有更加重要的作用。但崇高虽然不能被看作自然界的属性,却在人性的使命方面把人的内心提升到一个更高的境界。

在这方面将美和崇高进一步地详加比较,是下面"对审美的反思判断力的说明的总注释"的主要话题之一。

对审美的反思判断力的说明的总注释

康德在这个总注释中,总结了四种不同的愉快情感的区别,指出在美、崇高、快适和善的快感中,美和崇高这两种快感与快适的快感是截然不同的,但与对绝对善(完善)的快感即道德情感却有某种"亲和性"(verwandt)。例如我们可以把一个道德行为也看作审美对象,将它称之为"心灵美",但对于快适,我们却不能与美或崇高有任何联想。人们都知道,所谓"美食"、"美食家"的说法,只不过是一种混淆界限和故意美化的说法。在这种意义上,康德认为可以把美和崇高规定为:前者是**无感官利害**的愉快,后者是**拒斥**感官利害的愉快,并且二者都是在主体内对于道德情感表现为主观合目的性的关系。不过,在二者中,崇高比美更直接地和道德性发生关系。实际上,对自然界的崇高的情感没有一种内心的与道德情感类似的情绪与之相结合,是不太能够设想的;虽然对自然的美的直接的愉快同样也以思维方式的某种自由性(Liberalität)、即愉悦对单纯感官享受的独立性为前提,并对此加以培养;但由此所表现出来的毕竟更多的是**在游戏中**的自由(die Freiheit im Spiele),而不是在合法的**事务**之下的自由:后者是人类道德的真正性状,是理性必须对感性施加强制力的地方;只是在对崇高的审美判断中这种强制力被表象为通过作为理性之工具的想像力本身来施行的(第108—109页)。换言之,美和崇高都表现了某种自由的概念,但美只是自由的"游戏",崇高则更上升到了自由的严肃的道德性质,而在康德那里,真正的自由只能是道德的自律。所以在从认识到道德的过渡的阶梯上,崇高应处于比美更高的层次。康德在这里对崇高和道德情感本身也做了一点区别,就是道德情感、即敬重感是道德的自由意志在内心状态中的直接体现,它直接强制任何其他的情感,使它们在与之相比较中都被贬为没有价值、微不足道的;而崇高则是"通过作为理性工具的想象力本身来施行"这种强制的,也就是通过审美(感性)判断来体现这种强制的。但康德主要强调的还是崇高和道德的接近之处。

不过康德又提醒人们注意,美也好,崇高也好,都不应从那些含有一个目的概念的自然对象那里得到自己纯粹的说明,否则它们都只会是附庸性的,如对自然的目的论判断。他前面举的马的例子,人体美的例子,以及埃及金字塔和圣彼得大教堂的例子,还有后面提到的有机体的例子,都是如此。它们当然都可以被评判为"美的"或"崇高的",但都不是纯粹的鉴赏判断。相反,我们固然可以对自然的目的作美或崇高的审美判断,但在这种审美判断中却是不顾这客观目的的——尽管也不违背这目的——而由想象力的自由活动来决定的,仅着眼于其合目的性形式或"无形式"。这就必须把"智性的"(intellectuell)和"审美的[感性的]"(ästhetisch)这一对概念严格区别开来。所以,自然目的的概念以及最高目的即道德律的概念虽然也不是不能引起美和崇高的愉快,但我们却不能凭这点而说由这种愉快所体现出来的是"智性的美或崇高",因为它们仍只不过是审美的(即感性的)某种特殊的表现方式。其中,智性的兴趣和审美的(感性的)兴趣要么混在一起,使美的鉴赏变得不纯粹了;要么直接导致两种兴趣的相互冲突,通过智性的道德兴趣对感性的(审美的)兴趣的克服而提升到更高的审美(感性)兴趣,这就带有不纯粹的崇高。这两种情况都属于附庸美,而不是纯粹的鉴赏判断;但它们被称为美或崇高仍然是由于它们中所包含的感性的性质,而不是智性性质。康德在这里更重视的是崇高在这种附庸关系中对道德的启示作用:<u>由此得出,智性的、本身自在地合目的的(道德的)善,从感性上[审美上]来评判,必须不被表现为美,而是宁可被表现为崇高,以至于它更多地唤起敬重的情感(它蔑视魅力)而不是爱和亲密的眷恋的情感</u>(第111—112页)。当然,在崇高中,也可以有理性的"激情"(Affect),它虽不像"情欲"(Leidenschaften)那样具有感性的利害或兴趣,却仍然有道德的兴趣。不过这种激情本身并不能严格地称之为崇高,而只是附庸性质的。带有激情的善的理念只能称为"热忱"(Enthusiasm),它虽能促成伟大的事业,但激情在选择和实现理性给它提供的目的时是盲目的,并不带来与理性相协调的愉快。我们的确可以仅仅从感性的角度把激情的热忱视作崇高的,但同样,内心在坚持理念原则时的无激情、冷漠无情(Affectlosigkeit)也可以视为崇高的,而且比激情的崇高更优越,它称之为"高贵"(edel)。

康德进一步细致地区分了高贵的冷漠无情和激情本身的柔弱。高贵的无情和激情的热忱(勇敢、愤怒等)都属于崇高,但激情的柔弱(温柔、伤感等)则属于美。只是当后面这种伤感由虚构的痛苦和无病呻吟而导致人心的萎靡不振时,就很难说是美的了。同样,激情的单独热忱也不是崇高,而是类似于心灵的"按摩术",是宣泄情绪、排遣无聊的手段。所以,伤感也好,热忱也好,总之激情的因素并不是美和崇高中必不可少的因素。早期的犹太教和穆罕默德教就已经知道排除偶像崇拜和宗教狂热,因为激情的热忱超过一定限度便不能和崇高相容,只是迷狂和放诞而已。所以康德说:<u>淳朴(没有做作的合目的性)仿佛就是大自然在崇高中、甚至在德性中的风格,这种德性是一个(超感官的)第二自然,对此我们只知道它的法则,却不能通过直观达到我们自己心中包含有这种立法之根据的那个超感官的能力</u>(第116页)。自温克尔曼、莱辛以来,古希腊的"高贵的单纯、静穆的伟大"便成为古典主义的审美理想,但它的缺点是缺乏振奋的激情,即缺乏热忱,过于冷静了。康德则试图将这一古典的理想与浪漫主义的"崇高"加以结合,用古典的冷静调和崇高的激情,使之不至于成为迷狂,又用崇高的激情鼓舞古典的高贵,使之具有道德的感召力,成为"德性中的风格"。这就引发了后来的席勒将"理性冲动"和"感性冲动"、"素朴的诗"和"感伤的诗"相结合的人性构想。不过,康德的着眼点主要还在于从审美向道德性的过渡。他认为,审美的普遍可传达性给美和崇高也带来了一种"社会性"的兴趣,但这倒并不一定体现在热衷于"社交"方面。例如,有些人出于道德的原因而逃避社会,杜绝社交,甚至羡慕鲁滨逊式的独居生活,只要不是真正厌世,也不失为一种崇高。康德在这里很可能心目中想着的是离群索居的卢梭。

最后,康德从他对审美判断的"先验的说明"批判地考察了经验派美学的代表博克的观点。他称赞博克:作为心理学的评述,对我们内心现象的这些分析是极为出色的,并且给最受欢迎的经验性人类学研究提供了丰富的素材(第118页)。但是,如果人们把审美愉快只归结为心理上的刺激和感动,又怎么可能期待别人对我们的判断加以赞同呢?所以鉴赏判断必须有先天原则作为它的基础,而经验派美学的解释只是为先验的探讨作铺垫、作准备的。换言之,对鉴赏的普遍必然性的理解必须通过对鉴赏的批判追溯其先天原则,从而由经验性的人类学上升为先验的人类学,也就是关于人的知、情、意三种本源能力的先验哲学。而这就需要一个系统的"纯粹审美判断的演绎"。

第六讲　审美判断力批判（二）：
演绎及其他

1　纯粹审美判断的演绎

　　康德的三大批判中都有一个"演绎"（Deduktion）。什么是演绎？在《纯粹理性批判》中，康德提出的是一个"纯粹知性概念的演绎"，也就是对范畴的先验演绎。他说，所谓概念的"先验演绎"，就是"对概念能够先天地和对象发生关系的方式所作的解释"（《纯粹理性批判》A85＝B117，参看中译本第80页），也就是说明这些概念之所以具有客观性、之所以能够运用到经验性的材料上以形成客观对象的先天根据。为此，康德一直追溯到了知性的"统觉的本源的综合统一"，即先验的自我意识。但在这里，纯粹审美判断并无概念的客观有效性，而只有情感的主观普遍性。尽管如此，康德认为仍然需要一个演绎来审定它这种主观普遍性要求的权利。如果这种普遍性完全是后天经验中得出来的，那它就没有权利要求其他人也赞同，因为现实生活中的人心都是各种各样的。只有追溯到这种普遍性的先天根据，它才能够显示为好像是"客观的"，这样来要求别人普遍承认和赞同。

　　康德在§30. 关于自然对象的审美判断的演绎不可针对我们在自然中称为崇高的东西，而只能针对美中限定了审美判断演绎的对象。首先，为什么要先谈"自然对象"的美？因为艺术品的美比较复杂，它含有某种目的,不属于纯粹美。当然像康德后面说的,艺术品上的美也必须"像似"纯粹的自然美,必须隐藏它的目的,但那就隔了一层。在后面康德花大量篇幅专门谈艺术美的演绎,从第43节到第53节,就是因为这个问题比较复杂。而自然美就比较单纯些。其次,在自然对象的审美判断中,需要演绎的只是美,而不是崇高。康德认为,美、特别是自然界的美,毕竟带有某种"客观性"的假象,似乎它不是对于人的眼睛而言,而是本身就具有合目的性的"客观属性",这就需要说明其主观先天可能的条件,也就是说明,这种其实是主观的判断如何能够要求自己具有像客观属性一样的普遍有效性。与此相反,崇高则没有此种必要,严格说来,我们并不能说"自然界的崇高",因为在崇高中自然界根本不成形,只能把崇高赋予主观的思维方式和人性的根基,<u>因此我们对有关自然界崇高的判断的说明同时已经是对它的演绎了</u>。康德前面在崇高的四个契机中一步步揭示了它的主观先验基础和必然性条件,以及由此而发生的作用机制。一个能够欣赏崇高的人不会把这种感动归之于自然界本身的客观属性,只会看作由自然界的"无形式"而激发起来的某种主观先天素质。而在美的分析中却始终保留了"对象形式"的作用以及"客观属性"的假象,虽然也涉及到对其先天条件的解释(如"共通感"),但还未对这先天条件的作用方式做系统的论证。所以现在就有必要对"自然物之美的判断"进行一个演绎,但它不仅仅是对美的判断的演绎,而是对"全部审美判断力"的演绎,也就是包括对崇高判断的先天条件的进一步说明。

确定了演绎的对象后,康德制定了演绎的方法:**§31. 鉴赏判断的演绎的方法**。这个方法从前面第四个契机、即"必然性"契机中引出来:<u>只有当一种判断对必然性提出要求时,才会产生对这类判断的合法性的演绎、即担保的责任</u>。但康德首先指出,虽然同样是要证明必然性的根据,但鉴赏判断的演绎的方法却不同于认识判断和道德实践判断,因为它不基于任何普遍性概念,却要在"单一性"判断中阐明其"普遍性",即个人的一次性欣赏的愉快如何能对他人显得像是一条法则?这个问题不能通过投票表决和经验调查来回答,而只能通过鉴赏判断本身在**逻辑**上的双重特性来解释,也就是它既具有必然的普遍性,同时其必然性根据又仅在于单一性,即每个人的赞同。所以康德主张从普遍性和个别性的逻辑的角度来进行先验的演绎,而暂时撇开鉴赏的内容即情感,尽管这种情感或愉快感是鉴赏的真正落实之处,但不提升到先天的逻辑层次是说不清楚的。下面两节就是具体阐述这一逻辑方法。我们把这两节放到一起,来对照一下。**§32. 鉴赏判断的第一特性**,这个特性就是:<u>鉴赏判断就愉悦而言是带着**要每个人**都同意这样的要求来规定自己的对象(规定为美)的,好像这是客观的一样</u>。这就是它的普遍性。它的第二个特性,即:**§33. 鉴赏判断的第二个特性**:<u>鉴赏判断根本不能通过论证根据来规定,就好像它只是**主观的**一样</u>,这就是它的个别性。我们可以注意一下,这两个命题中各自都有一个"好像",前一个是"好像是客观的",后一个是"好像是主观的"。康德分析说,之所以前一个"客观的"只是"好像",是因为人们其实并没有依据一个客观的物来下判断,而是全凭自己先天地说出自己的感觉。鉴赏判断与客观事物唯一的关系只在于该事物向我们展示出某种合目的性形式,其实是"我们接受它的方式"。所以这种关系实际上并不是真正与客观事物的关系,而是假托于客观事物的主观与主观的关系,即个人的主观和"每个人"的主观的关系。因此,鉴赏是自律(Autonomie)的,而不是他律(Heteronomie)的:<u>鉴赏只对自律提出要求。若把外人的判断当作自己判断的规定根据,这就会是他律了</u>(第124页)。虽然鉴赏也有典范(如古希腊艺术品),它好像是一种客观的法则;只不过那种法则并不是要后继者只成为循规蹈矩的模仿者,放弃自己的创造,而只是在前面带路,以便后人能在自身中寻找原则并<u>找到他们自己的常常是更好的道路</u>,

因为没有这种典范，每个人就都得从自己粗陋而未受教养的自然素质重新开始，并走无数的弯路。这正如在宗教上，虽然也要有导师，如神父和先知，但最终仍取决于个人内心的法则一样。尽管如此，康德在此强调的是，这种"好像"的客观性也是鉴赏所不可缺少的，鉴赏力最需要范例、典范来表达其普遍性，因为它无法用概念来规定。而另一方面，对于主观方面的"好像"，康德则强调，第一，鉴赏不能听从旁人的意见，对一个对象是否美的判断完全是自由的，不存在他人强迫的问题；第二，也不能按照规定的法则来证明，而只能凭自己的眼睛去看，正如一盘菜的滋味只有自己去亲口尝尝才知道一样。我们甚至不能凭"**一切**郁金香是美的"这一逻辑判断的大前提推出"**这朵**郁金香是美的"这个鉴赏判断。不过，尽管如此，审美判断仍然与单纯的主观判断（如口味）不同，它要求有普遍有效性，只是"好像"是纯个人主观的而已。从上述两个特性的分析可以看出，康德虽对主观性和客观性都加上了"好像"的限制，但限制的方式却有所不同，因为客观性在鉴赏中完全是虚拟的，而在主观性方面，则只限于"单纯的"(bloss)主观性才是虚拟的，并未否认主观**普遍性**。总之，鉴赏判断既不是客观的，也不是单纯个人的主观的，而是主观普遍性的。

　　再下面两节就是进一步明确说明上述结论的。如：**§34. 不可能有鉴赏的任何客观原则**。康德认为，鉴赏绝对不能通过对象的概念来加以推论，而是<u>我必须直接在这个对象的表象上感觉到愉快，而这种愉快是任何论证根据都不能向我侈谈的</u>。这显然是经验派如休谟的立场。当然"批评家"们(Kritiker)在此仍然可以作一些理性的推论，但那只是为了研究认识能力在鉴赏中的作用，以及把"交互的主观合目的性"(die wechselseitige subjektive Zweckmäßigkeit)通过一些例子加以分析，即考察主观中想象力和知性之间合目的性的交互关系，而不是客观概念上的推论。因此"批评"(Kritik，即"批判")在此有双重含义：作为经验性的鉴赏批评，它本身就是一种"艺术",即要把这种合目的性关系在一个范例上表现出来;作为先验的批判,它又是一门"科学"即批判哲学,要对判断力的先天原则加以展开和证实。前者,也就是艺术,需要某种**经验性的**演绎(见后面§43—§54),但其前提是要进行鉴赏力的先验的批判性的演绎,找出一般判断力的主观原则。所以 **§35. 鉴赏的原则是一般判断力的主观原则**。这种主观原则是必须以鉴赏判断在**逻辑**上的形式特征为指导来进行的,而不能从经验中去寻求。当然它与逻辑判断也不同,它没有概念;它只是和逻辑判断相"类似",即它预先确定了某种普遍性和必然性,但却不是按照客体的概念来确定的,因而只是一种主观的普遍性和必然性。所以从逻辑上看,这种原则去掉了判断中的概念内容,而只着眼于"一个判断的一般主观形式的条件",只就这种判断"能力"的形式而运用这种能力,那当然就是只着眼于想象力和知性能力的相互协调一致了。在康德《纯粹理性批判》的先验逻辑中,想象力和知性的协调造成了在知性概念即范畴之下想象力的"图型化",为的是在知性和感性之间形成结合的纽带;但在这里,正是由于想像力没有概念而图型化,所以鉴赏判断必须只是建立在想像力以其**自由**而知性凭其**合规律性**相互激活的感觉上,因而建立在一种情感上,这种情感让对象按照表象(一个对象通过它而被给予)对于在诸认识能力的自由活动中使这些能力得到促进这方面的合目的性来评判。这就是一般判断力的主观原则,它从认识活动的判断力中抽掉了用以形成对象的范畴,使想象力的"图型化"得到了解放,能够凭自己的自由而与知性的合规律性相协调,从而把自身中这种诸认识能力的自由协调活动交给情感去评判。正是这个原先用于认识、现在用来作鉴赏判断的原则,成为了鉴赏判断的演绎的"指导线索"。而由这一线索,我们就找到了鉴赏判断的演绎的任务或课题(Aufgabe)。这就是下一节所讨论的:**§36. 鉴赏判断之演绎的课题**。康德在这里类比于认识论中范畴演绎的课题来谈鉴赏判断之演绎的课题。他说，先验演绎的课题在这里虽然不是像《纯粹理性批判》那样讨论认识中的先天综合判断如何可能，但仍然是要讨论情感上的先天综合判断如何可能。所以要问鉴赏判断如何可能，就是要问：<u>一个判断，仅仅从自己对一个对象的愉快情感出发，不依赖于这对象的概念，而先天地、即无须等待别人同意，就把这愉快评判为在每个另外的主体中都加之于该客体的表象上的，这种判断是如何可能的？</u>显然，一个主观判断本身并不分析地包含有别人也会同意的意思，但又先天地可以期待别人的同意，这是一个典型的先天综合判断。那么这种先天综合判断是如何可能的呢？这样一种提问方式正表明，在一个鉴赏判断里所表现的不是愉快，而是"这愉快的普遍有效性"，这就是 **§37. 在对一个对象的鉴赏判断中真正先天地断言的是什么？** 中所点出的。而这种普遍有效性必须有一个先天原则作为根据，它才得以可能。追溯到这个普遍有效性的先天条件并阐明其作用方式，先验演绎就完成了。

　　康德在 **§38. 鉴赏判断的演绎** 及其"注释"中进行了这个演绎。比起《纯粹理性批判》中纯粹知性概念的先验演绎来，这个演绎是太简单了，它无非是说，鉴赏判断的愉快只要是单纯涉及对象的形式，它就是以判断力的一般运用（无论是审美的运用还是认识的运用）之所以可能的主观先天条件为前提的，而这个条件必然是每个人都一样地先天具备着的，否则我们就连知识也不可能互相传递了。而正因为我们每天都在正常地传递着科学知识，这说明我们每个人都先天具备这种普遍可传达的主观形式，所以在鉴赏判断中，只要我们立足于一般判断力的那个抽象的主观先天原则，我们就有权推断别人应能与我们的审美愉快相共鸣。在这里的一个小注释中，康德又反过来说明了同一个问题：只要我们在认识中承认了诸认识能力的协同关系的人人共通性，那么依据这种纯形式的协同关系做出的审美判断肯定也会具有主观普遍性。人们把审美判断当成认识判断固然是一种"误用",但审美判断和认识判断的确具有共同的先天基础,只是审美判断必须抽掉认识判断中的概念而单纯着眼于判断的一般形式罢了。如果说§38的演绎是从主观判断追溯其先天条件(相当于"主观演绎")的话,那么这个小注释却是由此先天条件推出主观判断的普遍有效性(相当于"客观演绎")。其实,这些道理在前面美的分析部分都已经谈到过了,在这里只不过是以逻辑的方式正式表达出来而已。

在接着而来的这个"**注释**"中,康德重申了鉴赏判断和知识判断的区别,以避免由于这个演绎而有可能导致的误解。他指出,审美判断力出于主观普遍性的传达的要求而把客体的表象纳入到主体情感之下,这与在认识中把客体表象纳入到一个对象概念之下相比有更多的困难,因为主体情感很难提供强制的规范。<u>因为在逻辑判断力中我们是归摄到概念之下,而在审美判断力中却是归摄到一种可感觉的关系、即在客体的被表象出来的形式上想象力和知性交替地相互配合的关系之下,而这时这种归摄是会容易搞错的</u>。即审美鉴赏很可能搞错,它所提出的主观普遍性很可能并没有所设想的普遍性,人们由此而发生的争论也不像科学知识那样有一个最终的判决;但尽管如此,鉴赏判断要求普遍有效性的先天权利却并不因常犯错误而取消,正如在认识中有时也会犯错误,比如受到了情感和情绪的干扰,却并不能动摇知性的一般原理一样。不过,有一种认识和审美判断力有类似之处,它是永远不会有什么判决性的结论的,这就是对自然界的目的论的知识,它与一般自然科学知识(机械论知识)都属于"逻辑判断力"[而不是审美(感性)判断力]。所以康德在这里提出一个问题:把自然界作为一个诸鉴赏对象的总和来先天地设定,这是如何可能的?并说这个问题与自然目的论有关。显然,康德在这个鉴赏判断的演绎的注释中,也引入了目的论判断的演绎,也就是暗示我们可以从鉴赏判断的演绎中推出后面的目的论判断的演绎。不过,目的论判断的演绎在康德前面导言部分第五节中(参看第15—21页)已经有过论证,在那里康德把反思判断力的作用归结为对自然界无限多的偶然特殊性的归摄,这种反思判断力将它们引向一种自然的合目的性原则。他在那里指出,这种自然合目的性原则在自然研究中是很有用的,它可以对自然科学起到一种范导性、调节性的作用,使自然成为一个整体;而在自然的合目的性形式方面则引起了审美愉快。正是就反思判断力在科学认识和审美鉴赏两方面都必不可少而言,康德才在§35.(标题)中把这种反思原则称做"一般判断力的主观原则"。而在导言第五部分中则把援引这个认识和审美所共用的一般判断力的主观原则称之为对自然合目的性这个概念的"演绎"(参看第19页)。因此,康德在第38节及其注释中对鉴赏判断的演绎必然要一直追溯到反思判断力所建立的自然合目的性概念,而这一概念的建立不但使鉴赏判断在对待一个自然物或各种具体的自然美时能够具有普遍必然性的效力,而且<u>必须被看作一个与自然的概念在本质上相关的自然目的</u>。自然形式的合目的性(鉴赏)本身并不涉及自然"概念";但一旦涉及自然概念,就必须把这形式看作本质上是某种客观的自然目的的形式,这就超出审美判断力的无概念和无目的性,而成为自然目的论了。但康德又说,自然目的这个假定的"正确性"是可疑的,根据前面一句中的意思,就是说逻辑的判断力在别的方面即使有错误也不会动摇它的客观原则,但它是否能把自然界这个诸对象的总和正确地归摄入自然合目的性原则之下,这"还是很可怀疑的",因为这个概念的设定绝不是要对自然界对象作客观构成性的运用,而只是作主观调节性的运用,它是不涉及客观"正确性"问题的。但<u>各种自然美的现实性是明摆在经验面前的</u>。就是说,鉴赏判断将自然(形式的)合目的性运用于各种自然现象(自然美)是一种已经在手的先天有效的现实性原则,但该概念运用于自然界整体则不存在一种先天有效的原则。这一点在前面导言的第八节"自然合目的性的逻辑表象"中说得很清楚:"在一个判断力的批判中,包含审美判断力的部分是本质地属于它的,因为只有这种判断力才包含有判断力完全先天地用作它对自然进行反思的基础的原则,……与此不同,必须有客观的自然目的,即必须有只是作为自然目的才可能的那些事物,这一点却并不能指出任何先天理由,就连它的可能性也不由作为普遍经验对象和特殊经验对象的自然的概念来说明"(第29页)。这个注释的最后这几句话很不好理解,要结合前后文慢慢体会。

§39. 感觉的可传达性。以上述"先验演绎"为基点,我们就可以解释鉴赏愉快的可传达性了。但他这一节的标题却是一般的"感觉"的可传达性,这意味着他要在各种感觉在"可传达性"方面的比较中引出审美愉快的可传达性。康德认为,首先,感官感觉从性质上说是不可传达的,因为同一感官在不同的人那里究竟带来何种感觉的质是很难说清的,更何况各人的感官不一定相同(如有的人没有嗅觉)了,因而,"快适"是无法传达给他人的。其次,"道德情感"是可传达的,但却以概念为前提而非自由的传达。再次,"崇高感"暗中具有道德的基础,但要能普遍传达还需要一定的文化教养,不能无条件地推断每个人都会同意。最后,唯有美的愉快是每个人都应该可以分享的,只要他具备认识能力;因为他在一般认识中已经使想象力和知性相互协调着了,否则他不可能认识。每个人都有认识能力,因而也有传达自己的知识给别人的能力,这就是美感普遍传达的先天条件,也就是"共通感"的先天条件。可见这里完全是从前面的先验演绎所得出的原理从上至下贯穿而来的。

所以,康德在**§40. 鉴赏作为共通感的一种**中更深入地讨论了这种可以普遍传达的"共通感"的实质。前面讨论美的第四个契机(§18—§20)时曾把美感普遍传达的先天必然性条件追溯到人人具备的共通感,并表明它在人的认识活动中其实已作为认识的条件包含着了,但尚未具体说明它是以何种方式起作用的。那么这种普遍可传达性,在康德看来就是共通感。第四个契机讲到共通感,为什么讲得很简单?就是要留到这里讲的,要在这里充分地全面铺开。什么是共通感,"Gemeinsinn"这个词就是共同的感觉的意思。康德认为,当时欧洲流行的一般常识,所谓健全理智的观点——健全理智的观点在德文中也叫"Gemeinsinn",它的拉丁文是"sensus communis"——就是共通感,共通感这个概念是当时启蒙时代,特别是启蒙哲学家、思想家们惯用的一个流行词。因为他们立足于人嘛,人本主义,人文主义嘛,启蒙运动强调人嘛。当时人们认为,你讲那么多玄而又玄的东西,但是我们还是要立足于人的健全理智,我们不能听信你那些妖言惑众的玄谈。你讲得太玄了,我就抱怀疑态度了。我们还是要回到我们的健全理智。健全理智是我们老百姓在日常生活中所采用的一种健全的判断。启蒙运动认为,在老百姓中有一种健全的判断,就是说,一般的有常识的人都会这样判断的,不要说得太玄。所以,通常也把它翻译成"常识"。但是康德认为,翻译成"常识"实际上贬低了它,是不对的,真正的共通感应该是更高层次的,它不是指通常的"感觉",不是凭普通的感觉就能够感到的,而是涉及到人性的根本。所以"共通"感和一般的"普通"感觉不同,虽然"gemein"一词兼有"共通"和"普通"、"通俗"、"平庸"两层意思,但这里说的共通感是一种高级的"社会性的感觉的理念"(die Idee eines gemeinschaftlichen Sinnes),即<u>我们把自己的判断依凭着别人的虽不是现实的、却毋宁只是可能的判断,并通过我们只是从那些偶然与我们自己的评判相联系的局限性中摆脱出来,而置身于每个别人的地位</u>(第136页)。这就需要把一切感觉的"质"排除出去,只注意其形式特点,于是就可以看出,这些特点在其最深的根源上是与人类知性认识的某种"准则"(Maxime)不可分的,这就是人性的根本。"准则"和法则、规律、原则都不同，它是指主观的规则。你可以把知性用在很多地方，用在认识对象上，用在道德行为上，用在审美上，都可以，但是这些使用最根本的还是立足于知性自己的主观准则，看你怎么用。所以必须把这些知性的准则提取出来加以考察。康德认为，人性中有三种知性的准则，人们在运用自己的知性的时候有三种准则——所谓健全理智就是健全知性，"理智"就是"知性"，这是对"Verstand"的不同的翻译——就是说人在运用知性的时候有三种用法，在主观的模式上有三个层次。

第一个层次就是"自己思维"，自己思考。这是知性的第一个要求。康德讲什么是启蒙，所谓启蒙就是自己运用自己的理性，自己运用自己的知性。要有勇气靠自己去运用自己的知性，这是知性的第一个要求。所谓启蒙，就是说你首先要把理性——理性也就包括知性了——当作一个法庭，当作你的至高无上的原则，那么你在运用你的理性时候，第一条原则就是要自己运用，你不要听信权威，权威并不能干扰你的理性运用。反过来，你要用理性去判断一切权威。你不要迷信，人家说什么你就信什么。你要通过自己的思维去思考问题。这是第一个准则。

第二个准则就是："站在每个别人的地位上去思维"。你首先要自己思维，但是同时，你要理解别人，要设身处地。一个有理性的人就是一个能够替别人着想的人。他不是一意孤行，他自己运用自己的理性当然是一个前提，但是当他在运用这种理性的时候，他也意识到别人也是一个理性的主体，所以他也要站在每一个别人的地位上去进行思维，这样才能使自己的理性不至于狭隘，而具有一种真正的普遍性。因为理性和知性都是具有普遍性的这样一种思维能力。所以它不是导致人的思想狭隘的，而是导致人与人相通的。

第三个准则就是，"任何时候都与自己相一致地思维"。你站在每个别人的地位上思维，但是你不要丢失了自我，你最后还是要回到自己呀。

所谓自我意识就是在别人身上看到自己。在别人身上看到自己以后还要回到自己,你要成为一个独立的人,要成为一个有人格的人,有人格一致性的人。用什么东西来保证你的人格一致性呢?就是用你的知性,用逻辑上的不矛盾律,同一律。人格的同一性,你前后一贯,你有原则,你是个有原则的人,虽然你能够体察别人的思维,但是你有你自己的原则,你把从别人那里所体会到的那些视野全部统一于你自己,然后使自己形成一个一贯的统一的人格。所以说,理性对人性有一种要求,每一个人都应成为一个独立思考的人,能够成为一个有人格的人。这就是康德在第136页讲的,人性的一般的知性准则,它是对启蒙思想的一种逻辑化、理性化的提升。

这三条准则都各有它的用处,各有它不可缺少的方面,但是又互相补充。那么在这里呢,康德比较重视的是第二条原则,就是"站在每个别人的地位上思考"。这对于判断力来说是最重要的,就位置来说它也处于中间。第一条准则,相当于知性的准则,就是知性的自发性。知性能够自发地建立概念,能够自发地形成统觉去统摄所有的东西,这就是自己思维。第三条准则是理性的原则,自身保持一贯,我在前面讲到,所谓道德律不就是自身保持一贯嘛,你的行为要表现你的道德人格,你就必须要前后一贯,你就必须要使自己的行为准则成为一条普遍的法则,普遍的规律。你是个有原则的人,有法则的人,这才是一个道德的人。这体现出理性的原则,就是你懂得推理,不管怎么推都不违反矛盾律和同一律。那么中间的准则,站在每个别人的地位上思考,这体现出判断力的原则。判断力的原则,特别是反思判断力的原则——规定性的判断力没有自己的原则,它是从知性范畴那里借来自己的原则——充分体现出站在每一个别人的地位上去思考这样一个准则。那么,康德认为,通常把这个所谓的健全知性理解为仅仅是普通知性、日常知性,那是不对的,那是把它贬低了。

有人甚至好像把它看作是"庸常"的知性,因为是普通知性,日常知性嘛,庸庸大众嘛,每个人都有的,都会这样判断的,那样一种知性,被贬低为一种低层次的东西,一种不够聪明的起码的知性。但是康德认为其实不是的。严格地说起来,这种所谓"普遍的知性"就是判断力,就是共通感,就是对相互之间能够达到一种共通的情感的判断。这是第二个环节,第二个知性的准则就是反思性的判断力最突出、最典型的表现。

所以,在第137页下面康德有这样一句话:<u>我们甚至可以把鉴赏定义为对于那样一种东西的评判能力,它使我们对一个给予的表象的情感不借助于概念而**能够普遍传达**</u>。什么是鉴赏力?康德对鉴赏力在这里下了一个定义。前面讲的是鉴赏的这个契机那个契机,在这里鉴赏力有一个本质性的定义。这是非常精练的一个定义。什么叫鉴赏力?什么叫审美?就是我们借助于一个对象的表象形式,不通过概念,而能够普遍传达情感。我把这个称之为康德的"传情说"。美学中有所谓"移情说",有所谓"情感说",有所谓"拟人说"、拟人化,但是康德在这里特别强调的是"传情"。他在"普遍传达"上加了着重号,就是说审美鉴赏标志着普遍传达人与人之间情感的一种社会性。当然,康德对社会性的理解很狭隘,他认为就是那种社交啊舞会啊等等。但是他认为人的本性里面有这种社会性,这就表明这种传达有一种必然性。每一个人的情感都有一种普遍传达的必然性,它都不是自己封闭的、个别的情感。在审美中,在他感到美的时候,他肯定就已经有一种共通感了。所谓共通感就是说能够普遍传达。通过审美,我们可以设身处地的思维,相信人同此心,心同此理,我们可以站在每一个人的地位上思考,我们可以把自己想成每一个人,然后,我们断言,即算是他也会感觉到这个东西是美的。所有的人,我设身处地去为他着想,我就可以断言,他也会感觉到这个东西是美的。这就是"演绎"。就是说,我凭什么能够说这个东西是美的,好像美是这个东西的一种客观属性呢？我把这个"美"的谓词加给这朵花，我凭什么呢？就是凭我有一种先天的共通感，使我把我自己的美感，看作是普遍的，看作是他人也应该具有的。凭借这一点，我就可以把美看作似乎是一个对象固有的客观属性，因为所有的人都那样认为，我们就会认为那是客观的，而不仅仅是我主观想象中的，我们就可以把它认为好像是对象的一种属性了。当然它并不要求真的是那个对象的属性。审美鉴赏不要求美真的是对象的属性，它只要求对象的形式，"好像"能够作为一个客观的依据或诱因，而实际上能够引起我们大家的美感，那就够了。它并不去追究这个东西是怎么构成的，它怎么构成的这个美，是从光学的角度，从色彩学的角度，从生物学的、物理学的、电磁波的角度，去分析这个东西到底是怎么构成的。你把凡高的画拆开来，对它进行化学分析，再来进行光谱分析，你能够从里面分析出"美"的原因来吗？因为这样一种光谱，它就使我们觉得美啦？不是的。它不要求我们对它做出这样的分析，它只是要求在人与人之间进行一种推断。这幅画，我们大家都觉得它美，那是因为，当我看到它，我觉得它美的时候，我有一种共通感被激发起来了，这种共通感是所有的人性都应该具有的，既算他目前还不具有。凡高的画不是每个人都能欣赏的，眼前也许有人不具有这种欣赏能力，但是从人性的本性里面，是应该具有的，它是能够发挥出来的。

所以，这就是他的所谓的"演绎"，从主观的审美判断，一直追溯到他的先天原则，就是共通感中的原则。共通感里面有人性的一种先天的原则，也就是知性的第二准则：站在每个别人的地位思考。所以我们才感觉到人性有一种共通的感觉，一种共同的愉快感，那么，这种在人性中有先天根据的愉快感使我有理由根据自己的愉快去判断它对每个人都适用。既然对每个人都适用，那么任何人看到它的时候，都可以把它看作是这个客观对象的属性，以便来表达它对每个人的适用性。所以从这个角度来看，从康德的眼光来看，我们讲的这个美的本质究竟是客观的还是主观的问题就解决了。美的本质是主观的，但是它"好像"是客观的，它必须表现为好像是客观的。所以现代的一些现象学的美学家从这个角度来说，他们可以在现象学的层面上断言，美的本质就是客观的。美是客观事物的那样一种本质，但是那个本质并不是那个事物的物理学本质、生物学本质，或者科学的本质，而是那个事物的现象学的本质，就是它在意识面前所显现出来的那样一种本质。美是事物的一种现象学的本质，那跟我们讲的事物的客观本质就完全不一样了，现象学在这方面应该说是更提高了一个层次。现象学这个方法更适于解释美学问题，因为在现象学里面其实已经不存在通常的主观和客观那样严格的区别了。现象学讲的客观，有美，有价值，有真，有善，甚至于有情感。像杜夫海纳认为，宇宙间、天地间都有一种情感，有一种客观的情感。他不是说把宇宙、天地拟人化了，他是从现象学的角度来分析的，它们具有一种情感性。凡是能够在我们的意识面前显现出来的形式，包括情感方式，我们就可以把它看作是"客观的"。从这个意义上来说，我们当然可以说美是一种客观的属性，但是这个客观不是那种科学意义上的，也不能够去追究它是由什么构成的。现象学一个最根本的前提就是要把事物的存在放在括号里面存而不论，只看它向我们显现出来的现象。这跟康德非常相近。康德的审美就是说，你必须要把那个对象的"存在"存而不论，否则的话，那就不是审美了，那就是消费了，那就是享受，那就是快适了，或者那就是道德或善了。善就是关注那个事物的存在，它对我们的利害，"好"或"不好"。审美呢，它不关注这些，它只关注引起我们快感的形式，只是从现象上面来考察形式。这是康德的演绎带给我们的一些启发。

接下来呢，就是康德认为，纯粹的鉴赏力当然是没有利害的，但是，它一旦成立，它也会带来利害或者兴趣。这就是他下面两节的标题，所谓的审美判断§41.对美的经验性的兴趣以及审美判断的§42.对美的智性的兴趣。这里讲的"兴趣"也就是我前面讲的"利害","interessant（interesting）",可以译作"兴趣"、"利害"、"利益"、"关切"等等,这里都是同一个词。在这里,它的含义和我们汉语的表达有一些错位。在汉语里面,兴趣和利害这两个概念是完全不同的,但在德语里面,以及在英语里面这两个概念是同一个词。一方面,它是"兴趣",另一方面,它也有"利害"的意思。所以,我们把它翻译成两个词。但是,因为我们注明了在什么地方翻成"兴趣",在什么地方翻成"利害",意思还是很清楚的。

所以,对美的欣赏本身是无利害的,但是它一旦成立了,它也可以带来利害的考虑。对这些兴趣的考虑为什么要放在演绎的这个标题下面来讲呢？它还是属于演绎,属于审美鉴赏的演绎,就是说它仍然是在探讨审美鉴赏的可能性条件。纯粹审美鉴赏的可能性条件是出于共通感,是出于先验的条件,而且这种共通感是超功利的。但是它一旦成立,那么它就带上各种兴趣。比如我们花钱去旅游,为了观赏美景,回来以后也可以评价一下这趟"值不值",不仅仅是花的钱值不值,而且是从提高自己的人文素质方面来评价。我们不但把美的鉴赏附带上一些其他的价值,甚至还可以把美的熏陶当作一种手段来促成其他价值,但前提就是必须有一种纯粹美的鉴赏。因此,借助于纯粹鉴赏判断的演绎,我们可以用来解释那些不纯粹的依存美或者是附庸美等等。所以,虽然美的本身是纯粹的,但是它也可以附上经验的兴趣和智性的兴趣。

首先看"经验性的兴趣",比如说艺术。我们刚才讲到了康德对美的定义,对鉴赏的定义,就是不借助于概念能够普遍地传达情感;但是它作为一种主观的鉴赏能力,它还只是有一种传达的可能性。那么,基于这种传达的可能性,我们就要想到,能够在社会关系中真正把它现实地传达出来,这就是一种经验性的兴趣了。就是我虽然可以单纯地进行审美欣赏——我当然可以欣赏,我什么也不做,我就坐在那里静观,作审美静观——但是你如果真正是一个具有审美气质,具有艺术气质的人,你就有一种冲动:我是不是能把这个东西画下来呢?把我的这样一种美感,传达给别人?或者我不会画,那么我回来是不是能够对别人讲出来呢?黄山有多美,你们应该去看一看。人家会问你,怎么美呀?你要把它描述一番。描述一番如果你是用干巴巴的概念,那人家是不愿意听的。你必须用诗意的语言,或者你写一首诗,或者写一篇散文,黄山游记,写一篇随笔,这些散文、随笔都带有艺术性。这样人家读了你的东西,也就几乎要去一趟黄山了,你就把你的感受传达给他了。他甚至会想,有那么美吗?我也去看一看,他看了那篇散文,或者读了那首诗,然后他也去游一趟黄山,看了以后,确实是的,太美了!那么你的目的就达到了,你就使你的那种感觉成为一般人的普遍的共通感了。所以,艺术所起的作用就是,使这种情感传达能够经验地在社会中实现出来。在社会中实现出来是一种经验的活动,而单纯的审美鉴赏,在那里静观,在那里欣赏,它可以是非经验的。当然我要走到黄山去是经验的,但是我在鉴赏的时候,是我的内心在那里自由协调活动,那个活动可以是非经验的,是主观先验的一种情感活动,并不表现在外。但是,如果我要把我的感觉传达给别人,怎么能做到呢?那就必须要借助于经验的手段表现出来,你就要画一幅画,把它变成一个艺术品。写一首诗也是个艺术品,你要把它写出来,印出来,交给别人,让别人去读,这些关系都是属于经验的关系,属于经验的兴趣。你要传达给别人,你就会有一种兴趣的考虑了,有一种利害的考虑了,就是说,我这个传达成不成功,是否失败呀?我写了一篇随笔,这篇随笔写糟了,没有把我所感受到的东西传达出来。我画了一幅画,画糟了,那当然这里头就有兴趣或者说利害的考虑了。虽然在欣赏的时候我可以不考虑这些东西,我只是欣赏就是了,没有谁说我把它欣赏糟了,没有的。但是我画一幅画,那就有这个问题,我就要考虑,要把它画好,要真正实现我的目的,把我想要传达的东西传达出来,这就有经验性的兴趣。卡西尔之所以读到这个地方不明白,可能就是这个原因。他没有去区分纯粹的鉴赏力本身是无兴趣、无利害的,但是它只是一种传达的可能性。你要把它变成现实性,那就必须要采取经验的手段,也就是用艺术传达给别人,而这就有利害和兴趣的考虑了。凡是要传达给别人,都要通过艺术。哪怕你不是正儿八经的艺术家,去画一幅画或者怎么样,你只是通过语言、口头,或者写一封信,或者一篇随笔,这都已经是艺术了,或者说带有艺术性了。如果没有艺术,一个人的审美的情感是绝对不可能传达给别人的。你的审美的情感,之所以能传达给别人,就说明里面已经有艺术性了,虽然还不是纯粹的艺术,你不是个艺术家嘛。艺术家是专门做这种事情的,所以他有一种熟练技巧,但是一般的老百姓也有这个能力,也有艺术的能力,也能够把自己的感受传达给别人。那个时候呢,他就尽可能地要用一种诗化的语言,去向别人描述。看了一场电影,当你向别人讲述的时候,要带有感情,你才能感动人。你如果干巴巴地描述那个情节,那是感动不了人的。你只能通过这个情节给人带来一种想象和期望,但是你的那种感觉却没办法传达给别人。你要传达给别人,你就要带着感情去描述。反过来说,艺术或者一切装饰都是为别人的,是在社会中起作用的,<u>流落到一个荒岛上的人独自一人既不会装饰他的茅屋也不会装饰他自己</u>(第139页)。

这就是康德讲的"经验性的兴趣",就是通往艺术。这也是一种演绎,就是说,我的感觉,我的审美愉快,具有一种传达给别人的可能性。这种传达如何可能?是由于我们每个人都有共通感;但是,我如何现实地传达给别人呢?那就要靠艺术。艺术是一种经验的活动。但是艺术这种经验的活动也有它的先天条件,那就是天才。下面我们谈到艺术的时候还要讲到天才,就是谈天才的时候,它其实也是在进行一种演绎,一种"经验性的演绎",它回答"艺术如何可能"的问题。《纯粹理性批判》中对知性概念的演绎其实有两个层次,一个层次是康德的正式的演绎,是"先验的演绎",先验演绎在《判断力批判》中就是说,我的鉴赏力、共通感,这种美感如何可能呢?是由于我们先天地每个人都有一种传达能力,有一种共通感。这个演绎已经完成了。但是还有一个经验性的演绎,这是第二个层次,是经验派哲学家如洛克等人所做的。在审美鉴赏方面这就是说,在艺术中,我们人与人相互传达情感这一点如何可能?康德这里也有个经验性的演绎,他说这是因为有天才,所以才有可能。经验性的演绎当然不算正式演绎,但是也算是一种演绎,一种通俗的解释吧。严格地说,在康德看来,演绎只能是先天的,只能是先验的,经验性的演绎是不成立的,经验性的演绎还是属于经验的范围。你找到的天才这种东西,它也是自然界的一种现象,它不是"先天"的东西,它只是"天生"的东西。每个人的天才都是天生的,但并不是先天的。我在前面已经对"先天"这个概念做了解释,康德讲的这个先天的意思并不是与生俱来的,并不是天生的、天赋的。都不是。它是一种逻辑上先天的,就是说,从人性的概念里头就必然带有人性的共通性,这就叫做先天的,比如说共通感。并不是爹娘生你的时候赋予了你这种素质。但是天才就是爹娘生你的时候给你带来的某种素质。这个严格的说来不算真正的演绎,但是他也把它纳入到演绎之下。因为当时在英国的经验派很多人都做了这样的演绎,像洛克的经验论,他所做的经验性的演绎,就是把人的这种认识上的能力追溯到一种人的心理学上的条件,心理学上一种反省的能力。康德在《纯粹理性批判》中是明确批判过洛克的,但在这个地方,因为是谈的审美嘛,所以他对于经验性的演绎也做了些让步,即我也可以谈一谈,艺术何以可能?就是来自于天才。但是他马上又说,其实这个天才还是后天的,并不是先天的,是后天经验的,是大自然的产物。这就是他为什么要谈经验性的兴趣的原因。回到这一节,康德认为审美鉴赏的经验性的兴趣虽然不能不谈,但在这里对我们没有什么重要意义,因为它并不能像智性的兴趣那样揭示我们的评判能力从感官享受向道德情感的一个过渡,而只是一种"文雅化了的爱好",它可以充当从快适到善的一个只是很模糊的过渡(第140页)。而真正的过渡是由纯粹鉴赏凭借其智性的兴趣来促进的。

所以康德接下来谈智性的兴趣。审美一旦成立,它也会带来另一方面的兴趣,就是说,你在欣赏美的时候,同时可以带来、可以引发你的道德方面的思考。经验性的兴趣是说,在你欣赏美的时候你有一种冲动,要把自己感到的美告诉别人,要把它通过经验的手段告诉别人,而且要成功地告诉别人;同时,在另一方面,你在欣赏美的东西的时候,你又有一种智性的兴趣,那就是在这个美的上面,你可以看到一个道德素质,一个超越于你的感觉之上、你的愉快之上的道德素质、道德情感。这主要是表现在自然美的欣赏上面,而经验性的兴趣主要是表现在艺术美的创作上面。你进行艺术创造,那么你所表现出来的是一种艺术美,但是你在欣赏大自然的时候,你就联系到了道德方面的东西。当然我们在美的欣赏的时候不一定直接联系到道德的东西,我们在欣赏的时候,我们是去享受,我们不是去受道德教育。所谓"寓教于乐",那都是骗小孩子的。我们成人不需要寓教于乐,我们已经受过教育了,我们去看,就是为了欣赏,我们就是采取一种纯粹的、无利害的、非道德的一种审美的态度去欣赏,那就够了。但是欣赏完了以后呢,它还是有一种道德的兴趣。就是说,如果我们经常受自然的美和高雅艺术的熏陶,那么这个社会的道德素质会有提高,我们个人的道德素质也会有提高。有的人是有意识地,有的人是无意识地,或者是半有意识地,通过欣赏高雅艺术,他认为这是提高了自己的层次,提高了自己的素质。这里面,确实是有一种道德的考虑,尽管他在欣赏的时候不必带有这种考虑。特别是在欣赏大自然的时候,欣赏自然界的美的时候是这样。欣赏艺术品的时候,康德认为,可能不见得是道德的,很多很坏的人,都能欣赏艺术品。我们知道像后来希特勒这样的人都是艺术爱好者,他早年就想当一个画家。后来德国法西斯占领了别的国家,他把那些艺术品都搜括到他的宝库里面去。他就有艺术收藏的爱好,他确实是欣赏艺术。康德就已经指出来了,欣赏艺术并不能表明一个人是道德的,很可能那只是一种虚荣,一种奢侈。对艺术的看法,康德和卢梭有共同之处。卢梭就认为艺术这个东西是败坏道德的。原始人道德淳朴的时候,他没有想到要装饰自己的茅屋,他没有想到要搞什么艺术。只有文明人,随着越来越文明,就越来越发展出来那么多艺术品,让人们挂在客厅里面,去谈论、去显示自己的高雅。特别是那些贵夫人,相互之间闲聊的时候,表明自己有鉴赏力,以满足某种虚荣感,但实际上是非常苍白的。所以,卢梭是主张回到一种朴素的状态,不要有那么多装饰,艺术仅仅是为了给人进行装饰的,装饰客厅,也装饰人的灵魂。一个人的灵魂很卑鄙,所以他要靠艺术来装饰。一个好人不用装饰,一个朴素的农夫,就不用装饰,他也不懂艺术。所以,康德在这方面有些受卢梭的影响,当然他不完全同意卢梭的观点,但是在这一点上,他认为艺术就是放在客厅里面便于社交的一种经验的手段。社交就是把我的美感传达给别人,这也是一种社交。写写小品文呐,散文呐,随笔呀,这也是社交。在客厅里面谈论谈论呐,文化沙龙呀,大家聊一聊哇,显得我们多么高雅呀,我们多么有层次啊,这些康德认为并不是什么很道德的事情,当然也不是不道德。它只是满足人的虚荣,但是满足人的虚荣也有一点好处,也还是表明这个社会文明程度的提高。所以,康德并不完全否定艺术,但是他对艺术的评价基本上跟卢梭有类似的地方。不过,对自然美的欣赏,他的评价很高。他认为,对自然美的欣赏,本身就表明这个人就已经有了一定的道德素质了,否则他怎么会欣赏自然美呢？他是吃饱了没事干？就是因为一个人在欣赏自然美的时候,他实际上是要有一定的道德层次,他才能欣赏自然美的。第141页他说:对自然的美怀有一种直接的兴趣(而不仅仅是具有评判自然美的鉴赏力)任何时候都是一个善良灵魂的特征。所以,对美的欣赏虽然跟利害没有关系,但是一旦成立以后,它也能够带来一定的智性的兴趣或智性的利害,甚至于我们可以把审美当作一种道德教育的手段。后来席勒就讲,审美教育是人成为一个完全的人的必不可少的手段。康德就已经有这个思想。

所以,在艺术美和自然美它们相互之间的关系上,康德认为,从道德的角度看,自然美要高于艺术美。艺术美只是人们的一种奢侈,当然对整个文化是有好处的,对人类文明的发展是有好处的,但是它不表明一个人道德素质的高下。一个很卑鄙的人,也可以很欣赏艺术,也可以有天才,甚至于很多天才在道德上都是很堕落的。我们今天看到很多人甚至说,这个人要是在道德上不堕落的话,那他的天才就有问题了。我们所看到的天才,都是道德上堕落的。康德当然还没有到这一步。康德那个时候,他反正认为,艺术并不表明一个人的道德高尚,这个是毫无疑问的,但是欣赏自然美,肯定是表明了道德的素质。一个不道德的人怎么会欣赏自然美呢？他只会想到怎么利用自然,一个贩卖珠宝的商人不会欣赏珠宝的美,只看到珠宝的商业价值。所以,在这个意义上,康德认为自然美要高于艺术美。当然在另外一方面,他认为艺术美也可以高于自然美。这个我们下面再谈。

2 艺术论

下面我接下来再讲康德的艺术理论。这还是接着纯粹审美判断的演绎来的,还是经验性的演绎。从这个角度来理解他为什么接下来要谈艺术,我们就好理解了。否则的话,他这里突然插入一个艺术,你根本不知道他是为什么。他为什么要突然插入一个艺术?艺术跟他的审美之间是一种什么逻辑关系?就是这种关系,就是为了在人与人之间传达情感,要在"经验性的兴趣"中实现审美鉴赏力的这样一个先天的条件。审美鉴赏力的先天条件就是共通感,共通感就是人与人之间有一种可传达的情感,有传达的可能性。那么,具体的传达就要通过艺术。一切美感的传达都要通过艺术,至少要通过带有艺术性的活动。用别的方式,用概念的方式,或是用一般的语言的方式,那都达不到这个目的。

所以康德在 **§43. 一般的艺术** 中就进行了一种经验性的演绎。首先关于"艺术"(Kunst)这个概念,康德对它进行了分类。艺术有好多类,艺术这个概念在康德的时代还没有专门被用于我们今天所讲的艺术。我们今天所讲的艺术,就是艺术家所创造的那种艺术,在康德的时代,还没有严格这样划分。我在前面讲到,当时的艺术,包含有技术在内。所以,康德对艺术进行了分类,也就是对技术、技艺进行了分类。他认为有好几种艺术,至少有这么四种吧。一个是一般的技术,技术就是艺术。在德文里面"Kunst",就是"艺术",也可以翻译成"技术、技巧、技艺"。所有人类的产品,都是技术,我们也可以说,都是艺术。比如说,我们在一个荒岛上捡到一块表,我们就知道这块表是人类的产物,动物绝对做不出来的,凭偶然的凑合更不可能。凡是一个人工的产物,都是属于技术的,我们都可以把它叫做艺术。机械制造物,产品,我们现在考古挖掘出一件石斧,一件石器,我们就说这是人的产物。为什么呢?因为它有技术,它上面已经有艺术了,那就是原始人的艺术,他们的工具就是他们的艺术。但是一般来说,艺术有拙劣的,也有高超的,于是就带来第二个层次上艺术的含义:就是说,它必须是那种熟练的技巧。有一种艺术是笨拙的,那种艺术简直不能说是艺术,甚至简直不能说是技术,干出来的活不像样子,不像活。那么,真正的艺术是人们认为的那种手艺、熟练技巧,熟巧。我们在原始人的墓葬里面挖掘出来的有些石器已经做得非常圆熟了,有些圆形的那种玉盘、玉圈,做得非常精熟的。我们把这种手艺称之为艺术。一个手艺人,他家里祖祖辈辈、世世代代都是做这个的,所以他手上出来的东西,那就是艺术了。至于一个生手,一个学徒,虽然也是他做出来的,那却不能叫艺术。这是第二个层次,要比前面层次更高。第三个层次叫做自由的艺术。一个钟表匠,他家世世代代做钟表,已经做得很熟了,熟到什么程度呢?他已经不把这当作一门职业了,他把它当作一个自由的艺术,当作一个艺术品在那里做。我们知道,直到今天,一些瑞士的钟表匠还在保持着传统的工艺,他们祖祖辈辈用那种传统的工艺手工制造出来的瑞士表,那是卖得最贵的。因为那是一种自由的艺术,那不是机械生产的。机械生产的不算什么,没有多少手艺的含量,没有多少自由的艺术的含量。而手工制造的那些东西,有自由的艺术,显示出他的手艺。有的皮鞋匠,为了显示他的手艺,做一个巨大的皮鞋,放在他的商店门口做商标,那当然不是为了卖的,是为了显示他的手艺的,那就达到自由境界了。他做的皮鞋不是为了卖钱,而是为了显示手艺,并以此为自豪,在这个层次上面,手艺就已经达到一种自由的艺术了。这是第三个层次。最高一个层次,就是美的艺术。当然在自由的艺术里面已经包含有美的艺术了,但是还不是为了表现美,还只是为了显示自己的手艺,显示自己的技巧。虽然他是很自由的了,但是还没有达到真正的自由。只有美的艺术,才能真正地、彻底地成为自由的艺术。一个画家,花钱买画布,买颜料——那些东西都很贵的,买来以后,画了一幅画,又不能穿,又不能用,只能摆在那里看,那么他为什么要花那么多钱,为什么要画呢?他就是为了表达美。人家之所以买他的画,也是因为它的美,而不是它能够穿,能够用。所以,这种美的艺术是最高层次的。康德特别把美的艺术提出来,他所讲的艺术美,主要是就这个层次上谈的,这样才能把所有其他的对艺术的理解排除出去,来谈他的艺术观。

那么,美的艺术有什么样的特点呢?康德在**§44. 美的艺术**中,首先把美的艺术和科学区别开来。他说:<u>没有对于美的科学,而只有对于美的批判,也没有美的科学,而只有美的艺术</u>。意思是说,我们不能对美进行科学研究,而只能对美进行批评(Kritik)即评判,它属于价值领域而不属于认识领域;同样,也没有一门科学是"美的",相反,真理往往是丑陋的,只有艺术是美的。当然也有"科学美"一说,科学家常常为了更美而完善他的科学理论,如哥白尼、牛顿、爱因斯坦,都有这种倾向,我们也说他们的理论具有美感。但严格的科学是不考虑美不美的,它只考虑事实。科学中即使有美,也不足为凭据,它只是附带的性质,而不是科学的本质。相反,在艺术中,美是它所追求的本质性的东西,而科学,包括历史科学和人文科学,在艺术中都是附属于艺术并作为其手段的东西。至于美的艺术和快适的艺术的区分,则是从艺术的目的上来说的,各种艺术,也包括美的艺术,都可以被用来增进人们的社交快乐。但只是为了快乐享受而利用艺术,就会把艺术引向低俗,成为一种消费性的通俗文化。<u>相反,美的艺术是这样一种表象方式,它本身是合目的性的,并且虽然没有目的,但却促进着对内心能力在社交性的传达方面的培养</u>。它的愉快不是出自于感官享受,而是出于"反思的享受",<u>所以审美的艺术作为美的艺术,就是这样一种把反思判断力、而不是把感官感觉作为准绳的艺术</u>(第149页)。

但美的艺术作为一门技术,毕竟是不同于单纯对美的鉴赏或欣赏的。所以康德接下来讨论美的艺术和自然美的关系:**§45. 美的艺术是一种当它同时显得像是自然时的艺术**。美的艺术当然也是一种技术,也是一种技巧。凡艺术都有技巧在内。一个画家,他有技巧。一个音乐家,一个小提琴手,你看他演奏得那么优美,你知道他花了多少心血?他从五六岁就开始拉琴,每天在寒风中,指头都冻僵了,这样刻苦地练习,他才能够在音乐大赛上得大奖。你以为他拉一天两天就能拉这么好哇,他的大量的机械训练是非常枯燥无味的,非常不美的。他为了拉一个完整的曲子,他要拉多少练习。他的那些片片断断的练习都是不美的,只有组成一个完整的曲子才美嘛。他要经过很多机械的训练,才能达到那种炉火纯青的境界。所以美的艺术也必须要有技巧的基础,这些技巧往往是机械性的训练,是机械的技巧。这些机械的技巧,往往在他具体画一幅画的时候,演奏一个曲子的时候,是已经训练过无数遍了,所以他熟能生巧,挥而就,但是内行人知道,他为了拉好这一段,他花了多少心血。那是一种非常机械的、熟练的技巧,铸成了他给别人带来的美的享受。所以,美的艺术,肯定是一种人工的、长期训练的产物,不断地雕琢,不断地修饰,不断地付出辛劳和汗水,才能够达到这样的境界。但是,美的艺术有一个特点,就是必须看起来好像是自然的。就是说,你看起来他好像根本没有花什么力气,非常轻松,自然天成,一挥而就,一气呵成,好像根本就不费力气。必须看起来是这样,但实际上是很费力气的。所以,美的艺术一个很重要的特点就是,它虽然是艺术,你知道它是人工的产品,它是花了很大气力,而且是有意雕琢、长期雕琢而成的,但是它必须看起来好像没有任何雕琢,好像是自然天成的,他就是这么个人,好像他生下来就能够这样拉,要给人这样一种感觉,好像他这个画——特别是国画,就是那么两笔,一个人、一只鸟就栩栩如生地出来了。你去仔细研究他的落笔,他的笔法、笔触,好像他没有任何雕琢,就是这样自然而然画出来的,简简单单的,不像有些二流、三流的画家仔细地去雕琢,每个细部怎么样处理,怎么样设计得很好,露出人工雕琢的痕迹,那个艺术就不好了。这个特别在我们的国画上面以及书法上面,我们可以看得出来,那些刻意经营的东西,那都不是好的东西。真正好的东西是没有刻意经营的,那就是一挥而就。在一挥而就里面你可以看出他的功力,这才是好的艺术。康德认为,好的艺术、美的艺术,就应该是:你知道它是人工的产品,但是它却像是自然的,没有任何人工雕琢的痕迹,浑然天成,这就是好的艺术。<u>自然是美的,如果它看上去同时像是艺术;而艺术只有当我们意识到它是艺术而在我们看来它却又像是自然时,才能被称为美的。</u>艺术美和自然美的共同原则就是无利害、无目的(至少看起来是这样),不是以感官的享乐为标准,而是以单纯的评判就令人喜欢的。当然,这里还只是谈到"艺术像是自然"的情况,还没有展开来谈"自然像是艺术"的情况,在第48节才展开谈这方面。但后面这方面的情况很重要,在从审美判断力批判过渡到目的论判断力批判时是作为一个必经的中介,谈得很多的。

那么,美的艺术是如何可能的呢?那就必须要有天才。所以康德接着讲的是:**§46.美的艺术是天才的艺术**。这就是我刚才讲的,美的艺术有一个前提,就是要有天才,这是经验性的演绎所要追溯的。艺术当然要有机械的训练,机械的训练不可少,但是,根本说来,它是依赖于天才的。你如果要从它之所以可能,美的艺术的可能性条件,一直追溯上去的话,那么,它就要有天才。没有天才,你经过无数的训练也没有办法,也达不到那个层次。所以,艺术离不了机械训练,但根本说来,它决定于天才。一个画家,他有没有才气,这是最根本的。学哲学的,有没有才气,不是很重要。学哲学的当然也要才气,要有天才,你适不适合于学这个。但是哲学你学了一辈子,你没有成为一个大哲学家,你还是有用的,比如说你可以当教授啊,你学了很多东西你都记住了,你上了那么多课,你熟练了,你可以教给人家,虽然你自己没有创造,没有自己的哲学观点,但是你可以教给人家。当然严格说起来,最高层次的哲学不是这样的,它也要天才。最高层次的哲学就是一种艺术了。艺术和哲学在最高层次上面是相通的。哲学是这样,艺术更是这样。艺术当然就是要天才。所以我们在小孩子的时候就要判断,这个小孩子将来适合于干什么。你不要以为他现在一会儿对什么东西感兴趣了,你就想将来可以把他培养成为一个画家,成为一个音乐家,你很可能害了他一辈子。你知道那要花多少心血去训练,训练一辈子,结果他又当不成一个一流的艺术家,只能够做二三流、甚至四五流的,那就太划不来了,他本来可以做别的事情,他有别的方面的才能。所以,天才是最重要的。然后再加上勤奋。有的人说,天才就是勤奋,我觉得那是不真实的。天才不是勤奋,天才就是天才。勤奋能够使天才发挥出来,但是天才不能够通过勤奋而产生。在天才的基础之上,加上勤奋,你可以成为一个艺术家,但是天才本身是天生的,这个是爹妈给的,没办法。你不适合于搞这个东西,我们经常说,某某人选错了职业,他不适合于搞这个东西,他没有这方面的天分嘛。你一定要他搞这个东西,或者他自己也没有意识到,他自以为有这个天分,那就会把他毁了。很多艺术家经常对自己产生动摇:我是不是适合于搞这个?如果我不适合搞这个,那么趁早转行。但是有些人一辈子也没有搞清楚,就这样糊里糊涂地一辈子,最后觉得自己被糟蹋了。那么,是否有天才?当然任何人都不能决定自己是否有天才,也都不能够判定自己,不能够完全地、百分之百地有把握说,我就有这方面的天才。这个是靠不住的。你也不能说我就完全没有这方面的天才,这也是靠不住的。像高更,本来是个银行经纪人,非常庸俗的银行经纪人,他有一天突然说:"我要画画。"已经成家立业了,把妻子儿女都抛弃,跑到塔希提岛,南太平洋一个部落里面隐居起来,在那里画画。人家说,你又没有天才,你怎么能够成功呢?他说那我不管,我就是喜欢。然后他画成了,他出名了,人家都承认他有天才,但是他事先是不晓得的,他不知道自己有天才,他只是有兴趣。所以,一个人对自己天才的认可,实际上是一种冒险,随时都有风险。你要认为自己善于搞这一方面,适合于搞这一方面,你就准备把自己一辈子投身于这方面,那你是在冒险。实际上人生就是在冒险,人生就是选择,你选定了什么东西,那它就可能注定了你一辈子。没有万全之法。当然你还可以吸收别人的意见呐,人家说,你最好不要搞这方面,你也要听,自己对自己也要随时有判断,但是这个判断都不是很可靠的,天才是要靠你自己去发现,你不能预先就断言的。有些人看起来好像是很平庸的人,但是他实际上是个天才。有的被发现出来了,人家承认了;有些人没有被发现,他可能就被埋没了。这种情况都很多的。天才显然是天生的,这个没办法,你改变不了。一旦你生出来有这样的气质,那就是这样的。

所以康德说,天才就是给艺术提供规则的才能(禀赋),或者说,天才就是天生的内心素质(ingenium),通过它自然给艺术提供规则(第150页)。在艺术中,天才是给艺术提供规则的。这个规则,不是模仿性的规则,不是说你看人家怎么做的,那你也怎么做吧。不是的。天才所提供的规则,只是一种典范,一种示范。你看,一个天才就应该这么做!但是他绝对不是说,我的这一套技法,你就应该去模仿。不是这样的。当然你通过大量的模仿你也可以体会到这一层,体会到天才的这一层就是他的典范性。所以,一个学画的人,他首先要模仿大量的作品,要观摩,要到卢浮宫去,要到古人的那些名作中去,看人家怎么画的,要临摹它,要模仿它。但你要知道,这些临摹和模仿都还不算艺术。艺术家所提供的规则是一种引导,你按照这样一条路子进去,然后你体会到天才是怎么创作的,然后你发挥你自己的天才。最后还是要靠你自己的天才。天才不能教,也不能靠别人给。你是某某人的学生,你就是天才啦?那是靠不住的。你是某某人的学生,还要看你是否能够青出于蓝而胜于蓝。如果你只能画到他这个程度,那你肯定不如他。你必须超越你的老师,人家才承认你是真艺术。否则的话,你只是别人的一个帮手。有些艺术家就是把自己的艺术品交给徒弟去画,然后署上自己的名字,那你顶多就是艺术家的一个手臂,他利用你去创作大量的作品,你顶多做到这个层次。但是真正的艺术不是这样的,而是创造性的。天才是给艺术提供规则,但是他是代表自然界给艺术提供规则,不是人为的,不是人工的。因为自然界产生天才,那么这个天才给艺术提供的规则呢,也就是大自然给艺术提供的规则,因为艺术天才是自然界滋生的嘛,自然界偶然产生的,爹妈给你的,是自然给你的,所以是自然给艺术提供规则。那么这个规则有如下四个方面的特点。

第一,是有独创性,它必须是独创的,而不是模仿的。第二,是具有典范性,一旦独创出来,它就可以作为一种典范,一种示范,来引导别人进入艺术的殿堂。并不是你信手涂鸦的都可以成为艺术品,独创的必须成为典范才是艺术品。我们到卢浮宫里面去观摩的时候,我们是观摩艺术史上成功的典范,看人家怎么样进入艺术殿堂的。艺术院校里面也有老师,这些老师所起的作用呢,多半都是提供一种最初步技法的基础训练。所以,要从艺术院校里面培养出艺术家来,那还是得靠自己,老师只是引进门,只是把最基本的技法告诉你,该怎么操作。对欣赏哪个艺术品是好的,怎么画才是好的,怎么样才是成功的,老师当然也可以谈一点自己的体会,但是最终这要由你自己去体会。你自己如果不动笔,不用心,光听老师讲,那是没有用的。第三,是这种典范不是你有意造成的,不受你自己的知性所控制,往往是一种灵感爆发。常常是有意栽花花不活,无心插柳柳成荫。独创性的作品往往是无意识创作的作品,因为凭理性和概念那就谁都能够想得到、做得出来了。天才的作品总是独门绝技。第四,它提供艺术上的"规则"。在艺术方面也有一些规则,这个是在艺术史上世世代代的艺术家们所制定下来、积累下来的规则。当然这些规则也不是规定了就完全不能动的,中国人讲所谓"无法之法,乃为至法"嘛,就是没有什么法,没有什么规则,一切规则都可以打破。但是当你打破的时候,你无形之中就已经制定了另外一种规则。你打破所谓的法之后,你就制定了一种法,别人就可以模仿你。你不要以为你打破了的东西就不受别人模仿,别人也可以模仿。当然我们说,一个人的风格是不可模仿的,那是就最高层次而言的。齐白石,画几棵白菜,他是不可模仿的。你说那有什么不可模仿,我也可以画几棵白菜,我还可以比他画得好一些。但是就最高的意义上是不可模仿的,他那种细致,他那种寥寥几笔,他那种简洁,他就能做到把白菜的那种生机表达出来。你要做,当然也不是说不可能做到,但你要有你自己的风格,要有你自己的体会。所以康德后面对天才有个定义,他说天才就是"一个主体在**自由地**运用其诸认识能力方面的禀赋的**典范式的独创性**"。这是第163页上的一句话,他等于把这些特点都概括在内了。简而言之,所谓天才就是"典范式的独创性",就是这两方面的统一。既要有典范性,同时又要有独创性。康德在**§47. 对上述有关天才的说明的阐释和证明**中就是展开这一点。你完全只有独创性,独创到别人根本不可理解了,在康德看来,这也不行,这不是一个成功的艺术品,你是滥用天才。你独创性固然很好,但是你必须要有典范性,你能够示范给人家,让人家知道你是怎么做的,懂得你的意思和意图,能够有一种典范的示范作用。如果你搞得怪里怪气的,人家根本不懂,那怎么行。我们经常有这种讨论,就是艺术是不是要让人不懂,康德是坚决反对不懂的。当时浪漫主义文艺思潮刚刚开始兴起的时候,也有这种特点,就是强调个性,强调怪异,强调神韵,强调那些不懂的东西,越是搞得玄而又玄越好。康德认为不好,他认为这种东西没有典范性。它不经典。经典的东西都是比较大众化,大家都能欣赏的,而不是你滥用个人的独创性、任意挥洒所搞出来的东西。所以他是比较强调这两方面的平衡。

他在**§48. 天才对鉴赏的关系**中就更详细地谈到了这种关系。一方面没有天才,没有独创,那不行。一个艺术品如果没有独创,就不是真正的艺术品。我们看到很多艺术品很规范,是某某流派的,正宗的某某人的弟子,一看呐确实是,他就是那个风格,但是没有独创性。他不能够超越他那个规范,他不能够树立新的典范,那么这种艺术品是不高级的。从这个角度来说,康德认为,艺术美和自然美相比又显示出其优势。一方面从道德的角度看,自然美要高于艺术美,自然美表现了道德素质,艺术美没有表现这一方面。但是他认为,自然美和艺术美有一个区别,就是自然美是"美的事物",而艺术美是"美的事物的表现"(第155页)。这个规定,也可以看作是一个经典的表述,自然美和艺术美的区别,自然美是美的事物,艺术美是对事物美的表现。那么在表现方面,它要高于自然美。自然美不在乎它的表现,它无意于表现,它是自然美嘛,它自然而然地显示出来。但是艺术美呢,它可以在表现上面做功夫,它可以集中,可以典型化,可以把很多地方、各处散见的自然美和谐地统一为一个艺术品,集中地表现出来。这是艺术美的优点。康德对自然美和艺术美的关系的论述,在这里已是第三次了。第一次(§41)是从智性的兴趣(道德)出发,认为自然美高于艺术美;第二次(§45)从艺术中的美出发,认为自然美与艺术美同一;第三次则从艺术本身的可能性条件即天才出发,反过来把艺术美放到了自然美之上。艺术美在天才的独创性方面要高于自然美,在表现方面高于自然美。因此甚至我们在欣赏自然美时也往往情不自禁地用艺术的眼光来看,赋予大自然以某种目的性,认为它像似艺术才是美的。所以艺术在这里呢,它就有一种重要的功能,就是它可以构成向目的论的过渡。在第155—156页有一段话:——虽然在这种评判中,尤其是在对有生命的自然对象如这个人或一匹马的评判中,通常也一起考虑到了客观的合目的性,以便对它们的美加以判断;但这样一来,就连这判断也不再是纯粹审美的、即单纯的鉴赏判断了。就是对一个有机体的判断,我们当然也可以对它审美,但是这个时候呢,已经不是单纯的审美判断了。他接着又说:自然不再是如同它显得是艺术那样被评判,而是就它现实地是艺术(虽然是超人类的艺术)而言被评判了;而目的论的判断就充当了审美判断所不得不加以考虑的自身的基础和条件。这段话很重要的地方就在于它可以使我们看出,康德从审美判断力批判向目的论判断力批判的过渡就在这里。他是通过艺术、通过艺术品的概念向目的论判断力批判过渡的。就是说,所谓的有机体,就是我们把有机体看作是大自然的艺术品,或者是超人类的艺术,有时候我们还把它称之为上帝的艺术品,有机体是上帝的艺术品。康德在早年的《天体起源和宇宙发展概论》(国内把它翻译成《宇宙发展史概论》)那本书里就讲到过,你给我物质,我可以创造出整个世界出来,但是有一点我不能做到,就是你给我物质,我能不能创造出一棵小草呢?不行。我能不能创造出一只幼虫来呢?也不行。所以,有机体,小草啊,幼虫啊,这些东西,都是上帝的造物。早年的康德还相信有一个上帝的创造,虽然机械的自然界通过物质我们人类都可以造出来,但是像这个有机体,我们人类造不出来。那太复杂了,那只有上帝才能造出来。从这里,就向目的论判断力过渡了。虽然他到晚年写《判断力批判》的时候上帝的信仰实际上已经抛弃了,但是他认为,我们可以把它看作"好像"是上帝的造物,上帝的艺术品。所以,艺术品、艺术的概念在这个地方的重要性,除了它的经验性的演绎以外,还有一个很重要的作用,就是通过艺术、艺术品的概念向目的论判断力批判过渡。就是说,前面讲过他对艺术美和自然美的关系的观点,认为艺术品必须像是自然才是美的。但是他又有一个相反的观点:自然界必须像是艺术才是美的。艺术品必须像是自然才是美的,这很好理解,一个艺术品不要有雕琢的痕迹,即算是你雕琢出来的,你要尽可能地把这些痕迹掩饰过去,不要让它露出来,而要显得自然而然。你费尽心思写出来的一首诗,要让人读起来好像一气呵成，好像你随意之间就写出来的，那是最好了。实际上，你写一首诗不需要那些很生僻的字，那些形容词，那些华丽的辞藻，最好是像大白话一样，但是又能表达深刻的意境，那样的诗是最好的。没有人工的痕迹，就像大白话，但是它又有很高的境界，这是最好的。但是反过来呢，他又认为，自然界只有当它像是艺术的时候才是美的。自然界如果不像艺术，一片零零散散的，这里一点，那里一点，固然有些个别地方可看，但是总体来说，杂乱无章，不像是一个完整的艺术品。那么，我们从里面看不出美。我们之所以从里面看出美，我们跑到九寨沟去，跑到张家界去，我们一看，我们感到惊叹的是什么呢？就像一幅国画，"风景如画"嘛。风景如画，我们就觉得这个风景是美的。为什么呢？因为它像是艺术，虽然它不是艺术，但是它好像是人工的艺术。这个我们也很能理解。我们在日常生活中，比如去旅游，就是想把各种各样的东西看作是人工的艺术品。当然旅游也有层次不同，有的人就是用一种审美欣赏的方式去旅游，比如说，游桂林山水，一个具有基本国画基础的人或看过国画的人，他看到了那样的风景，就会有一些文人画的那样一种感慨。但一个世俗的老百姓，他就会老是去找，这个山峰像一个猴子，那个山峰像一条鱼。当然他也是一种欣赏，就是把自然界看作是人工的产品，但是呢，这是低层次的。但是，不管你是哪一种层次的，当你欣赏自然界，而你都把它看作像是艺术品的时候，自然界就显出是美的。那么从这个地方就显出，自然界虽然不是艺术品，但它像是艺术品。那么，自然界里面最像艺术品的是什么呢？就是有机体，这就是我在下次要讲到的有机体的观点。

  由美向目的论观点的过渡是通过艺术品的概念完成的。这两大部分的过渡是一个很大的问题，究竟是怎么过渡的，从审美判断力向目的论判断力究竟通过什么来过渡，李泽厚认为是通过自然美，通过对自然美的欣赏，然后我们感到一种道德的素质，这个是不对的。其实，就是通过艺术品。李泽厚的观点有一点受儒家的那种天人合一的观点的影响，我们在天地之间看到一种道德素质，然后就从里面设想有一种目的。但是按照康德的思路，不是这样的。康德的思路就是艺术品。我们把自然界看作是人为的产物，但并不是哪个具体的人为，而是大自然本身的、甚至就是上帝的艺术品。这也是西方的一个传统的观点。把自然界看作是上帝的艺术品，是上帝做成这样的，只有上帝才能做成。一个有机体，一只昆虫，你靠人为的方式，你想都不能想。你设想这只昆虫是由什么样的机械关系构成的，由什么样的一些物质把它堆积起来的，那是想都想不出来的。这样设想都不可能。只有用上帝来解释。上帝无所不能，所以他能够使这样一些物质，本来是物质嘛，但是使它具有活力，能够成为一个生物。这个生物也是由物质组成的，但是它是一种什么关系呢？如何去设想自然物质和生命目的的关系呢？这就过渡到自然目的论了。

在 **§49. 构成天才的各种内心能力**中，康德又提出，尽管艺术美有这样的优点。但是通过天才来创造艺术美的时候，另一方面，这个天才里面又有鉴赏力——天才也是有鉴赏力的，他要把这种鉴赏力表达出来，才能形成艺术，那么在一个天才的艺术家心中，既有天才，又有鉴赏力，这两者，哪一个更重要呢？康德认为，鉴赏力比天才更重要。天才主要是独创性，但是，如果没有鉴赏力，那么，这个独创性不会成为典范，它就会漫无边际，信马由缰，无所拘束，它就形不成一个东西，形不成一个好的艺术品。而且根本说来，从道德角度，康德认为，一个人做不成天才不要紧，但是一个人如果失去了鉴赏力就糟了。所以，天才和鉴赏力相比，康德宁可这个人有鉴赏力而没有天才。我能够欣赏很多，自然美我可以欣赏，艺术美我也可以欣赏，但是我自己没有天才创造，那不要紧。所以在天才和鉴赏力之间，他认为鉴赏力是更重要的。康德在后面明确表明了这一态度（见第165页）。不过，就艺术而言，一件艺术作品如果只表现出鉴赏力，而缺乏天才的想象力,就会"没有精神",所谓"精神"(Geist)在这里指使心灵生动地合目的地表现"审美理念"(die ästhetischen Ideen)的活动,它是只可意会不可言传的。想像力(作为生产性的认识能力)在从现实自然提供给它的材料中仿佛创造另一个自然这方面是极为强大的。当经验对我们显得太平常的时候,我们就和大自然交谈;但我们也可以改造自然,我们所使用的那些材料虽然是按照联想律由自然界借给我们的,但这材料却能被我们加工成某种另外的东西,即某种胜过自然界的东西(第158页)。这种胜过自然界(经验知识)的东西,就是"审美理念"。审美理念就是感性理念。但通常理念应该是理性的概念,为什么感性也可以有自己的理念?康德接下来的解释是:我们可以把想像力的这样一类表象称之为**理念**:这部分是由于它们至少在努力追求某种超出经验界限之外而存在的东西,因而试图接近于对理性概念(智性的理念)的某种体现,这就给它们带来了某种客观实在性的外表;部分也是、并且更重要的是由于没有任何概念能够与这些作为内在直观的表象完全相适合。这里的感性也好,"内在直观"也好,并不是真的经验直观的感性,而是理性理念的"感性化",是借助于想象力超出经验限制之外的,使不可能在自然界找到任何实例的理念成为可感的。例如诗人但丁把天国、地狱等等用感性的方式描绘出来,其实这些理念是不可能有任何真正的感性形象的。但这种能力就其本身来看本来就只是一种才能(想像力的才能)(第159页),它以"象征"的方式来表达某种理念,但不是为了说明概念,而只是为了使内心鼓舞生动,因为它向内心展示了那些有亲缘关系的表象的一个看不到边的领域的远景(第160页)。

那么,上述天才的诸要素与鉴赏力应该如何结合才是美的呢?康德在**§50. 在美的艺术的作品里鉴赏力和天才的结合**中认为,尽管天才是艺术作品所不可缺少的,尽管它包括艺术中的最重要的因素即想象力、知性和精神,但所有这些都应该服从鉴赏力。以天才为重的艺术只是"灵气十足"的艺术,只有以鉴赏力为重的艺术才配称之为"美的"艺术,而如果天才在艺术中完全撇开了鉴赏力,那就是纯粹的胡闹。所以康德更加看重的是鉴赏力而不是天才,他甚至认为当这两者发生冲突时,宁可牺牲天才而要保留鉴赏力。他认为在想象力、知性、精神和鉴赏力这四者中,正如休谟讲的,英国人在前三种上是很不错的,但是在"使这三者结合起来的那种特性"即鉴赏力上却不及法国人(第165页注)。这里明确表明了康德的艺术趣味是倾向于法国古典主义的,而对英国浪漫主义持批评的态度。其实这四种要素归结为两种,想象力和精神是一组,属于天才,知性和鉴赏力是一组,属于鉴赏力,它们分别为当时的浪漫主义和古典主义所强调。康德则在调和双方的同时略有偏向,即偏向古典主义,这与他的大陆理性派的基本立场是分不开的。

"纯粹审美判断的演绎"的最后,康德还有一个主题,就是对艺术的划分。他花费了四节(从§51—§54)来讨论这个问题,举了很多生动的例子。这是用纯粹审美判断的先天原则从上至下地解释一切审美现象的终点,涉及到最为具体的审美鉴赏,即分门别类的艺术。<u>§51. 美的艺术的划分</u>。艺术分类当时有很多人在做,什么时间艺术、空间艺术、行动艺术、综合艺术等等,康德则试图从他的鉴赏力的先天原则来作一个本质的划分,当然他认为自己的这个划分不是唯一的,只是诸多尝试之一。由于他的鉴赏力的先天原则强调人与人之间的情感的**传达**,所以他最看重的是最为"完善"地、<u>即不仅就他们的概念而且也就他们的感觉而言相互传达的那种表达方式</u>(第166页),这就是语言。所以从语言的结构即词语、表情和声音出发,他把艺术划分为三个层次,一个是语言艺术,一个是造型艺术,还有一个就是感觉游戏的艺术。语言艺术有讲演术和诗艺,他对语言艺术评价最高,因为语言艺术最"完善",也最具有包容力和概括性。造型艺术则有雕塑、建筑和绘画，他主张雕塑不能太近于模仿感官的真实，而要顾及审美理念；建筑艺术，包括家具制造，都带有某种实用性；至于绘画，他把园林艺术也归于此列，认为这些完全是<u>把感官幻相人为地与理念结合着来体现的艺术</u>（第168页）。在绘画上，他对那些比较抽象的评价更高一些，素描比色彩要高，因为它更抽象、更适合于知性。他把色彩艺术本身甚至归到了最低的艺术门类，这就是感觉的美的游戏的艺术，它们是特别着重于刺激人的感官的。这类艺术中还有音乐，音乐完全是刺激人的感觉，而不能纳入到知性能力中来。**§52. 在同一个作品里各种美的艺术的结合**。这可以说是讲第四类艺术即综合艺术，但康德把它单列出来讨论。例如戏剧和舞蹈都是综合了音乐和绘画。但康德对这类艺术的评价不高，而且还颇有微词。他认为所有美的艺术中本质的东西在于合目的性的形式，最终在于向那些唯一带有一种独立的愉悦的道德理念靠拢，而不在于令人眼花缭乱的感官享受，后者只是为了消遣和热闹。以此为标准，康德对这些类别进行了审美价值的比较。

§53. 各种美的艺术相互之间审美价值的比较。在这方面康德的观点基本上还是古典主义的，从理性出发的，所以他把语言艺术置于最高级别。不过人们通常这样做，是因为它与知性贴得最近，是通过运用概念和符号来创造的。不排除康德有这种考虑，但康德对语言艺术看得很高，主要还是由于它是自由的表达和天才的创造，即他在其中注入了浪漫主义的理解。<u>在一切美的艺术中，诗艺（它把自己的源泉几乎完全归功于天才，并最少要规范或榜样来引导）保持着至高无上的等级。它扩展内心是通过它把想像力置于自由中，并在一个给予概念的限制之内，在可能与此协调一致的那些形式的无限多样性之间，呈现出一个把这概念的体现与某种观念的丰富性联结起来的形式，这观念的丰富性是没有任何语言表达与之完全适合的，这形式于是就把自己通过审美提升到理念</u>（第172

页)。所以在语言艺术里面,他虽然把讲演术放在第一的位置,因为讲演术最抽象,只注重观念和内容,而诗歌呢,那就已经带有音乐的一些痕迹了——它有音调哇,有抑扬顿挫哇,有节奏和韵脚哇,那就已经有一点感觉到刺激了,受感性的束缚了;但他仍然认为讲演术不如诗艺高,甚至认为讲演术是利用人类的弱点达到自己的意图的艺术,它用欺骗和煽情的方式剥夺了人的自由。所以,虽然讲演术是最少束缚的,我想说什么就说什么,没有限制,但是康德还是认为诗歌是最高的艺术,而不是讲演术,这就与他的分类法产生了矛盾。除了把诗歌当作最高的艺术外,康德把音乐定为最低的艺术,理由是它所关心的只是魅力和内心的激动。音乐的美在于它有些类似于语言,<u>正如音调的变化仿佛是一种对每个人都可理解的普遍的感觉语言一样,唯有音调的艺术是自身独立地以其全部坚定性、也就是作为激情的语言而进行着这种音调变化,因而根据联想法则普遍地传达着与此自然结合在一起的审美理念的,但由于那些审美理念不是概念和确定的观念,所以把这些感觉复合起来的那个形式(和声与旋律)仅仅是代替语言的形式</u>(第174页),即语言的代用品。所以音乐的美其实又不是真正的语言美,毋宁说是一种数学形式的协调;但这恰好又不是音乐最终所关心的,它所着意的只是魅力和激动。所以,<u>音乐之所以在美的艺术中占有最低的位置,……是因为它仅仅以感觉来做游戏</u>(第175页)。在这方面它也不如造型艺术。另外还有一点,康德比较讨厌音乐的就是,音乐不自由,不是你可以想听就听,不想听就不听的。人家在隔壁放音乐,时间不对,就会搅了你的睡眠。所以音乐这个东西是干扰人的,你觉得是欣赏的时候,你不能强迫别人来欣赏。据说康德的隔壁人家养了一只公鸡,每天早上吵得康德睡不着觉,他与隔壁交涉用高价买下那只鸡,人家不肯,说一只鸡怎么会妨碍人,康德只好搬了一次家。绘画就没有这个问题。你挂一幅画在墙上,你想看就看,你不对他人构成干扰,人家想看也可以来看。诗歌更加是这样。音乐是很讨厌的，人家睡觉的时候，你在那里引吭高歌，唱得很动情，可人家没有你那种情调，就要拨打"110"。所以音乐仅仅是一种对感官的刺激，而且妨碍人的自由，所以它是一种最低级的艺术。这跟后来的叔本华、尼采的想法完全相反，跟我们现在的观点也不一致。我们现在的观点认为音乐还是一种比较高级的艺术。是不是最高，当然各有各的看法。总之，这种排列方式是根据一条原则，即由形式到质料、由自由到受限制、由比较理性到更加感性逐渐过渡的。在讲演术那里，艺术与单纯知性的事务、单纯的"讲道理"几乎没有多大区别；而到了最后的音乐和色彩游戏，则又很难与感官快适的游戏区别开来了。这是康德对艺术的一个特殊的划分的方式。虽然这个划分方式在我们今天看来是不屑一顾的，我们今天恐怕没有谁会同意康德的那种划分方式，但是他这种划分本身，那种立足于最高原则来贯通最低层次的理性主义方法，对后世有很大的影响，比如对谢林和黑格尔的美学分类都产生了很大影响。

在§54.注释中，康德主要是对于"游戏"（Spiel，又译"活动"）这个概念进行了一种深入的分析，我们可以把这一节看作是他的"游戏论"。前面说过，审美作为诸认识能力的自由协调的游戏（活动）而引起了鉴赏的愉快，因为一切自由的活动都会导致愉快。但愉快和愉快之间是不同的，在单纯通过评判而令人喜欢的东西和通过感觉而直接令人快乐的东西之间有一种本质的区别，这就是前者具有普遍可传达性而后者没有。康德在这里举了好几个例子，说明这两种快乐常常以错位的形式表现出来，如一种痛苦可以使当事人自己讨厌或者喜欢，一种快乐也是如此。在感觉层次上感到快乐或痛苦的事，在理性评判的层次上的评价却既可以是叠加的，也可以是相反的。康德这里主要是举出由理性的评判所带来的智性的愉快，包括道德评判的愉快和功利性的愉快，或者不愉快，来和直接感觉上的、肉体上的愉快或不快相对比。审美鉴赏产生的愉快显然也属于那种具有普遍可传达性的愉快,如果要在这方面举一个例子,最恰当的莫过于罗斯金的一句名言:"少女可以歌唱失去的爱情,守财奴不能歌唱失去的财产。"不过康德这里并未涉及审美愉快,他要谈的是,单纯感觉上的愉快也可以是游戏性质的,它们甚至也可以和审美鉴赏的游戏交织在一起,但毕竟必须对它们加以区分。这可以看作审美鉴赏的演绎的最后底线,再往下就是纯粹的动物性了。

康德说:诸感觉(它们没有任何意图作根据)的一切交替着的自由游戏都使人快乐,因为它促进着对健康的情感(第177页)。这类游戏有三种,即博彩游戏、音调的游戏和观念的游戏,它们都具有无目的的合目的性,并使人的诸感觉自由协调地活动。这三样都是在社交晚会上必备的节目,即棋牌、音乐和笑话,而后面这两种属于"美的游戏",是康德所特别关注的。他认为,与博彩的游戏不同,音乐和笑料却是带有审美理念或者甚至知性表象的两种不同的游戏,最终并没有什么通过它们而被思考,它们仅仅能通过它们的交替、但却是生动地使人快乐;它们由此就使人相当清晰地看出,这种鼓动在两种游戏中都只是肉体上的(第178页),它们的一切游戏活动,包括其中的审美愉快,最终都成为了激活肉体和内脏的健康情感的载体,本质上是把心灵用作肉体的医生。在这里,康德提出了他一整套著名的关于"笑"的理论。笑,特别是那种作为游戏的笑,即"玩笑",是人类的专利,但它的本质人们一直搞不清楚,历来都众说纷纭。康德首次提出了一个非常清晰而又具有相当概括性的解释:**笑是由于一种紧张的期待突然转变成虚无而来的激情**。正是这种肯定不会使知性高兴的转变,却间接使人在一瞬间强烈地感到高兴。所以其原因必定在于表象对肉体的影响及肉体对内心的交互影响;更确切地说,并非就表象客观地就是快乐的对象而言(因为一个被欺骗了的期待如何能够使人快乐呢?),而只是由于这种转变作为诸表象的单纯游戏而在肉体中产生出生命力的某种平衡(第179页)。"由于一种紧张的期待突然转变成虚无而来的激情",这一定义至今仍然是有关笑的理论中的经典定义,后人大量的不同定义大都不过是这一定义的变种而已。开玩笑里面通常都含有某种欺骗的因素,但并不是真正的欺骗,而只是运用人类的欺骗能力在做游戏,在挑逗和折腾我们的判断力;当一切被拆穿而化为乌有时,那由紧张的期待而积聚起来的过剩精力就突然间转变为体内的震荡,爆发为哄堂大笑。康德对此有极为细致的描写:在一切这种场合笑话总是必须包含有某种暂时会引起误会的东西;因此,当幻相消失为虚无时,内心再次回顾,以便把这幻相还再品味一番,这样,内心就由于很快交互地接踵而至的紧张和松弛而跳来跳去和震荡不安,这种震荡由于是从仿佛绷紧了的弦的东西中突然弹拨出来的(而不是通过逐渐地放松而发生的),它就必然会导致内心的激动及与之和谐的内部身体的运动,后者不由自主地持续着产生出疲倦,但同时也产生快感(一种导致健康的运动的结果)。……这时肺部以很快相继而来的间歇把空气喷发出来,因而产生一种有助于健康的运动,唯有这种运动,而不是在内心中发生的事情,是对一个根本上不表现什么的观念感到快乐的真正原因(第180—181页)。在笑中最明显地体现了人作为精神和肉体的统一体这一本质结构,只有人才可以对一种"根本上不表现什么的观念"感到肉体感觉上的快乐,在其中除了过剩精力的发泄之外,还有对人类智慧和判断力的欣赏。所以康德甚至承认伊壁鸠鲁说得对,一切快乐,即使是审美鉴赏的愉快,也都是动物性的、肉体上的,精神不可能完全脱离肉体。所以承认精神的东西如道德理念和审美理念通过愉快的情感对人的肉体带来影响,并无损于这些理念本身的高贵性。要区分清楚的只是,在这种精神和肉体的关系中何者是主导的,何者只是载体。笑的游戏只是把审美理念当作载体,主要目的则是满足肉体快感的需要,并有利于消化食物、排除积郁、增进健康,这和纯粹的审美鉴赏是不可混淆的。

　　康德把笑的游戏划分为两种,一种是天真状态或者假装天真所引起的笑,另一种是诙谐幽默引起的笑。前者虽然是游戏,但其中掺和进了严肃与尊重,人们嘲笑那种还不懂得伪装自己的淳朴,但毕竟为这种淳朴感到高兴,是一种善意的、温情的嘲笑。即使是假装天真的艺术,如侯宝林的相声,也表达了人们对真正的天真状态的向往,对文明所训练出来的虚伪礼仪的厌恶。至于后者,康德的评价不高,他认为诙谐幽默不属于美的艺术,虽然它也包含有精神的独创性,但缺乏严肃性,因而顶多是"快适的艺术"。这接近于我们今天所说的一味"搞笑"的艺术,是比较低俗的。

3　辩证论和方法论

　　最后,还有两个问题,辩证论和方法论。我们先来看辩证论,它是在§55—§59这五节中讨论的。辩证论其实在我们的第二次讲座时已经谈到过了,它就是关于审美和艺术的评价标准问题。在**§55**中康德指出,鉴赏本身并没有什么辩证论,只有对鉴赏的评判标准才有辩证论。因为所谓辩证论是指由推理或"推想"所得出的两个逻辑命题之间的相互冲突,而鉴赏并不做这种推想,它本身只是个别的判断。但如何评判这些个别审美判断,则有两种完全相反的标准,或者说,一种是有标准,另一种是无标准。这就是**§56.鉴赏的二律背反的表现**。在当时,经验派美学和理性派美学有个争论,经验派认为审美鉴赏没有什么概念,因而没有什么普遍的标准,完全是凭感觉。一个东西美不美,只有感觉才能决定,你凭任何概念都断言不了。但理性派美学认为审美是有一个概念的,比如说"完善"这个概念,就是审美的标准。一个艺术品是不是好,一个审美的表象是不是美,我们可以用是不是"完善"、是不是合乎"完善"概念来对它进行评价。这基本上代表古典主义美学的原则。理性派推崇的是古典主义美学原则,特别是法国古典主义,并影响到德国古典主义,他们从古典传统中,特别从古希腊罗马中,接受了那一套形式主义的审美原则,而且对它进行了提炼加工。形式主义审美原则当然有很多了,有比例呀、对称呐、和谐呀等等,他们把这些上升为"完善"原则。一些不成比例、不对称的、不和谐的东西,那都是不完善的,也就是不美的。所以这两派经常发生争论。理性派就说,你完全凭感觉,那我们还要艺术评论干什么呢?我们就不需要评论高下了,你觉得它美就美,你觉得它不美就不美。你觉得这个作品最美,那是你的感觉;你觉得它是第二等的,那也只是你的感觉而已。没有客观的评价。但是事实上在评价中,我们还是有等级概念的,比如莎士比亚,大家都承认,歌德,大家都承认,有些历史上留下来的最美的东西,比如米罗的维纳斯,比如达·芬奇的蒙娜丽莎,我们都觉得是第一流的。你凭什么说它是第一流的?说它是第二流的行不行?如果有一个人说,我觉得那还不如我画的一幅画美,我是第一流的,你那些都是第二流的,行不行?他感觉就是那样的,他觉得自己的画最美,行不行?所以这个也是站不住脚的。经验派没办法就说,那是你缺乏审美经验,所以我们在评价的时候虽然原则上没有标准,但是我们可以选一个人出来,他是代表最大多数人的审美趣味的,他看得最多,他最有权威,因为他都看过,用他为标准来评价,那也是一种经验的标准,没有普遍的标准。但是实际上,这个权威也是不存在的。同样有资格的权威相互之间也不能达成一致。但仍然在一些大的方面,历代的人都有一种共同看法。如《红楼梦》是我们中国文学最高层次的,几乎没有人能够挑战。当然有的人说《金瓶梅》比它更好,你也只能说在某一方面比它更好。但是《红楼梦》的地位至今还是不可动摇的。这不是哪一个人根据他的权威定下来的,而是确实是因为它影响了很多人。这个没有一个统计学上面的数据,也不是靠投票来决定的,投票只能选出"超女"。但经验派对理性派的反驳是,你说哪个概念能够作为标准?我马上就可以打破这个标准,你说"平衡"、"对称"、"比例"、"和谐"、"完善"等等,什么"三角形的稳定性"、"S形曲线"、"黄金分割"等等,我马上可以举出一些美的例子来,它们都不符合这些标准。浪漫主义艺术完全不受这些条条框框的束缚,也很美。这就造成了经验派和理性派的二律背反:1)正题。<u>鉴赏判断不是建立在概念之上的;因为否则对它就可以进行争辩了(即可以通过证明来决断)</u>。2)反题。<u>鉴赏判断是建立在概念之上的;因为否则尽管这种判断有差异,也就连对此进行争执都不可能了(即不可能要求他人必然赞同这一判断)</u>(第184—185页)。这里关键是,承不承认有一个作为审美鉴赏标准的概念。当然,理性派所提出的那些完善的概念是站不住脚的,经验派对此所提出的反驳是很有力的。那么是不是就完全没有概念?

§57. 鉴赏的二律背反的解决,就取决于这一点。康德认为,应该有一个概念,但是这个概念应该是一种"审美理念"。这不是知性概念,不是完美,也不是完善,完善的概念也还是一个知性的概念,一个目的的概念。完善是一个目的,对一个目的完善。完善总是相对于某个目的而言的。而真正的审美标准是没有目的的,是"无目的的合目的性",那只能是人类的一种审美理念,它高高在上,它超越于一切具体的美之上,但是它又成为每一个艺术家,每一个欣赏者心中无形的一个标准。这样一来,一切矛盾将被消除,如果我说:鉴赏判断基于某种概念(自然界对于判断力的主观合目的性的某种一般根据的概念)之上,但从这概念中不能对客体有任何认识和证明,因为它本身是不可规定的和不适用于认识的;但鉴赏判断却正是通过这个概念而同时获得了对每个人的有效性(尽管在每个人那里是作为单一的、直接伴随着直观的判断):因为这判断的规定根据也许就在那可以被视为人性的超感官基底的东西的概念中(第186

页)。由此正题和反题的观点都得到了保留和承认,即鉴赏虽然没有任何知性的概念作为标准,但仍然有某种理性概念作标准;这个标准不是用来裁决一个鉴赏判断是否正确,而是引导我们的鉴赏判断向无限的目标前进。这个标准实际上就是共通感的问题。共通感也是个理念,就是说,我觉得应该所有人都能够欣赏,这样一个理念。我在心中形成一个观念,形成一个理念,我要造一个艺术品出来,使它达到最高的艺术美的理想,那么,这个美的理想应该是所有的人都能够欣赏的,能够达到完全的共通感的。但是那只是一个理想,具体的那个理想究竟是怎么样的,你永远也做不到。一个艺术家永远也达不到他心中的理想,他一辈子只能有某几幅作品接近于他心中的理想,但是离他的理想还远得很。一个艺术家就是一个有理想的人,他心中有一个高高在上的理想,他不是说我画了一幅画就很了不起了,就可以卖钱了,他不是的。所以,艺术家很痛苦的,因为他注定这一辈子达不到他的理想,这不是很痛苦吗?有的艺术家甚至于到了晚年恨不得要自杀。也确实有很多人自杀。就是痛苦哇,他觉得自己太无能了,他心目中的理想永远达不到,他觉得江郎才尽了,活着还有什么意思呢?但是实际上他留下来的作品,人家都觉得达到了非常高的水平。但是再高,也达不到那个理想。所以那个理想总是悬在那里,它促使人、鞭策人去再创造,去用它为标准对各种各样的艺术品进行评价,评价它的高低。我们说《红楼梦》之所以评价这么高,为什么这么多人看了它都会感动,都觉得它美,因为它接近于人类的审美理想。莎士比亚的、歌德的作品,都有这个特点。它们之所以是人类艺术史上、文学史上的经典,就在这一点。你说没有标准,你说你写的东西比他好,你要是真正地用艺术理想来衡量一下,你就知道这个高下差距何在了。你写的那些东西跟他相比狗屁都不如。所以,标准还是应该有,但是并不是一个固定的标准,不是一个知性的概念,而是一个无穷的概念,理念,是人们永远追求的一个目标。

在第57节的后面,康德附加了两个注释,其中的"注释一",康德专门阐明了审美的即感性的(ästhetisch)理念与其他那些理性的理念之间的异同。一般说,理念就是理性的理念,它不但超越感性,而且还超越知性。理性理念与知性概念的区别,康德在《纯粹理性批判》中已说得很清楚了(可参看《纯粹理性批判》A320 = B377,中译本第274—275页)。这里不多说。那么,为什么会有感性的理念?康德在这里对理念重新作了一个界定,他说,在最一般意义上的理念就是根据某种(主观的或客观的)原则而与一个对象相关的表象,不过是就这些表象永远也不能成为这对象的知识而言的(第188页);其中,若根据的是主观原则,这就是感性的(审美的)理念,根据客观原则的则是理性的理念。感性理念不能用概念来"阐明",理性理念不能用经验来"证明"。理性的理念如自在之物、先验自由,这类理念本身就意味着是不可证明的,又如德性的理念在一定程度上也是如此;而审美的理念则是,其想象力的内在直观是不能由知性概念包揽无余的,天才之所以要由自然(即人的天赋禀性)而不是由知性所建立的目的来给艺术立法,其原因正在于此。所以,对于应该提出必须使每个人都喜欢这一合法要求的美的艺术中那种审美的[感性的]、但却无条件的合目的性而言,能够用作主观准绳的不是规则和规范,而只是那仅仅作为主体中的自然、但不能被把握在规则和概念之下的东西,也就是主体的一切能力的(没有任何知性概念能达到的)超感性的基底,因而是那种使我们的一切认识能力在和它相关中协调起来的东西,是由我们本性的理知的东西所提供的最后目的(第190页)。在这里,理念不必一定是单独由理性所提出的纯粹概念,而且也可以是"不能被把握在规则和概念之下"而指向一个超验对象的感性表象,这表象不专属于理性,而是"使我们的一切认识能力在和它相关中协调起来的东西",也就是使诸认识能力在协调活动中共同指向一个超验对象、理知的对象。当然这个对象不能成为知识,也永远追求不到,所以还是由理性来思考的,在这个意义上理性就和感性相辅相成,而不再是死对头了。从这个角度来看,理性派和经验派两方面都没有错,但是处在不同的层次上面。一个是在现实的层面上,我们肯定只能通过经验去感受美;另外一个从理想层面上面,从理念的层面上,我们必须要有一个目标,有一个评价的标准。康德已经给出了这样评价的标准,就是共通感。共通感是在人类任何时候都没有完全实现出来的,但是它是人类追求的一个目标。所谓人类大同啊,我们设想人类大同就是大家有共同的感受,有共同的情感。人与人之间能够达到彻底的沟通,那当然是一个理想了,那是永远也达不到,但却值得追求的。人与人之间的情感能够互相传达,互相都能理解,通过什么?通过艺术。人的那种美感通过艺术能够向人人传达,消除隔阂。当然这个里头不排除多样性,在多样中达到统一。越是多样,越是扩展了人性的视野,我看到人性还有这么一个角落,我以前怎么没有发现,扩展这个视野,我就对人性有更大的感受能力,对人类的情感有更宽广的感受能力,共通感就更加扩大了它的范围。所以,在一切艺术中永远有一个理想在引导着我们,但又永远达不到,确定不下来。这就是辩证论的解释,它实际上是对经验派和理性派的调和。

在57节后面的"注释二"中,康德阐明了认识的、审美的和实践的三种二律背反之间的关系,认为三者所造成的矛盾都强迫理性不得不把现象和物自体区分开来,但它们各自依据的认识能力是不同的,分别是知性、判断力和理性,因而分别制定出认识(理论)、情感和欲求能力(实践)的先天原则,同时提出了认识上的、主观合目的性上的和道德上的三种不同的理念。但三种二律背反都只有考虑到那超感性基底(物自体)的理念才有可能得到解决,这种理念并不是对客体的知识,而只是主观提出的先验的观念,只有立足于这种"先验的观念论",一切二律背反才会得到解决。

由辩证论的二律背反的解决,康德引出了两个结论。一个是从认识论方面来看的:**§58.自然及艺术的合目的性的观念论,作为审美判断力的惟一原则**,另一个是从道德方面来看的。先看第一方面。第58节提出的所谓"合目的性的观念论",就相当于在《纯粹理性批判》中提出的"先验的观念论",它要反对的是"经验性的观念论",以经验派为代表,以及"先验的实在论",以理性派的独断论为代表。康德在这一节中一开始也指出了经验派和理性派在鉴赏问题上的错误,即经验派认为鉴赏完全是主观的快适,没有客观标准;而唯理论派则把美归并入善的概念中,丧失了美的感性特质。康德的立场比较倾向于唯理论的先验论,但不赞成先验的实在论,而主张先验的观念论,这是康德在这里以及在《纯粹理性批判》中所依靠的解决二律背反的"钥匙"。康德在《纯粹理性批判》的"先验辩证论"中曾专门写了一节"先验的观念论作为解决宇宙论的辩证论的钥匙"(A490 = B518);而在这里则说合目的性的观念论是"审美判断力的惟一原则"。不同的是,"先验的观念论"在这里被改成了"合目的性的观念论"。当然实质上这两种提法是一样的,只不过这里更强调审美判断不能先验地制定一个概念去强行规定特殊经验,而必须由对特殊经验的反思中上升到某种无概念、无目的的合目的性的先验原则,这就既坚持了先验的立场,又给经验派的感性留下了充分的位置。但这种上升很容易被误解为"合目的性的实在论",即认为客观事物本身就具有这种目的秩序,并把它当成一种特殊的知识。康德从自然界中举了大量矿物、植物和动物给我们提供美的享受的例子,认为<u>这一切都给假定自然界为了我们的审美判断力而有现实的目的这种解释方式提供了重要的砝码</u>(第194页)。但康德指出,所有这些美丽的形态在自然界都可以找到它们的机械论的解释,自然界并不<u>特别以此为目的,而是通过有机体所需要的物质的沉淀按照化学规律来进行审美的合目的性构造</u>(第196—197页)。

这样来看，对自然界这种合目的性的实在论就站不住脚了，自然界并没有故意向我们显示出美的目的，从实在论来看它完全可以还原为机械论。但为什么我们又的确看到自然界充满了合目的性的美呢？康德认为只有按照这样的原则来解释：我们在评判一般的美时寻求的是我们自己心中的先天的美的准绳，并且审美判断力就判断某物是否美而言是自己立法的（第197页）。可见对自然界的审美判断唯一的解释原则就是合目的性的观念论原则。至于对艺术的审美判断，则更是明确地以合目的性的观念论作为内在法则，这从艺术本身依赖于天才这一点就已经表明出来了。在本节最后一段中，康德把《纯粹理性批判》中用来建立现象中的感官对象的先验的观念性和这里的合目的性的观念论做了类比，点出了这一节的理论根据。

再看道德方面的结论。**§59. 美作为德性的象征**。如果说，上一节康德强调的是审美判断的"先验的观念性"的一面，以此澄清它在认识论中的来源；那么这一节（第59节）则强调它的"经验性的实在性"的一面，以此展望它在实践生活中的去向。康德提出，要显示概念的实在性永远需要有直观（第198页）。但首先要把审美判断的经验性的实在性和认识判断的经验性的实在性区别开来。后者是通过《纯粹理性批判》中的"图型法"而实现出来的，也就是先验想象力在范畴的指导下把时间造成一些先验的规定，形成一批先验的图型，以便范畴能够通过这些图型运用于经验性的材料之上。这一过程就是知性范畴的"感性化"过程。但前面提到（第49节），在鉴赏判断中也有审美理念的"感性化"，它所采用的方式就是"象征"。象征（Symbol）和图型（Schema）不同，虽然它们在运用先验的想象力造成感性化这点上是类似的，但图型是对概念的"直接演示"，象征则是对概念的"间接演示"，也就是通过某种"类比"来演示概念。当然，就直接的层次而言，美本身是根本不能演示概念的，它是无概念的合规律性;但在涉及到概念的场合下,美则可以通过间接的方式象征式地表达概念,用另外一个具体的对象形象来象征一个抽象概念的对象。例如用一个手推磨来表示一个君主制国家。这种象征式的手法在我们的日常语言中俯拾即是,它们都是<u>不借助于直接的直观,而只按照和直观的类比,即按照对一个直观对象的反思向一个完全另外的、也许根本没有一个直观能与之相应的概念的转换,而对概念所作的表达</u>(第200页)。例如我们一切关于上帝的知识都只是象征的,如果人们把这种象征误认为是图型,那就会陷入"拟人主义"的先验幻相,这是康德在《纯粹理性批判》中已经批判过了的。可见,审美判断的经验性的实在性并不是真正经验性的实在性,而只是象征性的经验性的实在性,或者说类比的经验性的实在性,是用一个实在的经验形象比喻性地说明一个概念。

那么,从象征的角度来看纯粹审美判断,它是什么东西的象征呢?<u>美是德性——善的象征</u>(第200页)。康德认为,审美与人类的道德关系有内在的联系,所谓"美是德性的象征"就是在这个地方提出来的,就是说它最后引导的共通感是引向道德的,它跟道德就相通了。人类永远去追求的这个理念,实际上已经具有道德性了,已经接近于道德了。所有的人都力求能够在情感上达到相通,达到协调一致,那么什么东西才是相通或协调一致的呢?道德感能够使人类的情感相通,道德律不过就是使你的准则同时成为一条普遍法则,普遍法则就达到了人人相通和协调一致。但是美和道德感又有不同,在第201页上,康德说,美是德性的象征,但又有四点不同。这四点不同也是根据美的四个契机来比较的:美是无利害的,美是无概念的,美是无目的的,美仅仅是一种愉快的感觉、愉快的共通感。那么道德当然在这四个方面都不同。道德是有利害的,是有目的的,也是有概念的,再一个它是理性,它不是感性。尽管如此,人们仍然处处都倾向于援引带有道德意味的概念来称呼自然或艺术的美的对象,例如赋予松、竹、梅、菊等等自然美以道德含义,或者将艺术风格与道德人格联系起来加以评价,有意无意地在美和道德之间造成一种类比的关联。这样,<u>鉴赏仿佛使从感性魅力到习惯性的道德兴趣的过渡无须一个太猛烈的飞跃而成为可能,因为它把想像力即使在其自由中也表现为可以为了知性而作合目的性的规定的,甚至教人在感官对象上也无须感官魅力而感到自由的愉悦</u>(第 202 页)。

最后是 **§60. 鉴赏的方法论**。方法论就很简单了。方法论主要是讲的两个"入门"。方法论这一节只有两页,这两页主要是讲两个问题,就是说,美和艺术的"入门"究竟是怎么样的,就是你怎么样才能达到美、达到艺术,这是方法论。怎么样达到艺术?康德认为,"艺术的入门"就是充分的人文知识的教育。所以,在这一方面,艺术跟知识更接近。你要当一个艺术家,或者你要受到艺术的熏陶,你要具有艺术的修养,你就必须要准备充分的人文知识。是知识,但是主要是人文知识,人性的知识。你对人性要有理解,你对艺术就能欣赏。一个艺术家要能够创作出好的艺术作品,也必须要有全面的人文知识,要对人性有一种同情的理解,要对社会上的人、各式各样的人有充分的熟悉和了解。人文知识这方面,你要做准备,你才能进入到艺术。那么"鉴赏的入门"就是道德情感。就是说,你必须要有道德情感,那么你在鉴赏的时候才能够达到真正的美的感受、美的感动。这是鉴赏的入门。美和艺术的入门在方法论里面提出来就是,一方面跟知识有关,另一方面跟道德有关,充分体现了审美判断力批判连接知识和道德的这样一种中介和桥梁的作用。这方面康德对后来的席勒的"审美教育论"产生了巨大的影响,就是说,不仅知识和道德是美和艺术的入门,而且反过来,美和艺术也可以看作知识和道德的入门,审美是培养人对真理和美德的爱好的最佳途径。

第七讲 目的论判断力批判（一）

1 目的论判断力批判的导言

从今天开始，我给大家讲一讲《判断力批判》的下面一部分——关于目的论判断力批判。这两部分的关系其实是非常紧密的。首先，第61节可以看作是目的论判断力批判的一个导言，在英译本上，译者在翻译的时候就加了一个词："导言"。它的标题是：**§61. 自然界的客观合目的性**，这和前面讲的主观合目的性就完全不一样了。这个导言我下面先逐句讲解。

依据先验原则，我们有充分的根据把自然的主观合目的性在其特殊规律中假定为对于人的判断力是可把握的、并有可能将特殊经验联结在一个经验系统之中，这样一来，在自然的诸多产品中也就有可能指望这样一些产品，它们好像本来就完全是适合着我们的判断力而设置的那样，包含与判断力相适合的这样一些特别的形式，这些形式通过其多样性和统一性仿佛有利于加强和维持诸内心力量（这些内心力量是在这个判断力的运用中做着游戏），因而我们赋予这些形式以**美的**形式的称号。这一段还是讲的前面那一部分的"主观合目的性"，是对前面的总结。就是，主观形式的合目的性，把那些无数的特殊规律假定为人们通过自己的判断力可以完整地、完全地把握住的，并且可以把这些特殊的经验、这些偶然的现象全部连接在一个经验系统之中。这本来是知性所要求的，只是知性做不到。所以判断力在反思的运用中，它实际上是在满足知性这个统一性的要求。所谓多样性的统一，这也是知性的要求。但是，知性通过判断力做出这种多样的统一以后，我们所面对的这个对象，就好像是"适合着我们的判断力"。它本来是偶然的，我们偶然发现一个美的对象，那么这个美的对象好像适合我们的判断力，让我们的判断力在它上面做游戏，自由地协调游戏，于是，引起我们愉快的情感。这就是审美判断力的内在结构。这段话重申了这一结构。

但是，我们在自然界作为感官对象的总和的这个普遍理念中，完全没有任何根据认为自然物是相互充当达到目的的手段、而它们的可能性是只有通过这种类型的原因性才能充分理解的。从这一段开始，话题转过来了。"作为感官对象的总和的这个普遍理念"，也就是美的理念。前面讲的是形式的合目的性，我们仅仅是从形式上来理解它的，我们没有从它的内容方面、它的质料方面，把它理解为这个对象的内部的各部分是相互充当达到目的的手段，而且它们的可能性只有通过这种类型的原因性——就是通过这个美作为它的原因——才能够充分理解的，我们不能够这样来看。我们不能够把美看作是自然界本身所要达到的目的，好像是为了美，所以它的各个部分相互协调、相互一致。这样的产品不是审美判断力所造成的这样一种结构。这样的结构要靠目的论判断力。因为在上述场合下，物的表象由于是在我们心中的某种东西，就完全也可以被先天地设想为与我们认识能力的内在合目的的情调相合相宜的；但那些既不是我们的、也不能归之于自然界（我们并不把自然界设定为理智的存在者）的目的，为什么倒是可以或应当构成一种特殊的原因性类型，至少是构成一种自然界完全特有的合规律性，这一点是根本没有丝毫根据能先天地加以推测的。就是说，物的表象从形式上看，它适合于我们认识能力的自由协调活动，跟我们的"内在合目的的情调相合相宜"，但是自然界是无目的的，自然界也没有理性，不是"理智的存在者"，它不能设定它的目的。所以我们不能把目的归于自然界，但是也不是我们的目的。如果是我们的目的，那就是实践的合目的性了，就不是有关自然对象的合目的性了。既不是我们要把它当作一个什么目的，也不是它自己有一个什么目的，那么我们如何能够把一个目的归之于它们，并且把这种目的构成一种"特殊的原因性类型"呢？就是好像这个自然物就是为了它的那个目的而构成起来的这种原因性、这种因果性，这样一种设想是没有任何根据来先天地加以推测的。就是说，自然的客观合目的性，我们没有任何先天的根据来推测它，我们没有任何根据推测客观的先天合目的性。我们只有在审美的时候可以把自然看作是主观形式的合目的性，它的形式适合于我们的主观认识能力。但是它的客观质料本身是不是合目的性，我们没有办法推测，我们没有根据。<u>但更有甚者，就连经验也不能向我们证明这些目的的现实性；除非一定有某种推想在先发生，只是把目的的概念带进物的本性中起作用，却不是从客体和对它们的经验知识取来这种概念，因而更多的是用它来按照与我们心中诸表象联结的主观根据的类比而使自然成为可理解的，而不是从客观根据来认识自然。</u>在经验中间，我们不能看出这些合目的的现实性，但是后面有个"除非"。就是说，如果在下面的情况下，我们倒是可以看出经验中有某种合目的性。"除非"什么呢？"除非一定有某种推想在先发生"。除非在经验中，我们在看待经验对象的时候，我们首先有一种推想。什么推想呢？我们把一个目的的概念带进到那个客观的物的本性里面去，让它起作用，我们这种目的，不是从经验的知识里面取来的，不是我们发现了自然界的客体里面确实有一种目的性，这种目的性是我们的一种经验知识。不是的。我们心中各种表象的连接有一种主观的根据，这种连接是为了一种主观的目的，我们在运用我们心中各个表象相互连接的时候，我们有时候有一种主观的目的。我们是把这些东西连接起来，来实现我们的主观目的。比如说技术，技术是要达到一个目的,那么在实践的技术活动中,你就必须要把各种表象连接起来,把它都连接到一个目的上面去,但是这个目的是你的主观的,它不是自然界的。但是,虽然不是自然界的,我们却可以按照和我们主观的"类比",来把我们这样一种主观的目的设想为客观的事物,好像是自然界也具有的。通过一种类比把它设想为它跟我们一样,好像自然界也有一个什么目的。人既然有一个技术的目的,那么自然界是不是也好像有一个技术的目的?我是用这种眼光去看它。通过这样的眼光,我们就使那些自然物成为可理解的,我们通过这样的类比来理解自然界,而不是从客观根据来认识自然。这一段话的思路是这样的。就是说,我们在客观事物上面,我们找不到任何客观目的的先天根据,你凭什么,你从认识中不能认识到有一个目的,你也不能把我们主观的目的强加给自然界;但虽然如此,我们可以把我们的主观目的作为一种类比,把自然界看作"好像"跟我们的主观目的一样,它也有一种目的,用这种方式来设想自然界呢,我们就可以对某些自然现象加以理解,加以把握。但是这种理解和把握当然不是为了形成知识,而是另有目的。从审美判断力批判里面你不能直接推出来它有一种客观的目的,那么这个客观的目的还要从与我们主观的目的的类比中来设想自然界,才能够做到,才能够把自然界看作是有目的的。

此外,客观合目的性作为自然物的可能性原则,远离了与自然概念的**必然**关联,以至于客观合目的性毋宁正是人们主要援引来由以证明它(自然)的及它的形式的偶然性的东西。就是说自然界可能会有这样一个目的,我们设想它,当然不是现实的,也更不是必然的,只是可能的,所以它"远离了与自然概念的必然关联"。自然概念就包括那些范畴,以及牛顿物理学那些概念。跟那些概念没有关系,"以至于客观合目的性毋宁正是人们主要援引来由以证明它(自然)的及它的形式的偶然性的东西"。它远离了这些概念的必然性,所以它完全不能纳入到任何客观的必然规律里面去,它只是用来解释那些自然的偶然性。那些不能够纳入到必然性里面的东西,就可以用目的论来加以解释,加以看待。而目的论的看待,不是科学知识。凡是科学知识都有必然性,但是我只是着眼于它的偶然性,只是着眼于自然界的那些偶然的部分,那些还没有被我们纳入到必然性或者是不可能完全纳入到必然性里面去的东西。我在前面讲到,自然界的经验现象有无限的多样性,不可能完全纳入到知性的必然规律里面去,那么客观目的的概念就是针对这些情况来运用的。因为当我们例如说引证一只鸟的构造,它的骨头中的空腔,它的双翼在运动时的状况和它的尾巴在掌握方向时的状况,如此等等,这时我们就说,这一切单是按照自然中的 nexus effectivus(起作用的联系)而不借某种特殊种类的原因性、即目的原因性(nexus finalis)之助,将会是在最高程度上的偶然性的;康德在这里举了一个例子,非常形象。他讲到一只鸟——一个有机体的构造。鸟的骨头中间是空的,它的翅膀和尾巴的状况是适合于掌握方向的,如此等等,这个时候我们如果说,所有这些安排都是按照自然界起作用的原因——也就是必然性的原因,也就是亚里士多德所讲的"致动因",而产生的,如果我们用致动因,用因果联系来解释,而不是借助于某种特殊种类的原因性——也就是我们不用目的因来解释,如果你不说这只鸟的骨头中间的空是"为了"减轻它的重量,以"便于"飞行,而是用一些机械性的原理去解释鸟的骨头的中空,那么这种偶然性就太大了,就可以说没有办法解释了。一只鸟的骨头中间为什么是空的,它又怎么会知道把骨头中间搞成是空的,这个机械的关系是如何来的,你要去追溯它里面的原因,甚至追溯到基因,即使追溯到基因,偶然性还是太大了。如果是机械偶然性造成的话,这个偶然性就太大了。你要是用达尔文进化论来解释今天的基因,也还是偶然性太大了。那要死掉多少鸟才从里面选择出一只这样的鸟,世世代代,要多少时间,有那么多的基因突变,各式各样的,有的是中空的,有的是半空的等等,要进化到今天这样鸟的如此和谐的这样的机体,那要花掉多少时间,那个比例简直不成比例,那种可能性几乎可以说等于零。如果你要完全从机械的理论来解释这个鸟的这么多的偶然性,它的骨头恰好中间是空的,它的翅膀恰好是长成了那个形状,它的羽毛恰好是有那么多根,而且两边对称,它的尾巴可以左右摇摆,所有这一切,你都要用偶然性来解释,那个偶然性就是无限大的。<u>这就是说,作为单纯的机械作用来看的自然,本来是能够以上千倍的另外的方式来构成自己的,而不会恰好碰上按照这样一条原则的这个统一体,所以我们只可以在自然的概念之外、而不是在它之中,才有希望找到在这方面最起码的先天根据</u>。就是说,你要凭它本身那种机械作用来解释,那简直是没有办法解释。机械论对付不了有机体,这是从亚里士多德以来就认识到的一个现象。你用机械的关系,你把一只鸟看作是一个机器,看作是一部飞行器,那怎么可能呢?那比飞行器要精密多了。我们今天制造的最精密的飞行器,飞机也好,宇宙飞船也好,都赶不上一只鸟,都没有那么精密。所以,机械论,机械制造的原理,是根本不能解释有机体的身体构造的。只有在自然概念之外,赋予它一个目的,我们才有希望在这方面找到最起码的先天根据。你怎么能够解释一只鸟生出来就是那样的呢?那么我们没有办法了,我们就说是上帝造的。上帝有意造成了这样一个东西,上帝无所不能。不管你多么精密,上帝都可以造出来。

  <u>虽然目的论的评判至少是有理由悬拟地引入到自然的研究上来的,但这只是为了按照和以目的为根据的原因性的**类比**而将它纳入到观察和研究的诸原则之下,而不自以为能据此来**解释**它</u>。"目的论评判",就是把对自然的研究看作是按照目的性来进行的,但是是悬拟的。这里的"悬拟的",意思就是"存疑的"。"problematisch"这个词可以译作存疑的,

有疑问的,暂时姑妄言之的。"但这只是为了按照和以目的为根据的原因性的类比而将它纳入到观察和研究的诸原则之下,而不自以为能据此来解释它"。在有机体中间运用的目的论原则,我们"只是为了按照和以目的为根据的原因性"——就是和我们人的合目的性,我们人的目的活动——的类比。包括上帝的目的活动,上帝的创世,有目的的创造,都是根据人的类比而来的。那么根据这种类比,我们在观察和研究的时候,我们采用客观目的这样一个原理,但是,不自以为能够据此来解释它。目的论一旦纳入进来,当然我们就可以解释了,但是我们不自以为对它的解释就是一种科学的解释,而只是一种权宜之计。目的论在自然科学中的运用,只是一种没有办法的办法。你用机械论完全不能够解释这种情况嘛,那怎么办呢?那么我们引入目的论,引入目的论也并没有完全解释它。所以我们不能根据这个就放心了,就以为解释清楚了,那样来研究自然科学就太简单了。我们把什么东西看成是合目的的,它就是有目的的。所谓的物活论嘛,万物有灵论,什么东西里面都有一个意志,它为什么这样?因为它要这样,那我们就解释了,我们就用不着再去探讨里面具体有一种什么机制,什么功能,什么作用,那自然科学就太轻松了。这件事情为什么会这样?它就是想要这样!但实际上不是的。这样一种解释只是我们对它所做出的一种类比。<u>所以它属于反思性的而不是规定性的判断力。关于自然按照目的而结合和形成的概念,在按照自然的单纯机械作用的因果律不够用的地方,倒是至少**多了一条原则**来把自然现象纳入到规则之中</u>。这里说得很明确,即是说,在某些情况下的自然规律,用机械论来解释已经不够用了,你完全不能够用机械论的方法来解释那些现象了,这个时候,目的论就让我们多了一条原则,来把自然现象纳入到规则之中。它还是有规则的,我们用目的论来解释它,我们就可以把它看作是一个统一体,它是为了什么而形成的,鸟的翅膀是为了飞翔才长成这个样子的,那么这样一个原理呢，就可以作为机械论的一个补充。因为我们在引证一个目的论的根据时，我们就好像这根据存在于自然中（而不是存在于我们心中）那样，把客体方面的原因性赋予一个客体概念，或不如说，我们是按照与这样一种原因性（这类原因性我们是在自己心中发现的）作类比来想像这对象的可能性的，就是说，当我们在引证一个目的论的根据的时候，我们就把它看作好像自然里面也有一个目的，而不是存在于我们心中的目的。本来是我们把心中的目的做一种类比的运用，把它加到自然界身上去，但是，在我们这样想的时候呢，我们把它看作是好像这个目的不是我们给它的，而是它自己具有的。通过这个"好像"做类比，来想像对象的可能性。就是说，对象只有具有这样一种目的，它才是可能的。比如说一个对象，这只鸟，只有当它具有一个要飞翔的目的，我们才能想象它只有骨头中空，以及它的翅膀的形状，它长成这个样子，才适合于飞翔，我们才可能想象它是一个有机的整体，它的任何一部分都是"有用"的。它的这种可能性是由于它的目的所决定的。我们都是这样看待有机体的。因而是把自然思考为通过自己的能力而**具有技巧的**；就是说，自然界，我们把它看作是通过它自己的能力来具有这样的技巧。好像具有这样一种目的，为了这个目的，它巧妙地安排了自己的翅膀、骨头、尾巴等等。当然自然界没有技巧，我们在牛顿物理学里面看到，牛顿物理学把一切目的论都从自然界里面赶出去了，一切物活论在牛顿物理学里面都没有立足之地。但是在康德这里呢，他又把目的论引回来了。但是他不是真正地引回来，他是通过一种"类比"的设想，好像把它引回来了。好像自然界有一种技巧，要把它做成这样，以便利于这只鸟的飞行。与此相反，如果我们不把这样一种作用方式赋予自然，则自然的原因性就不得不被表象为盲目的机械作用。如果你不这样想的话呢，那么你就只能用一种盲目的机械作用来解释比如说有机体，那你就无能为力。你对它所有那些现象根本就没有办法解释。反之，假如我们把**有意**起作用的原因加诸自然，因而充当这个目的论的基础的不光是一条**调节性的**原则，这原则只是为了**评判**自然按其特殊规律有可能被设想为从属于其下的那些现象的，而且也是一条**构成性的**原则，它是从自然的原因中**推导出**它的产品来的原则；那么一个自然目的的概念就将不再是属于反思的判断力，而是属于规定性的判断力了；这种方式他也是坚决反对的。假如我们把有意起作用的原因加给自然，并且把这个目的论的基础不是看作一种调节性的原则、范导性的原则，而是看作一种规定性的原则，看成一种构成性的原则，那么我们就从自然的原因中推导出它的产品来，我们就可以从逻辑上，从这个目的性概念里面推导出它的产品来，那么，这样一种做法，就把自然的目的概念变成了规定性的判断力的概念，而不再是一个反思性判断力的概念。这个就是当时很多的、特别是唯理论的哲学家们所做的，就是设定自然界有一个目的，设定自然界有一个完善性的目的，自然界要达到完善，每个有机体都要达到它的完善，这个完善就是个概念，可以从这个概念里面通过逻辑推演出它的各个部分。这个是康德所反对的。但那样一来，它事实上就根本不是（像美的概念作为形式的主观合目的性那样）属于判断力所特有的，而是作为理性概念把自然科学中的一种新的原因性引进来了，但这种原因性我们却只是从我们自己那里借来而赋予别的存在者的，虽然并不想把这些存在者看作是和我们同样性质的。就是说这个目的论的概念，实际上是我们从我们自己那里借来赋予那些自然界的事物，但是我们其实并不想把它们看作是和我们同样性质的，好像把它们看作是有灵魂、有目的、有意识，也有像我们一样的一种理性的设计，鸟类、动物——当然高等动物我们说它也有类似我们人类的意识，但是它们的身体绝对不是像我们制造一个产品那样有意识地造成的。所以我们把这种目的赋予它们只是一种反思性的判断力，而不可能是一种规定性的判断力。这就是一个过渡,从审美判断力批判到目的论判断力批判,说明自然界的客观合目的性跟审美的形式的主观合目的性这两者之间,它们的区别,以及当我们要使用客观合目的性来看这个世界的时候,我们是站在一个什么样的层次上来看它。

2 目的论判断力批判的分析论

上面可以看作目的论判断力批判的导言。下面则开始讲目的论判断力的分析论,我们不再逐句解释,而是逐节解释。康德所谈到的所有的合目的性一共可以归纳为四大类,根据它的主观和客观,形式和质料,可以分为四大类。第一类是"客观形式"上的合目的性,第二类是"客观质料"上的合目的性,第三类是"主观形式"上的合目的性,即前面所讲的审美鉴赏的合目的性,第四类是"主观质料"上的合目的性,也就是实践技术上的合目的性。其中第三类前面已经讲过了,所以这里剩下来要探讨的是:客观质料的合目的性、客观形式的合目的性和主观质料上的合目的性;而前者才是康德真正要探讨的,后两者都只不过是一个逻辑上的对照,是为了突出前者的性质而不能不提出来的。因此分析论一开始就是要把这些界限划清楚:**§62. 与质料上的客观合目的性不同的单纯形式上的客观合目的性**。这一节主要是要把形式上的客观合目的性与质料上的客观合目的性区分开来,同时也提到了质料上的主观合目的性,最终是为了引出质料上的客观合目的性,即真正的自然目的论。康德认为,客观形式的合目的性就是几何学。例如几何学的作图、证明等等,我们在图形上看到了一种客观形式上的合目的性,如一个圆形就包含着一系列的规律,可以用来解决许多问题。几何学是客观的,但又是形式的。几何学是一种知识嘛,它就是一种客观知识,它是用规定性的判断力来进行判断的,所以几何学是客观的。它的规律一旦定下来,客观事物是不能违背的,必然要按照它的法则去运行。同时,它又是形式的,它不涉及客观的质料,它只是在空间形式上体现一种合目的性。但这种智性的合目的性虽然是客观的(而不像审美的合目的性那样是主观的),按照其可能性却仍然很可以理解为、但却只能普遍地被理解为单纯形式的(而非实在的)合目的性,即:理解为合目的性,却不需要一个为它奠定基础的目的,因而并不需要在这方面的目的论(第212页)。这种形式的合目的性是我按照一个概念所画出的图形(例如一个圆)中所先天带入的合目的性,它客观上包含一切适合于这图形的规则,但却不需要从经验中寻求它的根据,因而不需要用"自然目的论"来解释。与此不同,质料上的合目的性就是要讨论经验事物有没有一种合目的性,这又分为两种。一种是客观质料上的合目的性,这是后面要专门来谈的;另一种就是主观质料上的合目的性,例如我在一个花园中发现树木、花坛、小径等等的秩序,这种安排作为实在的合目的性是依赖于一个目的概念的(第212页),但却是由事物之外的人的主观目的来安排的。这就是实践技术上的合目的性,我们在实用中,在日常生活中,我们要做一件事情,要把那件事情做好,要把那件事情做成,包括要做得合乎我们心中的美的标准,那么我们就要着眼于主观所要求的质料。这个事情是不是做成了,形式上做成了还不行,形式上好像是做成了,但实质上你还没有完成,那不行,你要把它按你的主观目的做实质上的安排,来完成,这就是主观质料上的合目的性。这个目的性是你主观的,但是你加在了客观事物的质料上面。它是主观目的,但是它有质料。它着眼于质料,而不是着眼于形式。仅仅着眼于形式那就是主观形式的合目的性了,那就是审美鉴赏。而这里讲的是主观质料上的合目的性,一切技术、艺术,包括"美的艺术",都属于这种。道德实践的合目的性在某种意义上也属于此列,但已经不是严格意义上的自然目的论,而只是在想象中、思维中所设想的"理知世界"的目的论("目的国"),是把人性中的人格当作目的的超验的目的论。主观形式的合目的性和主观质料的合目的性这两者都是主观的合目的性,但有形式和质料的不同。主观质料的合目的性在这个地方没有展开讲,在全书的导言里面讲了,我在前面给大家介绍过。虽然主观质料的合目的性在这里只是附带地提到,但它也有很重要的作用,就是像后面讲到的,我们在设想一种客观质料的合目的性的时候,是类比于我们的主观质料的合目的性的。我们把主观质料的合目的性作为一种类比。我们人有技术,那么我们就设想自然界也是上帝的技术。上帝是一个伟大的钟表匠,伟大的机器匠,伟大的艺术家,他在创造我们这个世界的时候,是按照他的目的来创造的,我们的世界就是上帝安排的一个花园、一个艺术品。所以我们这个世界所有的东西都是服从于上帝的目的的,都是为了完成上帝的目的。当然,康德对这种观点是进行批判的。他认为通过这种方式来证明上帝的存在,那完全是无稽之谈。但是在《判断力批判》里面,他做了一点让步。就是说,虽然这种设想是无稽之谈,但是我们不妨姑妄言之。我们假设好像有一个上帝那样来创造这个世界,是可以的。我们为了我们自己的目的嘛,反思的判断力,为了我们自己心里舒服些,为了我们自己能够达到统一的理解,那么我们设想好像有一个上帝那样。我们借上帝的眼光来看这个世界,这个世界就被我们整体把握了,我们由此可以设想整个世界按照其目的都是通往一个道德的世界、一个"目的国"的。这就是他的所谓反思判断力的做法。不过本节主要不讨论这个,而是讨论客观形式的合目的性——如几何学图形的合目的性——与客观质料的合目的性之间的区别。几何学的合目的性可以激起我们的"惊异",但这种惊异只是指向我们自己内心的;反之,客观质料的合目的性则激起一种"惊叹",它对于内心来说是"扩展性的",仿佛对超出那些感性表象之外的东西还会有某种预见,似乎在其中虽然我们不知道,却可能找到那种一致的最后根据一样(第213—214页)。本节最后重申了他在前面讲过的意思,即几何学这类客观形式的合目的性也不能混同于审美判断的主观形式的合目的性,不能称之为"智性的美",只能称之为相对的"完善";它们即使表现出美,这种美也不体现在客观的形式上,顶多只体现在演证过程上,因此作为美,还是主观形式的(而不是它自身的)。

下面就正式涉及自然目的论了。<u>§63. 自然的相对合目的性区别于自然的内在合目的性</u>。康德认为真正的自然目的论必须是客观质料的合目的性,也就是在自然界的经验质料中客观上可以看出它们相互处在合目的性关系中,而无须我们从主观中外在地赋予它以目的。然而,在这种自然目的论中,又有两种不同的情况,一种是自然的相对的合目的性,又叫做自然的外在的合目的性;另一种则是自然的内在的合目的性。康德在这一节就是要把自然的外在的合目的性也排除出去,只剩下自然的内在合目的性。他认为,自然的合目的性概念是由于考虑到原因和结果的关系才提出来的,当我们把一个过程的结果视为它的原因的原因时,这就是目的性的概念,即这个过程是"为了"它的结果而发生的。这个在古代亚里士多德那里就已经有这样的说法了,说是树先于种子,成人先于孩子,因为树和成人是种子和孩子的"目的因"。所以在目的因中,和一般的因果关系不同,不是原因决定结果,而恰好是结果决定原因,是倒过来的。不过这里有一个问题,就是这个结果是自然界本身预先设定的呢,还是在自然物之外由另一个东西设定的?所以一个自然目的可能以两种方式发生:要么我们把这个结果直接看作艺术品,要么只是看作别的可能的自然存在者的艺术的材料,因而,要么看作目的,要么看作其他原因的合目的的运用的手段。后面这种合目的性(对人类而言)就叫做有用性,或者(对任何其他的被造物而言)也叫做促成作用,只是相对的合目的性;

而前一种合目的性则是自然存在物的内在的合目的性(第215页)。通常人们想到自然的合目的性概念,都习惯于把自然物的目的归结为一个另外的原因,例如把自然物看作是符合我们人类生存的目的的,或者是看作符合另外一个自然物的目的的,这些都属于相对的合目的性。在这种目的和手段的链条中,任何一个目的对于其他事物来说都可能成为仅仅是手段,因为在一个目的关系相互隶属的诸环节的系列中,每一个中介环节都必须被看作目的(尽管就是不被看作终极目的),离它最近的那个原因对它来说就是手段(第216页)。但如果把人类的任意的一种目的强加于自然界,那么我们在这里就连(在这种用途上的)某种相对的自然目的也不能假定了(第217页),因为那就成了主观质料的合目的性,而不是客观质料的合目的性了,除非我们把人类也看作诸多自然物(动物)的一种,放到自然生态链中来考察。所有这些对于自然界而言都属于外在的相对合目的性,而不是所要讨论的内在的、甚至绝对的合目的性。所以外部相对的合目的性要能够成为目的,而不是一大堆手段,必须最终有一个自然本身的绝对目的做它的支撑,但由于那种事从来也不是能够由单纯的自然考察来决定的,这就得出:相对的合目的性尽管它对自然目的给出了假设性的指示,却并未使人有权作出任何绝对的目的论判断(第217页)。就是说,要寻求自然界的绝对的外在合目的性,必然会寻求到自然界之外去,我们凭这种做法是不可能在自然界本身中找到绝对的合目的性的。所以,要能够把自然本身看作是一个目的,剩下的就只有前面说的"两种方式"中的第一种,即"我们把这个结果直接看作艺术品",而不是看作别的艺术的材料。一个自然物不是用来构成其他目的的手段,而是自身把自己构成为艺术品,这才是"自然存在物的内在的合目的性"。当然,这只是对自然的内在合目的性的一个基本的要求,它把自然的内在合目的性和外在的合目的性区别开来了;但真正要成为自然的内在目的,还有进一步的要求,这个下面还要谈到。总之,只有内在合目的性才能使自然物成为本身具有目的的,而不仅仅是别的非自然的(智性的)目的的手段,而外在合目的性要么使自然丧失自身的目的,要么使自然界的目的永远追溯而不得,从而使自然目的概念永远建立不起来。

下面一节就进一步具体规定自然目的应该具有哪些性质。**§64. 作为自然目的之物的特有性质**。自然目的一个最明显的特点,就是它不能归结为自然物的机械作用关系。或者说,当我们想要从机械作用上找它的原因的时候,就陷于无限多的关系,而不得不求助于理性的理念来加以统握,因为只有理性才能把握住无限。但这种统握对于这个自然物来说却仍然不能理解为由各种机械作用所必然决定了的,因为那种必然性是无限的、追溯不到的;而只能理解为最终由完全偶然的原因产生的,<u>就好像这种原因性正因为如此便只有通过理性才是可能的一样;但这样一来,这种原因性就是按照目的来行动的那种能力(即一个意志);而被表象为只有由这意志才可能的那个客体,就只有作为目的才会被表象为可能的了</u>(第219页)。这里利用了莱布尼茨的"充足理由律"的原理,即我们可以用(不)矛盾律来证明"必然的真理",但是对于那些"偶然的真理",我们只能假定它具有充足的理由,这些充足理由构成一个理由的无限链条,最终只能在上帝的自由意志那里找到一切理由的最充足的理由。同样,康德认为,自然的机械关系可以用知性的必然性来加以把握,但有些自然物是知性不可能单凭这种机械关系完全把握的。它们有大量偶然的情况,我们也许一辈子都搞不清它们的机械关系是如何构成的,但我们又应该将它们作为必然的来把握,这就必须引进一个"意志"的理念,把这些偶然情况看作是由于这个意志的自由决定才得以组合到一起来的。这就得出了一个用来把握某些自然物的"目的"概念。这是康德在《纯粹理性批判》中讨论第三个二律背反即自由意志问题时已经运用过的论证。自由的原因性就是自行开始一个机械因果序列的那种原因性。例如我们在一个荒岛上看到沙滩上有一个几何图形,我们就会断定这附近有人烟,只有人的合目的的行为才可能产生这种图形,而靠大自然的机械作用的偶然凑合,如海浪冲刷等等,是绝对不可能产生出这种图形来的,或者说那种概率几乎为零。不过康德又认为,这样一种诉诸自由意志的目的性,虽然可以用来把握某种体现在自然物上的目的,但还不是自然本身的目的,它只是"可以被看作艺术的作品"。所以康德紧接着就说:<u>但是,为了把我们认作是自然产物的东西终归还是评判为目的,因而评判为自然目的,假如其中不存在任何矛盾的话,那么这本身就要求有更多的东西</u>(第219页)。什么样的"更多的东西"呢?这就是不仅仅是像艺术品那样由一个外在的自由意志来赋予自然物以目的,而且是:如果**一物自己是自己的原因和结果**(即使是在双重意义上),它就是作为自然目的而实存的(第219—220页)。这里"在双重意义上"就是指在机械论和目的论的双重意义上。一物不由外在的意志来设定一个目的,而是把目的因以及由它开始的一个机械因果序列归于自身,这就是自然目的了。康德由此给自然目的之物规定了三个层次上的特有性质:1.一个自然目的之物,例如一棵树,作为"类"而自己产生自己;2.它作为个体而自己产生自己;3.作为个体的各个部分也是自己产生自己,即各部分互相产生。显然,这些都是人工的艺术品所不具备的。但要注意,在自然物身上看出目的性(虽然还不就是自然目的),这毕竟是通过艺术品的概念而提示出来的,只不过仅仅按照艺术品这样来理解自然目的还嫌不够,因而还必须将它扩展为三个特有的性质,而这三个性质就是有机物的性质。所以我们前面讲,技术上的实践的合目的性虽然只是主观质料的合目的性,但却为客观质料的合目的性提供了某种过渡。这一点下面还要展开讲。

所以康德下面就点题了:**§65.作为自然目的之物就是有机物**。本节是以有机物为依据系统阐明自然目的概念和原理。他先说明了因果联系和目的性联系的异同：它们都是原因和结果的关系，但一般因果联系是单向的，前因后果不能颠倒，而目的联系却是双向的，原因和结果之间<u>既具有一种下降的依赖关系，又具有一种上溯的依赖关系</u>（第222页）。而这一点在技术上实践的合目的性中是"很容易发现"的，如房子是产生租金的原因，但收取租金本来就是盖房子的原因。于是康德对自然目的之物首先所作的规定是这样一个"要求"：<u>各部分（按其存有和形式）只有通过其与整体的关系才是可能的</u>。房子和租金互为因果，一切人工的产品无不如此，都不能像把握机械因果关系那样单向地把握，而必须既正向把握其机械关系，同时又逆向把握其先设的目的关系，并且只有在这种整体把握中才能理解对象的概念。但康德马上又指出，这样理解的自然目的仅仅是一个艺术品或人工制品，只是自然目的论的引线，是外在于自然的目的论，而不是真正的内在的自然目的。<u>但如果一物作为自然产品在自身中及在其内在的可能性中仍然要包含有对目的的某种关系，亦即要仅仅作为自然目的而没有外在于它的理性存在者的概念的原因性就是可能的：那么对此就有**第二个**要求：它的各部分是由于相互交替地作为自己形式的原因和结果，而结合为一个整体的统一体的</u>（第222页）。自然目的论的第二个要求很重要，即自然物不但其各部分应该是互相依赖的，而且应该是互相产生出来的。仅仅把各部分设想成产生其他部分的工具是不够的，因为有可能那个目的在所有的各部分之外，即在整个自然物之外，由一个外部的理性（即人）所设定，那就还是外在的技艺性质的目的；而是还必须各个部分互为目的和手段,<u>而只有这样，也只是因为这，一个这样的产品作为**有组织的**和**自组织的**存在者，才能被称之为自然目的</u>。这里"有组织的"和"自组织的"打了着重号，原文是"organisiert"和"sich organisiert"。这个词也可以翻译为"有机的"，德文"Organismus"就是"有机体"的意思。当然,康德这里强调的是"自组织"这层意思,即自然物不需要外在的推动力量而自行组织起来。一只表虽然也具有一定的组织关系,但它不是自组织的,而是由一个外部的理性来安排好的,一旦出了故障,它也不会自行修复,更不可能由自己产生出另一只表来。有机物则不但能自我修复,而且能自我繁殖,自我繁殖从"类"的角度也可以看作是一种类的自我修复。这样一种功能是艺术品和一切人工制品所不具备的。所以他说:如果我们把有机产物中的这种能力称之为**艺术的类似物**,那么我们对自然及其在有机产物中的能力所说的就太少了(第224页)。但我们也不能陷入物活论,或者把一个灵魂放进自然物里面去,这些解释都是企图把有机体解释为一种"构成性的"知识,即用一种可以作机械性的描述的方式、或者一种非经验的方式来把握有机体。而其实,一个本身是自然目的之物的概念并不是知性或理性的任何构成性的概念,但对于反思的判断力却能够是一个调节性的概念,它按照与我们一般依据目的的原因性的某种远距离的类比来指导对这一类对象的研究并反思其最高根据;这样做虽然不是为了认识自然或是自然的那个原始根据,却毋宁说是为了认识我们心中的那个实践理性,我们正是凭借它而在类比中观察那个合目的性的原因的。这句话点穿了,自然目的概念是反思判断力的一个调节性概念,它以艺术品的概念作为"远距离的类比"来指导我们对自然目的之物的研究,但实际上是要"认识我们心中的那个实践理性",也就是反思到一切自然目的之最高根据的人的道德实践。正是因为我们人是有道德的人,我们才会关注自然界中那些具有自组织能力的有机物,并追溯它们的原因。这是后话。不过,尽管有机物的概念具有我们实践上的这种根据,但它们首先给一个并非作为实践的、而是作为**自然的**目的的**目的**概念带来了客观实在性,并由此而为自然科学取得了某种目的论的根据,例如在医学和生物学上它就很有用。尽管它有这样明显的客观实在性和有效性,但康德仍然认为它本身还只是反思判断力的概念,而不是规定性的判断力的概念,因此不能严格算成是科学知识,而只是科学知识的某种调节性的原理。

于是康德在下面一节 **§66.评判有机物中的内在合目的性的原则**中,给有机物的原则下了一个定义:**一个有机的自然产物是这样的,在其中一切都是目的而交互地也是手段**。在其中,没有任何东西是白费的,无目的的,或是要归之于某种盲目的自然机械作用的。这样一个定义使我们想起康德对道德律的表述,也就是对定言命令的"目的论表述":"要这样行动,你任何时候都要把你人格中的人性以及任何他人的人格中的人性同时用作目的,而永远不单是用作手段。"(《道德形而上学基础》)由此可以理解康德为什么说自然目的的概念是为了认识我们心中的实践理性,以及为什么说我们是由于有实践理性才具有了看待有机体的眼光了。将有机物的这条原则转用于人类社会,它就是康德的道德命令,而艺术产品与有机物的关系,就相当于康德的一般实践理性(即实用理性)与纯粹实践理性(即道德)的关系,有机体的"自组织"则相当于康德的道德自律的作用,道德上的"目的国"就是一个有机体。当然,要从这种自然目的论中引出康德的道德目的论来,还需要走很长的路,这是康德在后面所做的一件工作。而在这里,康德还仅仅就这条原理对于生物学的不可缺少性进行了考察,即在生物学中,只有预设一个目的的理念,有机体的各个部分才能被作为一个整体来把握,没有任何一部分是多余的或能够单纯按照机械作用来把握的。否则我们是无法把握这类自然物的。

在 **§67.把一般自然从目的论上评判为目的系统的原则**这一节中,康德以已经提供出来的有机体的合目的性原则为据点,做了一个大胆的扩展,即由此推广到整个自然界的目的论体系上去。除了有机体之外,自然界万物之间以及它们与人类的生存之间,都可以表现出一种合目的性,但所有这些合目的性都是外在的合目的性，它们的目的都是相对的，每个目的都作为手段而依赖于另一个目的。甚至就连我们人类的存在，为什么就必然是自然界的目的，这个也是不能证明的，其他生物如寄生虫、病毒也可以把我们当作它们生存的手段。因此，单靠外在的目的是建立不起整个自然界的目的系统的，要建立起这样一个自然目的概念，必须依靠内在合目的性，以及由内在合目的性中产生出来的终极目的的概念。由于一物的内部形式而将它评判为自然目的，这是完全不同于把该物的实存看作自然目的的。要作出后面这种断言我们需要的不只是关于某个可能的目的的概念，而且是自然的终极目的（scopus）的知识，而这需要的是自然对某种超感性之物的关系，这种关系远远超出了我们的一切目的论的自然知识，因为自然本身实存的目的必须超出自然之外去寻求（第228页）。有机体的内部形式固然已经是内在目的了，但它还不是终极目的，它还有可能被纳入外在合目的性的生态链条中，成为其他有机体（包括人类在内）的单纯手段。而这样一来，自然界就在任何一个有机体身上都看不出自身的目的，而只看到它作为其他目的的手段而起的作用了。所以，要把"该物的实存（Existenz）"、也就是把该物放在与他物的现实关系中来考察，而评判为自然的目的，就必须寻找一个终极目的，这就必须跳出整个自然界来看待自然目的。但这种跳出并不是凭空一跃，而是要做一种推导，从目的到更高的目的；而这一推导的起点正是有机体。所以只有就物质是有机的而言，它才必然带有它作为一个自然目的的概念，因为它的这个特殊的形式同时又是自然的产物。但现在，这个概念必然会引向全部自然界作为一个按照目的规则的系统的理念，这个理念现在就是自然的一切机械作用按照理性诸原则（至少是为了在这上面对自然现象进行试验）所必须服从的（第229页）。有机体已经建立了一个自然目的概念，但这个概念尚不完备，还没有把一切机械作用全部都纳入到自身,使一切都不是白费的,都是为了某个最终目的而实存的。相反,有机体本身还要服从机械作用,在与其他有机体的关系中它自己的目的将会变成单纯的手段。这就必须进行一种推导或追溯,找到那个本身作为目的而不再是手段的有机体,于是就把我们的眼光引向了一个超验对象。我们必须把整个自然界看作一个有机体,它的终极目的并不在自然界中任何一个有机体身上,而是在它之外,在超越于自然界的某种目的中,而整个自然界的机械作用,包括有机体在目的链条中作为手段的那种机械作用,都必须服从它、促成它。所以说,有机体的自然目的概念"必然会引向全部自然界作为一个目的系统的理念"。当然,康德指出,这样一条自然目的论原则只是一条反思判断力的原则,它不是对自然界的知识,也不干扰自然界的机械论的科学知识体系,而是把我们的眼光引向对整个自然界的目的秩序的"展望"。这种展望甚至把我们引回到了审美判断力的立场,从而构成一个回复到起点的圆圈:一旦凭借有机物向我们提供出来的自然目的而对自然界所作的目的论评判使我们有理由提出自然的一个巨大的目的系统的理念,则就连自然界的美、即自然界与我们对它的现象进行领会和评判的诸认识能力的自由游戏的协调一致,也能够以这种方式被看作自然界在其整体中、在人是其中一员的这个系统中的客观合目的性了(第230—231页)。自然界的美本来是一种自然的主观合目的性,是无目的的合目的性;但是在自然界的目的系统这个层次上,自然界的美也成了有目的的,即被我们看作大自然对我们的一种"恩惠",我们因此而被引向对大自然的热爱和敬重。这就把审美判断的眼界也提高了,打破了那种主观狭隘性,而扩展为"人是其中一员的这个系统中的客观合目的性"了。在这里,"美是德性的象征"不仅仅表现在人的审美欣赏活动中,而且表现在整个自然界客观上都趋向于一个终极目的的系统程序中。因为这个终极目的,康德在后面揭示出来,无非是超验的道德目的,它以整个自然界的目的链条作为自己的手段,它自身却不再是任何其他目的的手段。

但尽管如此,康德却坚决反对将这种自然目的的推导当作一种从形而上学的超验领域中引进的推导,即不是从外部把目的论引进到自然界中来,而是从自然界本身中推导出这种目的论来。这就是:**§ 68. 目的论原则作为自然科学的内部原则**。显然,立足于有机体的内在目的论在自然目的系统中虽然指向一种超验的展望,本身却仍然是在自然科学的范围内发生作用的,用不着引入一个上帝的作用来解释自然界的各种合目的性。因此自然目的论是自然科学的一条"本上的原则",而不是自然神学的一条"外来的原则"。"目的论"这个词在这里只是意味着一条反思性的判断力的原则,而不是一条规定性的判断力的原则,因而不应当引入任何特殊的原因性根据,而只是在理性的运用上再加上一种不同于按照机械规律的探究方式,以便对这些机械规律本身在经验性地探寻自然界的一切特殊规律时的不充分性加以补充(第234页)。目的论原则在自然科学中是立足于科学的立场来给机械论原则帮忙的,当然它无形中引向了超验的方向,但不能由此就认为它完全是由超验的领域强加于经验自然界的。所以当我们谈论自然界的智慧、节约、远虑和仁慈时,仿佛自然界中有某种故意的意图一样,但却不能真的把自然界当成某种有理智的存在者,或者在它上面放置一个作为建筑师的上帝,而只是要借此按照与我们在理性的技术运用中的原因性的类比来描绘一种自然的原因性,以便把我们必须据以探究某些自然产物的规则牢记在心(第234页)。但尽管如此,康德仍然认为,自然目的论可以"作为入门或过渡而引向神学",而对于自然科学,它只是作为范导或调节,而不是作为一个特别的部分。只有自然的机械作用是我们能够完全看透、并且能够按照其概念制造出自然产品来的,但作为自然的内在目的的有机体是无限超出以艺术[技术]来作类似表达的一切能力的(第235页),是机械论的物理学所不能表现的。这里谈到自然目的论作为神学的"入门",这就已经是一个康德意义上的"方法论"的问题了。但在此之前,还有一个"辩证论"需要澄清。

3 目的论判断力批判的辩证论

康德在§69.什么是判断力的二律背反和§70.这种二律背反的表现两节中,提出了判断力的二律背反,其实就是规定的判断力和反思的判断力的二律背反,表现为机械论和目的论的二律背反。这个二律背反显得十分做作,因为按照康德前面对规定的判断力和反思的判断力的解释,这种二律背反根本就没有可能,双方并不处在同一个层次中。但康德为了适应他自己的"建筑术"的构架,仍然把常见的那种不严密的表述做成了一个二律背反。就是说,按照康德的表述,应该是这样两个命题,一个是一切自然物"都必须被评判为按照单纯机械规律才可能的",一个是有些自然物"不能被评判为按照单纯机械规律才可能的(它们的评判要求一条完全不同的原因性规律,也就是目的因的规律)"。这两个命题不涉及自然物的结构,而只涉及我们对它们的"评判",实际上根本就构成不了矛盾,而是可以共存的。但如果把它们表述为自然物本身的构成,那就会有一个二律背反:命题:物质的东西的一切产生都是按照单纯机械规律而可能的。反命题:它们的有些产生按照单纯机械的规律是不可能的(第238页)。在康德看来,只要我们改换立场,不是当作自然物的构成性原则,而是当作调节性的原则,那么这两条原则的互相冲突的假象就消除了,它们不是两种知识的冲突,而是两种不同的反思方式的协同作用。所以,在70节中,康德其实已经解决了这个二律背反,他后面对此所做的一切工作（共8节）都只不过是进一步加以详细说明而已。例如，**§71. 解决上述二律背反的准备**，其实不过是进一步重申二律背反的原因，在于<u>我们混淆了反思性的判断力的原理和规定性的判断力的原理</u>（第240页）而已，而**§72. 关于自然的合目的性的各种各样的系统**则是把由这种混淆所产生的各种自然目的理论作了一个归纳。总的来看这些自然目的论学说可以分为两大类，一类是"实在论"，即认为自然目的这是自然界中的一种特殊的原因性；另一类是"观念论"，即主张自然目的只是我们主观上一种临时借用的观念。前者认为自然目的论原则是客观上有效的，后者认为它只是主观上有效的。康德则主张对这个问题我们完全可以任其悬疑，不作决断，这就可以一方面满足我们不断深入地研究自然之需，另一方面引起这样的猜测：<u>这很可能是我们理性的某种预感，或者某种仿佛是自然给予我们的暗示，即：我们也许竟会有可能凭借那个目的因的概念而扩展到超出自然界之外，并把自然界本身与原因系列中的那个最高点联结起来</u>（第241页）。但这种猜测绝不是科学研究，更不是知识，而只是反思判断力对我们自身道德素质的"预感"和"暗示"。看不到这一点，就会由这种猜测而滑入上述两类常见的自然目的理论。如实在论认为，自然目的肯定是自然界一种特殊的原因，是一种"有意的技艺"，可以由自然的研究发现出来；观念论则认为，自然目的原则上可以还原为机械原因，是由偶然原因的凑合而显示出来的一种"无意的技艺"，只是由于这些机械原因太复杂、对于我们人类有限的理性隐藏得太深，我们就借我们自己的主观的艺术原则来作一种类比，以便对它加以把握，但这只是一种"应急手段"或权宜之计，只是我们主观上的一种观念，没有真实性可言。实在论和观念论各自都有两个方面的表现，前者以物活论者和上帝创世说的一神论者为代表，后者则一方面表现为德谟克利特和伊壁鸠鲁的原子论，所谓"原因性的观念论"，另一方面表现为斯宾诺莎的"宿命的观念论"。所有这四种自然目的论在康德看来都是独断论的，即都是把反思性的判断力看作是规定性的判断力，因此都是站不住脚的。其实康德自己在前面第58节中谈及"自然及艺术的合目的性的观念论，作为审美判断力的惟一原则"时，也是坚持"合目的性的观念论"的，但那里讲的观念论和这里讲的观念论还不太一样。因为在审美判断力中，自然的合目的性只是主观形式的合目的性，并不要求运用于客观质料上，而自身有其特殊的价值；这里所批评的观念论却是一种临时的替代物，是在运用于客观质料时采用的一种修辞手法，本身并没有独立的价值。其实这种观念论与康德自己的自然目的论非常相近，区别只有两点，一是康德的自然目的论绝不只是一种权宜之计，而是对自然科学、尤其是生物科学有现实的指导作用，它是不能还原为机械论的；二是康德还赋予自然目的论以自身独立于科学的价值，即向宗教和道德过渡。而这两点的前提则是，严格区分反思性的判断力和规定性的判断力，这是康德在下一节中批判上述四种传统自然目的论的基本原则。

§73. 上述系统没有一个做到了它所预定的事。这一节承接上节，逐一批判了伊壁鸠鲁、斯宾诺莎、物活论和一神论的自然目的论，认为它们都没有做到给目的论一个合乎因果律的解释。而之所以如此，其症结在于目的论既不是机械因果律（无意的技艺），也不是自由意志的一种实在的原因性（有意的技艺），而是反思判断力对自然研究的一种调节。康德对一神论的自然目的论相对来说比较看好，认为这种观点比较接近于他自己的看法，只需作一点修改。这就是：根据我们认识能力的性状和局限（因为我们看不到这个机械作用的最初的、内在的根据本身），必须不以任何方式到物质中去寻求确定的目的关系的原则，相反，对于物质产物作为自然目的的产生，除了通过作为世界原因的一个最高知性来评判之外，没有给我们留下任何别的评判方式。但这只是对于反思性的判断力、而不是对于规定性的判断力的一个根据,是绝对不能有权作出任何客观的主张的(第247页)。就是说,我们可以把自然界看作是"好像"有一个最高知性在做有意地安排那样,虽然我们绝对不知道这个最高知性是什么,它又是如何进行安排的。所以康德在下面一节指出:**§74. 不能独断地处理自然技艺概念的原因是自然目的之不可解释性**。康德认为,用规定性的判断力来处理自然目的性就是"独断地处理",而以反思性的判断力来处理则只能是"批判地处理",这种批判不具有构成性的作用,而只具有调节性的作用,即我们虽然可以无矛盾地设想一个自然目的的概念,但这个概念不能从经验中引出来,也不是经验的可能性所要求的,所以它是不可能证明和解释的。自然按照其规律不能产生这类东西,正是自然的这种无能才使得援引一个与它不同的原因成为了必要(第250页)。那么反过来,不能用自然规律来解释自然目的也就是顺理成章的了。所以接下来康德从正面说:**§75. 自然的客观合目的性概念是反思性判断力的一条理性批判原则**。这是与规定性的判断力的独断原则相对照而言的。独断原则说的是:自然界某些物的产生、乃至于整个自然的产生,都只有通过某种按照意图来规定自己的行动的原因才是可能的。反思的批判原则说的是:按照我的认识能力的特有的性状,我关于那些物的可能性及其产生不能作任何别的判断,只能是为此而设想出一个按照意图来起作用原因,因而设想出一个按照与某种知性的原因性的类比来生产的存在者(第250页)。我们主观上只有通过某种知性的原因性才能解释自然界的某些事物,这不等于就证明了一个有理智的存在者的客观实在性。我们不要奢望有朝一日能够对哪怕一株小草的有机结构做出合乎客观规律的解释,更不用说对于整个自然界的创造者的作用加以客观描述了。这就杜绝了对上帝存在的一切自然目的论的证明。在下面**§76. 注释**中,康德说他要补充说一些在这里算是"题外话"的论题。这些论题其实并不是什么题外话，而是一些在他前两大批判中已经阐明，而在这个第三批判里却是作为不言而喻的前提直接加以运用的原则。但正因为不言而喻，所以他担心人们在没有读过或者虽然读过但淡忘了的情况下会把握不住他的思想线索，从而觉得必须在这里加以提醒。这些话题，一个是在认识活动中理性和知性的区别和关系，由此引出可能性和现实性的关系。康德重申，理性是一种"原则的能力"，它高于作为"原理的能力"的知性，知性通过联结感性材料形成经验对象而为理性服务，而理性则起一种调节性的作用，因而在引导知性追求知识的最大统一性时只是一种主观的运用，而不能以为自己的理念就是有关客观超验对象的知识。所以，知性没有感性直观就是空的，就只是可能性而不是现实性，因为我们人类不具备知性直观，不能一想到什么可能性就马上成为现实。所以这种可能性和现实性的区别只是我们人类理性的主观运用中的区别，而不是客观自在之物的区别。康德说：<u>这一点由理性不断地要求把一个什么东西（原始根据）假定为无条件地必然实存的，就可以明白了，在这个东西身上，可能性和现实性就完全不再应该有什么区别，对这种理念我们的知性是绝对没有任何概念的，也就是不能找到它应当如何去想像这样一个东西及它的性质的实存的方式</u>（第255页）。显然，这里又重提了康德在《纯粹理性批判》中对上帝存在的本体论证明的批判，即理性以为只要它能够想到一个"绝对必然的存在者"的对象概念，这个对象就是实存的，好像可能性就等于现实性了；但我们的知性对此没有任何概念，因为它没有任何直观内容。<u>但这个概念毕竟适合于我们的认识能力按照其特有的性状来运用</u>，就是说，它毕竟可以主观地运用，只是没有客观现实性内容，只是单纯的可能性。只有<u>对于某种没有这一区别加入进来的知性而言</u>（第255页），也就是对于"直观的知性"而言，凡可能的才必定是现实的，但可能性和现实性的区别在这里也就没有意义了，且不说我们并没有任何根据来假定这种直观知性的存在。而当知性对于要在这里用它的概念做和理性同样的事感到如此困难时，也就是知性想要将原因性概念用于解释那隐藏在机械作用背后的目的因时，它就遇到了极大的困难，只好求助于理性，但理性却把它作为属于客体的东西当作了原则（第256页），这就是产生一系列二律背反和各种不成功的自然目的论体系的原因。但尽管如此，只要理性把这种原则看作只是主观的"准则"，那么它们毕竟还是一些调节性的、内在于那种实行中并且是可靠的、与人的意图相适合的原则（第256页）。这也是在《纯粹理性批判》中讨论理性理念对知性知识的最大统一性的"内在的"调节性作用时已经讲过了的原理，它在这里的意义就在于被转用于自然目的性理念，通过知性与理性这两种认识能力的这种方式的协调活动来帮助自然科学的研究，但绝不是构成一种特殊的客观自然知识。

另一个需要重申的话题是实践理性的话题。这里涉及到的是实践理性和感性的关系，同样也涉及到实践意义上的可能性和现实性的关系。康德认为，由于人除了理性之外还有感性，这就注定了纯粹理性的道德法则对于人来说只能采取"命令"的形式；如果是对于没有感性的上帝或天使，那就不需要命令了，而是行动和道德法则直接一致的，作为可能性的"应当"和作为现实性的行动之间就会没有任何区别了。但这种情况对于人来说是"夸大其词"的，它不可能在我们的行动中成为一条"构成性的"原则。然而，自由按照我们的（部分是感性的）本性和能力，对于我们和一切有理性的、受到感性世界束缚的存在者而言，只要我们能够根据我们理性的性状去设想它，毕竟也可以用作一条普遍的**调节性的原则**（第257页）。这里讲的原理是在《道德形而上学基础》和《实践理性批判》中早已讲过的，这里重提，当然是着眼于自然目的论在实践方面对于人类的指导意义，因为我们人类也属于自然界的一分子，人的自由和人的目的活动可以看作是把自然界引向一个终极目的、实现应当和事实之间的统一的举足轻重的因素。所以康德说,假如我们的知性不是面对自然的合目的性无法做出任何规定性的判断,它也就不会发现自然的机械论和自然的技艺即目的论之间的原则性区别了;但理性却仍然要求在自然的这些特殊法则的结合中也有统一性,因而有合规律性(这种偶然东西的合规律性就叫做合目的性)(第257页),理性的这种要求既是理论上的要求,同时也是实践上的要求,即要求把自然界那些偶然的东西看作如同技艺一样,最终是趋向于一个目的的,从而为我们在实践中应当怎么做提供暗示和指导。但这仍然是一种主观上的调节性原则,而不是客观构成性原则,即它既没有揭示客观自然物的结构,也没有规定我们在行动中应当遵行的客观法则。

在**§77. 使自然目的概念对我们成为可能的那种人类知性特点**中,康德把上一节所提醒的理性、知性和感性的关系用来看待我们在自然目的论中的知性使用,并突出了这种知性使用的特点。他认为,理性的理念在认识中和实践中都是一种调节性的原则,它们本身并不能成为一个具有经验内容的对象或一种经验性的行为,但理念在自然目的论中的情况却有所不同,它作为一种目的因的概念虽然也是对自然物的一个调节性原则,但与这原因相适应的后果(这产物本身)却毕竟是在自然中被给出的,而自然的某种因果性的概念,作为一个按照目的而行动的存在者的概念,似乎就把自然目的的理念变成了它的一条构成性的原则,而这理念就在其中具有了和其他一切理念的某种区别(第258页)。就是说,它虽然是调节性的,但由于它在自然界确实有它的对应物(有机体),所以它看起来就"似乎"是一条构成性的原则了。但其实它仍然不是构成性的,原因就在于,上述理念并不是对知性的一条理性原则,而是对判断力的一条理性原则,因而只是一般知性在可能的经验对象上的应用;也就是在于:

判断在此不能是规定性的,而只能是反思性的,因而对象虽然是在经验中给出的,但按照理念就连对它作出**确定的**(更不用说完全合适的)**判断**都**不可能**,只能对它进行反思(同上)。所以自然目的论中理性的原则与认识上和实践上的理性原则都不同,在那两种场合它是运用于规定性的判断力的调节性原则,而在这里它只是运用于反思性的判断力的调节性原则;因此,它在自然目的论中不是对知性的知识加以调节,而只是对知性在经验对象上的"应用"进行调节,也就是只对这种"判断力"进行调节,即对判断力所涉及的对象进行反思。所以理念在这里不是帮助知性判断去规定一个经验对象——尽管它表面上"似乎"如此——而是从这个经验对象上反思到我们在进行判断时各种认识能力、即理性能力和知性能力(判断力)的相互协调活动。不过,这只是我们人类的知性能力的特点,既然是"特点",那它就是与一般可能的知性能力相比较而言的,在这种一般可能的知性中,既包括我们人类的知性,也必须包括另外一种和人类的知性不同的知性,亦即不受感性限制的某种更高的知性。这种更高的知性原则在自然目的论上有可能是规定性的和构成性的,<u>它甚至在自然的机械作用中、亦即在一种并不排除对之假定某个知性作为原因的因果联系的机械作用中,也能找到这样一些自然产物的可能性根据</u>(第259页)。当然,正如康德在《纯粹理性批判》中提出一种可能的"知性直观"只是为了和人类所特有的(非知性的)感性直观相对照一样,他在这里提出这种"直观知性"也是为了和人类所特有的非直观的知性相对照。康德在这里把设想中的直观知性称之为"直觉的知性"(ein intuitiver Verstand)。通常康德并不用"直觉"(Intuition)来指他所谓的"直观"(Anschauung),因为"直观"这个德文词只是被动地旁观的意思,只意味着一种"接受能力";而"直觉"这个来自拉丁文的词则除了直接地看、瞧和关注以外,还有自发的"灵感"的意思,意味着一种创造能力。而康德这里所设想的"直观知性"中的直观恰恰就具有这种自发的能动性：**一种直观的完全自发性**的能力就会是一种与感性区别开来并完全不依赖于感性的认识能力，因而就会是在最普遍含义上的知性；所以我们也可以思维一种**直觉的知性**（用否定的说法，就是只作为非推论性的知性）（第259页），这种知性不需要凭借偶然的机会才与直观的特殊性协调一致，而是本身就是直觉性质的。由此也就衬托出我们人类所特有的知性的特点，就是特殊的东西并没有通过规定性的判断力为知性所完全规定，感性直观的多样性与知性概念的普遍共相处于外在的对立之中；而一旦我们认为特殊的东西应当与普遍的东西协调一致，这种一致就只能是"极其偶然的"。但如果这种协调一致仅仅是偶然的，那就是不可思议的，所以，为了至少能够思维自然物与判断力的这样一种协调一致……，我们必须同时也思维另一种知性，在与这种知性的关系中，确切地说首先在与被附加给它的那个目的的关系中，我们可以把自然规律与我们的判断力的那种协调一致设想为必然的（第260页）。通常我们在没有设定这种直觉的知性的情况下，我们的知性是从"分析的普遍"进向特殊，但并不预先规定特殊，而是把这一工作交给规定性的判断力去具体操作，也就是交给后天经验的偶然性。反之，直觉的知性则将是从"综合的普遍"进向特殊，它不是把整体看作依赖于各部分的偶然性的，而是把各部分看作是由整体通盘设计好了的，即先有一个整体的"表象"，然后按照这表象、因而以这表象为"原因"，才把各部分联结起来，这种产物就是"目的"。所以目的因不同于自然因果律，它是出于知性的有意的设计；但这一原则并不涉及到就这种产生方式而言这样一些物本身（哪怕作为现象来看）的可能性，而只涉及到对它们所作的在我们的知性看来是可能的评判（第261页）。这就是为什么我们不能满足于仅仅用目的因果性来解释自然产物，因为这只是适合着我们自己的反思判断力来对自然物作评判，而并没有涉及它们的客观规定性。康德把这种设想中的直觉的知性称之为"原型的知性"（intellectus archetypus，原型的智性），而把我们在自然目的论中所运用的知性称之为"模仿的知性"（intellectus ectypus，模仿的智性），就是说，我们只有在自然目的论中设想一个原型的知性，并模仿它来对这些自然物进行思考或反思，我们才能超出通常的机械论中的知性运用，而按照目的论的原则来看待自然物。康德承认，通过机械论的方式我们的确得不出任何有关一个作为目的的整体的概念，但他认为这并不能否认一个这样的有机体的机械产生，因为我们不能否认除了我们这种机械论的知性之外还可能有一种直觉的知性，它可以凭借某种有意图的生产来解释多样性统一这种目的性的可能性条件；但前提是，我们不能把机械的物质看作就是自在之物，从而把自然物的一切关系归结为空间关系（广延和位置移动），这将会杜绝目的论解释的一切可能性。我们只有把现象和自在之物剥离开来，把机械的物质世界看作只是现象，而把自在之物当作现象的基底，并且为这个基底配以相应的智性直观，我们才能够为自然目的论的原因留下余地，从而一方面用机械论来解释感官中所呈现出来的对象，另方面对同一个对象中作为"理性对象"的东西，<u>同时也按照目的论法则来看待，并把它们按照两种不同的原则来评判，而并不用目的论的解释方式排除机械的解释方式，好像它们相互矛盾似的</u>（第262页）。这就是机械论和目的论的"相容论"，它以区分现象和自在之物的方式解决了机械论和目的论的二律背反。

但康德的意思并不是到此为止，他不仅仅要建立机械论和目的论的"相容论"，而且是要建立起二者的"互补论"。这就是下面一节：**§78. 物质的普遍机械作用原则与自然技术中的目的论原则的结合**。康德在这里首先强调，机械论原则在解释自然过程中是不可放弃的，不论是先天地引入上帝的目的还是后天地从经验中寻求某种非机械的目的因，都<u>丝毫也</u>

不能增进我们的自然知识,而只会导致夸大其词和诗意的狂热。但另一方面,理性的一个同样必要的准则就是不要忽略在自然产物上的目的原则,因为这种原则即使并不使我们更加理解自然的生产方式,但毕竟是研究自然的特殊规律的一条启发性的原则(第264页),它在解释或思考某些自然产物的可能性方面是必不可少的。理性当然要处处小心,尽量不要把自然物随意作目的论的解释,例如把几何学的形式的合目的性也说成是自然目的论的;然而在自然物完全无可否认地显示为与另一种因果性相关的地方,却还总想单纯遵循机械作用,这同样也必将使理性耽于幻想(第265页)。所以机械论和目的论两者在自然的解释上缺一不可,而且不能互相替代。但这两者如何能够结合起来呢?如何能够从两个不同的角度来解释同一个自然物(如有机体)呢?康德认为,绝不能立足于规定性的判断力把它们作为两种不同的构成性原则结合在一起,因为在客观性的层次上这两个原则是互相排斥的。应当使这两种解释方式在按照它们来评判自然时的相互结合成为可能的那条原则,必须被置于那处在这两种解释方式之外(因而也是处在可能的经验性的自然表象之外)但却包含着这自然表象的根据的东西中,就是说,必须被置于超感性的东西中,而这两种解释方式的任何一种都必须与之相关(第265页)。而这种超感性的东西就是所谓的"直觉的知性"。当然我们对此一无所知,只有一个不确定的概念,但正因为如此,我们借助于它就可以在反思判断力的层次上对同一个自然物的这两种可能性加以讨论,虽然不能解释它的具体形成和操作过程,但却可以在具有目的性特征的自然物出现时,预先假定我们只可以依照这两个原则对自然规律作充满信心的探究(由于自然产物的可能性对知性来说是可以从这个那个原则来认识的),而不介意在评判这产物的诸原则之间所冒出来的那种表面的冲突,因为至少这种可能性是肯定的,即这两者甚至在客观上也是有可能在一条原则中相一致的(因为它们涉及到以某种超感性的根据为前提的现象)(第266页)。所以,我们虽然不能凭这条超验的原理而使这两条原则在对同一自然过程的"解释"(Erklärung)中结合起来,但却能够使这一产物的内部可能性通过目的因而得到"理解"(verständlich)。但这条超验的原理只是一条反思的判断力的主观准则,而不是规定性的判断力的客观法则,并且由于机械作用是评判自然物所必不可少的原则,所以,上述准则同时就具有把这两条原则在评判作为自然目的的事物时结合在一起的必然性,但却不是为了用一方整个地或在某些方面取代另一方。因为那被(至少被我们)设想为只有按照目的才可能的东西是不能被任何机械作用所取代的,而那种按照机械作用被认作是必然的东西也决不能被需要一个目的用作规定根据的偶然性所取代,而只能是使一方(机械作用)隶属于另一方(有意的技艺),这种情况按照自然合目的性的先验原则倒是完全允许发生的(第267页)。所以,康德为这两大原则所设想的关系应该是目的和手段的关系,目的是有意图的,手段却是机械的,在解释自然目的之物时这两者是不可分的,但手段从属于目的,双方在不同的等级上互补。因此,在这之上就建立了自然研究者的一种职责:把自然的一切产物和事件、哪怕最具有合目的性的,都永远在我们能力所及的范围内(它的局限我们在这种研究方式内部是不可能指出来的)加以机械的解释,但同时却永远也不放过的是,对于我们甚至也只有惟一地在目的概念之下才能提交给理性来研究的那些自然产物和事件,我们必须依照我们理性的本质性状,不顾那些机械的原因,最终还是把它们隶属于按照目的的因果性之下(第269页)。这就是康德为自然科学的这两大原则所制定的合乎理性的相互关系。这种关系排除了一切非科学的解释,如物活论和上帝的干预等等,同时也超出了"还原论"的机械性和狭隘性,为生物学和宇宙学建立起了一种现实可行的理论构架。这种构架直到今天仍然具有极强的解释力,特别是在生物学、生理学、解剖学、医学等领域中,科学家们实际上也是这样做的。这就是在目的论的指导下对有机体的各个部分的结构进行尽可能精细的分析,弄清其中的机械互动关系;但绝不陷于这些机械关系的研究中,而是时刻保持目的论的视角,在这些部分结构和关系中看出它们最终所要达到的整体功能和目的。哪怕我们今天已经进到了分子生物学和基因理论的科学阶段,我们仍然不能将一切生物现象归结为分子的机械凑合,而必须使这些理论隶属于某种合目的性的总体进程。从控制论、系统论和信息论到热力学第二定律(即熵增加定律),从时间箭头理论到现代宇宙学的"人择原理",都是对自然界的这种合目的性解释的某种尝试。而这种尝试的基本模式是由康德首次完整地提供出来的。

但这样一来,康德实际上在这里已经提出了一个方法论的原则,就是在自然事物中,我们必须不断地把机械性因果关系引向并且从属于目的关系,把仍然带有机械性因素的目的关系引向并且从属于更高的、更少机械性的目的关系,直到最高的终极目的关系,在这种关系链条的追溯中形成一种从下至上的推导。这就是康德在最后的"方法论"部分所要探讨的课题。

第八讲　目的论判断力批判（二）

1　附录：目的论判断力的方法论

　　康德为什么在第二版中为这个方法论加上了"附录"的字样，这是个令人困惑的问题。康德在其他两个批判中最后都有一个"方法论"，而且在第三批判的审美判断力批判中也有一个短短的"方法论"，它们都没有被称之为"附录"；为什么唯独目的论判断力批判的方法论被看作是一个"附录"？但如果我们注意到康德在导言中对审美判断力和目的论判断力的关系所说的那一段话，这个问题也就不难解决了。在全书导言的第八节中康德说："在一个判断力的批判中，包含审美判断力的部分是本质地属于它的，因为只有这种判断力才包含有判断力完全先天地用作它对自然进行反思的基础的原则……与此不同，必须有客观的自然目的，即必须有只是作为自然目的才可能的那些事物，这一点却不能指出任何先天理由，就连它的可能性也不由作为普遍经验对象和特殊经验对象的自然的概念来说明，相反，只有自身不包含这方面的先天原则的那个判断力，在偶尔遇到的（某些产品的）场合下，当那条先验原则已经使知性对于把这目的概念（至少是按照其形式）应用于自然之上有了准备之后，才包含有这种规则，以便为理性起见来使用目的概念。"（第29页）就是说，目的论判断力并没有自己的先天原则，它的先天原则是从审美判断力那里借来的。因此之故，要谈判断力批判的方法论，只要在审美判断力批判的后面有一个方法论就够了,本来是用不着在目的论判断力批判中再提出一个方法论的,这样,三大批判各自都有一个方法论,一共是三个方法论。但现在,目的论判断力批判又弄出了一个方法论,这就成了三大批判却有四个方法论,不对称了。但目的论判断力批判按照思维的逻辑线索又不能没有一个方法论,于是这个方法论就只能作为一个"附录",在逻辑层次上是不能和审美判断力的方法论平起平坐的。但目的论判断力批判为什么不能没有一个方法论?到底什么是"方法论"?方法论的实际意义何在?

在康德那里,凡有"批判"必有"方法论"。因为按照他的解释,所谓"批判",就是要在认识之前首先考察认识的先天能力,就像在建造一个大厦之前首先要检查一番所使用的工具一样。既然如此,那么考察的结果就必然是重新制定出我们认识能力的规范,以便用可靠的方法去建立未来的形而上学或科学。批判只是打基础的工作,其作用只是消极地清理地基,它的最终成果就是锻造出一种崭新的方法论,以发挥理性的积极作用。例如《纯粹理性批判》的方法论就是建立未来科学的形而上学必须经受的"训练"和必须遵守的"法规";《实践理性批判》的方法论就是进行道德教育、使道德律深入人心的合理程序;"审美判断力批判"的方法论就是为提高审美鉴赏力所作的准备,例如增进人文知识和培养道德情感。所有这些方法论都旨在使批判考察的对象能够通过正确的方法而得到切实的实现。那么,由此可知,目的论判断力的方法论也就是关于自然界如何能够最终被看作是合目的性的而作的一系列推导。前面说过,自然目的概念在有机体这一自然物上已经得到了确立,但这个概念在自然界的完全实现却尚未得到证实,因为有机体在现实的自然关系中并不能够真正地成为绝对的目的,而总是必然成为其他有机体的手段。所以自然目的概念在现实的自然关系中(在"实存"中)还是未完成的,我们单独考察一个有机体虽然也能暂时形成一个自然目的系统的概念,例如把整个自然界都看成是为了这个有机物而预先准备好的条件,但它马上就被与其他有机物的目的的外在机械关系解构了。那么,我们如何才能把整个自然界看作是一个最终的目的系统呢?这就需要对各种自然目的进行一番推导,从相对的合目的性中推出绝对的合目的性来;只有最终的绝对目的才能够保证这个系统的最终完成,而在此之前一切都还没有着落,因而面临着归结或还原为机械关系的危险。当然,这个最终的绝对目的就本身而言就已经超出自然目的论的范围了,它进入到了道德目的论和神学目的论的领域,所以自然目的论为着自身的完成也必然要从自然的领域向道德和宗教的领域过渡,从而成为伦理学神学的"入门"。这就是这个目的论判断力批判的"方法论"的真正意义。

现在我们先来看看它的第一节,即:**§79. 是否必须把目的论当作属于自然学说的来讨论**。这里探讨一般的目的论是否必须作为自然学说,意思很明显,就是要为自然目的论在一般目的论中的必要性和重要性作论证。就是说,只有在自然界的目的论研究中,我们才能推得出道德目的论和神学目的论的必要性,后者作为自然目的论的必要条件本身也才得到了某种确立。康德在这里的证明是,哲学的理论部分必须在自然学说中占据它的位置,而神学按照康德在《纯粹理性批判》中对"我可以希望什么"的解释(A805 = B833 以下),是横跨理论和实践两个部分的,所以也部分地包含理论的自然学说;而目的论既不是属于神学的一部分,也同样不是在严格意义上的自然科学的一部分,它只属于判断力的批判;但就其包含有先天原则而言,它能够而且必须拿出一种该如何按照目的因原则来判断自然界的方法,这样就能够影响自然科学的研究,甚至对于理论自然科学在形而上学中作为神学的入门对神学所可能有的那种关系也具有这种影响(第271页)。所以结论是,我们必须首先把目的论当作属于自然学说的来讨论。这里的"自然学说"和"自然科学"还不是一回事,后者本质上被理解为机械论的,这也是当时科学界人士的共识。那么,如何来讨论?康德说:**§80.在将一物解释为自然目的时机械论原则必须从属于目的论原则**。这是重申第78节已经提出的方法论原则,只是讲得更加细致和深入而已。在这一节中,康德主要强调了目的论原则在对有机物的科学研究中的重要性和不可缺少性,因为对于这样一些对象而言,要由单纯的机械论来做出完满的解释,这是根本超出我们的能力的。那么自然科学家哪怕只是为了节省精力,也必须引入有机体的概念,并且引入从人类到水螅、苔藓和地衣乃至于无机物这样一个巨大的生态链的概念,把它们看作是产生自一个原始的共同母体并有内在的亲缘关系的。康德在这里利用了当时著名的自然考古学家居维叶的成果,指出他虽然企图把生命的起源最终从机械作用中引出来,但实际上已经预先假定了起源上的目的性,不然的话就会陷入"异名生殖"的谬论。在当时流行的生物发育的"预成论"和"渐成论"中,前者是以目的论为基础的,后者则是以机械论为根据的。康德是比较倾向于"预成论"的。休谟曾反对预成论说,构成一种同时具有实行力量的知性之可能性,需要有各种能力与属性合目的地共存于一个存在物中,那么又是谁将它们放进去的呢?这不是会导致对目的因的无穷追溯吗?康德认为这种反驳是无效的,因为这种设计和实现目的的知性本身并不是什么复合物,而是被视为单纯的实体,即一个自由的主体,所以不在自然因果链中,因而不存在无穷追溯。至于泛神论者和斯宾诺莎主义者,他们也犯了同样的错误,即虽然把自然目的性归结到无所不包的单纯实体,但这只满足了自然目的论的第一个条件,即目的系统的统一性;但他们不承认这种因果作用必须设想为出自知性的预先安排,这就丢掉了自然目的论所必须的另外一个形式条件,使之还原成了机械论(参看§73,第245页)。

如果说，上面第80节强调的是机械论不能脱离目的论的话，那么在下面一节中，即在**§81. 在解释一个作为自然产物的自然目的时机械论对目的论原则的参与**中，所强调的则是目的论也不能脱离机械论，否则它就是空的，不能说明任何自然产物。所以有必要把机械作用看作一个自然目的必不可少的工具，至于它如何能被用作这种工具，即某种意图（目的）如何能现实地把它启动起来，这对于我们是不可知的，永远属于自在之物的秘密。在这里，康德讨论和比较了当时流行的一些对目的论的有机体原理的观点。首先是"偶因论"和"预定论"的对立。前者是马勒伯朗士等人的观点，认为有机物的目的每次都是由上帝抽于制定的，这就会否认自然本身有可能达到任何和谐，也没有理性运用的余地了，因而一开始就不予考虑。预定论中则分为个体预成论和种属预成论两种，前者如莱布尼茨，把有机体视为另一有机体自身分裂的产物，例如人的精子里面就有一个具有人的结构的缩小的人形，而这个人形又还可以继续分析，找到更加微小的人形结构，就像一套俄罗斯套娃一样一层套一层，大娃套小娃。这种理论又称"先成论"，但康德认为实际上不如称为"退行论"或"套人论"（又译"原形先蕴论"）。后者是由沃尔夫提出的"新生论"，又译作"后成论"，它克服了前者尚未摆脱机械论残余的缺点，不把有机体目的视为一种具体的结构方式，而是诉之于一种物理学不可解释的、按照目的概念而发生的知性的创造性。新生论在布鲁门巴赫那里的表述显然最适合康德的观点，也就是既否定物质能够按照机械规律而自发地形成有生命的合目的性形式，<u>但他同时又在某种原始有机体的这种我们无法探究的原则之下为自然机械作用留下了一个不可确定的、但却也是不会弄错的份额</u>，为此，在一个有机体中物质的能力（与物质的普遍蕴含的单纯机械的**形成力**不同而）被他称之为某种（仿佛是从属于对前一种形成力所作的更高的引导和指令的）**形成驱力**（第279页）。"先成论"则由于使目的论纠缠进机械作用之中而显出许多不能自圆其说的地方。由此足见目的论虽不能脱离机械论,但也不能混同于机械论;它不能直接去构成自然,而只是对自然的反思和对某些自然知识的批判。

上面三节厘清了机械论和目的论在自然研究中的相互关系,那么下面则进入到了更高一个层次的讨论,就是在自然目的性中,外在的合目的性和内在合目的性之间的关系。这就是:**§82. 在有机物的外在关系中的目的论体系**。康德在这里把外在合目的性规定为<u>一个自然物充当了另一个自然物达到目的的手段</u>,这只有在另一个自然物必定是一个有机体的情况下才可能发生。而所谓内在合目的性,康德的规定是:它是<u>与一个对象的可能性结合着的,而不论这个对象的现实性本身是不是目的</u>(第280页),就是说,使一个对象成为可能的那种合目的性就是内在的合目的性,至于该对象的现实性是不是目的,或者仅仅是别的目的的手段,这都无关乎内在的合目的性。所以对于一个有机体我们还可以问:它又是为了什么而存在的?因为一个内在目的就是把目的性视为这个有机体之所以可能存在的前提,所以总是可以再追问目的后面的目的;而对明显只是机械作用的产物我们就不好这样来追问了,因为它即使作为其他东西的目的,这个目的也不是它的可能性的条件,而是在它存在以后外加给它的。只有两性所组成的家庭,它的内在合目的性是由外在合目的性所组织起来的,男女的互相追求和互为手段构成了一个家庭自身的内在目的,因而构成家庭之所以可能的条件,而不仅仅是家庭的现实的手段。所以,除了种族繁殖的关系以外,一个具有内在目的的有机体与一切它物、包括无机物和其他有机体的关系总是一种外在目的关系,因而这个有机体本身的内在目的在这一场合中就可以视为"终极目的"。但由于其他有机体也同样有权把自己当作是终极目的,所以,<u>如果我们通观整个自然界,那么我们在这个作为自然的自然中就找不到任何能够要求优先成为创造</u>

的终极目的的存在物；我们甚至可以先天地证明：那种也许还有可能成为自然的**最后目的**（ein letzter Zweck）的东西，按照一切我们想给它配备的想得出来的规定和属性来说，毕竟是作为自然物而永远不会是一个**终极目的**（ein Endzweck）（第281页）。康德在此暗示，真正的终极目的肯定只能在整个自然界之外，而只要还在"作为自然的自然"之中，哪怕是最后目的，也还不是终极目的。因为最后目的属于外在目的性，它总是相对的，例如我们总还是可以继续追问：这个种族又是为了什么呢？整个生物界又是为了什么呢？甚至即使我们把作为生物的人类放在整个生物界的顶端当作其最后目的，我们仍然不能避免从其他物种的立场上把人视为它们的手段（如跳蚤把人视为它生存的手段）。这样一来，有机体的内在目的最后还是要依赖于外在目的，从而陷入盲目的弱肉强食的机械原则。自然的内在合目的性由此就在逻辑上需要设定某个绝对的超感性的"终极目的"，否则，即使我们把最后目的放在人身上，也将导致经验和理性的矛盾。因为理性虽然把人奉为最后目的，但我们却明明看到大自然并不对人特别恩惠，而是造成了无数的灾祸和破坏。整个大地的构造、变迁和气象的变化既可适合于生物的形成，也造成了大批生物乃至人群的灭亡，这一切都是遵循机械作用，似乎人类只不过是盲目机械的自然力之下的幸存物而已。要使自然界在人眼里不被还原为一个完全机械的自然界，就必须将目的论原理从有机物和无机物之间以及有机物相互之间的互相利用的手段关系中再提升出来，使之上升到反思性的超感性原理，而不是依照弱肉强食的机械性来规定谁是自然界、有机界的统治者，这就要继续追溯自然界的终极目的。当然，这种追溯绝不能看作对自然物或整个自然界的起源的客观探求，而只是一种主观的反思判断力，即使客观自然的超感性基底中根本就不可能有这样一种起源，它也是我们理性运用的一个主观条件，以便找到使诸现象最终能够统一的规律，来指导对自然目的之物作尽可能详细的机械的解释。所以，尽管终极目的只可能存在于超感性的领域，但对它的追溯仍然要从感性的自然界出发，即首先追溯什么是自然界中的最后目的。所以下面一节就是：

§83. 作为一个目的论系统的自然的最后目的。上面一节已经把人类从自然目的系统中提升到了植物和动物之上而成为最后目的了，当然这一地位还不是牢固的，只是相对的，要巩固这一地位还必须提出更多更强的理由。所以就必须追溯：人类中是什么使得他们能够有资格成为自然的最后目的？康德找到了两个选项，一个是人类追求满足一切目的的"幸福"的理念，另一个是利用自然来达到幸福的熟巧，即"文化"。先来看幸福。康德认为幸福是人所设想出来的这样一个能够任意支配自然的理念，它是不确定的、时常变化的、人人不同的；但哪怕最低水平的幸福标准（如"温饱"）和最高程度的努力，都不能保证人能达到幸福。这一方面是因为，欲壑难填，人心总是不会满足的；另方面，大自然并不特别照顾人，总有不尽如人意之处；再者，人还自己给自己造成无数灾难（战争、压迫等）。因而对幸福的追求总是使人陷入机械性，不仅达不到自己的目的，而且可能沦为别人的手段。当然，<u>他作为地球上唯一的具有知性、因而具有自己给自己建立任意目的的能力的存在者，虽然号称自然的主人，并且如果把自然看作一个目的系统的话，他按照其使命来说是自然的最后目的；但永远只是在这个条件下，即他理解到这一点，并具有给自然和他自己提供出这样一个目的关系来的意志，这种目的关系将能独立于自然界而本身自足，因而能够是一个终极目的，但这个终极目的是根本不必到自然中去寻找的</u>（第286页）。所谓"按照其使命来说是自然的最后目的"，就是说实际上还不是，必须要等提供出他的终极目的"这个条件"，才成为自然的最后目的，这就还没有证成。而这个终极目的根本不必到自然界中寻找，它是超验的。尽管如此，但我们至少可以在自然中找到那个(本身是相对的)最后目的,它是自然提供给我们、准备让我们自己去把它做成终极目的的。幸福虽被看作最后目的,但它必须依赖于自然界,只能是最后目的的被动质料。只有一种在自然界中、但又不依赖于自然界的形式,才能成为人用来变成自己终极目的的最后目的,这就是"文化"(Cultur)。什么是文化?康德对文化下了一个定义:一个有理性的存在者一般地(因而以其自由)对随便什么目的的这种适应性的产生过程,就是**文化**(第287页)。即人能够适合于一般地建立任何目的并将它实现出来,他不依赖于自然,而是把自然用作符合自己自由的目的的手段。这就是自然为了它的终极目的而能够建立的唯一最后目的。简言之,文化是一种能够自由地建立任何目的的目的性,能够自主地利用自然来超越自然,自然的最后目的只在于文化。文化是介于自然和超自然之间的最后一道分界线。

但康德又说,并非每一种文化都足以成为自然的最后目的。他把文化分为两个层次,一是"熟练技巧",即劳动技能,它使人能适应于建立任何目的,但它还不足以使我们摆脱动物性欲望冲动的专制而促进自己的自由意志,因为它本身并不自由地制定这些既定目的,也不选择自己的目的,这些目的归根到底是由自然的欲求给他定下来的。就此而言,它还没有完全超出自然界的规律的控制。更高层次的文化是科学和艺术,它们已经摆脱了自然的感性欲求而能够追求自由所设定的更高的目的,这是通过人类不平等和分工从熟练技巧中分化出来的,它们被称之为文明,但却高踞于低级的劳动和劳动者之上。一个社会中文明和野蛮的这种两极分化使双方都受到损害:劳动者日益贫困和粗野,上层社会则日益空虚和贪得无厌,于是社会的进步却导致了普遍的苦难。但这种引人注目的苦难却是与人类身上的自然素质的发展结合着的,而自然本身的目的,虽然不是我们的目的,却在这里得到了实现。这种唯有在其之下自然才能实现自己这个终极意图的形式条件,就是人们相互之间的关系中的法制状态(第288页)。公民社会的法制是为了减轻人们的对抗、发展人的自然素质,但为此我们还需要某种"世界公民整体"的社会,来限制国与国及民族之间的战争。不过,在康德看来,战争及其苦难虽然是盲目的,服从机械作用的,但也体现出自然的某种"最高智慧"或意图,他称之为"天意"(Vorseheung),它暗中促使人类为建立一种基于道德的国际法制系统、实现"永久和平"而努力。对所有这些内容,康德在后期所写的一系列关于社会历史和政治法律的文章中都做了更详细的发挥,这些文章被收入到何兆武先生翻译的《历史理性批判文集》里面,它们的基本思想构架在这里都已经建立起来了。所以在康德看来,整个人类的文明和进步虽然不可避免地带来苦难,但他并不像卢梭那样断言这纯粹是道德的堕落,而是看出它背后隐藏着某种合目的、合规律的趋向,最终是引向某种道德目标的。一切苦难都对整个人类的文化上的才能和意向有一种"锻炼"的作用。所以科学和艺术(也包括政治的艺术)便能满足作为最后目的的文化的"第二个要求"或条件,这就是不仅一般地适合于建立任何目的(如熟练技巧),而且能使意志摆脱自然欲望而具有制定和选择自己的目的的自由能力。这虽然诱发了不自然的嗜好、奢侈和虚荣心的膨胀,但也显示出自然在合乎目的地努力使我们得到教化,以便对高于自然的那种目的具有接受能力,从而为人性的发展让出位置。美的艺术和科学通过某种可以普遍传达的愉快,通过在社交方面的调教和文雅化,即使没有使人类有道德上的改进,但却使他们有礼貌,从而对感官偏好的专制高奏凯旋,并由此使人类对一个只有理性才应当有权力施行的统治作好了准备(第289页)。换言之,艺术和科学是人类意识到并发展出自身所隐藏的更高目的、终极目的的一种准备。

那么,究竟什么是终极目的?康德在**§84. 一个世界的存有的终极目**

的即创造本身的终极目的这一节中是这样说的：**终极目的**是这样一种目的，它不需要任何别的东西作为它的可能性的条件（第290页）。单纯机械的自然物是不能问它"为什么存在"的；有机体可以问它的某一部分为什么而存在，它为什么和其他事物发生这种形式的关系，但它也不能解释它自身为什么存在；只有终极目的才能最终解释包括有机体在内的自然万物为什么而存在。而当我们在有机体中假定一个超验的知性时，我们其实就已经潜在地把对终极目的的回答寄托于这个知性之上了：它既然已经给了有机体一个目的，它就一定能够回答什么是终极目的。而答案显然也只能是超验的，而不能是自然界之内的。自然之内的事物都是有条件的，包括我们人类的"思维的自然"，也是依赖于所思维的对象的，不是物理学的对象，就是心理学的对象。而终极目的则是无条件的。那么，什么是这个无条件的终极目的呢？康德说：现在，我们在这个世界中只有惟一的一种存在者，它们的原因性是目的论的，亦即指向目的的，但同时却又具有这种性状，即它们必须依据着来为自己规定目的的那个规律，是被它们自己表象为无条件的、独立于那些自然条件的，但本身又被表象为必然的。这种类型的存在者就是人，但却是作为本体看的人；这是惟一这样的自然存在者，我们在它身上从其特有的性状方面却能认识到某种超感官的能力（即**自由**），甚至能认识到那原因性的规律，连同这种原因性的那个可以把自己预设为最高目的（这世界中最高的善）的客体（第291页）。而这样一个"作为本体看"的人就是道德的人，对于一个道德的人，或者人的道德性，我们就不能再问它是为了什么了。因为道德律所提出的命令是"无条件的命令"，除了它自身的理性原则即自由意志的逻辑一贯性，没有任何别的东西能够解释它的"为什么"。它作为一种自由的原因性，唯一地只服从它自身的规律，即道德自律，并把自身设定为这个世界中的最高的善，而让整个自然界的万物都去追求它、趋向于它。换言之,整个自然界的存在,如果说有什么目的的话,那么它的终极目的就是要产生出道德的人来,它是为着人的道德性而存在的。自然界中所有的东西,不管有没有目的,都是有条件的,唯独人的道德上的定言命令是无条件的。所以,<u>人对于创造来说就是终极目的;因为没有这个终极目的,相互从属的目的链条就不会完整地建立起来;而只有在人之中,但也是在这个仅仅作为道德主体的人之中,才能找到在目的上无条件的立法;因而只有这种立法才使人有能力成为终极目的,全部自然都是在目的论上从属于这个终极目的的</u>(第291—292页)。要注意康德是从"相互从属的目的链条"的"完整地建立"这一需要来论证终极目的的必要性的,他不是独断地认定一个外来的道德目的就是自然界的终极目的,而是说,自然界中已经有的那些现实的自然目的,如有机体的生态链条,如果没有一个最终的目的归宿,那么它们毕竟是不完整的,因而也是建立不起来的,只会被归结为机械关系;只有给它们提供一个本身没有条件、因而不再能归结为机械关系的终极目的,所有这些与机械关系纠缠在一起的自然目的才能够作为目的论的对象立得起来。所以这一节对于理解康德的自然目的论以及它与道德的关系是关键性的。

下面一节 **§85. 自然神学**,与终极目的问题有内在的联系。可以说,在讨论自然目的论的一开始,康德心目中就始终有一个对手,这就是要从自然目的中推论出一个上帝来的自然神学。与之相比,康德则是先从自然目的中推论出一个终极目的,这就是人的道德目的,然后他再从这个道德目的来论证一个上帝,这就是"道德神学"或"伦理学神学"。所以终极目的也好,神学也好,在康德那里都是人本主义的。但西方自柏拉图以来的自然神学从来都不关注终极目的的问题,因而<u>自然神学无论它可能被推进到多么远,却并不能向我们展示出有关创造的一个终极目的的任何东西;因为它甚至都没有达到提出这终极目的的问题的地步</u>(第293

页)。所以它尽管从自然目的中引出了神,这个神却仍然只是自然中的目的,而不是超自然的目的。所以我们不可能依据这种自然神学来建立一门真正的神学,它还只不过是自然目的论而已。康德在《纯粹理性批判》中对上帝存有的各种证明都进行了毁灭性的批判,其中也就包括自然目的论的证明即自然神学的证明。但与对上帝的本体论的证明和宇宙论的证明不同,他在那里曾网开一面,从自然神学的证明中保留了某种他认为还有点价值的东西,这就是通过自然目的论而向一种超越自然的终极目的发出了呼吁,而这就为过渡到道德目的论并由此进入到道德神学开辟了道路。康德指出,自然神学所使用的根据,即自然向我们显示了一个无限的目的性链条,顶多只能给我们启示出一个超出自然范围的远景,而绝没有规定这个远景究竟是什么,更谈不上它如何作为自然目的之总根源对自然界发生作用了。所以我们从自然目的论中所得出的某种知性的世界原因的概念,作为我们依据目的所能理解之物的可能性的概念,只适合于我们认识能力的主观性状,而不能给自然之外的某种神学目的奠定基础。对自然界的目的考察固然极其壮观,但毕竟是由经验的材料和原则显示出来的,<u>永远不能使我们超出自然而提升到自然的实存本身的目的,并因此提升到那个至上理智的确定概念</u>(第 294 页)。当然,如果我们把自然神学的任务降低,例如允许自己对任何想到的有理智的存在者都使用"神"的概念,而不顾它是否具有与最大可能的目的相一致的本性;又如我们若认为,一种理论的证据不足时任意加上一些东西来作补充是没有关系的;再如我们在只有理由来假定有很多完善性的地方,自以为有权假定一切可能的完善性:那么自然目的论就会去要求建立一种自然神学。但人们为什么总是要加上那些自然本来没有的东西,却仍未得到说明。这在理性的理论运用中也是不可能找到说明的,因为这个问题其实是属于理性的实践使用的。<u>真正说来一个基于完全不同的理性运用</u>

(实践的运用)之上的最高存在者的理念先天地在我们里面奠定着根基,它驱动着我们把一个自然目的论关于自然中诸目的的原始根据的有缺陷的表象补充为一个神的概念(第295页)。只要看清了这一点,我们也就不会企图从自然知识中去证明最高目的(神)的存在了。

依据这一点,康德对历史上的各种自然神学进行了批判的考察。他指出,古代的多神论只不过是古人尚未超出眼见的经验世界的结果,从理性的理论运用方面来说这种朴素的观点是不应受到过多指责的,他们的神正因为不像神,倒反而避免了某种武断的猜测。近代的那些想当神学家的物理学家,其实还是从物理学上的完满性要求把神理解为自然万物的统一性的,所以他们的神用不着设定某种知性的意图,只是被看作一个统一的实体、或包含一切尘世知性在内的主体。这就把自然神学所假定的世界依赖于一个实体这种因果性变成了世界固存于一个实体之中的关系,因而从固存的东西来看就是泛神论,从这些东西固存于其中的那个实体来看就是斯宾诺莎主义。两者都把自然的目的论变成了观念性的(幻想)而非实在性的东西,神在这里成了一个空名。康德由此得出结论,单从理论理性的立场来看待自然神学必将陷入目的性的观念论,从而取消目的论。反之,目的性的实在论则不能以任何经验性的知识来支持,而这就会使神学没有任何理论根据了。在批判了泛神论和斯宾诺莎主义之后,康德又反过来批判物活论和一神论,他认为,即使我们能够设想自然中的一切合目的性安排都符合某种知性的意图或机巧,我们仍然不能由此证明有一个终极目的,但只有这个终极目的才能把这一切自然目的联系到一个共同之点上来。否则,<u>这样一来,我虽然会对于各自分散的目的有一个**艺术理解**,但对于一个原本必然包含那种艺术理解的规定根据的终极目的却不会有任何智慧</u>(第297页)。我们可以惊叹一个蜂房或一只蜻蜓的结构的合理性,也可以感叹整个大自然的巧妙的和谐,但不能因此而推论出这一切**最终**是为了什么;而没有这个终极目的的概念,自然目的论尽管催促我们去建立一种神学,却永远不能自己过渡到神学;除非我们如此狂妄,自以为能洞察全部自然目的的相互联系和一切其他可能的计划,以致能像莱布尼茨一样断言,神在一切可能的世界中选择了"最好的世界";但这是不可能的。根据我们的一切自然知识,我们绝不能断言自然的原始根据到处都按照某个终极目的、而不是按照自然的本性(如蜜蜂的本能)在起作用,至少我们没有必要把某种智慧归之于自然。所以自然神学就是被误解了的自然目的论,它只有作为神学的准备(入门)才是有用的(第298页);而且它即使作为神学的绪论,也还需要有别的原理来补充。这就是"伦理学神学"(或"道德神学")。

所以康德认为,唯有人的道德才能成为自然的终极目的。而这就开拓出一个新型的神学视野,即伦理学神学的视野。康德在**§86. 伦理学神学**中指出,如果没有人,整个大自然的目的、机巧都将会成为毫无目的、毫无意义的荒野;但人之成为自然的最终目的,不是由于他的理性认识能力,也不是由于他的情感能力和对幸福的追求,而是由于他的欲望能力;而且也不是由于低级欲望能力(感性冲动),而是由于高级欲望能力,即他的自由意志。人惟一能够给予他自己的那种价值,并且是在他所做的事中,在他不是作为自然的成员、而是以自己欲求能力的**自由**怎样及根据什么原则来行动中的那种价值,也就是善良意志,才是人的存有惟一能借以具有某种绝对价值、而世界的存有能据以拥有某种**终极目的**的欲求能力(第299页)。显然,这里所讨论的已不再是自然之中的自然目的,而是自然本身何以存在的自然目的,因而是最后的**创造目的**,甚至真正说来,在其中所谈的也就是一个终极目的(即能产生世界存在物的某个最高知性的规定根据)惟一能够在其下发生的那个至上条件(第300页)。所以把人的道德存在视为创造的目的,就不仅首次使整个**自然界**的目的有了一个最终原因,因而成了一个统一的系统,而且更重要的是使自然目的与一个**有理智的世界原因**按照理性的原则发生了关系;因而这不仅是一个为自然立法的原则,而且是一个包括整个自然界在内的**道德目的国**的最高立法原则。而这样一个全知、全能、全善的原始存在者就是上帝(神),他的一切这些属性都是在与人的道德存在的关系中得到规定的。以这样一种方式,**道德的**目的论就补充了**自然的**目的论的不足并首次建立了一种**神学**(第 301 页),而没有道德目的论,自然目的论只会导致一种"鬼神学"。反过来说,自然目的论虽然要依赖于道德目的论,但道德目的论却可以不必依赖自然目的论;我们对自然目的的注意本身倒是由于我们已经先天地从属于道德律而导致的。因此把从属于道德律的人当作最终目的,这不单是人这种特殊自然存在物的理性原则,而且是一般理性的先天原则。

康德在下面标为"注解"的一小节中,举我们日常生活中的道德情感为例,说明人们内心的道德需要是不受任何自然因素的外来干扰而作为纯粹实践理性原则起作用的,而且正由于人的此生永远不能完全摆脱那些自然因素的干扰,他就不能不把完全实现那个道德目的当作一个永远不能达到的上帝意志来追求并服从,为了对他的生存目的来说有一个按照这一目的而成为他和这个世界的原因的存在者,他就需要某个道德性的理智者(第 302 页)。我们在自己心中发现,我们身上的道德素质,作为在观察世界时不满足于其由自然原因而来的合目的性、而要给这种观察配备一个至上的、按照道德原则来支配自然的原因这一主观原则,是不会弄错的(第 303 页)。恐惧也许可以产生鬼神的概念,但只有理性借助于它的道德原则才第一次产生了上帝的概念。这一概念不需要很多的自然知识和逻辑论证,但却能使自然与道德律达到完全的和谐、即把自然作成实现道德目标的工具。从这里便引出了对上帝存有的道德证明。

§87. 上帝存有的道德证明。这个证明非常重要,是康德目的论判断力批判的最终归结点。康德首先把自然目的论和道德目的论作了一个对照:<u>有一种自然的目的论,它为我们的理论反思性的判断力提供着充分的证据,来假定某种有理智的世界原因的存有。但我们在自己心里,并且还更多地在一个有理性的、天赋有自由(自身原因性)的一般存在者的概念中,也发现了一种道德的目的论</u>(第304页)。自然目的论可以为了我们自己的反思判断力而假定一个在我们之外、甚至在整个自然界之外的知性原因的存在;道德目的论则由于是在我们自己内心凭借理性直接加以先天的规定的,而无需假定外在的有理智的原因,这正如几何图形对我们的技术运用具有合目的性,却并不表明有一个赋予它们这种合目的性的最高知性一样。但我们作为在自然界中的一分子的人,道德目的论又是对我们在这个世界上的行动下命令的,它必然涉及到我们对各种目的、乃至对外部世界的关系,因而也涉及到它在外部世界中实现的可能性。于是,<u>从这样一种道德目的论中就引出了一个必然的问题:它是否会迫使我们的理性评判超出这个世界之外,去为自然界与我们心中的德性的那种关系寻求一个有理智的至上原则,以便把自然界甚至就道德的内在立法及其可能的实行而言也向我们表现为合目的性的</u>(第305页)。这就涉及到道德目的论有无必要设定一个上帝,以便把整个自然界都统摄到道德律这个终极目的上来,也就是使自然目的论与道德目的论达到最高的统一。康德说,如果能够做到这一点,<u>那么当然就有了一种道德目的论,并且它是一方面与自由的立法学(Nomothetik)、另方面与自然的立法学必然地关联着的,这正如公民立法与我们应当到何处寻求行政权这个问题关联着一样</u>(第305页)。道德目的论与自然目的论的关系如同立法权与行政权的关系,康德在这里借用了孟德斯鸠的三权分立的说法,即行政权是由公民的立法权所赋予的,所以自然目的论也应该由道德目的论来赋予资格。正是在道德目的论与自然目的论的这个关系问题上,康德引出了对上帝存有的道德神学的证明。这个证明可以分为如下6个步骤,自305页中间开始的那个自然段以下的6个自然段,每段是一个步骤:

1. 对于偶然的存在物,我们可以为它寻求一种机械因果性的物理的原因(起作用的原因),也可以寻求一种目的因;前者将走向不断回溯,后者则预先设定了一个制定目的的有理智的存在者。

2. 两种原因系列都必须追溯到一个最高原因,而就目的因说就是必须追溯到终极目的;如果要先天地给出一个终极目的,那就只能是"服从道德律的人"。康德在这里的一个长注中,将"服从道德律的人"与"按照道德律的人"区别开来,因为人作为感性的存在不可能完全按照道德律行动,只能被自己的道德律所强迫、所"命令",因而道德律不是客观的自然事实,只是内心的奖惩标准。如果把人看作是能够"按照"道德律行动的,那就把人抬高到过于自负的层次了,似乎他有朝一日能够完全用道德律来支配自然事物并控制自己行动的后果;而其实这一能力仅仅是上帝的特权,上帝的荣耀。按照道德律而来的后果是创造的最后目的,也就是使自然按照道德律来安排;而服从道德律的人才是创造的终极目的,只有他才是不依赖于自然万物及其目的(包括他自己的幸福)而有自己的绝对价值、并因而才赋予自然万物以终极目的的。

3. 这是因为道德律作为运用我们的自由的形式上的理性条件,是单凭自己而使我们负有义务的,并不依赖任何作为物质条件的目的,但它又先天地规定我们要将它在物质世界中付诸实行,要在尘世去追求可能的最高善。这就是道德目的论。

4. 这种最高的善也就是在人和道德律一致这个客观上配得幸福的条件下获得主观上的幸福,即德福一致,也译作"至善"。

5. 这种主客观的完全一致的"至善"是通过单纯的自然原因所不能达到的,但又绝对应当追求,否则终极目的的实践必然性就会和理论上的物理可能性不能协调一致了,它将不成其为终极目的。

6. 结果就是,<u>我们必须假定一个道德的世界原因(一位创世者),以便按照道德律来对我们预设一个终极目的</u>(第307页)。而这就是一位上帝。

但康德马上强调,上述在逻辑上十分严密的对上帝存有的道德证明,绝不是要证明上帝是像自然界对我们起作用那样的一个客观有效的存在,甚至也不是要证明上帝是像道德律对我们起作用那样的主观有效的存在。它只是证明:即使是一个怀疑论者,只要他想要与道德相一致、因而与理性相一致地思考,就必须接受这个命题(上帝存在)作为他实践的一条理性准则(参看第308页注释)。所以,并不是不假定上帝,我们就会用不着遵守道德责任了;而是若没有上帝,我们就不得不放弃通过遵守道德律在世上实现德福一致的终极目的这种意图,从而把道德律只当作对自己的形式上的束缚。<u>但终极目的在实践理性把它颁布给世上存在者时的那一个要求,就是由他们的(作为有限存在者的)本性置于他们心中的一个不可抗拒的目的</u>(第308页)。终极目的不是高高在上、不被追求的,而是应该植根于有限存在者的有限目的之中而被追求的,它不是要求我们放弃一切有限目的和尘世的幸福,而是要求我们使一切幸福都服从道德律并与之相配,这才能使道德目的和自然目的最终结合为一个形式和质料相统一的目的系统。而它的条件就是要假定一个上帝的存有。康德举例说,一个不信上帝并且认为因此就可以不讲道德的人,在他自己眼中也将是一个毫无价值的人;但一个信上帝而由于恐惧才遵守道德义务的人,本身仍然是无价值的;而一个有道德而不信上帝的人,他的道德信念也不能得到内心的巩固,因为他将经常面临考验:一旦他确信没有上帝,就会随时有可能以为自己不受一切道德义务的束缚了。后面这种人以斯宾诺莎最为典型,他否认上帝,也就否认了整个世界和人生会趋向于一个终极目的,不管我们在现实生活中有过什么样的目的,但没有终极目的,这一切都将归结为机械论,一切好坏善恶都将成为无意义的;但他又虔诚地坚持一种没有理想的道德情绪,也许还相信过一个在现实中没有根据的终极目的,而一个充满罪恶、没有希望的周围世界至少对其道德信念是一种磨损。只有假定一个上帝存在,才能消除这种自相矛盾的磨损。

§88. **这个道德证明的有效性的限制**。显然,上述对上帝存有的道德证明并不是在任何意义上都有效的。康德在本节中对它的有效性进行了限制,也就是限定了终极目的的实在性的意义。他认为,实践理性对人的现实行为只是一个调节性原则,但也能在主观上通过道德律而提供一条构成性原则,即应当尽可能通过按照道德律的行为来实现一个理性的客体这条原则,这个理性的客体不是客观现实对象,而是一个理念,即道德与幸福相结合的世上至善(Weltbest)理念。他说:<u>在按照道德律而运用自由时的一个终极目的的理念就具有主观**实践**的实在性。我们是先天地被理性规定了要尽一切力量来促进世上至善的,这种至善在于把有理性的存在者最大的福祉与他们身上的善的最高条件、也就是把普遍幸福与最合乎法则的德性结合起来</u>(第310页)。但幸福与德性在终极目的中的这种结合是一种不对等的结合,即德性法则是可以先天肯定并且独断地确定的,它是我们在实践行动中的一个主观构成性原则,而自然界中的幸福却是不确定的、悬拟着的,所以我们不可能在理论上证明终极目的的客观实在性,它只具有主观实践上的实在性。可见这个终极目的由两部分构成,即最普遍的幸福和最严格的道德;前者是受经验限制的,后者则是先天可以确定的(所以前一节讲,终极目的就先天方面而言是"服从道德律的人");所以两者的完全一致的结合既不能由前者归纳出来,也不能由后者推演出来,而必须假定一个能产生出终极目的来的有理性的存在者(上帝)。但这种假定的根据何在?显然不在规定的判断力。那么,是否在于反思的判断力呢?在这点上,康德区分出两种不同的情况。他把反思的判断力分为"理论上的"和"实践上的"。从理论上的反思判断力来看,它能使我们相信,为了使世界的可能性能为我们所理解,我们必须不只注意到自然的目的,而且还要把它们归之于一个终极目的。但这并没有对这个终极目的的性质作任何规定,而只是一个调节性的原则。<u>我们虽然在世间发现一些目的,而自然目的论将它们表现得如此广泛,以至于当我们按照理性来判断时,我们最终有理由来假定这样一条研究自然的原则:在自然中根本没有什么东西是无目的的;不过我们在自然本身中寻求自然的终极目的是徒劳的</u>(第311页)。换言之,从理论上看,我们不可能在终极目的的主观实在性上增添一种客观的实在性,因为终极目的不可能存在于自然界中,而只能是一个超验的主观假设。这一原则甚至也不可能作为一条理论上的反思判断力的原则而用来解释自然界的客观目的,它只是要使我们相信,<u>我们能够使这样一个世界的可能性不仅按照目的,而且也只有通过我们使它的实存配备一个终极目的才得到理解</u>(第312页)。但这只是出于我们主观反思的需要而做出的一个超自然的假设,却并没有想到这个终极目的的性质。唯有从道德实践的意义上,我们才能阐明这个终极目的概念的性质,确定它的有效的运用。所以,即使是立足于反思性的判断力,我们也不能凭借理论上的反思判断力来确定终极目的的实在性,而必须依靠实践上的反思判断力。从实践上的反思判断力来看,它不管任何自然目的,而一开始就先天地承认一个终极目的必然具有道德属性;然后再反过来假定这一道德目的要成为一切自然目的之最终原因,必须依赖于一个有理性的原始存在者,即上帝,在他身上,道德性质和技术上的因果性是结合为一的(而不像在有限的理性存在者如人那里那样,这两种实践理性是分裂的,即道德和由技术所达到的幸福是分裂的)。所以在实践的反思判断力上,终极目的就从一个理论上的调节性原则上升为一种实践上的构成性原则了。对于理论上反思的判断力来说,自然目的论从自然界的目的中充分证明了一个有理智的世界原因;对于实践的反思判断力来说,这一结果是道德目的论通过一个终极目的概念而造成的,而这个终极目的是道德目的论由于实践的意图而不能不赋予造物的(第313—314页)。所以实践的反思判断力是我们有权假定一个上帝存在的最终根据,理论的反思判断力则只是对之进行补充,以加强这一理念的实在性。但尽管如此,这个最高存在者的道德属性我们也只能视为一种"类比",而并不是真正对上帝的客观属性进行规定。虽然这里隐含着某种拟人化的因素,但只要我们的意图不是去认识上帝的性质,而只是要借此来规定我们自己的意志,这就不会有什么害处。上帝的本性在理论上是绝对不可知的,在实践上则是能够规定的,因而在道德上是可以照着去实行的、具有实践的实在性的。

在标为"注解"的一段话中,康德声明这里所提出的道德证明并不是他的一个新发现,而是早已潜伏于人心之中的。例如人们历来事实上总是看到善无善报,恶无恶报,但却仍然觉得善恶是有分别的,现实的自然中的世界并不能证明一切,于是想出了许许多多有关来世、彼岸和上帝的审判的解释来满足自己心中的目的使命。这些内容有许多是荒唐的,不符合思辨理性的,但其道德意向却是真实的,就是总希望有一个按照道德律来治理世界的最高存在,所以他们除了一个按照道德律来统治世界的至上原因之外,毕竟绝不可能构想出关于把自然与其内在道德律相结合的可能性的另一种原则(第316页)。正是这样一种道德的兴趣,促使我们去注意自然界的美和目的,并由此而被引导到那个上帝的理念。康德认为自己只不过是第一次把这种隐藏很深的兴趣或动机以纯粹的和理性的方式从各种杂芜的意见、感受和谬论中提取出来了而已。这其实就是我们在前面(第62节)所提到的主观质料上的合目的性,即技术实践上的合目的性和道德实践上的合目的性,它在这里被派上了用场。

康德在§89. 这个道德证明的用处中指出,对上帝存有的道德证明对于神学和心理学都有一种防止谬误的消极用途。在神学上,由于它把理性的理念局限于实践的运用,而不是理解为一种神秘的知识,就能够避免"神智学"和"鬼神学"的谬误,防止巫术和偶像崇拜的迷信。要彻底消除这样一些理性的迷狂和僭妄,单凭有史以来这类尝试均未成功这一事实是不够的,而必须承认我们绝不可能从理论上规定那超感性的东西,或是假定我们的理性永远保有一个未加利用的宝库,蕴藏着无限扩展的知识,但并不自以为我们已经掌握了这种知识。例如在宗教方面,如果想先确立关于上帝的理论知识,则道德就必须符合神学,宗教本身就成了非道德的,这就把宗教和道德的关系弄颠倒了,宗教中那些不确定的知识也就会使道德也变得不确定了,这是败坏道德的。至于理性心理学对灵魂不朽和来世的观点,那么它们将会在对上帝的道德证明中得到澄清,即认为这只是我们从实践的立场所采取的一种观点,绝无扩展我们的知识到死后的生活的意思,不能把心理学变为灵物学(Pneumatologie)。但这个论证也使理性心理学不至于退化为唯物论,而是保持为只是内感官的人类学,它是基于道德目的论的推论之上的,它的运用也只是在道德上才是必要的。康德在《纯粹理性批判》的"先验辩证论"部分已经对"上帝存有"和"灵魂不朽"这两个理念在道德上的作用做过论证,这里可以参看。

最后还剩下的一个问题是,我们应以什么方式认为对上帝存有的证明是真实的呢?在本书的最后两小节,即§90—91中,康德比较了传统自然神学对上帝存有的目的论证明与他自己的道德证明在"认其为真"(Fürwahrhalten)的方式上的不同,这就通过反面的批判和正面的论述而回答了这个问题。

§90. 在上帝存有的目的论证明中认其为真的方式,主要是批判传统理性神学的目的论证明的,并且主要是从方法论上来批判的。康德首先区分了"置信"(Überredung)和"确信"(Überzeugung),这两个概念康德在《纯粹理性批判》的"先验方法论"中已经做过详细的分析(A820 = B848,中译本第621—623页)。在这两种认其为真的方式中,置信只是在主观的特殊性状中有其根据,而确信则要求对一切有理性者都是客观有效的。如果置信的主观根据被看作了客观的,那么它就是一种幻相,这就是以往一切形而上学之所以产生幻相的方法论上的根源。这些幻相在道德上是有益的,但在证明方式上是站不住脚的。康德认为,仅仅根据置信的说服力(这个词的原意就是"说服")来论证上帝的存有是传统自然神学惯用的技巧,它利用人类的偏见和弱点,诱骗他们去相信一些幻相。如果我们按照目的论的原则引证自然物之起源的一大堆证据,并且所利用的仅仅是人类理性的主观根据的话,而这种根据就是人类理性所特有的偏好,即只要能够无矛盾地进行,就用一条原则去取代许多原则,并且只要在这条原则中为规定一个概念而遇到了一些甚至很多的要求,就把其余的原则添加上去,以便通过任意的补充来使这个事物概念达到完备(第320页)。这就是目的论证明使人认其为真的方式。但目的论证明却自以为是一种确信,而不去考虑人们实际并没有具备确信所要求的充分的客观根据,而总是用主观任意的方式去补足一个概念的完整性,构想出一个全知、全能、全善的上帝。这种论证的说服力实际上是植根于大众内心的

"道德动机"的,但在逻辑上却是蒙混过关的,因而作为一种大众化的通俗说教倒也无妨,但理论上是对自然目的论与道德目的论的混淆,是根本站不住脚也经不起检验的。康德认为,一种证明要能引起确信只有两种方式,即要么它应当决定一个对象本身是什么,要么就应当决定对象根据我们对它进行判定所必要的理性原则,对我们而言是什么。前者是以规定的判断力为根据;后者是以反思的判断力为根据,它绝不能依据理论的原理达到确信,但却可能按理性的实践原理达到一种道德上的确信。康德在这里把那种本身虽不是确信、但却是以确信为目标的论证方式与真正的确信区别开来,并对它们是否真的促进了确信加以检验。在这一节中康德主要是对目的论证明所使用的、旨在从理论上依据规定的判断力来促进确信的论证方式进行分析,它可以分为如下四个层次:1. 最高确信度似乎成立于逻辑上严格的三段式推理,但康德指出,当涉及一个超感性存在者时,这种方式就完全失去了效力。2. 次一级的确信度是通过类比来建立的。类比虽然不能从一方的内在性质推论出另一方的内在性质,但却可以对相似的东西加以归类。自然目的论的证明失足之处就在于企图超出这种表面的类似而把人的性质归之于超感性的原始存在者(拟人论)。3. 再次一级的是或然性的意见,它不能是先天的判断(后者要判定某物不是完全确实的,就是完全不存在的),只能是后天经验的;但即使有了经验的前提,我们也不能对超经验的对象形成任何或然性意见,因为或然性意见虽未达到确信,却是被认为可能达到确信的,是与已知经验按同一类确实性尺度处在一个系列中的,超经验对象则是根本不可能达到确信的。这就造成了非法的跳跃。4. 最低层次的确信是假设,它完全着眼于可能性,而不指望它能被证实。但一种确实有可能的假设也是需要一定根据的,否则便是胡思乱想;而对超感性存在的观念是连假设也够不上,它所依据的不矛盾律只能证明思想的可能性,而不能证明对象是有可能的。所有上述这些被视为具有确信价值的方法都是自然目的论的神学家们在论证上帝的存有时曾经轮番使用过的方法，但就他们要达到的目的来说，全都遭受到了失败。<u>由此而来的结果就是：对于人类理性来说，关于原始存在者作为神的存有或灵魂作为不死的精神的存有，在理论的意图上、哪怕只是为了产生最起码的认其为真，都是绝对不可能有任何证明的</u>（第325页）。所以，理论上一切可能导致认其为真、即导致相信的方式都不适用于对一个超感性的上帝的证明，也不能证明人的灵魂不朽。

既然如此，那么我们是否可以从实践的意义上为这些对象提供某种确信方式呢？这就是康德在下一节即最后一节中所要论证的。**§91. 由实践的信念而来的认其为真的方式**。这就是康德自己对上帝存有的道德目的论证明的方式了。康德说：如果我们单纯着眼于某物**对我们而言**（即按照我们表象能力的主观性状）如何能够成为认识的客体（res cog-noscibilis，可认识之物）的方式，那么，这些概念就不会和客体相结合，而将仅仅与我们的认识能力及其可能在被给予的表象上（在理论的意图中或是实践的意图中）所作的运用相结合（第326页）。这样一来，"可认识之物"就可分为三种方式：意见的事，事实的事，信念的事。这里可以看出康德所依照的是在《纯粹理性批判》的方法论部分对于"意见、知识和信念"的划分模式。1. 意见的事（Sachen der Meinung）。康德首先便把理性理念的对象排除在外了。他认为完全不可知的东西是连意见也不能有的，意见的事总是至少有可能经验到的，只是暂时尚未经验到而已，如物理学上的"以太"或外星人。至于非物质的灵魂实体则只是一种玄想之物，而非合理的假设，只有合理的假设才有可能证实，至少是在实践理性上有实在的用途。这一节讨论"意见的事"与上面一节谈"意见"内容一致，但角度不同，那里是根据规定的判断力决定对象是什么，这里却是根据反思的判断力决定对象对我们而言是什么,是引向实践理性而不是理论理性的。2.**事实的事**(Thatsachen)。这里所讲的"事实"比通常所说的含义有所扩大,也包括可能的经验。从理论上看,有数学的事实(如几何学)和经验的事实;从实践上看则甚至还包括一个理念,即"自由的理念"。但非常奇怪的是,这样一来在事实中甚至就会有一个理性的理念(它自身并不能在直观中有任何表现,因而也不能够对其可能性作出任何理论的证明);而这就是**自由**的理念,它的实在性作为一种特殊的原因性(关于这种原因性的概念从理论上看将会是夸大其词的),是可以通过纯粹理性的实践法则、并按照这一法则在现实的行动中、因而在经验中加以阐明的。——这是在纯粹理性的一切理念中惟一的一个,其对象是事实并且必须被算到(scibilia,可认识的东西)之列的(第328页)。这是所有理性理念中的一个例外。不过,我们在《实践理性批判》§7的"注释"中看到,康德曾把道德律的意识也称之为"理性的一个事实",虽然在那里用的不是"Thatsachen",而是"Faktum",但这毕竟表明了自由理念和道德律在"认其为真"方面的一致性。不过康德在这里并没有对此做进一步的展开。3.**信念的事**(Glaubenssachen)。它的对象是实践理性的运用所必须先天设定的,尽管在理论上是超验的。如世上的最高的善,以及为了有可能实现它必须假定的条件,即上帝存有、灵魂不朽,都是如此。但并不是一切被相信的事都能归入信念的事,相信间接经验、相信历史记载等等,从根本上(最开始)都是事实的事;纯粹思辨理性的理念也不属于信念的事,因为它们根本不被相信为可能认识的对象。唯有实践理性的理念,作为我们的自由在合规律的运用中要发生效果就必须设定的条件,才被我们确信或认其为真,这是一种道德上的信念,不是理论知识而是实践义务的知识。所以,在上述三种认其为真的方式中,唯有最后一种即信念(在这里便可以译为"信仰")的事才是完全以实践理性为根据的。但它们只是一些"悬设",这样一来,这种可能性的知识对于这些条件的存有和性状来说,当做理论上的知识类型来看就既不成其为认知也不成其为意见,而只是在实践的和为了我们理性的道德运用而在实践上应有的关系中的假定而已(第329—330页)。悬设(Postulate)这个拉丁词既有"假设"的意思,也有"要求"的意思,在理论上它只被看作一种假设,而在实践上它却是一种有效的要求。

康德退一步说,以自然目的论为根据的自然神学即使能够成立,它也不会是信仰的事,而顶多只是理论上的意见和假设,这样的上帝不具有道德义务的含义。只有道德目的论才能使上帝成为我们生活中的义务和职责的颁布者和最后完成的可能性条件。当然,上帝(和灵魂不朽)的理念本身是由道德律或义务根据自己的实践原则而假定的,我们完全可以不考虑这类理念而只考虑道德律;但道德律本身作为自律原则也必定会把它们加在我们身上,要求我们去促进义务和幸福的一致、去实现终极目的。所以信仰之事虽不像义务本身一样是实践上所必要或必然的,但它是人心不变的原理,是一旦引入就被实践理性从自己的立场自由地接纳下来的确信;它虽不能看到自己的对象实现出来的可能性,但绝对不同于轻信,而是在实践的理性中有其基础的;对它的不信任表面上看是一种怀疑,实际上是独断;而实践的信仰只是在思辨理性方面保有怀疑,但在实践方面却是认其为真的,因此可称为"带有怀疑的信仰"。由此可见,上帝和灵魂不朽这两个理念是和道德律的根基即自由理念不可分的,是以自由为前提才被确信的。但以往的宗教学说却撇开自由而单从那两个理念来建立道德的信仰,这是注定要失败的,它们所提供的对最高存在者的本体论的、宇宙论的和目的论的证明,以及对不朽灵魂的心理学的证明,都是不能成立的。所以,对这两个概念的规定,不论是上帝还是灵魂(就其不朽性而言),都只有通过这些谓词而产生,这些谓词尽管本身只是出自某个超感官的根据才有可能,但却必须在经验中证明自己的实在性;因为惟有这样它们才能使有关那些完全超感官的存在者的某种知识成为可能。——类似的概念就是惟一能在人类理性中碰见的从属于道德律与终极目的的人的自由的概念,这个终极目的是自由通过这些道德律而颁定的,在这两者中,道德律适宜于把包含两者的可能性之必然条件的那些属性归于自然的创造者,终极目的则适宜于把这些属性归于人;这样一来,恰好从这一理念[即"自由"]中就能够推论出那些平时对我们完全隐藏着的存在者[即"上帝"和"灵魂"]的实存和性状了(第333—334页)。所以在自由、上帝和灵魂不朽这三个理念中,唯有自由是一个可以凭自身在自然界中的因果作用得到客观实在性的证实的超感官之物的理念,因而只有它能使其他两个理念以及自然界都连成一体而形成唯一可能的宗教,它就是实践信念(信仰)能被认其为真的最终、最可靠的根据。

2 对目的论的总注释

在这个最后的总注释中,康德对他自己的道德目的论在各种神学论证中的地位、作用及它对宗教的关系进行了一个系统的考察,这个考察的意义远远超出了对"目的论判断力批判"的解释,而表现了康德全部哲学所真正关注的核心问题,即自然和自由问题,知识、道德和宗教的关系问题,归根结底是人的问题。这个总注释一开始,康德就说:<u>如果有人问:道德的论证把上帝的存有只是当作实践的纯粹理性的一种信念的事来证明,它在哲学的其他论证之中占据何种等级,那么回答是,哲学的其他论证的一切所获都可以轻易地略过不计,而这就表明,在此没有其他选择,而只有哲学的理论能力由于某种无偏颇的批判而必须自动放弃它的一切要求</u>(第335页)。当然,理论理性有它自己的领域。一切哲学证明都要以事实为基础,而"事实的事"分为两类,即属于自然概念的或属于自由概念的;前者属于理论知识,它要么是先天的、形而上的和本体论的,要么是后天经验的、物理学的;后者则属于实践信仰,它在感性世界中所可能造成的某种效果是理性在道德律中设定的。但正因为自然概念本身是有其形而上学的本体论的,即关于现象界的存在的先验哲学,以往的神学家们就试图在自然概念中将这种本体论扩展开来,对超验世界的存在对象也提出某种先天的、形而上的本体论证明,即对上帝存有的本体论证明,或者从相反的方向进行某种后天经验的证明,即对上帝的宇宙论证明。前者是从本体论出发,后者则是从经验世界出发而归结到本体论。对这两种证明的批判康德在《纯粹理性批判》中已做过了,在此他只限于指出它们只是些学究的空谈,永远不会对人们的日常生活有用。但当时在德国对人们发生重大影响的是以赖马鲁斯为代表的自然神论和自然目的论证明,康德对此表现了很大的同情。他认为,要以经验性的自然概念为基础而推出自然之外的原始创造者,也只能采取自然目的论的论证。当然他认为这个证明在理论上同样也是不成立的,但他在这里要进一步探讨的是,这个论证为什么会对人心发生那么大的感召力?这就发现,它最终是依赖于道德上的证据的。所以实际上,只有道德的证明根据才带来了确信,而且这种确信也只是在每个人自己都最内在地感到赞同的道德考虑中才产生出来的(第338页)。所以自然目的论只不过是引导人们从自然科学转向目的论的思想方向,从而为道德目的论的证明作了准备。但实际上道德证明本身是完全独立于自然目的论的,即使自然界从来没有任何目的论的迹象,道德目的论仍然能在自由的概念中找到充分的根据来设定一个上帝,并使自然界从属于这个终极目的,正如康德自己在《实践理性批判》中所做的。但这样一来,我们又的确会因为这种道德目的论的眼光而发现自然界中丰富的目的论素材,它们可以作为道德证明的佐证，但不是道德证明的基础。自然神学和有关灵魂的理性心理学都不可能达到它们原先所设立的客观目标，即增进这方面的知识，而只能在反思判断力中以道德原则即自由原则为根据而从属于理性的实践运用。人固然可以从已有的知识和已知的伟大力量去推测原始存在者的全知、全能等等，但绝不能确定地知道这一点，更不能当作对上帝的属性的知识，否则岂不是把这"全知"归于人自己了。所以对这种所谓"知识"的怀疑并不就是对上帝的怀疑。一个包含一切完善性的世界原因这个概念（理念）可以用来在理论上引导我们不断追求更完备的知识，更重要的用处则在于从实践上满足道德目的论的需要，而这也就为上帝存有提供了站得住脚的道德证明。换言之，我虽然不知道有没有一个上帝，但我知道我在实践中需要有（或不能没有）一个上帝。

康德就此还比较了建立于自然目的论上的宗教与他自己的道德宗教，认为前者其实并没有形成宗教的根基，上帝的全能全知等等都是些从外部加之于人的概念，带有强制性；<u>反之，如果是对道德律的高度尊重使我们完全自由地按照我们自己的理性规范而看到了我们的使命的终极目的，那么我们就会以最真诚的敬畏，即与病理学上的恐惧完全不同的敬畏，把某种与这终极目的及其实现协调一致的原因一起接收到我们的道德前景中来，并自愿地服从于它</u>（第342—343页）。而且一般说来，正是道德的关切，而不是求知的欲望，才使我们去追求一种神学，所以神学归根结底是为了宗教、即为了信仰，它不是什么理论"科学"。科学不仅要使用范畴，而且要诉之于感性直观，要在时间空间中规定一个对象；反之，对一个超感性的存在者虽然也可以运用因果性、实体性等范畴，甚至形成某种"力"、如"第一推动力"的概念，但绝不能设想它有时空中的具体内容，不能像本体论证明那样从这些空洞的概念推论出上帝的存有，也不能像宇宙论证明那样，从世界的秩序出发去认识超感性存在者的（时空之外的)规定性。至于目的论证明,虽然迫使我们去设想世界的最高原因及其合目的性的知性,但我们无权将这知性归之于那个原因,作为它的"属性"来认识。这与我们在具体对象上看到某个合目的性产品就推断它出自某个人的知性,并将这知性认作这个人的属性,是大不一样的,因为对他人的认识是有直观作基础的,对上帝的"认识"却正是要跳出直观经验的范围(哪怕最初也在直观中找根据)。因而<u>根本不可能把那只是用于规定人的谓词引到某个超感官的客体上来</u>(第345页)。但是,在某种另外的考虑中,即在实践的考虑中,我可以、甚至必须思维一个超感性的存在者,只要我不想借此从理论上认识它。这也是一种"知识",即神学知识,它具有实践的实在性。所以神学、伦理学和物理学三者的关系应该是这样的:道德没有神学也可以存在,但道德律本身所承担的终极目的按照理性也还是需要一种神学,这就是"伦理学神学";但"神学的伦理学"是不可能的,神学不能倒过来充当道德的基础;至于物理神学(自然神学),则可以作为道德神学(本来意义的神学)的"入门"。

"目的论判断力批判"这部分的思想内容和结构关系,比之于"审美判断力批判"更为复杂,涉及的方面和问题也更多,因而也更难懂、更晦涩。但正因为如此,它对后世哲学、自然科学(如生物学)和历史科学的影响也更为深远。机械论和目的论、还原论和物活论的分歧直到今天还在争论不休;进化论与伦理学,以及科学、道德和宗教的关系问题直到今天仍然是热门话题。人们在进行更深层次的思考时,往往会发现自己不得不经常回到康德的提法上来,将一切都从头做起。恩格斯指出:"早在康德和黑格尔那里,内在的目的论就是对二元论的抗议了。应用到生命上的机械论是一个无能为力的范畴。"(《自然辩证法》,人民出版社1971年版,第186页)。当时由外在目的论所导致的机械物质和上帝意图的二元对立,促使康德最先思考内在目的论和人本主义自然观问题。但他自己并未摆脱二元论,反而通过反思判断力和规定性判断力的严格划分使这种二元论具有了更加明确的形式。然而,当他看出,脱离人和人的自由而谈自然界的目的、历史和进步,最终是立不住脚的,他无疑是做出了一个极其富有启发性的发现。康德全部判断力批判、乃至他整个哲学的结论,归结到一点就是:人是目的;而人之所以是终极目的,是因为他自己就是最高价值,这个最高价值就在于人的自由。这正如我们前面曾引证过的康德的话:"人唯一能够给予他自己的那种价值,并且是在他所做的事情中,在他不是作为自然的成员,而是以自己的欲求能力的**自由**怎样以及根据什么原则来行动中的那种价值,也就是善良意志,才是人的存有惟一能借以具有某种绝对价值、而世界的存有能据以拥有某种终极目的的欲求能力。"(第299页)。而且,"只有通过他不考虑到享受而在完全的自由中、甚至不依赖于自然有可能带来让他领受的东西所做的事,他才能赋予他的存有作为一个人格的生存以某种绝对价值。"(第43页)。因此,"人是自由的存在者",这是康德《判断力批判》的两大部分共同得出的结论。

3 对"目的论判断力批判"的通俗串讲

下面我再把"目的论判断力批判"这一部分的思路跟大家串讲一下,以便使大家有一个简单的总体轮廓。首先谈谈康德的审美判断力批判到目的论判断力批判具体是怎么过渡的。我在前面请大家注意了,有一段话讲到,审美判断力批判在判断力批判里面是最根本的,它提供了反思判断力的先天原则,就是情感的原则,共通感的原则。人先天具有共通感,这是反思判断力的先天原则,因此,人可以把自然界看作是在我们的主观形式上具有一种合目的性,它适合于我们各种认识能力的自由协调活动,能够引起我们的快感。至于目的论判断力呢,它本身没有先天原则,它的先天原则是从审美判断力批判里面借来的,它借来审美判断力的原则把它反思性地运用到客观质料上面去。审美判断力的原则是主观形式的合目的性,那么我们借用过来把它运用到客观的质料上面去,把客观质料也看作是合目的的,也看作是目的。审美是无目的的合目的性,那么我们可以借用这种无目的的合目的性,去设想自然界是有目的的合目的性。能不能够设想?康德认为可以。之所以可以,我们现在在审美的领域里面有一个事实作为设想的根据,那就是我们的艺术品。艺术品不是纯粹的审美鉴赏,为什么呢?因为艺术品有一个目的。按照康德的审美契机所说的,鉴赏应该是无目的的合目的性,它把对象的存在存而不论,它只求对象的形式。但是艺术——这里讲的是美的艺术——在这一点上跟审美不同,它当然也要讲究对象的形式,它的目的就是要体现出对象的形式,一个艺术品就是要在形式上体现出美来嘛;但是这个形式又不能脱离它的质料来建立,它必须要处理它的质料。我前面讲,一个艺术家,他要经过长期的训练,他才能获得一种处理质料的技巧。处理质料的技巧是非常机械的,要懂得物理学,懂得化学。一个画家,他要调配颜料,他要懂得颜料之间的物理属性、化学属性、光学属性。哪几种颜料调配在一起,他要对这方面深有研究。要有知识,要懂科学。一个建筑师,那就更不用说了,他对力学,对物理学等等都要了然于心、了如指掌,他才能建成那样高大美丽的建筑物,赋予它以美的形式。所以艺术品介于这两者之间。一方面它是体现无目的的合目的性,而且你要说艺术品有目的的话,它就是以美为目的,而美又是无目的的,它只是一种合目的性的形式,艺术品就是要体现这个无目的的合目的性的形式。但是,实际上艺术家又有目的,艺术家的目的就是要把这个建筑物造得能够体现出这种无目的的形式。但是造出来呢,你又不能把有目的的这样一个内在结构展示给观众,相反,你要把它尽量地掩盖起来,要不留任何人工的痕迹,好像是自然天成的。最高级的艺术应该是这样的。艺术之所以是美的,就因为它像是自然的。我前面讲过,艺术美和自然美的关系。艺术在它像是自然的时候是美的,但是它又不是自然,我们知道它是人工产品,它是人经过了艰苦的劳动,经过了长期的训练,而且运用了一定物质手段和物质材料所构成的。这就是艺术品。审美是不管这些的,我不管它是什么东西构成的,我也不管它是人工的呢,还是自然的,只要它形式上美,我就欣赏。审美是这样的,它是无目的的合目的性。但是艺术不一样,艺术非得要是人工的,但是它又显得好像不是人工的。

那么这里就启发了一条原则:在艺术品身上,它好像是自然的,但是它又显出一种形式的合目的性,而这种形式的合目的性好像是这个自然物自己以自己为目的所构成的,实际上当然还是艺术家构成的。艺术家启示给我们一种"好像"的感觉,好像是自然界自己在构成这个艺术品。那么这样一来,我们反过来在看待自然界的时候,我们也就可以设想这个自然界是个人艺术家,是"鬼斧神工"。我们在参观一个风景胜地的时候,参观张家界、九寨沟的时候,参观黄山、庐山的时候,我们都很惊叹大自然的造化,这么巧妙,能够造出这样美丽的风景来。这个时候我们是在以一个艺术家的眼光来设想大自然。那么这个艺术家的眼光是怎么来的呢?是艺术品里面启示给我们的。艺术品里面启示了这样一条原则,就是自然界可以这样来设想,你把它看作是一个艺术家。那么,这样一来,我们就可以获得一种眼光,在我们看一个自然物的时候,比如看一个有机体的时候,我们也可以设想这个有机体好像是一个高明的艺术家——比如说上帝——造出来的,造得如此的精密,我们人类的任何技术都远远落后于它。我们就获得了这样一种对有机体的眼光,就是自然的、客观的合目的性。把自然界看作是有技术的,把大自然看作是一个艺术家,看作是一个高明的技术专家,它在某些产品上面体现出它的精湛的技艺,比如说有机体,体现出了这样一种技术。这是艺术品给我们带来的一种启示。我们可以把它转用于看待大自然的时候获得的一种眼光。

不过,这种眼光只是我们看待有机体、理解有机体的时候一种基本的观点,但是光有这个观点还是不够的。因为自然界这个有机体我们不可能去设想有一个上帝,你要设想一个上帝那你又必须为这个上帝做证明了,你有什么根据去设想一个上帝呢?你又没看见上帝,你只看见了这个有机体,你为什么要为这个有机体设想一个外来的上帝呢?所以有机体和艺术作品还是不同的,因为艺术作品有一个特点,就是它的目的在这个艺术作品之外,在艺术家心目中。艺术家是在他的艺术作品之外,把一个艺术目的强加于艺术品身上。艺术品当然是艺术家的一个目的,他要把它做出来,但这个目的并不在艺术品内部,并不在艺术品本身的那些材料中。所以艺术品虽然是合目的性的,它的各个部分都是为了这个共同的目的而组织得非常协调的。我们看一幅画,一幅画是组织得非常协调的,它的各个部分相互照应,它的构图,它的色彩的对比,特别是西方的油画,我们说它是色彩的旋律,它的色彩是非常和谐的,这个地方的颜色和那个地方的颜色配合呼应,是一个有机的整体。但是这一切是谁给它安排的呢?是艺术家从外面给它安排的,并不是艺术品自己就做成这样的。所以这个目的并不在这个艺术品本身之中。你要用来描述有机体呢,就有不够的地方。有机体有它自己内在的目的,它不需要外部的目的。当我们看到有机体的时候,我们是把它视为它自己内部有一个目的,不是一个艺术家给它造成的。所以,有机体的各个部分的协调,是由它自己造成的,不是由艺术家造成的,不是人工造成的,它是自然形成的。而且正因为如此,有机体的各个部分中,如果哪个部分有损害,它可以自行修补。一个艺术品损坏了得艺术家去修补,它自己没有办法修补,一个钟表,掉了一个螺丝，你得给它配上一个，它不可能自己长出来。而有机体不同，它哪个地方皮肤破了一块，它可以自己长好。这个是有机体的一个很重要的特点。它就是没有外在的人工的或者是一个艺术家在外面给它设计，而是由它自己自行长出来的。所以，给自然物的有机体用艺术品来做一个类比呢，有它的不充分的地方。但是这个不充分的地方从艺术品的原则中，我们也可以有所启示而得到弥补。就是说，艺术家的艺术品虽然是由艺术家这个外在的理性所造成的，但是我们在欣赏艺术品的时候，我们必须把它看作"好像是"自然天成的。艺术家也要尽量做到这一点，把它的人工的、外在的理性痕迹都掩饰起来，而向欣赏者呈现出自然物本身自然天成的作品出来，就好像自然界本身造成的一样，好像是一个有机体一样。那么从自然界这样一种欣赏的角度来看，这个艺术品里面就启发我们想到了我们对待有机体也可以这样。我们在艺术品上面，我们必须把它做得好像是自然的产物，而在我们对待有机体的时候，我们就是把它真的看作是一个自然产物了，真的是没有人造成它的，没有任何人工的痕迹，就是自然自己生成起来的。这仍然只不过是把艺术品这样一种欣赏原则扩展到自然物身上而已。

这就是一个过渡，怎么样从审美判断力向目的论判断力过渡，就是通过艺术这个中介。康德为什么要谈那么多的艺术？一方面是为情感能力的现实的可传达性做一种演绎，做一种论证，追溯了它的先天根据，就是天才；但是另一方面呢，从这个艺术品的原理里面我们可以找到一种向目的论判断力过渡的契机。它的过渡的契机就在这个地方，就是通过对于我们的艺术品进行类比——当然不是简单的类比，而是要经过一种发展——把自然物看作是一个艺术品。这样我们就可以用这个原理来理解有机体的原理。但是有机体的原理跟艺术品的区别就在于它不是与艺术品的一个完全的类比，有机体和艺术品还不同，它能够自行修补，能够自行繁殖,自行繁殖也是自行修补的一种方式嘛。你把有机体当作一个种类来看,它也是自行修补。它死了一部分,又生出来一部分,自行繁殖也就是种类的自行修补的方式,反正它是自行延续,自己生长。康德用了一个词,叫做"自组织"。"Organisation"就是"自组织",我们同时也把它翻译成有机体。有机体这个词其实就是从"Organisation"这个词翻译过来的,这个词的本来的意思就是"组织"。"有组织的"就是"有机的"。我们讲一个东西是有组织的,在西文里面就是有机的。一个自组织的自然物就叫做有机体,它必须是自行组织起来的,它不由别的东西把它拼凑起来,它是由自己按照一定程序把自己组织起来的,这个组织就是以它自己为目的,这就叫做内在目的。

康德认为目的性有两种,一种是外在目的,那是相对的,这个东西是以那个东西为目的的,我们在实践中的那些目的都是外在目的。我为了要达到一个目的,所以我要采用一个工具来达到那个目的,这个工具就是以那个目的为它的目的,这种目的性是外在的。在自然界里面,我们看到的各个有机体相互之间的那些目的性,也是外在的目的性。比如说,这个草长出来,是为了养活那些食草动物;食草动物长出来,是为了养活那些食肉动物。生物链条、生态链,这都是外在的目的性,一个以另外一个为目的,一环套一环。但是内在的目的性就不同了,它只是自己以自己为目的。外在的目的性很有一点类似于机械性,机械作用,一个东西推动另外一个东西,一个东西成为了另外一个东西的原因,成为了另外一个东西运动的基础。有了食草动物,那么就有了食肉动物;有了草,才有了食草动物;有了土地和阳光,那么就有了草。地球的变化,地质的变化,使我们这个地球上有了有机生命能够产生出来的条件。这些外在的目的性,它们可以归结为还是机械作用,还是偶然性。这就很难说它有什么目的,大自然未必就是有这样一个目的,要产生出有机体来。单从外在目的性来看,你做不出这样的判断。但是康德认为,如果有一个东西是具有内在目的的,比如说有机体,你如果把有机体看作是有内在目的的,那么外在目的附着于这种内在目的身上,就可以看作是有目的的了。就是说,自然界的真正的合目的性是内在的合目的性,外在的合目的性是附属于内在的合目的性的。比如说,如果自然界中的一个有机体,一个原生动物,一个原生虫,这个原生虫它自己以自己为目的,同时它把所有周围的环境当作是它自己的手段,它再不以别的东西为目的了,它就是以它自己的生长、繁殖为目的。那么,有了这个起码的有机体以后,你就可以把整个自然界都看作是合目的的。因为这个生物之所以存在,它要有一定的条件,而这个条件是整个宇宙造成的。整个宇宙造成了这样的条件,这样的环境,使得这样一个有机体能够产生出来。那么反过来,我们就可以把整个宇宙都看作是这个有机体的手段。一个小小的有机体,就可以把整个自然界都看作是它的手段,因为这个自然界恰好就造成了适合于它生长的环境嘛。这个自然界里面稍微有一点不对头,太阳的黑子啊,或者地球跟太阳的距离呀,稍微改变一下,这个有机体就可能存在不了了。但是它既然已经存在了,就说明整个宇宙在这个意义上都促成了它,都成为了促成它的手段。所以,在宇宙中,在天地之间,只要有一个有机体,我们就有理由把整个宇宙都看作是有目的的。只要是有机体这样一个内在的合目的性存在,那么我们就有理由把整个宇宙都看作是以它为目的作为手段而做的铺垫。所以康德为什么要把有机体特别提出来,来论证他的自然合目的性呢?就是这个原因。就是说,你怎么样才能把整个自然界看作是有目的的呢?它必须在这个自然界里面有一个东西,使你能够把整个自然界看作是以这个东西为目的而组织起来的手段,那么整个自然界才有可能看作是一个目的系统。所以,有机体在这个地方起了一个关键性的作用,它提供了一个概念,就是内在目的性的概念。艺术品的概念还是一个外在目的性概念,因为艺术品是艺术家造成的嘛,艺术品又不是自己生长出来的,它还是外在目的性;但是它已经提示了一种内在合目的性的原则,就是说,艺术品虽然说是艺术家造成的,外在目的造成的,但是它必须"显得"好像是有内在目的的,必须显得好像是自然生成的,它的各个部分的协调,必须显得好像是有机的构成。我们经常讲,一个作品,一部小说,它的各个部分处于"有机的关系"之中。一首诗,它少一个字都不行,每一个字都有用,每一个部分都不是浪费的,这就是在艺术品中已经启示出来了一种有机体的原则——当然实际上它还不是的。那么我们就可以把这个原则转用于自然界,去寻找,看看是不是有一种东西能够形成一种内在的合目的性呢?我们找到了有机体。那么有机体是一种内在合目的性。通过有机体,我们就可以有根据把整个自然界看作是一个目的系统。

因此,只要有一个原始的蛋白质、原始的病毒或者别的什么东西,我们可以设想最开始它就只有一个,但是后来它可以孵化出无数的有机体互相作为手段和目的,而且形成了一个生态链,那么我们就可以把整个自然界看作一个目的系统了。但是,这个有机体就它自身而言固然是绝对的目的,但是对于其他有机体的关系来说,它又成了相对的目的,成为了一种外在的目的。莱布尼茨—沃尔夫派对自然界的目的论解释就很简单了:老鼠生出来就是为了给猫吃,猫生出来就是为了吃老鼠,就是这样一种互为目的的关系。于是在这里头就还是有个问题,这种目的论还是一种外在目的论,互相利用嘛。那么整个生态链本身是不是有一个内在的目的呢?整个生态链到底是为了什么?整个生态链作为一个有机体的整体,如果它本身没有一个自己的内在目的,那么整个自然界的目的也无法解释。如果这样的话,那整个自然界就是一个弱肉强食的世界。弱肉强食是什么概念呢?弱肉强食是一种机械论的概念。谁的力气大,牙齿锋利,谁就是目的。那么,尽管你有了有机体,但整个世界仍然会变成一种机械关系,而不是目的论的关系,所以你就还是得不出自然界有一个目的的这样一种看法。就是说,虽然每一个有机体都是以自己为目的,但是它们相互之间处于一种机械的关系之中,它们的目的是服从机械作用的。哪个强哪个就可以占上风,就可以把对方吃掉,这还是一种机械论的关系,没有一种终极目的。所有这一切都是为了什么呢?每个有机体你都可以说它都是为了自己的生存,但是,整个自然界是为了什么呢?没有任何目的,所有的目的都被还原为一种机械作用了。所以,自然界到底有没有目的,必须要进行一种推导,一种追溯。通过外在的目的论,通过外在的合目的性,来推导出自然界的最高目的、最后的目的,自然界的终极目的。只有终极目的才能够导致所有的那些合目的性成了有意义的,成了趋向这个终极目的的过程中不可缺少的一环,这样,整个自然界才能被看作是具有内在目的的,是有秩序的、统一于某个目的之上的。

所以,自然目的论虽然是从有机体的目的论出发,但是它最后是为了要证明整个自然界的秩序。我们在把握有机体的时候,我们必须要用内在目的论的原则来辅助我们对机械论运用的不足。面对有机体运用机械论的时候,我们感到有缺陷,机械论不能解释一切。那么这个时候,我们引出自然的内在合目的性,自然的内在目的,来帮助机械论解释有机体的各部分的结构。这在自然科学里面证明它是卓有成效的。我们可以设想,如果没有目的论的思想,我们单凭机械论,我们的生物学,我们的医学将会成为什么样子。所以,它帮助机械论是卓有成效的。但是,除此而外,人的知性和理性还有更高的要求,就是怎么样能够把整个自然界看作是一个整体,我们的科学也要求把整个自然界看作是一个大系统。我们的科学本身就是一个大系统嘛。那么我们怎么样才能把整个自然界看成是一个大系统呢?我们必须在自然界里面寻求一种终极的目的,这样才能把自然界统一起来。

那么自然界的终极的目的是什么呢？当然不是狮子、老虎，肯定是人。人把所有的有机体和无机体，有机界和无机界，统统作为自己生存的手段，人在自然界是万物之灵长，所有东西都作为人的生存手段，而唯独人只是以自己为目的，他不再作为别的生物存在的手段。当然别的生物也可以把人作为它的手段，人身上的寄生虫，也可以把人作为它的手段，但是实际上最终归根结底，它们是要被清除的。你要把人当作手段，你就会被人所清除，除非这种手段也同时符合人自己的目的。所以人只能够作为他自己的目的。那么人作为最高的目的，这里还是有问题。按照康德的说法，就是说，人作为生物学的存在，大自然并不对他特别恩惠。大自然给人造成了种种的灾难，地震呐，海啸哇，山崩地裂呀，干旱呐，饿死了那么多人呐等等。大自然并不对人特别优待。那么，人要作为大自然的最终的目的，那么他凭什么？凭什么能够成为大自然的目的？如果仅仅凭他的肉体生存——像其他的动物一样，那人也顶多是一种高级动物。狮子、老虎有爪牙，人有理性。人的理性比狮子、老虎更厉害，更能够维持他的生存，他在地球上繁衍得更多。我们现在地球上有六十多亿人口，我们是这个地球上的唯一胜利者，我们是胜利了的动物。但是还是动物呀，那万一有一天地球爆炸了呢？那你还是失败者。所以单凭人的肉体生存，作为一种动物，作为一种生物，人还不配作为自然界的最终目的。虽然你暂时可以这样看，但是这是靠不住的。这还是机械论，弱肉强食，适者生存，人最后拼不过自然界。那么人凭什么可以成为自然界的最终目的呢？自然界为什么要产生出人来呢？康德认为，主要是人的理性。理性除了维持人生存以外，还有它自身的目的。大自然赋予了人以理性，这是对人的一种特殊的恩惠。其他动物都没有。那么赋予人的理性是为了什么呢？是不是有个目的呢？康德认为，最终理性具有一种特点，就是理性本身是一种"设定目的的能力"。理性之所以是理性,就是因为它最重要的能力是能够设定自己的目的。动物没有理性就是因为它不能预设一个目的,它是按照它的本能的规律在那里生存,而人可以通过理性来预设自己的目的。所以人是有目的地生活的。因此,理性应该被看作是大自然的最终的目的。因为"目的"这个概念本身就是理性提出来的。只有理性才能够提出目的,我们最开始想到自然界要有一个目的,就是因为我们有理性。

那么理性作为自然界的目的它首先体现在哪里?体现为人类的文化。康德在这里,就开始进入到人的文化以及社会历史领域里面来了,就不再是自然界了。在人这里作了一个分水岭。在人以前,讨论的都是自然目的论,到了人这个地方,就开始把社会历史包括在内了,就不再是单纯的自然界。就是由于有了理性,人产生出了他的文化。所以,自然界是以人类的文化的产生作为它的目的的。那么这个文化的产生里面还有一种区分。文化是有层次的,最低级层次的文化就是人的劳动。劳动就是一种目的活动,设定一个目的,选择一个手段,我去把这个产品做出来,这就是劳动。劳动能不能成为自然界的最终目的?康德认为不可以。因为劳动本身不是目的,劳动的目的是为了追求人的幸福。那么幸福是不是可以作为整个自然界的最终目的?也不行。人对幸福的追求,虽然也是一种理想,但是这个幸福里面包含着一些从动物性那里带来的欲望和欲求,它不完全是理性的,所以它是不纯粹的。人满足自己的物质需求的幸福,仍然和动物没有本质区别。那么,人除了对幸福的追求以外,还有更高的追求,就是对于科学和艺术的追求。是不是我们把科学和艺术当作整个自然界的最终目的呢?康德认为,科学和艺术,就像卢梭所讲的,是由于人的贪婪和虚荣,发展科学是为了发展技术,发展技术是为了满足人的物质需要;而艺术是为了满足人的虚荣。我在前面已经讲到,康德对艺术的观点是不太瞧得起,认为艺术这个东西仅仅是摆在客厅里炫耀的事情。所以,艺术和科学都还不足以成为自然界的最终目的。那么除了这个以外,人还发展出了人类社会,人类社会中间发展出了一种秩序,就是法制、权利,来调整人与人之间的自由权,调整人与人的自由的界限。这就涉及到人的自由了。权利是一种自由的权利,那么这种自由的权利是不是能够成为宇宙的最终目的?康德认为,这个还不行。因为自由权利是一种外在的关系,是我的自由和你的自由的外在的关系。这种外在关系需要调节,如果不调节的话,一个人的自由就会毫无限制,就会变成一种权力欲、拥有欲和荣誉欲。权力就是政治,拥有就是财产,荣誉就是等级。如果在这方面不加以调节的话,人的这种外在的自由就会膨胀,膨胀起来就会冲突。在一个国家里面,我们的法制就是调和这种冲突的,它使我们人类不至于再次倒退到弱肉强食的机械关系中去。但是这个层次还是不高,因为冲突时时刻刻在发生,尽管有法制。但是之所以有法制,正说明人类的冲突正在不可开交。而且,这种冲突有一种扩展的趋势,扩展到国与国之间,这样就发生战争。发生战争最后当然有一个理想的目标,就是走向最终的世界和平,但是这个必须有一个前提才能做到,就是有一天,人们都意识到人的本性是道德的,这个时候,世界和平才有可能来到。

所以,经过一系列这样的推导,康德最后得出结论,整个宇宙的终极目的,从先天的方面看,应该就是人的道德,应该是为了形成人的道德意识,应该是为了揭示出人的道德素质。这是一步步推出来的,从人的社会历史领域里面,最后推出只有道德才配作为整个自然界的最终目的。当然这里头有一种历史的进化、历史的发展论的观点。就是说,他对于科学也好,艺术也好,法制也好,他的评价是这样的,就是说,这些东西都是恶,科学、艺术,满足人的贪欲,满足人的虚荣,法制遏制人们的各种各样的自私自利的恶性膨胀,同时又促成人的权力欲。但是,正是这样一些恶,造成了历史的进化,造成了历史的发展。他认为这个里头,显示出一种"天意",显示出大自然利用人的弱点,让他们在发挥自己的弱点的过程中自己调节,自己相互适应,然后,把社会历史一步一步地从低级向高级提升,最后达到人类的道德意识。

所以,他这种推导,一方面是逻辑上的推导,另一方面是历史的描述。就是说,在自然界和人类历史中,我们可以看出一条明显的发展线索。人类是有限的,人类是恶劣的,这个毫无疑问。但是,人类又是有道德的。这个道德,不是直接产生出来的,而是通过人类恶劣情欲的发展,互相冲突,互相牵制,这样呢,人类一步一步向更高处攀升。康德曾经举了一个形象的例子,一片树林,许多松树密密麻麻生长在一起,都拼命地往上长,每一棵树都拼命地要追求更多的阳光,这样就长成了一片非常秀丽的树林,每一棵树都长得笔直的。他说,相反,如果有一棵树长在旷野里,可以随便向哪边伸展,那么这棵树肯定长得歪歪扭扭,不成材。历史就是这样的,每一个人都追求自己的利益,扩展自己的贪欲,尽量地追求最大的满足,但是又追求不到,所以,他就尽量地发展自己的才能,发展自己的智慧,提高自己的档次,想要凌驾于别人之上,想要挤进上流社会。但是这样一来,就恰好锻炼了人,使人类的素质不断地提高,终于有一天人类可以在很高的文明化的程度上开始意识到自己的道德了。这是历史所表现出来的一种现象,康德称之为"天意"。后来黑格尔把它发展出来,并称之为"理性的狡计",由此形成了"历史理性"的思想。到了马克思,他在揭示这个问题的时候则称之为"历史规律",认为历史有一种客观规律,在这个客观规律里,每个人都是自私的,都是恶劣的,但是人类的恶劣的情欲成了社会历史发展的杠杆,成了社会历史发展的推动力。社会历史就是由人的恶所推动的,才不断地从低级到高级发展,从恶向更善发展。

所谓从低级到高级,就是从恶劣的野蛮状态,发展到文明状态,发展到更好的状态。当然,恶也在发展。在这个发展过程中间,善在发展,恶也在发展,但总体水平上来说,人类毕竟是在进步,而不是退步,善毕竟要比恶发展得更多一些。所以我们才能说社会进化了,不能说这个社会在日益退化。不管你怎么说,我们今天大家都愿意生活在现代的文明社会,而且都愿意恨不得生活在将来的文明社会,都不愿意生活在野蛮时代、奴隶制时代,这就说明这个社会制度还是在进步。康德也是拥护当时的启蒙思想所公认的社会进步的观点,这是大家的共识。他对社会进步的解释,在当时是非常深刻的。与他以前的相比,可以说是最深刻的。他从卢梭那里接受了一些东西,但是他把卢梭的思想进一步发展了,就是说,人们在互相争斗过程中间,在恶劣的膨胀中间,实际上促进了社会历史的发展,那么,我们就可以从这里看出来,大自然在冥冥之中好像有一种天意,在使人类社会从低级到高级,不断地向上升,那么这个自然界就可以被看作是有目的的了。

但是问题是,在这个地方,我们要特别注意一点:康德在描述这些东西的时候他的前提,就是反思的判断力。反思判断力是非常根本的观点。如果你不抓住这一点,你忘记了这一点,你就会把他黑格尔化了,你就以为康德表述的观点就是黑格尔后来表述的观点,就是历史理性,就是认为历史里面真的有这么一种规律。其实他讲的不是自然界和社会历史的一种规律,而是讲我们对自然界的一种看法。我们之所以有这种看法,是因为我们是道德的人,我们已经意识到了我们的道德性了,我们才有这种眼光。如果你不是一个道德的人,你不是用道德的眼光看历史,你是用科学的眼光来看历史,那么我们就完全可以说,自然界根本就没有什么历史,人类的历史没有什么规律性,也没有什么目的。用机械论的眼光来看自然界,它有什么目的呢?没有。所以康德讲,我们完全可以在一夜之间倒退回野蛮时代去。这是完全有可能的。把所有的文明成果毁于一旦,都是完全有可能的。我们今天还有这种可能,所谓核大战的威胁,完全可以把人类社会毁于一旦。康德当时就看到这一点,人类其实什么都是可能的,什么事都有可能干得出来。就人来看,并没有什么规律,他的目的性是自己想出来的。所以就人类来说,他本身还是服从机械必然性的。那么人类为什么从野蛮时代到今天还没有灭亡呢?居然还发展起来了呢?康德认为这是一个偶然现象。我们发展到今天的文明水平,而没有在一夜之间倒退到野蛮时代去,这是非常偶然的现象。对这种非常偶然的现象,我们要有一种感恩之心。因为我们从天意里面,我们从道德的眼光看出这样一个从低级到高级的发展。这个已经不是自然目的论了,这个已经是道德目的论了,就是自然界在人类身上体现出自然界最后是以道德为目的,从自然目的论已经提升到了道德目的论了。那么这个道德目的论何以可能?我们就必须设想,有一个天意在安排,那些无理性的自然界、整个宇宙,它们都是为了有理性的人,为了有理性人的道德而安排好的。那么这样一个有理性的安排,肯定是出自一个有理性的存在者。我们可以把这个有理性的安排者说成是上帝,这样我们就要感谢上帝,因为是上帝使我们获得了这样一种恩宠,这样一种偶然性。要按照机械论的必然性,我们人类早就灭亡了,能发展到今天的可能性是非常小非常小的。这么几千年以来,人类居然没有灭亡,而且一直都在往上走,这不是一种非常小的可能性吗?一种很偶然的状况吗?如果没有上帝的安排,那怎么能够解释呢?所以我们可以把整个天意看作是上帝的一种安排,从这个里头,我们就可以过渡到一种道德神学,或者伦理学神学,就可以证明上帝,就可以提出一种对上帝的"道德证明"。就是说,既然我们把整个自然界看作是以人的道德为目的,那么,自然界怎么会以人的道德为目的?现实中的自然界并不服从我们的道德要求,这只有设想一个上帝才能做到。整个自然界被上帝做成了一个趋向于道德的系统,所以我们才能把整个自然界看作是以人的道德为目的。人这么一个在地球上渺小的生物,居然成了星球、宇宙、天体那样庞大的物质力量的目的,它们所有这些都是为了人的道德而产生,而聚集到一起,组成了这样一个有秩序的自然系统,那只能够设想是上帝在进行一种安排。所以这是一种对上帝存有的道德的证明,康德认为这是唯一可能的对上帝的证明。

但是他马上提醒,所谓道德的证明,不是证明客观上有了一个上帝,就像那些自然神学家们经常所讲的,通过这个通过哪个,就可以证明有一个上帝存在,康德认为不是的。他的立足点仍然是反思性的判断力:我们需要一个上帝来解释这一切。我们为什么需要一个上帝来解释这一切呢?是因为我们人类道德上的需要。康德认为,我们人类光是有道德还不够,当然你可以有道德,你可以不需要上帝,因为道德的原则本身是自律的,道德本身可以没有上帝;但是作为人来说,人是有限的存在,哪怕是个有道德的人,人也是有限的存在。所谓有限的存在,就是他也要生活,他也有肉体的需要,他也要求得幸福。有限的存在就需要幸福。如果一个人只有道德而没有幸福,那么他对道德的信念是没有希望的。没有希望的道德是很难坚持的。有个别人可以坚持,像斯宾诺莎,他可以坚持,他保持他道德上的清高和一贯,但是他不信上帝。康德问斯宾诺莎,如果你能坚持你的道德,但是你看到周围都是不道德,都是悲惨的,不公平,都是血和泪,你自己固然可以保持你自己道德上的清高,但是你是不是也希望把你道德上的清高能够在现实生活中造成某种道德上的后果,比如说使好人得到好报,使恶人得到惩罚?那你显然力量不够。一个如此软弱的道德,它根本无法对抗世上的恶。你还能坚持吗?更不用说你自己内心的那些恶劣的倾向,时时刻刻在冒出来。所以一个有道德的人,他还是感觉到需要上帝,因为他是有限的,他不是单纯的一个道德概念。一个人是具体的人，斯宾诺莎也是人，"也是人"就意味着是有限的。

那么，这样一个人，他也是需要有上帝的，但是，这个上帝是建立在道德之上的。就是说，他需要一个上帝，是用上帝来保证自然界能够趋向于道德。他有道德，他在道德上尽量做到高尚。但是，有道德者不一定得福，往往还是不幸的。只有上帝可以保证他，做到了道德就能获得他所配得的自然界的幸福，上帝使他可以跟他的道德相配而获得他应该得到的幸福。那么，要做到这一点，就必须设想上帝具有一种能力，可以安排整个自然界趋向于最终的道德，达到德福一致。凡是有德之人都获得与他的道德相配的幸福，这就是最高至善。最高至善是整个自然界的终极目的，它的先天形式是道德律，它的后天质料是幸福，幸福与道德律相配、后天与先天相适合、形式和质料统一，这就是至善，它是由上帝所保证的。这就给人带来了德福一致的希望，当然这个人也必须能够活得那么久，那就必须要有来世，就必须灵魂不死。尽管我的肉体在此生此世已经消失了，但是我的灵魂在来世可以得到报偿。这都是上帝安排的，上帝就有这种能力，能够安排整个自然界，包括整个自然界的幸福，趋向于纯粹的道德。这是对于上帝唯一可能的道德证明。这个道德证明不是证明有一个上帝，而是证明我们可以在道德的根据之上，来设定一个上帝，来悬设一个上帝。悬设灵魂不朽，悬设上帝，这两大悬设的根基是什么呢？是自由，是人的自由意志。那么人有没有自由意志？我们在审美中已经有了暗示，我们的诸认识能力的自由协调活动已经暗示我们人有一个自由的本体。那么在《实践理性批判》里面，我们的道德行为也已经向我们证明人是自由的。如果人不是自由的，他怎么可能选择道德行为呢？我们在现实生活中，我们看到很多道德行为，我们也看到很多非常高尚的、非常崇高的道德行为。比如杀身成仁、舍生取义，这样的事情都有。只要我们在现实生活中看到有一种道德行为，我们就可以知道人是自由的，人是可以不受那些本能和感性欲望支配的,他可以按照自己自由意志的规律来支配自己的行为。这就证明了人是自由的。

所以,康德讲,所有这一切都是建立在人的自由意志的理念之上的。自由意志虽然是一个理念,但是它又同时是一个"事实"。康德特别提出这一点,就是,很奇怪的一件事情就是在所有的理念中,唯有自由的理念是一个事实。这个事实不是一个科学的事实,而是一个实践的事实。在实践理性中,我能够自由地去做,我能够摆脱一切本能,摆脱一切感性的欲望,摆脱一切束缚,我可以自由地选择做或者不做,这是我的自由。这是一个事实,每个人实际上都能做到,这是不可否认的。所以,所有这一切目的论的推断最后是落实到一个根本的原则上,就是自由,就是人的自由意志。一个自由人就能够意识到自己的道德,一个能够意识到自己的道德的人,就可以用一种道德的眼光来看待整个自然界的秩序,就能够为自然界形成一种秩序。

那么,到了这一步,康德反过来,反观前面所有那些假设,所有那些类比,所有那些"好像",他反过来考察,我们为什么会要做那种类比?我们为什么会觉得好像是这样的,好像是那样的?原来最后这恰好说明,我们是有道德的。因为我们人是道德的,我们人是自由的,所以我们人才能够具有审美判断力。我们为什么那么关注美呢?是因为我们确实是自由的,所以我们才在美丽的大自然上面去寻求对于我们自己本性的一种象征。美是道德的象征嘛,美也是自由的象征嘛。正因为我是道德的,我是自由的,所以我在任何对象上寻求审美。审美判断力批判和目的论判断力批判的关系在这个意义上面倒过来了,本来目的论判断力批判是建立在审美判断力批判的先天原则之上的,但是目的论一旦追溯到人的道德、人的自由,反过来它就可以解释为什么会有审美判断力。就是说,自然界一旦形成了一个大系统,以道德为顶点,这个时候,审美所看到的那些美的现象,都会成为自然这个大系统中的一个环节。我们人就是通过艺术,通过审美来意识到我们自己的道德素质的。所以我们可以把艺术和审美都看作是天意,都看作是大自然或者上帝在安排自然界趋向于道德的时候所恩赐给我们的一种恩惠,一种神恩。神向我们展示了大自然的美丽,他是为了启发我们的道德,他让我们享受大自然的美是为了使我们在享受中能够意识到自己的道德,在道德的象征中能够真正体会到我们具有道德的素质。所以我们要感谢大自然,感谢上帝。这样,康德就反过来用道德目的论和伦理学神学来解释了审美判断力以至于有机体。我们为什么会关注有机体?不是仅仅因为它们能够为我们所用。要说为我们所用,那太阳、空气同样是我们不可缺少的。人为什么特别关注有机体?我们为什么特别要把自然界看成一个统一体呢?最终是为了从自然界里面看出一种目的,并在这个合目的的统一体里面最后追溯到我们的道德素质。

所以,道德目的论也是不可忽略的,它在最后的归结点上,反过来把整个判断力批判都包容进来了,都成了它的环节。自然科学也包容进来了,自然科学的机械论也包容进来了——自然科学当然在康德看来就是机械论,但是机械论在目的论的观点之下,它是服从于目的论的,他用这种关系来解决机械论和目的论的二律背反。目的论判断力也有一个二律背反。就是:正题认为自然界都是一种机械关系,没有什么合目的性,从自然科学的观点看,所有的东西都是机械因果律的;那么反题就是,自然界里面有目的。康德认为作为我们对自然界的一种主观评价,这两者都对。作为一个自然科学家,你可以把整个自然界都看作是机械论的,你可以并且应当尽可能地追求搞清楚自然界的那些机械的因果关系;但是呢,在某些情况之下,你又必须要辅以目的论的原则,来帮助、来引导你的机械论的研究,这也是不可少的。所以在这两者的关系中,它们是手段和目的的关系。机械论只是一个手段,目的论才是目的。自然科学只是手段,道德才是目的。自然科学是为道德服务的,这一点不仅仅体现在我们一般地谈论道德和科学的价值关系时候,而且体现在具体的自然科学的研究之中。在自然科学研究中,我们是把自然科学看作是一个整体呢?还是看作是一块块分割的呢?我们是把它看作是一个有机整体呢?还是看作是一个个机械的机器零件呢?我们今天讲环境伦理学,讲我们要善待动物,要人道地对待动物,要把动物看作是和我们人一样是有感情的,所以,在生物学里面,我们已经开始倾向于采取一种道德观点了。在很多科学研究中,我们都不能陷入到单纯的科学观点,我们总是要去从里面考察出它跟价值、跟道德的关系,这就避免了所谓的唯科学主义。机械论和目的论的关系在康德看来实际上是一种不可分割的关系。那么,科学、艺术,以及包括人类的整个文化、历史、法、权利等等所有这些东西,在康德的目的论中,都统一成了一个有秩序、有结构的大系统。这就使康德的整个三大批判、整个哲学体系,实际上在目的论里面最后都可以归结为一个系统。所以他这个目的论判断力批判还是非常重要的。但是要特别注意的是,再次提醒一下,他这里讲的仅仅是一种反思的判断力。他不是说找到了一种什么样的客观自然规律,而是告诉我们采取一种什么样的眼光来看待这个世界。最后他还是为了道德。他那种抽象的善良意志,抽象的道德律,是他哲学的最高点。

提问和回答

提问一:前苏联哲学史家阿尔森·古留加(Arsenij Gulyga)的《康德传》(商务印书馆1981年)中提到,康德其实对"美"这个问题并不是在意的,他真正在意的是关于"美"的中介问题,"美"在两大批判中的过渡问题。那么,对于这个问题来说,论美和论崇高就完全可以胜任这个任务。

另外一个值得注意的地方就是《判断力批判》导言实际上本来是学术信函,也叫第二导言,康德原来是写在书后的。那么,实际上康德最初写作时只有论美和论崇高(审美判断力的分析论)及审美判断力的辩证论,那么如何理解论美和论崇高的分析在整个康德美学中的出发点,它们之间是什么样的联系?

您昨天比较了纯粹美和崇高之间的区别,那么它们之间是否也有非常关键的联系?您又提到依存美是由纯粹美引申出的,那么依存美和论崇高之间是什么关系?它作为美和客观之间的中介是怎样完成两个形态的过渡的?

答:首先讲古留加那个问题,就是康德真正关心的不是美而是美的桥梁作用。这个当然可以这样看了,康德本来是不太关心美的问题的,他认为这纯粹是一个心理学的问题。但是到了晚年,他开始发现这个美也可以为它找到先天根据,这个先天根据恰好可以在他的两大批判中间形成一个过渡的环节。那么美是不是就可以形成这个过渡?如果可以形成,那目的论判断力批判似乎就不必要了。但是实际上美的问题只是形成了一方面的过渡,就是说,在现象界,它只是从"心理学"这个角度、从人的心理感受这个角度形成了一种过渡。美的现象都是心理现象。但是人又意识到人是自然界的一部分,人是自然界中的一种存在,那么还有那么广大的自然界都被撇在一边了,所以还必须要有"物理学"上面的证据。除了心理学上的过渡证据以外,还必须要为整个自然界、自然科学寻求物理经验上面的证据。当然不是物理学,而是用在物理学、用在自然科学中的一种目的论的原则。所以,目的论判断力所起的作用就是在整个自然界中,不光是人,它都能把它们统一起来,在它们的整个自然界的经验里面都可以找到怎么样从认识向道德的过渡。所以这两方面都是很有必要的。你如果光是在主观中找到一种自由的象征,或者道德的象征,那是非常狭隘的。鉴赏力只是人的主体的一种观点,而没有把整个自然界都纳入进来。所以,在自然界这一方面,他仍然还有一个现象和物自体,或者理论和道德的一种分裂。再加上,这个自然目的论最后能够把所有的东西统起来,包括审美判断力——因为人是自然界的一部分嘛,人的审美经验也是自然经验的一部分。所以他最后造成这个过渡,在他自己看来是天衣无缝的,没有落掉任何东西。所以是这样一种关系。

依存美是一种不纯粹的美,它不属于纯粹的鉴赏力。但是康德在有个地方讲到崇高也是属于纯粹的鉴赏力。崇高是属于纯粹的审美判断,它不是属于依存美,这个不能够混淆。就是说,依存美可以包含艺术品以及自然目的。后面讲的自然目的论呐,有机体呀,都可以体现出一种美,那种美就是依存美。再就是,包含道德的概念,包含完善的概念,这些都可以称为依存美。但是,纯粹的美是撇开所有这一切的,纯粹的崇高也是撇开所有这一切的。崇高固然是要象征一种道德情感,要依赖于道德情感,但是它本身还是一种审美的愉快而不是道德。所以崇高里面所体现的情感只能说它类似于道德情感,但是还不能说是真正的道德情感。它是调动起我们内心的理性的能力,不是为了做道德判断,而是为了跟想象力进行协调活动,来激起我们更高层次上的愉快。这跟道德情感是不一样的。当然有类似之处,康德在《实践理性批判》里面讲过,道德情感是一种痛苦,一种崇敬,一种敬重感,敬重感当然也有一种愉快,我们很希望跟道德高尚的人相处,在他面前我们有一种敬重,但同时我们跟他相比又感觉到自己很渺小,又有一种痛苦。这种道德情感和崇高有类似之处,但是不可以混淆其中的界限。因为崇高最后还是为了人获得一种愉快,而道德情感是属于道德的一种动机。就是说,一个道德的人在现实世界中,他要做一件事情,他必须要有一种感性的动机,这就是道德情感。这个感性的动机,并不是道德的原因,并不是道德的动因。康德把动机和动因区别开来。动因还是人的自由意志,那是抽象的本体的原因;但是动机只是道德行为在现象中的发动者,是人在现实世界中要做那件事情,他必须要带着一种情感,由这种情感激动我们去做,这个情感就是道德情感。它跟崇高感很容易混淆,好像附庸的美、依存的美里面是不是就是崇高了,但是这还是不同的。

至于《判断力批判》的"第一导言",我已经译出来了,但是没有发表,准备在《判断力批判》再版时加上去。它的内容跟"第二导言"大同小异,还多了一些说明,有十二节而不是九节,共四万多字。第二导言基本上是对第一导言的删节。

提问二:你如何理解康德在论崇高时所说的,需要把对崇高的论述作为对纯粹美的论述的附录。另外,美的理念和美的理想有何区别?如何理解书中提到的"本来,理念意味着一个理性概念,而理想则意味着一个单一存在物,作为符合某个理念的存在物的表象"(第68页)这句话?康德讲到审美的理念,就是感性的理念,理念为什么可以是感性的?

答:首先讲这个崇高作为审美的一个附录。其实审美判断力批判的主要目的是要把美揭示出来,即揭示出自然的形式合目的性。这是我们在大自然中到处都看到的现象,最普遍的现象。对任何自然的形式的合目的性,我们都可以采取一种审美的态度来对它进行评价。这是它的主体部分:自然的主观形式的合目的性。那么崇高呢,是自然的无形式的合目的性,自然没有形式,或者它的形式是无限的,这种情况是很少见的,我们遇到崇高的情况要比遇到美的情况少得多。但在某些特殊情况之下,我们可以把自然界的这种形式看作是无限大的,是一种无形式的状态。

而当我们这样看的时候,我们所获得的愉快就不是把它归之于对象了,而是把它归之于自己。所以,我前面讲到,崇高不能用于对象的谓词,美是可以用在对象上的谓词。一朵花是美的,但是一片大海,你不能说它是崇高的,崇高只是用于人的主体,用来评价人的内心的。所以康德对崇高的自然的合目的性在体系结构中的作用的评价,远远不如美的评价那么重要。康德有一句话特别讲到,对自然的合目的性的评价中,崇高的评价远远不如美的评价那么重要。所以,他把崇高当作美的一个"附录",我想是不是就是这个意思。就是说,就自然的形式的合目的性而言,崇高是一种特殊的合目的性,你简直可以不把崇高看作是自然界的一种形式的合目的性,它是一种无形式的形式,一种特例、极限。但自然界的这种无形式却恰好适合于我们人的主观理性的无限性要求,这种要求已经不是认识性的,而是实践性的了。美则是自然界适合于人的主观知性的要求、认识性的要求,所以你还是可以把美看作好像是自然界一种客观的属性。所以我们在评价自然界的时候,更多的、大量的是运用美的观点来评判。而在很少的情况之下、特例的情况之下使用崇高来评判。所以,有些人文化教养不够的,他就欣赏不了崇高,但是美是人人都可以欣赏的。

至于理念和理想的区别呢,我前面讲得比较粗糙了。就是说"审美理念",也可以译作"感性理念",是在《判断力批判》里面提出来的,在以前康德自己想都没有想到过会有一种审美的或感性的理念,认为理念肯定是理性才能提出来的。但是在《判断力批判》里面,他发现了感性、情感也有先天原则,所以他提出来一个审美理念或感性理念的设想。就是有一个理念,它涉及到无限,在感性中也可以涉及到无限,在审美中也可以涉及到无限。这种无限跟人的共通感的先天原则有关,它作为一个"理念"虽然也是理性的,但不是理性的概念,而只是理性的能力,这个能力与凝聚着人的情感能力的想象力相互协调活动,想象力永远趋向于它,但永远达不到它,这就是审美理念。这个"美的理念"在我理解是人人都应当有同感的一种理念,它是"感性的",这种感性主要是从人的"情感"这方面来讲的感性。但是,"美的理想"就不仅仅是从人的情感方面来讲的感性了,而且是把人的"感觉"这方面也纳入进来了,从对象的形式方面也要考虑。就是说,理想跟理念的区别就在于,理想是一个个体,而理念是一般的概念或原则。理想是在这个一般原则之下,按照这个一般原则所形成的一个个体,它体现在一个人的感性形象上。比如说,在别的地方康德讲到哲学,"哲学"是个理念,但"哲学家"就是一个理想,哲学家体现在一个人的身上。又说,"人性"是一个理念,"人的理想"则是一个个体;"绝对必然的存在者"是一个理念,"最高存在者"、上帝则是一个理想。那么在这里,美可以看作是个理念,但是一个美的人,就是一个理想,他体现为一个具体的个体。所以,理想这个词和理念是同源的。一个是"Idee",一个是"Ideal",这两个词都是从柏拉图的理念"idea"来的,但是在德文里面稍微有一点区别。理想更具体一些,理想是要感性地、具体地在面前出现的。比如黑格尔美学里面就是这样区分的,黑格尔美学里面讲到,"美是理念的感性显现",这种感性显现就集中体现为理想。同样是在理念的感性显现里面,有一种最高的显现就是理想,比如说古希腊艺术。古希腊艺术体现美的理想,其他的也都感性地显现理念,但是为什么只有古希腊艺术能够体现出美的理想呢?因为古希腊艺术最具有个体性。特别是古希腊的雕刻,古希腊的雕刻就是以人体为主题的一个一个的形象,那些形象摆在你的面前,你就可以设想这是一个个的理想,这是一个个的理想性格。所以康德在使用这两个词的时候,我觉得他跟黑格尔有一致的地方,这是德语的特点,就是"理想"这个词是能够当作一个个别对象来思考的。比如上帝,在康德的《纯粹理性批判》的辩证论里面讲到对先验理念的批判,所谓的先验幻象,其他的他都称之为理念,唯独上帝他称之为理想。为什么上帝就是理想呢?因为上帝是体现在一个个体身上的,而且是一个完整的形象。上帝全知、全能、全在,具有最高实在性,体现为一个唯一的个体。这个就是理想和理念的区别。

提问三:康德把判断力分为"规定性的判断力"和"反思的判断力"。规定的判断力是规律先被给予的,从普遍到特殊的,而反思判断力是从特殊到普遍的。那么,他在讲美的分析提到审美过程中在第二契机是无概念的普遍性,而在第四契机也是必然的,因为有共通感,那么,康德讲的审美过程是否是纯粹的?而在现实生活中,按照李泽厚的"积淀说",实践中会积淀出审美心理,不同民族、不同文化会积淀出不同的审美心理。那么这种审美心理是否影响到审美活动?那么这样说是不是在审美活动中提前就有一种概念、规律在左右着人的审美活动?那这是不是一种规定性的判断力?在实际生活中,是不是规定的判断力在判断,这与康德有没有矛盾?

答:康德当然讲的是一种理想状态,就是纯粹状态。他并不否认我们在具体的审美中间要掺杂很多东西。比如说附庸美,我们一般也就大而化之就说这是美,但是我们其实掺杂了其他很多考虑,比如说道德的呀,实用的呀,或者是善呐,或者是概念呐,科学呀,还有文化习惯啊等等。这些考虑我们都会掺杂进来,但是康德作为在那个时代的一个哲学家,他使用的方法就是,我们把所有这些笼而统之被我们叫做美的东西、美的现象,把它做一个分析,去分析有哪些东西是真正决定性的、能够使我们把它叫做美的,而把那些可有可无的、或者是附带上去的东西呢,先把它剔除干净,先在一种理想的状态下,把它的逻辑线索理清楚。然后呢,他不反对理清楚了以后,可以把这些东西一个个加上去。他自己也加上去了,包括审美的经验的兴趣、智性的兴趣呀,艺术的技巧啊,包括各种各样的考虑呀,道德的考虑呀,道德情感呐,他一个个都加进去了,还有原始人怎么看呐,文明人又怎么看呐,这些文化的考虑他也加上去了。但是他的这个方法就是说,尽管现实世界是非常复杂的,但是作为一个科学家,他还是要从一个复杂的整体里面把那些构成这个复杂现象的各种不同的层次,一层一层地按照它们的逻辑关系清理出来。这种方法很值得我们学习。当然,一般来说,我们说康德这种方法是有毛病的,就是他看得太绝对了。其实这些逻辑关系是一个动态的过程。虽然有逻辑关系,但这个逻辑关系不像他讲的那样,一层一层就是永远不变的,就摆在那里。这些层与层之间有交互作用,有交互关系,有交互影响。他甚至于把事情搞颠倒了,其实并不是由那些逻辑上的前提、先验的前提来决定这些后天的东西,而是那些先验的东西本身就是由后天的东西形成起来的。按照唯物主义的历史观应该是这样的。这个纯粹审美观念是很久后才出现的一种观念,在康德的时代,在以前人们的审美观念,按照康德的观点都是不纯粹的。那么这个形成的过程究竟如何,你单凭这种逻辑的关系很难得到解释,你还要加上历史的分析,所以李泽厚或者是其他的人的看法实际上是把历史、文化的因素考虑在里头。当然我们不像康德那样,我们并不赞成他的那种唯心主义的观点,所以我们对美的观点不是说从人的先天结构里面把它引出来,而是要考察我们为什么会有这样的先天结构。这样的先天结构其实不是先天的,是形成起来的。从历史唯物主义的角度看,人的那些所谓的先天的素质其实都是在历史当中形成起来的。我们要具体考察这个历史过程如何使它形成起来,那就涉及到很多方面,涉及到文化的,以及整个社会政治、经济、历史传统,包括地理环境、人种等等,这些都要考虑在内,那是非常复杂的。只有这样,我们才能够把康德所讲的那种纯粹的审美鉴赏的来龙去脉搞清楚。不然的话,你就只能像康德那样,预先设定一个最纯粹的东西,你不能否认,这就是人的天赋的知、情、意这三方面,各方面有一套,从最抽象的东西开始,从概念开始,来推出历史,那就是唯心主义的。所以,这方面我们当然对康德要批判地对待。我所说的对康德的理解并不是我的观点,当然我的观点受他的很多的影响,但是从基本的方法来说呢,他那种先验论我是不能接受的,我还是基本上从马克思的唯物主义来分析人类审美现象,包括审美和艺术的形成。最开始是怎样的,从人类的劳动生产呐,社会生活啊,这些方面来解释。

李泽厚提出的"积淀说"有他一定的道理,特别是对于中国传统的历史发展有很大的解释能力,我也经常使用。但是它也有一定的边界,有一定的局限性。就是说,你单纯强调积淀,还是不够的。这些积淀有层次,而且这些层次之间是有逻辑关系的。我们中国文化通常就是,一讲到积淀就可以不讲层次,不讲逻辑了,我们就讲酝酿啊,混沌啊,越久就越成熟啊、越老到啊,用这样一些词,就可以解释我们的历史现象了。但是实际上这些词在很多情况下是一种回避,回避历史中有一种规律性。当然这个积淀也有规律性,但是积淀这个概念是回避规律的。它就是说为什么是这样?是因为我们从来就是这样。我们有这么久了嘛,都是这样的,所以它就牢不可破了,不可动摇了。但是实际上它之所以这样,之所以不可动摇是有原因的。比如说,自然经济,几千年以来,我们的自然经济一直是这样的,所以它就没有动摇。是不是就不可动摇?那倒不一定。它有规律性。一旦成了我们今天的市场经济、商品经济,那很多东西就动摇了。原则上来说,它是可变的,传统是可变的,不是一旦积淀了,它就永远不变了,那不是。

提问四：康德说对自然美的欣赏引发对道德的思考，那么中国古代的山水诗、田园诗这种对自然美的欣赏是否引发对道德的思考？您刚才讲的内在目的和外在目的，从康德的目的论观点来看，那么柏拉图的理念是内在目的还是外在目的？您刚才讲到自由意志既是理念也是事实。您对这个问题的阐发是否与萨特的自由先验本质有某种渊源关系？

答：美是道德的象征，这是康德对于美和艺术的一个观点。当然如果要按照康德来评价中国艺术，那他肯定会认为中国艺术也有某种道德的象征。但是，中国的艺术和西方的艺术，在我看来，有一个很重要的区别。西方艺术确实像康德所说的那样，它是人的各种心灵能力的自由协调活动，而且它的主体性很强。首先它可以启发出人的自由感，它是自由协调活动嘛，然后从这个自由感过渡到人的道德。人有自由，所以才有道德，才能够象征道德，美的欣赏是通过自由这个中介才过渡到人的道德的。但是中国艺术的主题我觉得不是自由而是自然，在中西艺术的比较中我们可以发现，中国艺术中最高层的艺术的主题就是自然。当然自然你也可以理解为自由，中国人所理解的自由就是自然。比如说庄子的那种自由，那就是逍遥，那就是天人合一，跟天地一起做游戏，自己也成为了自然界的一分子，融化于自然界之中。我们在中国的很多艺术里面都可以发现这种融化感。文人画呀，王维的诗啊，很多高层次的艺术品，包括《红楼梦》啊，我们都可以有一种融化感。就是说，它不是强调的人的自由协调活动，人的主体性活动，人的诸认识能力，而是最好是你放弃自己的认识能力。在中国的艺术里面，你要放弃你的认识能力，你要凭你的心去体会大自然，这才是中国艺术的一种境界，一种天人合一、物我两忘的境界。所以如果要用康德的那些东西来套的话呢，我觉得中国的艺术很难套进康德的那个审美和艺术观里面去，倒是有一种文化上的差异。所以，如果说中国艺术也有一种道德意义上的象征的话,那是象征了自然的秩序,象征了一种自然的道德秩序。因为中国人讲的道德实际上就是天地之间的一种秩序、礼法、规范。所以,当中国人把自己融化到大自然里面去的时候,也可以说有一种道德的象征,但是这和康德所主张的那种道德是完全不同的,因为它没有自由意志为基础。中国的道德不是以自由意志为基础,而是以自然为基础。自由意志你要放弃、要融化到自然中去,才能够成为道德的。我们经常听到这样的说法,为了国家,为了民族,你要放弃你的自由。放弃你的自由,是一种非常高的道德境界,包括"五四"启蒙的那些思想家们都是这样说,这是中国文化一个很重要的特点。道德不是建立在自由之上的,道德就是建立在国家、民族之上的。国家、民族是什么呢?是自然形成的,天地万物之序,是炎黄子孙呐,是中国这片土地上、是黄河这条母亲河形成的。所以,它是融化于自然,融化于自然就溶化于道德。这是一个问题。

关于柏拉图的理念论,其实它就有目的论的思想,而且已经有内在目的论思想了。目的论在康德这个地方不是他自己突然提出来的。你如果读柏拉图或者读亚里士多德,就会发现,他们有很多说法跟康德相近。或者说,康德的目的论,包括外在目的论和内在目的论的说法,就是从柏拉图和亚里士多德来的。但是柏拉图和亚里士多德没有讲清这个原理,他们只是提出了这样一个设想,而且这个设想很模糊,外在目的和内在目的都很模糊。比如说柏拉图的理念论,理念高高在上,现实世界的事物都是模仿理念,在这个模仿过程当中,现实世界的万事万物都有一种追求,即都想要符合它的理念,都力求要符合它的理念。这个在亚里士多德那里更加明显。亚里士多德就说,潜能变成现实,潜能实现出来,每一个事物都是有目的的,都要实现它自己的目的,而目的又有一个目的系统,所以整个自然界,整个世界都是在一个不同等级的目的系统上面,每一个事物都在追求自己的目的,那么最后呢,有一个最终的目的,就是上帝。这实际上是一种外在目的论,就是说每一个事物都追求一个更高的目的,这个更高的目的你当然可以看作是它的理念,但是这个理念不是在它自身之内,而是在它之外,在它之上。但是柏拉图有一个观点确实有内在目的论的萌芽,就是他晚年的《蒂迈欧篇》里面就讲到整个世界、整个宇宙是一个"生物体",就像人有灵魂一样,这个生物体也有其灵魂,那个灵魂就是所谓造物者。那个造物者我们今天讲他是神了,其实在柏拉图的《蒂迈欧篇》里面它还不完全是指的神,而就是自然本身,它就是一个自然界。但是自然界在他那里已经分成两个层次,一个是造物者,另一个是被这个造物者所造出来的自然界。但是这个造物者就在这个自然界之中,它不是在自然界之外的一个什么神。他本身也把它描述为一个生物体,它自己造成了它自己的身体。所以从这个角度来看,柏拉图已经有内在目的论的思想了。就是说整个宇宙本身是个有机体,它是以自己为目的,自己创造自己,自己组织自己。他已经有这种思想在里头了,但是还没有把这个思想发展出来,是在他晚年的思想里面体现出来的。再一个就是有机体的思想。对有机体的解释他们已经有内在目的论的这种观点了,像亚里士多德的名言:砍下来的手已经不再是手了,一旦离开身体的手就不再是手了。我们通常都把这种观点看作是有机体的观点,这个跟我们中国人中医的观点非常接近。中医治病要把全身看作一个整体。有机体的各个部分都是以它的自身的生存作为目的,服从它全身,它的各个部分都是互为手段和目的,互相补充,互相产生。这个观点在古代已经有了,所以你刚开始读康德你会觉得是很创新的东西,但是你只要熟悉一些古典的——我们现在只看到柏拉图、亚里士多德有这些想法了,但是实际上很多东西我们没有看到,比如说托马斯·阿奎那,他的东西我们没有翻译过来,如果你再看到一些,你可能会更加觉得康德的创新其实并不是很多。

而且他很多难以理解的地方,你如果熟悉一下传统的典籍的话,还可能找到某种理解的途径。他为什么这样说,他是有所指的。所以从历史的方面来看,康德的目的论是对传统的目的论的一种复兴。这一点恩格斯也讲过,他说康德的目的论已经是对当时的机械论的反动,他恢复了目的论。

第三个问题,不一定要涉及到萨特了,康德自己说的有两个地方。在《实践理性批判》里面他把道德律称作一个"事实"。人的自由意志所形成的道德律本身是属于物自体的,但是康德认为道德律是一个理性的事实,这个跟经验的事实不一样。这到底是什么意思呢?就是说,虽然在经验中你不能发现道德律,你如果作为一个自然科学家用自然科学的眼光,你在人的任何行为中都发现不了道德律。但是它是一个理性的事实,就是说,如果你从理性的眼光看就可以看出,人实际上有道德律,实际上有理性。这个是不可否认的。人有实践理性,而且人能够按照实践理性去做。有人就是不按自然规律,不按动物的求生规律,而做到了杀身成仁、舍生取义,这是一个事实。而且康德也讲到过自由具有一种"实践的实在性"。这是他用得非常多的一个说法。再就是在《实践理性批判》里面还有一个注释,在一开始就有一个注释,他就讲到道德律和自由之间的关系,他认为道德律是自由的"认识理由",而自由是道德律的"存在理由"。就是说,我们在理性中发现了一个事实:人有道德律,这是任何人都可以看得到的一个事实,就是人可以做道德的事,这个是不用证明的,这已经是一个事实。比如"杀身成仁、舍生取义",不仅是个历史事实,有许多人做到过,而且每个人都会认为自己并非绝对不可能做到,只是顾虑到其他一些事情而不愿意去做而已。至于道德律的原理是如何,那当然要去证明,要去分析。但是人有道德,能够做道德的事情,这是一个事实。如果这个事情都怀疑的话,那我们就没有什么可谈的了。但是如果你承认人是可以做出道德的事情来的话,那么他何以能够做出道德的事情？就是因为他有自由。所以他后面那个"存在理由"就是自由。道德律这个事实引导我们认识到,我们之所以能够做道德的事情,是因为我们有自由。所以,道德律是自由的认识理由。而当我们认识了我们有自由的时候,自由就成了道德律的存在理由。就是自由的存在使得我们按道德律办事成为可能。康德有这样一个相互关系的说明。那个时候他还只是说道德律是一个理性的事实,但是还没有说自由是一个事实。说自由是一个事实是在《判断力批判》里面目的论判断力快结束的部分说的。他在这里特别讲到,在所有的理念中,很奇怪的就是,唯有自由的理念同时又是一个事实。它既是一个理念同时又是一个事实,是我们可以把握的。当然,为什么会在这里说它是个事实,为什么在《实践理性批判》里面不说它是个事实,这是可以研究的。我觉得是因为,他的这个自由的事实呢,一方面它是作为道德律这个事实的一个存在理由,在《实践理性批判》里面已经有根据,再一个就是这个存在理由在《判断力批判》里面可以有它的表现,可以有它的象征性的表现。从这个象征性的表现里面,我们可以发现我们有自由,不是说毫无根据地、凭空地猜测。我们可以有感性经验的事实,有我们心理学的事实,也有物理学的事实,自然科学的事实,都有,来说明我们人是自由的。所以,这个跟萨特讲的自由——人生来注定是自由的,人任何时候都是自由的——好像还不太一样,康德的自由的事实强调的是做道德的事情,或者是审美的自由;萨特的自由更加抽象。当然萨特的自由观应该说跟康德和古代的斯多葛派的传统是有关的。从古代斯多葛派一直到康德,都是一系列的,这一系列的自由观都是认为人的本性就是自由的,人在任何情况之下都有自由的本性。这是一种对自由的先验的理解,也是一种理性派哲学的理解。经验派就不这样理解,经验派把自由理解得很具体,就是说,你的幸福,你的利益,你的功利,能不能够实现?如果能够实现,就是自由,如果不能实现就不自由。这样来理解自由,那当然人在有些情况下是自由的,有些情况下就不是自由的。但是按照理性派的这种理解呢,你哪怕是坐在牢里,你也是自由的。因为你是个自由人。除了你自己,没有人能够使你不自由,只有你自己能够使你不自由。所以萨特的观点跟康德的观点在这点上有相通之处。也不光是与康德的观点,在历史上、在哲学史上与很多人的观点都有相通之处。可以说这是西方传统中对自由解释的一个流派,比如斯宾诺莎等等,都是这样来解释自由的,自由是人的本性,所谓天赋自由,天赋人权,这是不可剥夺的。你剥夺不了,你必须承认。

提问五: 您讲到康德把人类社会看成是符合目的性的,黑格尔将这个观点发扬光大。但我注意到在康德之前基督教已经把人类社会看成目的性的。有人说马克思主义是把天上的东西搬到地上。您觉得把人类社会的目的从天上搬到地上,是不是一种进步?您说恶是社会发展的动力,那为什么我们要做一个好人,那岂不是无法推动社会的发展?

答: 我们先看第一个问题。基督教里面当然已经有自然和社会有目的这样的观念了,所以,一切近代以及现代关于目的论的思想,后面都有基督教的影子。应该是这样的。罗素在《西方哲学史》里面把马克思主义理论、阶级斗争理论、共产主义理论跟基督教的救世的理论相提并论,而且列了一个表,做了各种对照。这个是有一定根据的。但是,也有很大的差别。基督教里面的目的,是一个外在的目的,完全外在,由上帝给人设定好了命运,而人在现实世界中的工作就是在他的此生此世兢兢业业地按照上帝的诫命去生活,然后到死后他就能进天堂,等待上帝的拯救。特别在基督教的早期,还有一种说法,就是基督将在什么时候还会再临这个世界,重新回到我们的世界,那个时候就会做最后的审判了。到了基督教的比较后期的时候,基督再临的时间表就被无限期地推延了。在最开始的时候,认为耶稣基督可能几个月以后就会来,后来是几年以后就会来,再后来就说一千年之后才会来,所以到了公元一千年的时候,那些教徒都要发狂,有的跑去自杀,有的把所有的东西都吃光,等待上帝的最后审判。但是上帝没有来。于是有些人又在推延,在16世纪的德国门采尔的农民战争的时候也是讲,千年王国又要到来了,又引起农民的一阵狂热。但是后来慢慢就淡化了,基督再临变成了只是一个说法,基督将来总要来的,但是什么时候来,我们不知道。而新教认为,基督其实已经来了,基督就在你心中嘛,你一想到基督,基督就来了,你就已经得救了。所以,历史的目的论在后来的基督教中慢慢地就淡化了。但是有一点是没有淡化的,就是终究有一个最后审判的审判者,那就是上帝。上帝最后了解一切,上帝是绝对正义、绝对公平的,上帝是最后的目的。一切人的生存最后都要归到上帝那里去。但是,在基督教里面缺乏一个东西,就是说社会历史也是要趋向于上帝的。虽然有基督再临的这样一种思想,但是那是迷信了,那没有任何根据。不是说这个社会历史发展越来越接近于上帝,接近于天堂,那是绝对不可能的。地上的世界是个罪恶的世界。上帝的天堂的实现只有靠上帝自己来重新把这个世界毁灭,然后惩罚恶人,拯救好人。所以,虽然有个最后的目的,但是没有历史的观点。当然有了一个目的,就有可能有历史观点。所以,后来的康德他们就从基督教这种观点设想了历史有一个目的,且在历史中会体现出来。这是后来的进一步发展。所以讲把上帝拉到了地上,你说是好事还是坏事,这个东西先不管它,至少已经形成了一种历史目的论,历史中可以体现出一种目的。它不是说上帝每时每刻都在插手于人世间的事物,上帝作为一个目的,他是高高在上的,他不管世界上的事情。但是世界上的事情本身有一种规律,有一种体现,就是从低级到高级,通过不断的自行运作,越来越接近于上帝。这个观点是康德提出来的,然后黑格尔把它发展了,到了马克思进一步把它发展成为一种历史唯物主义。在马克思那里,历史有一个目的,这个目的不再是上帝,这个目的就是人自身,就是人的全面发展,就是一切自由人的联合体。这就是历史发展的目的。历史的发展目的就在历史发展的主体人身上。

当然尽管这样,历史有一个目的还是在基督教那里就提出来了。而且基督教的上帝这个目的,从他的本质来看,其实就是人的本质。上帝的本质就是人的本质嘛。费尔巴哈和马克思批判基督教,批判一切宗教,就是从这里出发的。就是:你们所讲的那个上帝其实就是人自己。所以,你把上帝作为历史发展的目的的实质性的意义,其实就是人,人就是历史发展的目的。或者说人自己是自己发展的目的。这是马克思的一个解释。当然这个解释在今天有很多评价了,有的人说这是一种思想的进步,有的说这是一种思想的退步,一种倒退。说倒退,好像很难说,不能说倒退到哪里去了,因为这个思想在以前没有,可以说前无古人,是一种新思想。你若要从道德上对其评价呢,当然有的人说这导致了人的道德的堕落,因为历史如果有这样的目的的话,那么那种掌握了历史目的的人,就很可能成为专制主义者、极权主义者。你可以这样来说,说这种观点导致了极权主义。但是也未见得。就是说,历史有规律,但是这个规律不是某个人掌握的,因为任何人都不是上帝,每个人都是有限的,每个人都有其限度,之所以有些人宣称自己是神,或者宣称自己掌握了绝对真理,或者有些人把某一个人推为绝对真理的代表,那是别有用心的了。那不是这个理论带来的。如果有别的理论,照样可以按照别的理论把他推为神。个人崇拜或以地上神的面目出现有种种原因,不是这样一种理论所导致的。当然他可以利用这个理论。某某人掌握了历史规律,那他就是代表天道,他就是人民大救星。这个可以导致一种极权主义。但是,往往有时候用"历史规律"的面具来掩饰自己的人,其实他所利用的并不是马克思主义的理论,其实还是中国传统的天道观。我说我代表天道,中国传统就有,圣人嘛,圣人就代表天道嘛,一个人要体悟到了天道,他就是圣人了。那他代表天道,他就是"替天行道",他就是不可反对的。不可反对就是极权主义,就是君主。君主怎么能反对呢?他是圣人嘛。所以,特别在中国,你要追溯这种根源呢,我想很难追溯到基督教,或者是黑格尔,或者是马克思主义,而更多的是要追溯到中国传统的天道观。那么对于西方来说,像希特勒啊,他们也可以利用黑格尔啊,利用尼采呀,那都可以利用的,他要利用还不容易,什么东西都可以利用。但是这不能怪这个理论本身。因为理论具有很大的作用,就是说,我们一个普通的小小老百姓,我们如果读了黑格尔的书,我们可以明白很多东西,我们看问题会比以前深刻得多,我们不会一相情愿地把自己的希望寄托于某一个救世主或者某一个神身上,我们可以觉得自己在历史上虽然是微不足道的,但是我们是自由的,我们可以在历史上发挥我们自己的作用,当然不是神的作用,但是是一个人的作用。所以,它可以使我们每一个人有历史的自我意识,不被任何假象牵着鼻子走。所以我觉得黑格尔和马克思的这种历史观,你如果把它真正吃透了的话,它是一种对人的解放的理论,它使人免受奴役,摆脱思想禁锢。这是我的评价,当然这是可以无限讨论下去的。

  最后讲到善和恶的问题。恶是社会历史发展的动力或者是杠杆,这个是从康德到黑格尔到马克思,他们所发展出来的一种理论。但是这个理论,很多人把它片面地误解了。就是说,如果恶是社会发展的杠杆,那社会发展的方向就是恶了,恶人只能做坏事嘛。但是你要了解这里面的情况,就是说,像康德他们把人的本性看作是恶的,这个当然有基督教原罪思想的根源。那么把人性看作是恶的,是不是就是恶呢?不见得。把人性看作是善的,是不是就是善呢？也不见得。你把人性看作是善的,很可能做出来的都是恶事。满街都是圣人,圣人与圣人之间互相残杀。圣人只能有一个嘛,于是这个圣人杀那个圣人,搞得整个世界血流成河。"文革"就是这样的,争当圣人,每一个都争当圣人,每一个红卫兵都认为自己是圣人,自己体会到天道,不能容忍别人。但是如果你意识到人性是恶的呢,当然意识到恶的也会有恶的作用,可能是对恶的一种放纵,但是另一方面,也是对恶的一种警觉。就是说,你就不会那么样的狂妄,你在做坏事的时候你就不会打着做好事的旗号,你就不会有一种伪善。这个我下次要讲到儒家的乡愿,要专门分析这个问题。就是说,当你把人性看作是恶的,人都是恶的,没有哪个敢于宣称自己是圣人、自己是上帝,这个时候就对你有一种制约。当然世界也许不会变得更好,但是也绝不会变得更坏。那么,把人性宣布为恶的这些人,也没有任何一个人说人性永远是恶的。之所以说人性是恶的,是因为有一个理论基础：人性是自由意志。人性是自由意志,所以他会干坏事。基督教其实也是这样的,基督教的原则就是说,人在最开始就犯了罪,为什么叫犯罪呢？因为他有自由意志,他不听上帝的禁令,他违背上帝的禁令,来体现自己的自由意志,所以他犯了罪。但是既然是自由意志,那么自由意志就有两面性。所谓自由意志就是他既能够做好事,也可能做坏事。既然是这样的,那么在现实中间,通常是有了自由意志他就去做坏事。通常都是这样的。你叫一个小孩子来,你说今天给你一百块钱,随便你做什么,那么那个小孩子首先选择的就是你平常不让他做的事情。肯定是这样。因为你让他做的事情,他以后还可以做,还有的是机会嘛。你平常总是不让他做的事情,你给他一百块钱,随便他做什么,他就做你不准他做的那件事。这是好机会嘛。所以自由意志最初的表现总是干坏事,这就是人性本恶的学理上面的根据。

但是尽管如此,毕竟自由意志还是有另一方面的可能:它本来可以做好事的。不然的话为什么叫犯罪呢?如果他本来就只能犯罪,不能做好事,那就不叫犯罪了,那就是他的本能,就像狮子、老虎要吃人一样。那不叫犯罪,它只能够吃人,它见着人就要吃,不吃活不了。之所以你要谴责他,说你本来可以不那样做的呀,本来可以做好事的呀,就因为他有自由意志。他有自由意志就说明他有做好事的可能。但是这个做好事的可能在开始的时候不会实现,开始总是倾向于做坏事。但是做完了很多坏事以后,人就开始会想做好事了。因为坏事他都做过了,好事他还没有做过。所以对于人类不要失去信心。人性是本恶的,人总是在做坏事,但是这个做坏事呢,你如果让他的自由意志发展,不要因为他做坏事,你就不准他有自由意志了,你把他关起来,把他捆起来,给他洗脑,取消他的自由意志,那你就把所有的可能性都毁灭了,他既不能做坏事也不能做好事,这才是最坏的。这就人不像人了。你要让他的自由意志发展,他就会慢慢觉得,只有做好事,他才是真正自由的,做坏事他总要不断地尝到恶果。亚当和夏娃吃了苹果固然图一时痛快,带来了我们世世代代的受罪,尝到了恶果嘛。只有你做好事,你才会是自由的,你才总是自由的。就像康德所讲的,要使你的行为准则作为一条普遍的法则,那才总是保持自由。所以人会悟到这个道理。为什么说恶是推动历史的杠杆呢?就是在这种做坏事的过程中,人可以慢慢地使自己觉悟提高,相互之间的制约,就使人意识到相互之间有一种平衡。实际上已经平衡了,想做坏事来实现自己的自由的人,必须在法律的框架之内对自己加以限制,否则的话,你那个坏事是得不偿失的。你想获得你的利益,你实际上是要吃大亏的。只有在法律的规范之内,当然法律还不等于道德,但是在法律的规范中,就可以训练人的道德慢慢地形成起来。所以,你承认每个人恶,承认每个人的需要,但是让他们去互相限制,建立起一个游戏规则。你可以去干坏事,但互相之间不要妨碍,你干什么坏事都可以,但是这个坏事要限制在不妨碍他人的范围之内,那就不叫坏事了。虽然你的主观愿望是坏的,是自私的,但是你的实际后果是好的,你没妨碍他人嘛,大家都这样的话,就会慢慢形成一种道德意识,就会使整个人类社会越来越向善,就会形成一种社会公德,不是出自于你的主观动机,而是出自于你对他人的考虑,就会形成一种社会公德。形成社会公德以后,私德也会慢慢形成起来,而且那样形成起来的道德不是伪善的,而是真的。如果你取消了自由意志,让人家做好事,他虽然是嘴里面说他做好事,但是他心里面实际上是出于坏的动机,哪怕是做了好事,他也是坏的动机。他把自己说成是好的动机,那就很可能导致一种伪善,导致一种乡愿,乡愿之徒就是做很多好事,到处去"学雷锋",但是他的心目中的意图是想借此出名然后往上爬。所以这两种文化各有其长处,也各有其短处,但就我们今天的发展方向来说,恐怕我们还是要更多地了解一下西方文化的发展过程。通过恶的方式来形成善的结果,来实现善的目标,这就是西方文化的思路,这是值得我们考虑的一个思路。